现代远程教育系列教材

社 会 学

（第二版）

赵秋成　杨秀凌　编著

经济科学出版社

图书在版编目（CIP）数据

社会学/赵秋成，杨秀凌编著. —2 版. —北京：
经济科学出版社，2015.2（2017.2 重印）
现代远程教育系列教材
ISBN 978 - 7 - 5141 - 5437 - 5

Ⅰ. ①社…　Ⅱ. ①赵…②杨…　Ⅲ. ①社会学 -
远距离教育 - 教材　Ⅳ. ①C91

中国版本图书馆 CIP 数据核字（2015）第 016652 号

责任编辑：范　莹
责任校对：郑淑艳
责任印制：李　鹏

社会学（第二版）
赵秋成　杨秀凌　编著
经济科学出版社出版、发行　新华书店经销
社址：北京市海淀区阜成路甲 28 号　邮编：100142
总编部电话：010 - 88191217　发行部电话：010 - 88191522
网址：www. esp. com. cn
电子邮箱：esp@ esp. com. cn
天猫网店：经济科学出版社旗舰店
网址：http://jjkxcbs. tmall. com
北京季蜂印刷有限公司印装
787 × 1092　16 开　21.75 印张　420000 字
2015 年 3 月第 2 版　2017 年 2 月第 2 次印刷
ISBN 978 - 7 - 5141 - 5437 - 5　定价：40.00 元（含习题手册）
（图书出现印装问题，本社负责调换。电话：010 - 88191502）
（版权所有　侵权必究　举报电话：010 - 88191586
电子邮箱：dbts@ esp. com. cn）

现代远程教育系列教材
编 审 委 员 会

总　序

当今世界，网络与信息技术的发展一路高歌猛进，势如破竹，不断推动着现代远程教育呈现出革命性变化。放眼全球，MOOCs 运动席卷各国，充分昭示着教育网络化、国际化正向纵深发展；聚焦国内，传统大学正借助技术的力量，穿越由自己垒起的围墙，努力从象牙塔中走出来，走向社会的中心；反观自我，68 所现代远程教育试点院校围绕党的十八大提出的"积极发展继续教育，完善终身教育体系，建设学习型社会"目标，经过十余载的探索前行，努力让全民学习、继续学习、终身学习的观念昌行于世。

教材作为开展现代远程教育的辅助工具之一，与教学课件、学习平台和线上线下的支持服务等要素相互匹配，共同发挥着塑造学习者学习体验和影响最终学习效果的重要作用。技术的飞速进步在不断优化学习体验的同时，也对现代远程教育教材的编写提出了新挑战。如何发挥纸介教材的独特教学功能，与多媒体课件优势互补，实现优质教材资源在优化的教学系统、平台和环境中，在有效的教学模式、学习策略和学习支持服务的支撑下获得最佳的学习成效，是我们长期以来不断钻研的重要课题。为此，我们组织有丰富教学经验及对现代远程教育学习模式有深入研究的专家编写了这套现代远程教育教材。在内容上，我们尽力适应大众化高等教育面对在职成人、定位于应用型人才培养的需要；在设计上，我们尽力适应地域分散、特征多样的远程学生自主学习的需要，以培养具备终身学习能力的现代经管人才。

教材改变的过程正是对教育理念变革的不断践行。我们热切希望求知若渴的学生和读者们不吝各抒己见，与我们一同改进和完善这套教材，在不断深化的继续教育综合改革中为构建全民终身教育体系共同努力。

这套教材的出版得到了经济科学出版社的大力支持，范莹编辑对这套教材无论从选题策划、整体设计还是到及时出版更是付出了大量劳动，在此一并表示衷心感谢！

现代远程教育系列教材编委会

第二版前言

社会学，是一门使人着迷但又让人一下子捉摸不透的学科。社会学以她博大宽广的胸襟及独到的视角，让人恍然间看到了那些发生在人们身边的似曾相识但又没有完全看透的社会现象和问题。这也许就是社会学的魅力吧。

迅速发展且处在腾飞时期的中国，是一个东西方文化相互碰撞、各种思想和理论不断交汇与融合的社会。在这个迅速变迁而又矛盾迭起的时代，中国原有的文化价值体系、生活方式等正受着来自西方社会的文化、价值观和生活方式的猛烈冲击，特别是对于正值成长发育期的青少年乃至部分出生在20世纪八九十年代的人们，这种冲击已在他们的心灵深处刻下了重重的印迹。对于西方文化、价值观和生活方式，欣然接受者有之，瞻前顾后、不知所措者亦有之，大发感慨者有之，嗤之以鼻者亦有之……云生百态，难以褒贬。在对这些发生于我们身边的现象和问题的看法上，社会学无疑提供了独到的、可供借鉴的认识视角。

社会学是研究社会运行、社会现象和社会问题的学问。社会学恢复重建并重新登上中国大学的讲堂，为人们所学习和喜爱已近40年时间了。在这近40年时间里，社会学及其相关学科正在伴随着中国社会的发展而快速成长壮大。而且，在分析和解决中国社会面临的社会现象和社会问题方面，社会学以其特有的分析视角展示出了强大的解释力和影响力。

社会学是一门基础性学科，也是一门有着广泛应用价值的学问。用社会学的理论和知识来武装头脑，用社会学的视角来探视社会现象和社会问题，应是现代社会人们知识体系的重要组成部分。正是基于上述考虑，我们积多年教学、研究经验编写了这本教材。

本书在编写过程中参阅了国内外大量相关成果和资料。严格地讲，这本书是在博采众家之长、大量引用他人观点和看法的基础上完成的，同时也掺杂了很多个人看法和观点。本书的编写是由赵秋成撰写第一、第二、第八、第十和

第十一章；杨秀凌撰写第三、第五、第六、第七和第十二章；第四章由赵秋成和刘妍共同撰写；第九和第十三章由赵秋成和霍金平共同撰写。最后由赵秋成统稿。第二版的修订，由赵秋成和杨秀凌共同完成。

　　由于我们水平有限，错误和不当之处在所难免，恳请读者和学界同仁不吝指正。

编撰者

2014 年 11 月

2008 年版前言

社会学，是一门使人着迷、但又让人一下子捉摸不透的学科。社会学以她博大宽广的胸襟及独到的视角，让人恍然间看到了那些发生在人们身边的似曾相识、但又没有完全看透的社会现象和问题。这也许就是社会学的魅力吧。

迅速发展且处在腾飞时期的中国，是一个东西方文化相互碰撞、各种思想和理论不断交汇与融合的社会。在这个迅速变迁而又矛盾迭起的时代，中国原有的文化价值体系、生活方式等正受着来自西方社会的文化、价值观和生活方式的猛烈冲击，特别是对于正值成长发育期的青少年乃至部分出生在 20 世纪七八十年代的人们，这种冲击似乎已在他们的心灵深处留下了斑斑的印痕。对于西方文化、价值观和生活方式，欣然接受者有之，瞻前顾后、不知所措者亦有之，大发感慨者有之，嗤之以鼻者亦有之……云生百态，难以褒贬。在对这些发生于我们身边的现象和问题的看法上，社会学无疑提供了独到的、可供借鉴的认识视角。

社会学是研究社会运行、社会现象和社会问题的学问。社会学恢复重建并重新登上中国大学的讲堂，为人们所学习和喜爱已近 30 年时间了。在这近 30 年时间里，社会学及其相关学科正在伴随着中国社会的发展而快速成长和壮大。而且，在分析和解决中国社会面临的社会现象和社会问题方面，社会学正以其特有的分析视角展示出其强大的解释力和影响力。

社会学是一门基础性学科，也是一门有着广泛应用价值的学问。用社会学的理论和知识来武装头脑，用社会学的视角来探视社会现象和社会问题，应是现代社会人们知识体系的重要组成部分。正是基于上述考虑，我们在已有的多媒体课件基础上编写了这本教材。

本书在编写过程中参阅了国内外大量相关成果和资料。严格地讲，这本书是在博采众家之长、大量引用他人观点和看法的基础上完成的，同时也掺杂了一些个人看法和观点。本书的编写是由赵秋成撰写第一、第二、第八、第十和

第十一章；杨秀凌撰写第三、第五、第六、第七和第十二章；第四章由赵秋成和刘妍共同撰写；第九和第十三章由赵秋成和霍金平共同撰写。最后由赵秋成统稿。

　　由于我们水平有限，错误和不当之处在所难免，恳请读者和学界同仁不吝指正。

作　者

2008 年 6 月

目／录

第一章 引 论

学习目标

　　1. 了解社会学思考和分析问题的视角，学会运用社会学视角来分析社会现象和社会问题。

　　2. 了解社会学的学科地位及其功能，掌握社会学的研究方法。

　　3. 了解社会学考察社会的角度。

关键名词

　　社会学　普查法　抽样调查法　个案调查法　访谈法　文献法　个人关系　群体关系　血缘关系　地缘关系　业缘关系

第一节　引领你来了解社会学

一、社会学看待问题的视角

　　在一般人看来，喝咖啡可算是一件再普通、再一般不过的事了，很少有人探究其深层次的影响和意义。对此，英国著名社会学家安东尼·吉登斯却从社会学角度对喝咖啡及由此而引出的一系列问题进行了深入分析。在吉登斯看来，咖啡不只是一种让人精神焕发的东西，喝咖啡也不只是一种能带给人消遣感或享乐感的活动，咖啡与喝咖啡还有着更广泛、更深层的含义。吉登斯认为，咖啡与喝咖啡除具有让人精神振奋和作为日常生活中具有消遣意义的内容外，还具有如下广泛和深层含义：

　　（1）咖啡是一种含有咖啡因的东西，而咖啡因是一种毒品，它对大脑具有刺激作用，许多人喝咖啡主要是为了提神，以便熬过自感难熬的时光。然而，现实中人们并不把喝咖啡当作吸食毒品看待，但你如果吸食咖啡因，那么情况就不同了，就会被人们以吸毒者来看待，甚至遭到人们的反对乃至贬斥。为什么会如此呢？这恰恰是社会学关注的问题。

　　（2）咖啡与喝咖啡被视作人际交往和商务活动的部分内容。在日常生活和商务交往中，喝咖啡通常是社会交往仪式的一部分，扮演着重要纽带和桥梁作用，是连接乃至拉近人与人的心理距离、消除芥蒂、缓和气氛等的媒介。在日常交往和商务活动中，与喝咖啡相关的仪式往往比喝咖啡更重要，因为在这一过程中，喝咖啡只是手段，而非目的。

（3）咖啡与喝咖啡具有一定的个人地位象征性和政治象征性。目前，由于咖啡种植已相当普及，咖啡产品日益多样化和品牌化，咖啡消费及其品牌选择不仅成了一些人日常生活的一部分，而且还被一些人视作个人地位的象征。在对喝咖啡场所的选择上，基于不同目的和不同预期，有的人选择在办公场所，有的人选择在休闲场所，有的人则选择到特色咖啡厅，还有的人选择到"星巴克"连锁店，等等。这既是个人习惯和价值观的体现，也是个人文化层次和社会地位的表征。就咖啡消费者而言，他们可以基于一定的认知、目的和要求来联合抵制来自某些国家或某一品牌的咖啡，由此，个人行为演变为群体行为甚至社会现象，从而具有政治象征性。这也是社会学关注的问题。

（4）喝一杯咖啡甚至会使一个人卷入到全球一系列复杂的社会经济关系之中。从咖啡生产地的分布来看，目前咖啡生产地大多是欠发达国家或地区，而咖啡的消费地大多是发达国家或地区。在国际贸易中，咖啡是一种非常有价值的商品，是许多欠发达国家或地区主要的外汇来源之一。咖啡的生产、加工、运输和销售，不仅为许多人提供了就业机会，是一些个人和家庭获取必要生活资料乃至致富发家的重要路径，而且也为不同国家、不同地区间的交往提供了可能。研究这种全球化的贸易关系及由此引发的一系列社会经济问题，也是社会学的一项重要任务。

（5）喝一杯咖啡的行动隐含了某种社会和经济发展史。与人们熟知的茶叶、香蕉、甘蔗和土豆等一样，咖啡成为一种消费品，只是18世纪晚期以后的事。虽然咖啡源于中东地区，西方人对咖啡的消费始于殖民扩张时期，然而，随着西方人对咖啡的消费，其对咖啡的认识和看法已今非昔比，而且咖啡在世界贸易中的地位也已发生了重大变化，社会学家并由此窥视到了咖啡之于社会和经济发展演变历程的意义。

由咖啡与喝咖啡一事可以看到，一些看似个体的事情，一旦把它放到一定的社会经济背景下去思考，它就变成了社会现象，社会学之于人类社会的意义可见一斑。

二、社会学及其基本视角

那么，究竟什么是社会学？什么又是社会学的视角呢？接下来我们将讨论这些问题。

（一）什么是社会学

"社会学"一词源于拉丁文的 soi-ets（意为"社会"）或 socius（意为"社会中的人"）与希腊文的 logos（意为"学问""学说"）的结合，其意是指关于社会的学问或学说。1838 年，法国实证主义哲学家、西方社会学的创始人奥古斯特·孔德正是在这个意义上首先使用了"社会学"一词，意在表明一种新的不同于以往思辨的社会哲学或历史哲学的实证社会学说。在孔德那里，"社会学"实际上是指"社会科学"或是"社会科学总论"。之所以做出这样的理解，与孔德所生活的时代不无关系。在孔德所生活的时代，虽然自然科学有了长足进展，但社会科学仍然处于不发达状态。尽管当时出现了经济学、政治学、法学、历史学等方面的不朽著作，然而这些社会科学的系统性和学科化程度依然很低，人类对自身的认识仍很局限，也很肤浅。孔德正是在这种情况下以社会科学同义语的形式提出"社会学"这一概念的。不过，从法国社会学家迪尔克姆（Emile Durkheim，也译为涂尔干，1858 -1917）开始，人们逐渐给予了这门学科以具体的研究范围和特定的研究方法，社会学逐渐演化成一门独立的社会学科。①

> **小知识**
>
> 奥古斯特·孔德（Auguste Comte, 1798 - 1857），法国著名哲学家、社会学，实证主义创始人，被誉为"社会学之父"。1798 年 1 月孔德出生于蒙彼利埃的一个中级官吏家庭，19 岁时成为著名空想社会主义者圣西门的秘书。1938 年在其出版的《实证哲学教程》第四卷中正式提出了"社会学"这一术语，并建立了自己的社会学构架。1844 年，孔德遇到对其理论具有重大影响的德克洛蒂尔德·德沃。受德沃影响，孔德创立了"人道教"，并成立了具有宗教色彩的"实证主义学会"。孔德一生扮演着两种重要社会角色，一方面，他是社会学综合理论的创始人；另一方面，他又是人道宗教的教皇。他著有《实证哲学教程》（1830 - 1842）、《实证主义概论》（1848）、《实证政治体系》（1851 - 1854）和《主观的综合》等著作。

对于什么是社会学，以及社会学的研究对象，不同学者有着不同看法，归纳起来主要有如下几种观点：

（1）以孔德和英国社会学家斯宾塞为代表的早期社会学家认为，社会学是关于整个人类社会的学问和学说。社会学的创始人孔德认为，社会学是关于社会的科学，社会可分为社会静态和社会动态两部分，相应地，社会学则分为

---

① 孙立平：《社会学导论》，首都经济贸易大学出版社 2004 年版，第 4 ~ 5 页。

社会静力学和社会动力学。1976 年出版的《苏联大百科全书》将社会学定义为：关于社会这一完整体系论述与整个社会有关的各种社会法规、过程和人群的学科。

（2）以德国社会学家马·韦伯（M. Weber，1864－1920）为代表的社会学家则认为，社会学是研究个人及其社会行为的学科。1977 年出版的《不列颠百科全书》将社会学界定为：研究人类行为科学的一支分支学科，旨在探索人之间的社会关系、个体或群体之间相互交往和相互影响的原因及其结果。

（3）法国社会心理学家塔尔德（G. Tarde）等人特别强调社会学研究的心理层面的内容，认为心理作用是社会现象的原始动力，因此社会学应以研究人的心理活动为出发点和落脚点。

（4）美国社会学家斯莫尔（A. W. Small，1854－1926）和库利（C. H. Cooley，1864－1929）等人把社会学的研究对象定位于社会群体，认为社会学就是研究社会群体一系列行为和活动的学问。

（5）社会学是研究社会制度、社会过程和社会组织的科学。迪尔凯姆在为最早的一种社会学期刊《社会学年刊》制定的纲目中，把该刊分为七个部分：普通社会学；宗教社会学；法律和道德社会学，包括政治组织、社会组织、婚姻和家庭等；犯罪社会学；经济社会学，包括价值衡量和职业集团；人口统计，包括城市社会和农村社会；美学社会学。美国社会学家托马斯（W. I. Thomas，1863－1947）认为，社会学是研究社会组织的学科，而帕森斯（T. Parsons，1902－1979）则把社会组织和社会制度均看做社会学的研究对象。

（6）社会学是研究社会关系的科学。台湾地区社会学家龙冠海在 1966 年出版的《社会学》一书中比较了 58 位著名社会学家对社会学内涵的界定，其中有 17 人认为社会学是研究人类关系的，居于首位。法国社会学家雷蒙·阿隆将社会学界定为："以人与人之间的基本关系，以及更广泛的群体、阶级、民族、文化乃至人们通常所说的全部社会的宏观方面作为研究对象的一门学科。"[①] 德国社会学家齐美尔（G. Simmel，1858－1918）非常赞成将社会关系作为社会学的研究对象。西方马克思主义社会学派的主要代表索罗金（P. A. Sorokin，1889－1968）也将社会学归结为对社会关系的研究，并把人与人之间的关系视作社会学的研究对象。

（7）社会学是研究社会问题的学科。西方的经验社会学家们，如美国的芝加哥学派等将社会学归结为研究各种社会问题的学科。

---

① ［法］雷蒙·阿隆著，葛智强等译：《社会学主要思潮》，上海译文出版社 1988 年版，第 9 页。

国外有关社会学的定义可归结为三大类：第一类侧重以社会整体为研究对象，其主要代表人物是孔德、斯宾塞（H. Spencer，1820－1903）、E. 迪尔凯姆等人。其中，孔德和斯宾塞在研究整体社会时所强调的是一般社会现象，而迪尔凯姆强调的是特殊社会现象，即"社会事实"。第一类观点形成了社会学中的实证主义路线；第二类侧重以个人及其社会行动为研究对象，其主要代表人物是 M. 韦伯等人。第二类观点形成了社会学中的反实证主义路线。上述两类观点对后世的影响较深，后世的许多看法多为这两类观点的变形或混成。马克思主义社会学派的学者中，既有主张第一类观点的，也有赞成第二类观点的，但他们均是以社会和个人的统一为指导的，均赞成马克思的下述观点：个人是社会的存在物，应避免把"社会"当作抽象的东西与个人对立起来；反之，社会又是人们交互作用的产物，是每个人借以生产的社会关系的总和。不属于上述两类的其他社会学定义则为第三类，其中有些观点虽然影响不小，但却未成为社会学发展的主流。

在中国，有关社会学的定义及其研究对象，大体存在如下几种不同看法：

（1）侧重把社会本身视作研究对象（这里的社会既包括整体社会，也包括局部社会，即社会的某一方面、某一领域、某一层次）。代表性的观点有：其一，社会学是用科学方法来研究社会的治与乱、盛与衰的原因，探寻达到"治"的方法和规律的学问。其首倡者是中国近代启蒙主义思想家严复。20 世纪 80 年代中国的社会学者中，有人提出社会学是研究现代社会运行和发展的规律性，特别是研究社会良性运行和协调发展规律性的综合性具体社会科学。这一定义基本沿袭了严复的认识思路。其二，社会学与历史唯物论一样是研究社会发展普遍规律的。中国马克思主义社会学者李大钊、瞿秋白、李达、陈翰笙等人，与俄国的 Г. В. 普列汉诺夫、Н. И. 布哈林等人，均持此种观点。其三，社会学是研究社会整体及其规律性的。由费孝通主持编写的《社会学概论（试讲版）》将"社会学"界定为："社会学是从变动着的社会系统的整体出发，通过人们的社会关系和社会行为来研究社会的结构、功能、发生、发展规律的一门综合性的社会科学。"[1]

（2）侧重把作为社会主体的个人及其社会行为看作研究对象。其代表人物是孙本文等人。孙本文深受芝加哥互动学派心理行为理论的影响，认为社会学的各种定义虽没有什么错误，但或者过于抽象，或者过于泛泛，或者比较含糊，或者过于狭隘，均难以成为恰当的定义，因此，比较合理的定义应该是：以社会学研究社会行为的科学。改革开放以来，一些中国社会学学者延承了孙

---

[1] 《社会学概论》编写组：《社会学概论（试讲本）》，天津人民出版社 1984 年版，第 5 页。

本文的观点，将社会学解释为"研究人们的社会性行为规律的科学……社会学的基本理论，从本质上说就是关于人们各种社会行为规律的理论"。[①]

（3）社会学是一门"剩余社会科学"，其研究对象是其他社会科学不研究的"剩余领域"。其首倡者是中国著名社会家费孝通先生。

（4）社会学是关于社会调查研究的学科。由于社会学是以经验研究为基础的，离开社会调查研究便没有社会学，因此，有的学者抓住这个学科特征，把社会学界定为调查研究的学科。

（5）社会学是研究社会问题的。1979年中国学者在重建社会学、论证社会学的必要性时，达成的一点共识即是：社会主义仍然存在各种各样的社会问题，因此需要社会学。"剩余说"和"调查说"等观点也包含有或多或少的"问题说"的成分。

上述观点的形成，实际上与研究者观察社会的角度不同密切关联，然而，由于社会学以其他具体的社会科学学科涉及但不作为专门研究对象的东西作为对象，因此，尽管学者们的观点和方法存在较大差别，但在研究中最终仍然会殊途同归，这是一个非常有趣的现象。应该看到的是，社会学研究对象上的众说纷纭，是这门学科从不成熟走向成熟的必然现象。

总之，学者们对什么是社会学以及社会学的研究对象，在看法上存在较大分歧，而且他们往往强调社会学及其研究对象的某一方面，或多或少地带有一定片面性。综合上述各家对社会学及其研究对象的看法以及目前国内社会学界对社会学的认识，我们认为，社会学（sociology）是指以人类社会系统为着眼点和立足点，侧重研究人类社会系统的运行状况、内在运行机制、功能和发展规律，以及构成社会的人和组织彼此间相互作用和影响关系的一门综合性、应用性的学科。社会学是社会科学的重要组成部分，是指导人们进行社会实践的重要理论工具，但它不同于社会科学。社会科学是研究社会运行中人及其思维特征，以及人与人、人与社会、人与自然的关系问题和规律的学科的总称，如哲学、历史学、经济学、法学、教育学和心理学等；社会学则是研究社会运行状况、规律和发生、发展条件，以及机制的综合性的、具体的社会科学。社会学与社会科学是部分与整体、特殊与一般的关系。

社会学的研究范围极广，从分析街上行人的短暂接触，到探讨事关人类社会进程的重大问题，从研究人与人彼此间的称谓、日常生活方式，到讨论一系列重大社会性问题，均囊括其中。

---

① 杨心恒、宗力：《社会学概论》，群众出版社1986年版，第3页。

（二）社会学的基本视角

在看待问题上，社会学有着独特的分析视角和想像力。对大多数人来讲，人们往往依据自己生活中熟悉的特征来解释这个世界。而社会学则要求以更加开阔的视角来分析、说明我们为什么会是这个样子，以及我们为什么会这样行动。它引导人们去了解我们认为是理所当然的、确证无疑的、友善和真实的，但实际上可能并非如此的东西。生活中被称为"天意"的东西，其实主要是历史和社会力量的产物。

学习从社会学角度思考问题，其实就是用更加开阔的视野去观察事物，意味着对想象力的培养。社会学的想象力使人们发现许多看似只与个体有关的事件所反映出来的更大的社会性问题。如离婚，离过婚的人可能会认为离婚是一个非常艰辛、难熬的过程，是一种个人在生活中所遇到的麻烦，但当谈到英国约有1/3的婚姻将在10年内破裂时，离婚就成了一个公共话题。再如失业，失业对于丢掉工作而又找不到新工作的人来讲可能是一场个人悲剧，但当一个社会中有数以百万，甚至千万计的人都处于同样境地时，失业就不单单是个人问题了，而成了一个体现着大的社会趋势的公共话题。

试着以这样的视角来看待自己的生活，也就是说，没必要只考虑那些惹你烦恼的事情。例如，试着去想一想你为什么要翻阅一本书，或者说为什么要学习一门课程，等等。你可能是一位不大喜欢学社会学的学生，学习这门课仅仅为了获得学位，或者你可能是一位想要在这个学科上有更多发现的人，总之，不管你的动机如何，即使你一点儿也不了解这门学科，但你都有可能与研究社会学的人产生广泛的联系。你的决定反映的只是你在大社会背景下的位置。

虽然说我们总是要受到我们所处的社会背景的影响，但是没有任何一个人的行为会仅仅为这些社会情境所决定。我们拥有并且要创造属于自我的个体性。我们的行为既在构建、塑造着我们周围的社会世界，同时又在被社会世界所构建和塑造。社会学的任务是研究我们自己的生活和行为，而对我们自己的研究，恰恰又是最复杂、最困难的事情。

社会学看待问题的视角并非一个，而是有多种角度。我们经常会碰到如此的问题：社会上一些人出于尽快将事情办好的目的，常常会违心地给实权人物送上厚礼，或者刻意地逢迎、巴结实权者，而背后又大骂受礼者，或声讨这种现象。如果从社会学的视角看，这种现象既可以用历史唯物主义的社会存在决定社会意识和个人行为来解释，也可以用结构功能学派的相关理论来分析；既可以用互动理论从人格和自我形成的角度来讨论，又可以用交换学派的权钱交易理论来评论，甚至还可用现象社会学从行为者的动机、目的和手段角度做出解释，等等。对于上述现象，无论社会学能够做出多少种不同解释，但均被视作社会学的解释。因为这些解释不同于其他社会科学，而为社会学所特有，因此只能归结为社会学的不同视角，亦即社会学的基本看法或观点。概括地讲，这些基本视角和观点如表1－1所示。

表1－1　　　　社会学的主要理论视角和观点比较

理论视角	主要分析层面	研究的主要问题	对未来社会的描述
历史唯物主义	宏观	经济基础与上层建筑的关系	共产主义
结构功能主义	宏观、中观	制度如何贡献于社会的稳定	平等的国家
符号互动论	微观	个人如何与他人沟通；个人如何理解社会情境的意义	社会尊重多数人的观点，也尊重少数人的观点
冲突论	宏观、中观	权力群体如何保持其优势；弱势群体如何增强其力量；以及由此导致的社会变迁是怎样的	消除不平等，特别是阶级不平等
女性主义	宏观、中观、微观	社会结构和互动过程保持男性优势和女性劣势的原因是什么	消除性别不平等

资料来源：彭华民、杨心恒：《社会学概论》，高等教育出版社2006年版，第9页。

第二节　社会学的学科地位、功能与研究方法

一、社会学的学科地位

1. 社会学是一门基础性、综合性的社会科学

社会学学科地位的确立是与社会学的研究范畴密切关联的。从社会学发展的历程来看，人们对社会学地位的认识是随着社会学研究领域的不断扩展和对社会学研究对象的不断深入而不断发展的。在社会学创立之初，由于社会学还未能完全从哲学的襁褓中分化出来，在一定程度上还保留有历史哲学和社会哲学的印记，故此人们将社会学视作一门总体社会科学，具有凌驾于各门社会科学之上的性质和地位。例如，在孔德那里，社会学与数学、天文学、物理、化学、生物学等处于并列地位，认为社会学是各种社会科学知识的综合。斯宾塞在《社会学原理》一书中也阐述了类似的观点。他们均认为社会学与其他社会科学是整体与部分、至上与至下的关系。到了19世纪末，人们才逐渐认识到了社会学作为一门学科的独立性。

在庞大的社会科学体系中，社会学处于基础性地位，是一门综合性的学科。中国著名社会学家孙本文曾列举了12位非常有影响的学者对社会科学门

类的看法，这12位学者提出了32种学科，其中能得到5位以上学者认同的只有8种，即社会学、经济学、政治学、历史学、人类学、法理学、伦理学和心理学。12位学者一致公认的具有独立性的基础性学科只有3种，即社会学、经济学和政治学。社会学的综合性特征突出地表现在：（1）它研究任何一种社会现象、社会过程或社会问题时，总是联系多种有关的社会因素乃至自然因素来加以考察。当考察人口问题时，社会学不仅会考虑导致人口问题的人口学因素，如出生、死亡、迁移等，而且还会考虑婚姻、家庭、社会政策、文化，以及社会生产发展水平等诸多因素。（2）社会学在研究某一领域的社会现象和社会问题时，经常结合这一领域专门学科的研究成果和概念，使其与社会学的观点联系起来，以做出综合性考察和分析。如对于离婚问题的研究，它不仅要结合人口学的理论和一定时期的婚姻调查结果，而且还要结合社会经济发展和文化价值观演变对人们婚育观念的冲击和影响。

2. 社会学视角下的社会是一个有机整体

在社会学视野里，社会是一个有机整体。而且，只有将社会作为一个整体看待，才能全面、科学地认识社会的各组成部分，以及各种社会现象之间的相互关系。这种整体性思想，在社会学发展史上是源远流长的。早在19世纪中叶，英国社会学家斯宾塞就提出了"社会有机论"。他把社会看作一个有机整体，并分析了这一有机整体内部各要件的相互作用关系。

3. 社会学是一门经验性学科

知识源于经验。除哲学外，其他大多数科学均属经验性科学，经验研究是社会学的学科基础，社会学的理论和方法主要是从经验中得来的。没有经验研究，就没有社会学。

社会学的经验性特征还表现在，社会学是在实证主义原则指导下，在对众多社会现象及社会过程或社会问题的分析、研究中而逐渐形成和发展起来的。虽说实证不同于经验，一般来讲，实证强调客观存在性，反对思辨，而经验则强调感性知识，然而，客观存在性通常是要借助感性经验来证明的，就此而论，实证与经验是存在一致性的。社会学的知识是从大量的感性经验中归纳出来，并经过经验事实证明了的。

二、社会学的功能

社会学的功能，也就是社会学的作用。概括地讲，社会学的功能主要表现在如下五个方面。

1. 描述功能

社会学的描述功能所表明的是社会是什么的问题。社会学的描述功能是在有计划、有步骤地开展社会调查研究，客观、完整地收集和整理大量事实、事件和过程资料的基础上，通过真实地再现社会现象和社会生活的图景而展现出来的。经验性描述属于人的感性认识阶段，它描述的是社会现象和过程的外部表现，即感性材料，因此，只有在占有大量合乎实际的资料的前提下，才有可能经过思维抽象和逻辑加工上升到解释事物本质和规律的理性认识阶段。比如要了解公民对政府机构改革的看法，就需要借助社会调查，并运用社会统计分析方法和技术，来客观描述不同社会阶层、不同社会群体对政府机构改革的态度和看法：是支持政府机构改革，还是反对政府机构改革，抑或保持中立态度等。通过调查研究及描述，不仅可以了解公民对政府组织及其效率和效能的看法，而且可以确定政府机构改革必要性的大小。

2. 解释功能

社会学的解释功能所说明的是社会为什么是这样的问题，也是一个将通过经验描述得到的感性认识上升到理性认识，把握影响社会现象和社会过程的各因素之间的相互关系，从而阐明社会现象和社会问题产生、变化和发展原因的过程。社会是一个复杂的有机整体，影响社会现象和社会过程的各因素是相互联系、相互影响、相互依存的，每一社会现象和社会问题的发生与发展均要受到一定条件的制约，因此，对社会现象和社会问题的形成、变化和发展的因果关系进行分析和解释，是社会学义不容辞的责任。社会学的解释功能除了要说明社会现象和社会问题产生、变化和发展的原因外，还要能够理解人们的社会行为所要表达的精神内容或"意义"。任何社会现象均是由社会行为者（个人或群体）在某种价值观或动机驱动下所做出的行动构成的，有其主观性和潜隐性，同时也蕴涵着一定的意义，它不同于客观事实，因此可称为精神事实或心理事实。社会学的解释功能旨在了解社会行动者的行为意向，把握社会行为的主观动机，从而做出因果分析，引导社会行动者沿着有利于社会进步和发展的方向行进。因此，社会学的解释是将因果分析与意义理解统一实施的过程，既是理解性的说明，也是说明性的理解。

3. 预测功能

社会学的预测功能表明的是社会将会怎么样的问题，它是在调查研究的基础上，结合已知因素，运用有关的知识、经验和科学方法，来对社会现象未来发展的可能性和趋势进行预期和推测分析，以把握社会现象和社会问题发展的规律。准确、负责任的预测分析是把握理想的发展机会的重要前提。

社会规律具有不同于自然规律的特点，因此，在对未来进行预测时就需要注意：（1）自然现象中起作用的是各种盲目的、不自觉的自然力量，而社会现象中起作用的是人，是有意识、有目的、有感情、有理性的人。这就要求社会学的预测除了关注人们赖以生存和生活的客观条件之外，还要关注影响人们活动目的和意图的各种主观因素。（2）与自然现象相比，在社会现象形成和发展中，发挥影响作用的社会规律的作用时间相对较短，作用范围相对狭窄。这就要求，在社会学的预测中要明确界定某种特定的社会规律发挥作用的社会经济背景、历史条件、时间范围和地域范围，保持审慎的态度。（3）与自然规律比较，社会现象的出现、存在和消失通常是大量因素交互作用和影响的结果，由此就决定了社会规律的统计规律性和概率性特征，而不是客观自然界作用下的硬性决定规律。社会学的预测不是巫术，而是依靠科学知识和科学理性，结合历史和现实资料，按照社会现象发展的规律性而开展的趋势分析、前景探究和可能性预期。

4. 规范功能

社会学的规范功能所表明的是社会应该怎么样的问题。在社会学的研究过程中，应该保持"价值无涉"，而在社会学研究成果的应用中则应承担起社会责任，以追求广大社会成员利益的最大化为目标。社会学者不仅应科学地解释社会现象和社会问题，而且还要努力探索代表社会进步方向的维护社会安定、理顺社会秩序、有效规范社会成员行为的对策和方法。社会学的规范功能旨在设计并论证社会"应该怎么样"的方案，检验"应该怎么样"的假设，以确定社会现象和社会问题解决的基本路径及社会改革的基本方向，并将这种路径和方向进一步政策化，转化为具有可操作性的具体措施和办法。

5. 评判功能

社会学的评判功能是社会学科学性、客观性特征的体现。社会学通过对陈旧过时的、错误的思想和观念的批判，以及对阻碍社会发展进步的现象和行为的揭露，从进步的、中立的立场上提出革旧立新、修正错误、克服不足和解决问题的对策和建议。在对社会现象和社会问题进行调查研究，以及对其中存在的因果关系、相关关系和对比关系进行分析过程中，社会学者必须拿出评判的武器，对社会上存在的种种弊端和错误倾向予以揭露，并给出矫治、修正和改善的良方。当然，社会学不可能包治百病，社会学者应该坦然承认社会学的局限性，并力争在社会批评和社会综合治理中多承担责任。

三、社会学的研究方法

研究方法是一门学科得以存在和发展的基础。科学的研究方法不仅是学科成长和不断壮大的前提，而且也是一门学科内在生命力和活力的重要体现。社会学当然也不例外。社会学的研究方法包括方法论和具体研究方法等。

（一）社会学研究的方法论

社会学自产生到发展至今天，其间出现了三种主要方法论，即实证主义方法论、理解方法论和唯物史观方法论。

1. 实证主义方法论

实证主义源于法国社会改革家、空想社会主义者圣西门，之后被孔德、密尔和斯宾塞等人所发展和系统化。实证主义认为，社会现象有其客观存在的规律性，应该用经验事实来验证理性认知，用调查研究和数量分析来检验并发现社会现象之间的因果规律。它要求用自然科学经验研究的方法来研究社会及其运行的规律性，并极力主张用观察法、比较法、历史法甚至数学方法来取代传统的思辨方法，从而建立一种能够被经验证实的社会理论。迪尔凯姆指出，社会学的研究对象应该是社会事实，因此为了说明某一社会事实，就应该从与之有关联的其他社会事实中去寻找该社会事实发生的原因及其存在的功能。他主张用调查研究的方法来获取经验资料。20 世纪以来，实证主义方法论逐渐演变成了一套完整的、具有较强可操作性的研究方法，其研究理论也不断趋于模式化，研究过程趋于程序化，测量手段趋于精确化。特别是计算机在社会学研究中广泛使用，使大规模的统计调查和统计分析成为可能，并促进了实证研究方法的进一步发展。

📑 小知识

埃米尔·迪尔凯姆（Émile Durkheim，1858～1917 年），法国社会学家，社会学的三大奠基人之一，主要著作有《自杀论》和《社会分工论》。迪尔凯姆 1858 年 4 月出生于法国孚日省埃皮纳尔一个小城镇的犹太教教士家庭。幼年曾学习希伯来文、旧约和犹太教法典。1879 年，就学于巴黎高等师范学校，1882 年毕业。1882～1887 年，在省立中学教书，其间赴德国学习教育学、哲学、伦理学、深受 W. 冯特实验心理学影响。青年时代放弃宗教信仰，走上实证科学的道路。1891 年，被任命为法国第一位社会学教授。1898 年他创建了法国《社会学年鉴》，并围绕这一刊物形成了法国社会学年鉴派。迪尔凯姆为社会学确立了有别于哲学、生理学、心理学的独立研究对象和方法，即社会事实。他认为，社会学要想成为一门独立学科，必须有自己的研究对象，他主张把社会事实作为社会学的研究对象。

2. 理解方法论

社会学中的理解方法论是相对于实证主义方法论而言的，是在反实证主义思潮下逐渐形成和发展起来的。有"理解学之父"美称的 19 世纪中后期的德国生命哲学家狄尔泰认为，哲学应能指导人的生活，成为人生的力量。他指出，理解是人生的再体验，是在你中发现我的过程。对于理解的方法，德国社会学家马·韦伯有更明确的说明。韦伯认为，社会学是研究人的行动的，而人的行动既有其客观表现形式，又包含一定的主观意义。行动的客观表现虽然可通过经验调查方法获得，但行动的主观意义却无法用经验观察方法得到，而必须借助一定的概念工具来理解和解释。因此，韦伯认为，社会学的研究不能没有理解的方法，社会学的理解既不像狄尔泰所说的对心灵的理解，也不像实证主义者所说的直接理解，而是对行动背后意义的理解。后来社会学中出现的符号互动理论及以舒尔茨为代表的现象社会学均是理解方法论的代表性理论。

理解方法论强调自然客体与社会现象的区别，强调社会现象的不可重复性和特殊性，反对将自然科学方法绝对化，主张理解人的社会行为的主观意义是社会研究中至关重要的方面。

3. 唯物史观方法论

唯物史观方法论是马克思主义研究社会现象和社会问题、分析社会过程的基本方法论。唯物史观方法论有四点重要表现：一是以客观的、唯物主义的观点来看待社会现象，明确区分社会存在与社会意识的本质差别并承认二者的辩证关系；二是把生产关系视作理解社会结构的决定性因素；三是主张将社会现象与当时的社会状态相结合，进而详细了解并分析该社会现象产生的原因、过程以及所处的目前状态等；四是坚持从阶级的视野和观点去分析和研究社会现象。唯物史观是我国社会学研究的典型范式和最基本方法论。

（二）具体研究方法

在社会学研究中，人们经常使用的具体研究方法有调查法、观察法、访谈法、文献法和实验法等。

1. 调查法

社会学的调查方法有多种，主要有普查法、抽样调查法和个案调查法等。

（1）普查法。普查法，也称全面调查法，或称全体调查法，它是对研究对象进行一个不漏的逐一调查。普查法的优点是资料全面，所得结论具有较高可靠性。缺点是工作量大，花费的时间多，成本也较高，而且因参与的人多，因此发生错误的概率往往较高。

（2）抽样调查法。抽样调查法，又称选样调查法、范例调查法、样本调查法，是从调查研究的全体中抽取部分对象作为样本进行调查，并根据调查所得数据来推论被调查全体的一种调查方式。其优点是节约人力、财务和时间。与传统的调查方式相比，由于抽样调查法是以数据统计原理和概率论为基础的，具有较高的准确性、科学性，比典型调查更能保证其全体代表性；因为它是按随机原则来抽选调查样本的，因此不存在人的主观意图的影响。抽样调查的关键是选好调查对象，所选对象必须具有代表性；否则，调查所得结论就会同实际情况发生偏差，甚至是错误的。为选好调查对象，需采取正确的抽样方法。抽样调查可分为随机抽样调查法和非随机抽样调查法两种。

（3）个案调查法。个案调查法是指采用各种方法，搜集有效、完整的资料，对单一对象进行深入细致研究的方法。通常个案调查法是在对象总体中选择特定的人、事、物所进行的深入描述和分析，研究对象可以是一个人、一个机构、一个社会团体等。个案调查法的目的在于对某一具体的调查单位进行全面、深入、具体的了解，并在此基础上进行抽象概括，从而得出关于社会现象和社会过程的一般结论。它是社会学研究中常用方法之一。该方法的优点是能够提供有关某一个案的较全面信息，有助于研究者全面考察研究对象，并从中发现具有普遍意义的要素。

调查法一般需要与调查问卷相结合，因此，要想借助调查法获取比较全面、可靠、有说服力的信息和资料，问卷的设计也是非常重要的。

2. 观察法

观察法是社会学研究的主要方法之一，同时也是获取相关信息的重要途径。社会学中的观察法不同于一般的观察，它具有明确的目的和任务。它既可以在实验室进行，也可以在实地进行；既可进行局部观察，也可进行参与式观察。参与式观察预先不带有具体的理论假设，而是在实地以一个参与者或半参与者的身份进行长期观察，以便从大量现象中概括出研究对象的主要特征。观察法既可用于社会研究的开始阶段，以帮助研究者获取必要的资料和信息，也可以用于社会研究的中间和最后阶段，从而帮助研究者验证和解释研究结论。观察法通常要受时间和空间等因素的限制，而且对过去的事件和大范围的事件很难进行直接观察，因此，提高观察资料的可靠性，使观察结果稳定、有根据，是观察者需要特别注意的问题。

3. 访谈法

访谈法是指研究者或调查人员与被研究者或调查对象进行面对面的接触，通过有目的的谈话来获取有关信息和资料的方法。访谈法对访谈者有着较高的要求，而且在访谈结束后还需要及时地整理和分析访谈记录或录音，从中提炼有用的信息。访谈法收集信息资料是通过研究者与被调查对象面对面直接交谈方式实现的，具有较好的灵活性和适应性。访谈法的优点是方便易行，通过与被访谈者深入交谈可以获得第一手可靠有效的资料。访谈研究法的缺点是：样本小，需要较多的人力、物力和时间，应用上受到一定限制；无法控制被试受主试的种种影响，如角色特点、表情态度和交往方式等。访谈法一般适合在调查对象较少时使用，且常与问卷法、测验等相结合。

4. 文献法

文献是指依附于不同载体的信息形式，如正式出版论文和书籍、颁发的文件、交往中的书信以及录音带、照片和影片等。文献是社会学研究中信息的重要来源。文献研究有诸多优点，美国加利福尼亚大学的贝利教授认为，文献研究的最大优点是它能研究其他方法不能研究的对象。而且，文献法还具有成本低的优点。当然，文献法也有其致命缺陷，如果文献本身带有偏见或捏造的成分，研究者将很难排除这种偏见和虚假的内容①。文献法的作用在于：（1）能了解有关问题的历史和现状，帮助确定研究课题；（2）能形成关于研究对象的一般印象，有助于观察和访问；（3）能得到现实资料的比较信息；（4）有助于了解事物的全貌。

文献的分类是多种多样的，按文献的固有形式可分为文字文献、数字文献、图像文献、有声文献。按文献来源可分第一手文献和第二手文献。第一手文献指研究者未经任何中介环节而直接获得的，如通过访问其他观察者、实验者或摘抄现存资料而获得文献。收集文献一定注意有选择、有分析地搜集与研究课题有关文献的原则。收集方法有三种：直接利用文献目录及索引方法；专家咨询法；抄录和复印法。文献法是从现有文献中收集所需资料，因此，它具有间接性和历史性的特点，即研究者对不能亲自接触的研究对象也能进行研究；由于研究者在研究过程中，要查阅、记录文献，就必然接受和了解文献中的观点和思想方法，因此，它还有继承性的特点；此外，还有抽样量大、费用低，不能引起研究对象的情绪反应等特点。同时，文献法又存在缺乏直观感、现实感，文献中往往带有文献作者思想倾向以及资料短缺时无法弥补等缺点。

5. 实验法

实验法始于自然科学，之后该方法也被应用到社会学研究中。社会学的实验法"是从比较条件和结果的不同来发现两种社会现象之间的因果关系或共变关系"②，它采用比较的方法，在实验后进行实验对象与非实验对象的比较，甚至在实验前进行二者间的比较。它是将研究对象分为两组，一个为实验组；另一个为控制组（对照组）。研究者在对实验组和控制组的成员进行事先同时测量的基础上，对实验组提供一定的外部条件，而对控制组则实行一定的控制，使它仍然保持原有的环境条件，不受实验组的影响。提供实验条件后，研究者再对两个组的成员进行同样的测量，看两个组的测量结果有无变化，以及变化是否存在显著差异。如果变化的差异显著，则说明提供的实验条件与测量

---

① ［美］贝利：《现代社会研究方法》，上海人民出版社1986年版，第409～414页。
② ［美］贝利：《现代社会研究方法》，上海人民出版社1986年版，第42页。

结果间存在相关关系；否则，则无相关关系或关系不大。实验设计的好坏决定着实验的成败。

第三节　社会学考察社会的几个角度

一、宏观社会和微观社会的角度

宏观社会是指社会的整体结构，是较大范围的社会关系，如人口结构、民族结构、产业结构、职业结构等。研究社会的整体结构，可以使人们站在较高的位置上来看待社会的整个面貌，避免被繁杂的个别现象甚至假象所蒙蔽。

微观社会则是指社会的个体结构，如人口的或民族的个别成员间的互动关系，以及职业群体中个体人员的构成等。社会学对微观社会的考察侧重于社会中个人之间的差异和特征。例如，探讨现阶段中国城市中存在的"农民工"犯罪的原因时，微观社会学研究所关注的往往是每一个犯罪主体的特殊情况、特殊经历以及走上犯罪道路的影响因素。因为只有了解了这些情况，才能有针对性地开展犯罪"农民工"的教育和帮扶工作，引导他们尽快走上合乎社会发展方向的正确道路。

二、个人关系、群体关系和社会制度的角度

从社会关系和水平层次上看，社会系统可区分为个人关系、群体关系和社会制度三个层次。

1. 个人关系

个人关系是指个人与个人间的直接联系或互动，是一种低层次的非正式的社会关系。这种关系既没有固定的要求，也没有通过法律、法规、规则和规章等形式加以固定，因而具有不稳定性和变动不居的特点。如朋友关系、同事关系、邻居关系以及夫妻关系等。个人关系是全部社会关系的起点，是开展社会关系研究的基本环节。通过对个人关系深入、细致的研究，可以获得丰富的感性资料，有利于全面认识和把握群体关系的基本走向和发展趋势。

2. 群体关系

群体关系是发生于社会群体或组织层次上的社会关系。它是社会关系的中间层次，是社会制度的基础。这种关系通常通过社会群体的规则和规范加以固定，因此，与个人关系相比，群体关系具有相对的稳定性和持久性。如工作小组与工作小组间的关系、一个组织与另一个组织间的关系，以及一个阶层与另一个阶层间的关系，等等。群体关系在社会关系研究中占有重要地位。

3. 社会制度

社会制度是指在一定历史条件下形成的社会关系及与之相联系的社会活动的规范体系。它是一种固定化了的、坚持持久的社会关系，是社会关系的最高层次。通过对社会制度的研究，可以帮助人们从总体上认识和把握一个社会的基本关系，从而通过修正社会制度的不科学、不合理性，来确保社会的可持续发展。

三、血缘关系、地缘关系和业缘关系的角度

从联系人际关系的纽带来看，社会关系还可区分为血缘关系、地缘关系和业缘关系。

1. 血缘关系

血缘关系是指以血统的或生理的联系为基础而形成的社会关系。如父母与子女的关系、兄弟姐妹关系，以及由此而派生的其他亲属关系。它是人先天的与生俱来的关系，在人类社会产生之初就已存在，是最早形成的一种社会关系。人类历史上比较重要的血缘关系有种族、氏族、宗族、家族和家庭。种族是根据人体的生理特点来区分的，是指具有某种相同遗传特质的人种分支。种族只强调人的体质特征的一致性。例如，有的从人的外在特征，像肤色、眼睛、头发等来区分；有的则根据遗传基因或血液来区分。习惯上人们将人类的种族划分为高加索种、蒙古种和尼格罗种。氏族是原始社会中由血缘关系联系起来的社会集体或社会基本单位。氏族内部实行禁婚、集体劳动、集体占有生产资料、平均分配，没有剥削和阶级划分。宗族，是指有着共同的祖宗或同一父系的、使用同一姓氏的人。宗族的成员联系可以延续数代、数十代，甚至近百代。家族是指具有同一血统的几代人所形成的社会群体，有时也称"大家庭"。家族包括直系的和旁系的两种血缘联系。直接联系是指具有父母、子女关系的亲属；旁系联系则指直系关系以外的其他亲属，如叔、伯、姑、姨、舅、甥等。通常意义上讲，家庭是指具有直系血缘联系的亲属所组成的群体。

在社会发展中，血缘关系既有正向作用，也有反向作用。如在组织用人上的裙带关系，即是一种与社会发展趋势相背离的血缘联系。

2. 地缘关系

地缘关系是指人类社会的区位结构关系或空间与地理位置的关系。地缘关系是随着人类生活方式由游牧型向定居型而逐渐形成，并加以固定的。中国的地缘关系通常分为国家、省（自治区、直辖市）、市、县（或大区）、乡（镇或街道）、村（居民委）和邻里七级。

如果从地缘关系的特点看，它又可以分为封闭型（存在于工业革命以前）

和开放型（工业革命以来）两类。地缘关系也存在正功能（维系社会稳定）和反功能（束缚人们的发展）两种不同方向。

中国有句俗话："老乡见老乡，两眼泪汪汪"。这句话表达了在数千年来"熟人社会"对中国人际关系的影响。在中国，一个人成长时期所受到的地缘文化方面的影响对他以后的性格影响较大，如饮食和口音。出于同一个地缘，具有相同的地缘文化，在方言表达和饮食习惯方面认同感就非常强，在此基础上的社会价值和审美观念也有许多共同点。可如今却流行着"老乡见老乡，背后插一枪"的说法。一些人利用人口流动加大，老乡在流动中容易在传统文化影响中信赖老乡，便在老乡身上打主意，诈骗或者拐卖人口，也有的人不愿意和老乡共事，觉得老乡了解自己的底细，在开展工作中容易带来不便。因此，现代人正面临着老乡这种地缘文化淡化的影响，即使有些老乡会或同乡会，也显得十分功利，或者有些娱乐化色彩，也许这就是"流动的社会，陌生的人群"效应的写照吧。

3. 业缘关系

业缘关系是指以广泛的社会分工为基础而形成的复杂的社会关系。如行业内部的领导与被领导关系、上下级关系以及同事、同级关系；行业外部的彼此合作关系、伙伴关系、竞争关系、制约关系等。在人类社会历史上，几次大的分工促进了经济的发展，也促进了业缘关系的发展，从社会分工主要领域演变看，由畜牧业、农业、手工业，发展到纺织、机械等轻、重工业，再发展到电气、电子工业，进而发展到原子能、电子计算机、空间技术、遗传工程等新兴工业及教育、卫生、金融、信息等第三产业的飞速发展，标志着人类社会发展节奏的加快和分工的细密，也标志着不同行业人们的业缘关系更趋复杂。现代社会里人与人的交往，占支配地位的是这种以职业为纽带的业缘关系。

业缘关系是社会进步和发展的象征，但如果处理不好，也会对社会进步起阻碍作用。

本 章 小 结

1. 社会学为人们提供了一个观察我们所熟悉的世界以及我们所遇到的社会现象和社会问题的一个新的视角，借助这一视角，人们可以弄明白你身边出现的一些社会现象和产生的一些社会问题是什么，以及为什么等问题，可以帮助人们更加全面、深入地了解社会事实、分析社会现象和社会问题。

2. 社会学是指以人类社会系统为着眼点和立足点，侧重研究人类社会系统的运行状况、内在运行机制、功能和发展规律，以及构成社会的人和组织彼此间相互作用和影响关系的一门综合性、应用性的学科。它是社会科学的重要组成部分，但它不同于社会科学。社会学与社会科学是部分与整体、特殊与一般的关系。

3. 社会学是一门基础性、综合性的社会科学，它是从有机整体的角度来看待社会的，是一门经验性学科。

4. 社会学具有多种功能，概括地讲，主要有描述功能、解释功能、预测功能、规范功能和评判功能等。

5. 社会学的研究方法是社会学得以产生和发展的基础。社会学的研究方法包括方法论和具体研究方法等层次。社会学研究的方法论包括实证主义方法论、理解方法论和唯物史观方法论。社会学研究的具体方法主要有调查法、观察法、访谈法、文献法和实验法。其中调查法又可分为普查法、抽样调查法和个案调查法。调查法通常需要与问卷法捆绑使用。

6. 社会学考察社会的角度主要有：宏观社会和微观社会的角度；个人关系、群体关系和社会制度的角度；血缘关系、地缘关系和业缘关系的角度。

思 考 题

1. 社会学观察问题的独特之处表现在哪些方面？
2. 社会学的主要功能有哪些？
3. 社会学研究的主要方法论是什么？
4. 社会学的具体研究方法有哪些？
5. 社会学考虑社会的角度有哪几种？请简要说明之。

第二章　社会与文化

学习目标

1. 掌握社会的内涵，了解社会的特点及功能。
2. 掌握社会结构的含义，了解社会结构的构成。
3. 理解并掌握文化的含义及文化的基本特征。
4. 了解文化的类型，特别是物质文化与非物质文化、主文化、亚文化和反文化等概念。
5. 理解并掌握文化的结构，特别是文化的内部结构和空间结构。
6. 了解文化的功能，重点掌握文化中心、文化边际、文化震惊等概念。
7. 了解文化变迁及其过程。

关键名词

社会结构　社会地位　社会角色　社会群体　社会制度　文化堕距
主文化　亚文化　反文化　评比性文化　非评比性文化　文化特质　文化丛
文化模式　文化中心主义　文化相对主义　文化区　文化圈　文化震惊
文化边际　文化变迁　文化传播　文化采借　文化濡化

第一节　社会及其特点和功能

一、社会的内涵

"社会"一词最早见于唐代《旧唐书·玄宗上》一书，载文"礼部奏请千秋节休假三日，及村间社会"，此处的"社会"是"社"与"会"的连用，意为村民集会。现代意义上的"社会"，是由古汉语中"社"与"会"演变而来的。"社"在中国古汉语中是指祭神的场所，有时也指志同道合者的聚集之所，如现在人们所说的"文学社""诗社"等均为此意；"会"则为聚集之意。"社"与"会"连用，则指人们为祭神而集合在一起。

在西方，英语和法语中的"社会"一词源于拉丁语"socius"，有伙伴之意。英语中的"society"一词是指16世纪以来被广泛使用的市民社会概念的母体。而德语中的"gesellschaft"在中世纪后期表示为人与人的结合，形成了社会的概念。日本学者在明治年间最先将英文中的"society"一词译为汉字的"社会"。近代中国学者在翻译日本社会学著作时沿用了这一概念。加上严复等人对英文文献社会学著作的翻译和介绍，中文的"社会"一词才有了现代通用的含义。

目前西方社会学界对"社会"一词的解释主要有两大流派：一是社会唯实论（也称实体论）；二是社会唯名论。

社会唯实论源自中世纪欧洲经验派哲学的正统派唯实论。早期的唯实论依据柏拉图的理念论，主张一般脱离个别、先于个别而存在。后期的唯实论则以亚里士多德的"形式"学说为依据，认为一般存在于人的思维之中，主张一般是对事物共性的抽象。社会唯实论认为，社会是一个由各种制度和规范构成的有机整体，是客观实体，是个人的集合。社会唯实论的代表人物有英国的斯宾塞、德国的齐美尔、法国的迪尔凯姆和美国的斯莫尔等人。

社会唯名论源于中世纪欧洲经验哲学的非正统流派唯名论。唯名论否认一般的客观实在性，认为只有个别事物才是真实存在的，而一般不过是人们用来表示个别东西的名称；个别才是科学的对象，一般则是逻辑的对象。以唯名论

> **📝 小知识**
>
> **人类社会文明的产生与发展**
>
> 人类社会的形成与发展经历了从石器文明到陶器文明，再到金属文明、农业文明、工业文明和信息文明的漫长过程。自从人类产生以来，人类就开始对客观世界进行认识和改造，其结果是：一方面导致科学发现；另一方面导致技术发明。科学技术的形成与发展构成了人类社会文明发展的根本标志，是人类社会进化的根本动力。人类社会的一切物质文明与精神文明都可以看成是人类社会文明基因组——科学技术体系复制与表达的结果。没有科学技术的进步，就不可能有社会文明的进步，没有科学技术的发展，就不可能有人类社会文明的发展。这一点已成为现代人类社会文明发展的本质特征。

的思想来看待社会，即形成了社会唯名论。社会唯名论认为，社会是代表同样特征的许多人的名称，是个空名，真实存在的只是个人。社会唯名论的代表人物有法国的卢梭和 G. 塔尔德、英国的洛克以及美国的 F. H. 吉丁斯和德国的韦伯等人。

从现代意义上看，上述观点均失之偏颇。现代意义上的社会，应是一个人

类的生活共同体，是人与人、人与群体的全部关系的总和，也就是说，社会是以共同的物质生产活动为基础而相互联系起来的人们的有机总体。

二、社会的特点和功能

（一）社会的特点

对于社会，我们可将其特点简单地概括为以下六个方面。

1. 社会是由人组成的

人是构成社会的最基本要素，没有人，人类社会就无从谈起。当然，这里所说的人是指人群而非指个人。单个人不能成为社会，如一个城市、一个国家等。人是自然长期的结果，是一种高级的灵长类动物。当然，现实社会中的人绝不只是一种动物，而是有意识、有思想，以一定的行为规范指导其活动的社会性动物。人具有生物属性，更重要的是具有社会属性。人的生物属性，即自然属性，是与生俱来的。这表现为人是一个生物体，具有生物的一般特征，如生、老、病、死。另外，人的生物属性还表现为人的本能，他必须通过获取食物来维持基本的能量和生理需要，以保证正常的新陈代谢及物质和能量平衡。人的社会属性则指个体因接受群体和社会文化而表现出来的按照既定的社会规范来参与群体和社会活动的特征。人的社会属性突出地表现在：（1）制造和使用工具的能力。这是人类区别于一般动物的本质特征之一，是推动人类社会进步和发展的重要力量。（2）具有主观能动性。与其他动物不同，人不是被动地适应自然界，而是随着对自然界认识的不断加深，有意识地、有目的地改造外部环境，并积极主动地适应外部环境，以实现人与自然的和谐。（3）人类有着共同的生活和生产模式。人是一种群居的感情性动物，人的群居性特征造就了其相同或相近的生活习惯和行为方式，并指导着人们的日常生活行为；在获取必要生活资料过程中，人类共同劳动、互帮互依的行为方式，是人类共同的生产模式形成的基本条件，同时也是人的社会性的重要体现。

2. 社会是以人与人之间的交往和关系为纽带的

人类社会的形成与发展伴随着人与人、群体与群体之间持续的物质、信息和情感交流，这种交流将人与人、群体与群体紧密地联结起来，成为影响人类社会发展的重要力量。在整个人类社会中，人与人的联系可概括为两种，即横向联系和纵向联系。所谓横向联系，通常是指同一代人之间的联系。如子女一代与其朋友和同事之间的联系，即兄弟关系、姐妹关系、同事关系等。所谓纵向联系，通常是指子女这一代与其父母或祖父母那一代之间的联系，它表现了人类文明的前后相继、永续发展的过程，如父母与子女的关系、上级与下级的关系等。

3. 社会是一个有文化、有组织的系统

人类不同于动物结群式的组合，人类社会创造出了原来自然界所没有的文化和文化体系。而后，这种文化和文化体系又成了人类社会的重要组成要素，由此，社会便按照一定的文化模式而组织了起来。文化是人类社会的灵魂，是社会发展和进步的重要标志。

4. 社会是以人类的物质生产活动为基础的

马克思曾经指出，人类社会包括两种生产，即人类自身的生产和人类赖以生存的物质资料的生产。人类自身的生产包括自身生命的生产和他人生命的生产。自身生命的生产主要是指人类通过消费活动来满足自身的物质和能量需要，改善自身的生活条件，以及通过投资活动来提高自身的知识和技术水平，增进自身的能力。他人生命的生产一方面是指满足他人，主要指有血缘关系的家庭成员的生存和发展需要，即将自己劳动成果的一部分提供给家庭成员，供他们消费；另一方面是指通过生育来创造新的生命的活动。人类自身的生产自始至终均是以物质资料的生产为前提的，是人类社会得以延续和发展的基础。没有物质资料的生产活动，人类实体的物质性就难以延续和发展。

5. 社会系统具有心理的、精神的联系

人类是一种高级的灵长类动物，人类的一切生产和生活活动，都是靠其发达的神经活动来控制和支配的。而且，正是在其高级神经活动基础上，人类才创造出了一系列用来联系和沟通的符号和标志，像语言、文字、符号以及其他多种非本能的通讯方式。这些符号、标志和通讯方式，反过来又极大强化了人与人之间在心理和精神上的联系与互动。

6. 社会系统是一个具有主动性、创造性和改造能力的活的机体

人类是一种具有主观能动性的高级动物，主动性、创造性和改造能力是人类区别于一般动物的重要特征。通常来讲，一般动物只能被动地适应自然环境，当冬季来临时，动物们只能采取一些被动的措施来抵御气候的剧烈变化，相比之下，人类则可以通过采取一系列具有积极性、主动性的措施，如添加棉衣、点火取暖、建造御寒保温设施等，来防御冬季的寒冷。面对食物不足的状况，一般动物只能被动无奈地忍受饥饿，而人类则可以通过积极、主动、有创造性的生产活动，通过克服种种不利的自然条件来生产粮食，以满足自身的生活需要。

（二）社会的功能

社会功能是社会发生作用的具体体现。概括地讲，社会的功能主要包括以下四个方面。

1. 整合功能

整合（integration），也称社会整合，是将无数单个人组织起来，形成一股合力，或通过调节矛盾、冲突与对立，将其控制在一定范围内的过程。整合功能是社会的基本功能之一。当前的中国社会正处在社会转型之中，在强大的利益攻势和外来文化观念冲击之下，社会关系、价值观念以及群体间的矛盾和冲突均日益突出，诸如血亲关系不断松散化、道德出现滑坡、个人价值观迷失、贫富差距拉大导致不同收入阶层的对立情绪高涨，等等。在这种情况下，如何通过文化、观念和规范等措施，来强化甚至消解这些矛盾和冲突，是摆在各级社会管理者面前的重要课题。

2. 交流功能

语言、文字和符号等人类交往工具的发明和创造，为人与人、家庭与家庭、群体与群体、国家与国家间的交流和往来提供了可能。对于语言、文字和符号标志等的学习过程，实际上就是人们掌握必要的交流工具和手段的过程。交流不仅是消除分歧、达成感情融洽的必要手段，同时也是建立和谐的人际关系与社会关系的必要前提。一般来讲，交流必须借助一定的场所和规范来实现和完成，场所和规范是人类交流得以正常进行的必要前提和基本保障。在这方面，社会为人类交流和交往提供了必要的场所和规范，确保了人类交流和交往的有效性、合理性和得体性。像如何接人待物、如何进行外事谈判等，均是社会交流功能的体现。

3. 导向功能

导向是确保人们按照合理的规范行事、朝着既定目标行进的基本前提。社会的导向功能是通过行为规范的制定及其执行来发挥作用的。如红绿灯标志、组织的条例和规定，以及习俗、道德和法律法规等，都是社会导向功能的现实体现。

4. 继承和发展功能

人的一生虽然短暂，但人类却是世代更替和不断延续的。一个人、一个家庭乃至一个家族会随着时间的延续而走向生命历程的终结，但就人类社会却表现为持久的连续性，这种连续性主要表现为人类的世代更替和不断延续。社会的延续与长存，使人类创造的物质文明和精神文明得以延存及不断更新和发展，并由此体现了社会的继承和发展功能。

三、社会结构及其构成

任何事物均有一定的结构。"结构"是指事物内部有机联系着的部分和相对稳定的内在秩序。社会结构（social structure）则指社会体系中各基本组成部分之间的内在有机联系，是人类社会的基本框架。社会结构是一个描述性的概念，是社会得以形成和发展的基础。

社会结构通常包括社会地位、社会角色、社会群体和社会制度等几个主要部分。

1. 社会地位

社会地位（social status）是指组成社会体系的个人在社会中所拥有的具有社会意义的位置，如政府市长、公司经理、教师、律师等。社会地位的确定是根据财富的多少、声望的高低、权力的大小和受教育程度的高低等进行社会排列而做出的。一个人的社会地位决定了他在社会上"适合生存"的地点及其与他人发生联系的方式。例如，"政府市长"这一社会地位决定了他或她与政府其他部门成员间的关系，"公司经理"则商定了这一地位的占据者与员工、股东、董事长、其他公司之间的关系。

有些地位是人们无法控制和改变的，具有先赋特征，如性别、年龄、民族、种族等，这些地位被称作先赋地位或既得地位（assigned or ascribed status）。有些地位，如受教育程度和职业等，是人们可以控制的，通过个人努力可以起到部分作用，这种地位叫后致地位或获得地位（achieved or acquired status）。

2. 社会角色

社会角色（social role）是指社会上每一种地位均伴有为社会所期望和要求的，与人的社会地位和身份相一致的一套权利、义务和行为模式。社会角色是社会对处在特定社会地位上的人的行为期待，是社会群体和组织的基础。角色原引自戏剧，是指人们在某一戏剧或某一场景下所发挥的作用。最早将"角色"一词引入到社会学中的是美国芝加哥学派。拟剧论的代表人物 E. 戈夫曼（Erving Goffman，1922－1982）等人认为，社会是一个大舞台，每个人都在其中扮演着具有高度创造性的不同角色。比如，在一个家庭中，就有父母、子女、孙子女、伯伯、叔叔、婶婶、姑姑等不同角色；而在一个公司中，则有董事长、总经理、部门经理、办公室主任、秘书等诸多不同角色。关于"社会角色"，我们将在第三章"社会化与社会角色"中做专门介绍，这里暂不赘述。

3. 社会群体

在人类社会中，大多数活动均是以群体的形式进行的，人们总是生活在不同规模和不同类型的群体之中。社会群体（social group）是指由两个或两个以上的人所组成的、按照一定的规范和行为方式进行比较持久的交流的共同体。它不同于偶然地、暂时聚合在一起的人群，如电影院里的观众、商场里的顾客等。社会群体是人类生存、生活和生产的基本单位，是构成社会的基本要素之一。关于"社会群体"，我们将在第五章"社会群体与社会组织"中进行详细介绍。

4. 社会制度

社会制度（social institution）是为了满足人类基本的社会需要，在各个社会中具有普遍性的、用来维护持久的社会关系和正常的社会秩序的社会规范体系。社会制度不仅是一种社会规范，而且也是社会结构的基本组成部分，它规定了每个特定角色在社会关系网络中所具有的权利、应承担的义务及行为方式。社会制度是在一个复杂的系统，它由不同的要素组成。这些要素主要包括观念、规范、组织和设施四个方面。其中，观念是用来阐述制度终极目标或存在价值的理论基础，是某种制度产生和施行的合理性根据；规范是制度的基本内容，用于规范人们的相互关系和行为，它包括成文的和不成文的，如风俗习惯、伦理道德、法律法规等；组织是保证社会制度得以正常实施的实体，包括所有的职能机构及其首脑和工作人员，以确保社会制度的正常执行及时修正；设施是社会制度得以运作的空间场所和物质基础，它包括国旗、军旗和组织的标识物等象征性设施及办公楼、办公设备等实用性的物质设施。社会制度一般具有如下特征：

（1）普遍性。作为社会结构的基本要件和社会行为规范的重要形式，社会制度不仅普遍存在于一切国家和民族中，而且还表现出明显的世代相继性特征，贯穿于阶级社会产生以来的几千年的人类社会中，对所辖范围内人们的行为具有显著的制约作用。

（2）相对稳定性。社会制度是维护社会秩序、实现社会安定团结的重要手段，具有较强的相对稳定性，即使它赖以存在的基础发生变化，它也会在一定时期内对人们的行为发挥作用。从某种意义上讲，社会制度的这种相对稳定性恰恰是其保守性的实际体现。例如，在当今中国社会中，即便政府下令取消了制约人口流动、限制公民平等的户籍制度，但户籍制度对人们的影响作用也不会在短期内消除，一些人甚至会从其所处利益集团的角度变相地抵制户籍制度改革。

（3）强制性。作为影响和制约人们的行为方式和社会关系的社会规范体系，社会制度具有显著的强制性特征。也就是说，某种社会制度一旦形成并发挥作用，就会强迫人们无条件地服从和遵守，否则就会受到惩罚。

（4）阶级性。在阶级社会中，社会制度不可避免地、或多或少地受阶级利益和阶级意识的影响，带有统治阶级意志的烙印。

（5）系统性。任何社会制度都不是单独存在的，它往往是围绕某一核心制度或基本制度而形成的、各种制度之间具有内在联系性的制度体系或系统。在管一制度体系中，任何制度都会或多或少地受到其他制度的影响，并对人们的行为从不同的角度和方面产生影响和制约。现代社会的社会制度主要包括政治制度、经济制度、教育制度和家庭制度等，上述各种制度又包括一系列的具体制度，它们一起构成了整个社会的制度体系或系统。

第二节　文化及其特征、结构和功能

现代社会的人一出生就要受到文化的影响。文化，作为人类社会的基本构成要素，渗透于人们生活和生产的各个领域，无时无刻不在影响着人们的价值观念、生活方式、生产方式以及社会的运行。现代社会的文化是一个使用频率很高且具有较强囊括力的概念。文化与社会有着密切联系，二者是互相依存、共生共长、密不可分的。考古学家克里福德·杰茨认为，没有文化的人类"事实上根本不存在，历史上也从未存在"。英国人类学家 R. 费思认为，文化就是社会，社会是什么，文化就是什么。他在 1951 年出版的《社会组织要素》一书中指出，如果认为社会是由一群具有特定生活方式的人组成的，那么文化就是这种生活方式。由此可见，无论个人还是社会，离开文化将不可能生存。正因为文化与社会有着密不可分的联系，因此人们才经常会将二者混同。实际上，文化与社会是不同的。文化是社会所共享的产品构成，而社会则是由共享某种文化的相互发生作用的人构成的。① 鉴于文化的重要性，本节专门讨论有关文化的问题。

一、文化的含义及类型

（一）文化的含义

1. 有关文化的解说

在中国古典文献中，"文化"是"文"与"化"的合成词，这里的"文"是指文字、文章、文采，又指道德、礼乐、典章制度；"化"是指感化、教化。"文"与"化"合起来即"文化"，原意是指用一定的道理和规矩来教化人们，使之安分守己，服从统治，简言之，就是对人实行文治教化。在西方，"文化"在拉丁文中为 culture，意思与古汉语中的"文化"相差较大，是指农耕和对植物的栽培。文艺复兴以后，"文化"一词的含义在西方被引申为对人的品德和能力的培养，并逐渐接近中国古汉语中"文化"的含义。19 世纪 40 年代法国人克莱姆发表的《普通文化学史》和《普通文化学》均以文化为研究对象。1871 年英国人类学家爱德华·泰勒在《原始文化》一书中写道："文化

---

① 张敦福：《现代社会学教程》，高等教育出版社 2005 年版，第 81~82 页。

或文明，从人种志学的观点看，是一个复杂的整体，它包括知识、信仰、艺术、伦理道德、法律、风俗习惯，以及作为一个社会成员的人通过后天学习获得的任何其他能力和习性。"[1] 从此，文化便成了一个一般化的术语。自泰勒以后，文化开始引起哲学家、人类学家、历史学家、社会学家、政治学家等的关注。美国人类学家克鲁伯和克鲁克洪在《文化：概念与定义的批判性回顾》一书中收集了有关文化的 160 余种定义。心理人类学家林顿认为，文化是指某一特定社会的成员所共享并互相传递的知识、态度、习惯性行为模式等的总和。英国人类学家马林诺夫斯基（Bronislaw Malinowski，1884－1942）发展了泰勒的定义，认为文化是对一种传统的器物、货品、技术、思想、习惯及价值而言的，它不仅包括物质文化，而且包括精神文化。结构功能主义的先驱者、英国人类学家拉德克里夫—布朗（Radcliffe－Brown）认为，文化是指一定的社会群体或社会阶级在与他人接触交往中习得的思想、感觉和活动的方式。他强调，文化只有在社会结构发挥功能时才会显现出来，离开社会结构体系将不可能观察到文化。

上述有关文化的界定互有短长，它反映了人类学家、社会学家等对文化认识的历史性变化过程。

2. 文化的含义

综合考虑人们对文化的不同理解以及文化本身所涉及的方面，我们认为，文化是指与自然现象不同的人类社会活动的全部成果，它包括人类所创造的一切物质的和非物质的东西。自然界本无文化，自从有了人类，凡经人类"耕耘"的一切均为文化。更确切地讲，自然存在物不是文化，只有经过人类有意识加工制做出来的东西才是文化。例如，水本身不是文化，人们所称的水库、水污染等才是文化；野生苹果本身不是文化，但当人们有意识地种植和买卖苹果时才有了人类文化的意蕴。

📝 **小知识**

人类文化的产生

语言的交流可以激发人的思维活动，人类的思维活动又能够引导人类对客观的自然环境和社会环境进行仔细的观察和认知。东方人大都居住在北半球低纬度气候温和的区域，那里更适合发展农业，所以，他们率先进入了农业文明，这使得东方人更善于对与农业有关的客观事物的观察。而西方人大都集中

---

[1] E. B. Talor. Primitive Culture. Vol. I. John Murray, 1989：P. 1.

于北半球高纬度的相对寒冷的区域，那里并不适合农业的生产，他们长期徘徊在简单的畜牧狩猎文明，简单的生产方式和由于不适宜人类生存的恶劣气候造成的人口稀少，使得西方人在人类早期文明阶段缺少对自然界和人类社会的观察与认识，因而，他们创造的文字只能是以自有语言的语音为基础的字母文字。西方人则沿着对世界的出处和对自身灾难生活感受的思考和追问创造出了显然不同于东方的基督文化。西方人这种追问式的思考和其独特的思维方式给西方文化日后的崛起奠定了坚实的基础。非洲是产生人类的摇篮，是最早适合包括人类在内的动物界生存繁衍的地方，那里产生了古埃及文化，由于当时的西方并不适宜人类的生存，所以，古埃及文化的传播是由此向东产生了印度两河流域文化和中国黄河流域文化。随着人类文化的进一步发展和人类生存技能的提高，以及西方地域环境向有益于人类生存的自然变化，古埃及文化得以沿着地中海北岸向西方的欧洲蔓延，从而开始形成西方文化。随着地球气候的逐渐变暖，北半球的东方和西方越来越适合人类的生存，而赤道附近的热带雨林气候越来越不适合人类生存，所以，文化也就停止了向那里的蔓延，这就是那里至今没有自己的文化而使用的是西方殖民统治的殖民文化的原因。

看来，人类文化是按照东方文化、西方文化、移民文化和殖民文化这样一个顺序产生的。

（二）文化的类型

对于文化，按照不同的标准可以划分为不同类型。

从物质性和非物质性角度看，文化可划分为物质文化和非物质文化。所谓物质文化，通常是指物质世界中一切经过人加工、体现了人的思想的东西。如建筑物、艺术品、文化遗迹等。物质文化在使用中会不断被耗损。所谓非物质文化，也称精神文化，一般是指语言、符号、观念和制度规范等。如"修身、齐家、治国、平天下""国家兴亡，匹夫有责"的道理，以及日常礼仪、习俗、道德和法律条例等。非物质文化可以被反复使用而不损耗。

按照文化在社会生活中所处的地位、具有的影响和被接受的程度，文化可分为主文化、亚文化和反文化。所谓主文化，是指在社会中占主导地位的、为多数人所接受的文化。如在中国绵延五千年的社会发展史上，大多数时期儒家文化就扮演着主文化的角色，发挥着影响多数人价值观、行为方式和思维方式的作用。所谓亚文化，是指仅为社会上一部分成员所接受的或为某一社会群体所特有的文化。亚文化是相对于主文化而言的。亚文化可分为民族亚文化（即民族文化，如各民族的语言、文字和生活方式等）、职业亚文化（如各职业的专门术语、职业道德和职业习惯等）和越轨亚文化（指一些反社会集团所特

29

有的文化，如犯罪团伙的暗号、黑社会的所谓"行话"等，越轨亚文化的行为规范往往会偏离主文化所规定的行为规范）。主文化与亚文化可以相互转化，主文化和亚文化的性质只能根据它们在社会上所起的作用来判断。而当亚文化与主文化相对抗、排斥时，就可能演化为反文化。所谓反文化，是指对现存秩序的背离和否定，是对现存主文化的抵制和对抗。反文化并不一定都是坏的东西，反文化的性质取决于它所反对的是什么样的文化。如中国的"新文化运动"和国外的"文艺复兴运动"等。

按照文化的可评比性或可比较性，文化又可分为评比性文化和非评比性文化。所谓评比性文化，是指有好坏、高下之分的文化。评比性文化有优劣之分：优性文化，如自强、自立、自尊的精神；劣性文化，如吸毒、卖淫等。非评比性文化，也称中性文化，是指在文化评比中无明显的优劣、高下之分的文化。如庆典方式、礼仪、姿态和发式等。中性文化是民族分野的主要标志，它有助于维系社会的团结和稳定，有助于增强社会内聚力。对中性文化，无须大力宣传和提倡，应任其发展。

二、文化的特征

1. 文化是超生理性和超个人性的

文化的超生理性是指任何文化都是人们后天习得的和创造的，文化不能通过生理遗传。没有任何一种基因能告诉人们怎样唱歌、怎样跳舞、怎样进行科学研究以及怎样结婚过日子。生理遗传可以决定人的生理特征，如性别、相貌、肤色等，但这不是文化，而关于"男女有别，授受不亲""男女平等"等的谈论才是文化。文化的超个人性是指个人虽有接受文化和创造文化的能力，但个人却不能形成和影响文化。个人只有在与他人的互动中才需要文化，才能接受文化和影响文化。

2. 文化具有复合性特征

任何一种文化现象都是多种文化要素的复合，如电影、电视、戏剧等。文化赖以产生和发展的社会关系与社会活动的普遍联系，商定着文化的复合性。通常，围绕某一社会活动或社会关系，会产生相互依存、相互影响的一系列相关的文化现象。如围绕宗教活动会产生诸如宗教教义、宗教仪式、宗教建筑和宗教音乐等文化现象。而且，正像网络文化与语言和网络技术等结合在一起一样，任何文化现象都不可能是孤立地存在的，它总是要与一些其他文化现象组合在一起。

3. 文化具有象征性特征

文化的象征性是指文化现象所具有的广泛意义。如白与黑在不同的时期、不同社会背景和条件，以及不同语境下，其含义往往不同。"一穷二白"中的"白"是一无所有之意；"白衣"是中国的孝服，而"白衣天使"在现代意义上则指护士。在汉语中，黑色带有一定的贬义，如黑市、黑社会等。黑人在一般意义是指黑肤色的人种，而在特殊场合则指没有登记户口的人。贬义的"黑客"是指那些通过钻网络的漏洞、利用网络的缺陷，在网上进行非法破坏活动或牟取不正当个人利益的人。

4. 文化具有传递性特征

文化的传递性是指文化一经产生，即可能被他人模仿、效法和利用。文化传递性体现了文化具有前后相继的特点。文化的传递性表现为纵向传递和横向传递。所谓纵向传递，是指文化能世代相传，即社会学意义上的"社会化"。如祖辈创造的文化，可以借助语言、符号、器物等传递给后代。所谓横向传递，是指文化在不同地域和民族间的传播。如土豆、玉米等出自美洲，而咖啡则来自非洲，啤酒源于古埃及，大米和茶叶产于中国，等等。

5. 文化具有多样性

文化的多样性主要是指不同国家、民族、社会集团和社区均有其独特的文化。不同国家和不同民族有不同的文化。如中国文化、印度文化、阿拉伯文化、美国文化等，不同国家的文化表现出不同的物色。再如，汉族文化、回族文化、藏族文化等民族文化则表现出不同的民族特征。不同性质的社会集团也有不同的文化，如企业文化、校园文化、军营文化等；同类社会集团也各有各的文化，如北京大学的校园文化与清华大学的校园文化就存在明显的不同。

6. 文化的变迁性和文化堕距

文化的变迁性是指文化总是处于不断的变化之中，这种变化是由自然条件变化、不同文化间的接触以及发明和发现所引发的。变迁性涉及文化的继承与变异，即文化的继承和发展两个方面。

文化堕距（culture lag）是1923年由美国社会学家威廉·奥格本在《社会变迁》一书中最早提出来的。文化堕距理论认为，由相互依赖的各部分所组成的文化在变迁时，其各部分的变迁速度有快有慢，从而导致各部分间的不平衡、差距、错位，并由此造成一系列的社会问题。在这种快慢不等的变迁中，非物质文化往往慢于物质文化而变迁，正是由于两者的不同步，从而产生差距。就非物质文化的变迁而言，制度变迁总是要快于风俗、民德和价值观等。如科学技术上的发明创造和发现，使物质生产发生了变化，而指导和管理生产的政策、组织、制度等并没有及时做相应的调整，这时后者就成为文化变迁过程中的滞后部分，从而发生堕距现象。然而文化堕距并非专指适应性文化落后于物质文化变化的情形，在物质文化变化之前先发生非物质文化变化的情形是时常发生的。这也是文化堕距的一种表现。

文化堕距理论是建立在社会及文化功能整合理论基础之上的。整合理论认为，社会文化体系的各部分、各分支在功能上是互补的，部分和分支对于整体有不可缺少的功能，若各部分的变化不一致，就会发生社会解组现象。辩证唯物论认为，物质文化决定非物质文化，而非物质文化一经形成，便具有相对的独立性和稳定性。首先从客观过程来看，在物质文化发生变化时，这种变化信息向适应性文化的传递一般要有一个过程，即适应性文化反映物质文化的变迁要经历一段时间，即时间差，然后才能发生相应的变化，并由此产生堕距现象。其次是特殊利益集团的保守性。凡是对某一集团有特殊利益的文化，必然会受到该集团的保护，因而使这种文化得以保存。在社会变迁和发展过程中，虽然文化堕距现象难以避免，然而却可通过社会整合和社会改革予以缩短。

三、文化的结构

文化的结构是指文化所结成的特定的体系及其这种体系所表现出来的不同层次。

（一）文化的内部结构

1. 文化特质

文化特质是指一事物区别于他事物的特有属性。它是组成文化的基本要素或最小单位，通常也称文化元素。文化特质既可以表现为物质文化形式，如笔、墨、纸、砚、琵琶等；也可表现为非物质文化的形式，如"三纲五常"以及下跪、作揖等礼仪。文化的差异一般是通过文化特质表现出来的。文化特质可以独立存在并表明某种意义，然而，只有将不同的文化特质结合起来时才会真正发挥其应有的作用。

2. 文化丛

文化丛（culture set），又称文化特质丛，是指因功能上相联系而组合成的一组文化特质。文化丛是文化的基本功能单位。它一般以某一文化特质为核心，与其他功能相关的文化特质联合起来共同发挥作用。如茶文化丛的核心文化特质是茶叶，围绕喝茶会有茶壶、茶杯、茶碗等茶具，以及喝茶的习惯和礼仪、沏茶的方法等一系列文化特质。也有的文化丛是由具有连带关系、功能相似的文化特质整合而成的，如我国传统的婚嫁礼俗，在男女婚嫁时，就必须经过纳采、问吉、纳吉、纳徵、请期和迎亲六个步骤，俗称"六礼"。

3. 文化模式

文化模式是指一个社会中所有文化内容（包括文化特质和文化丛）组合在一起的特殊形式和结构。"文化模式"这一概念是由美国学者本尼边克特在

《文化模式》一书中首先提出来的。她认为，文化的形成和发展是一个不断整合的动态过程，一些文化特质被选择和吸引，并逐渐趋向合法化、制度化，另一些被抑制、排除、摒弃。文化的这种内聚和整合，逐渐形成了一种内部协调稳定的模式。文化模式的形成既受到气候、资源、人口和地理条件等自然因素的影响，也要受到科技水平、社会制度、意识形态和外来文化等社会因素的影响。不同国家和民族形成了各具特色的文化模式。文化模式通常包括特殊文化模式和普遍文化模式两种形式。其中，特殊的文化模式是指不同国家、不同民族，甚至不同地区、不同社会群体的多样的文化结构和文化内容，如日本文化、巴蜀文化、阿拉伯文化，以及东北大秧歌、京剧、豫剧等；普遍文化模式是指各种不同文化模式中所包含的共有的东西，如语言、文字、艺术、符号、习俗、家庭和社会制度、科学、政府和战争等。

任何文化特质如果不与一定文化模式相适应就不会被该文化模式所接纳。民族的文化模式一般是围绕一定的核心观念而形成的。文化模式具有极强的稳定性。

文化特质与文化丛和文化模式一起构成了社会文化的全貌。

（二）文化的空间结构

文化的空间结构是指文化的各部分在空间上怎样结合在一起而形成一个文化区域，以及不同文化区域间的关系是怎样的问题。它包括文化中心、文化区、文化圈和文化边际等。

1. 文化中心

文化中心是指文化特质在地理位置上分布最集中的地方，它通过文化扩散来对文化区产生影响。如一个国家的首都和省会城市等给周边地区的文化带来的辐射性影响。文化中心思想发展的极端是文化中心主义。

文化中心主义（ethnocentrism），也称种族中心主义，是指一个国家或民族甚至群体将自己的文化模式，如生活方式、信仰、价值观和行为规范等作为衡量和评价其他文化的中心和标准的现象。这种文化价值观的后果是盲目排外。如中国改革开放前对西方文化的全盘否定，以及西方一些国家、群体和个人以自己的价值观来片面地评价和批判东方社会价值观的现象。

与文化中心主义相对应的是文化相对主义。文化相对主义（cultural relativism）认为，文化模式无优劣之分，不能进行比较，因为各种文化模式均有其特定的生存环境。文化相对主义的口号是："好的民德就是适合当时环境的民德。"如一些群体对西方文化的全盘吸收或崇洋媚外现象。

2. 文化区

文化区是指在文化特征和生活方式上具有相同或相似性的一定区域。中国文化大体可分为中原、齐鲁、荆楚、巴蜀、吴越、岭南、闽台等文化区。

3. 文化圈

文化圈是指由存在相同或相通之处的若干文化区所构成的更大范围的空间。文化圈与文化的交流、传播和扩散等有着较大关系，它可以是跨区域或跨空间的。奥地利学者施密特和德国学者格雷布纳最先使用"文化圈"（kulturkreis）这一概念来研究民族学，认为通过查找文化丛的地理分布可以追寻文化丛的传播路径。在不同的文化模式之间存在着或多或少相同或相通的文化区域，它们共同构成一个文化圈。从地理的角度可分为东亚文化圈、西亚阿拉伯文化圈、北美洲文化圈、欧洲文化圈、拉美文化圈和非洲文化圈等；从宗教信仰角度又可划分为佛教文化圈、伊斯兰教文化圈、基督教文化圈等。

4. 文化边际

文化的发展是一个不断扩散、传播、交流和融合的过程，并由此形成了不同文化的交叉和渗透地带，即文化边际。文化边际也称边际文化（marginal culture）。文化边际是远离文化中心的边缘地带，在那里，主文化的控制力大大减弱，各种文化比较容易获得自己的发展空间，因此，它通常是一个多种文化混杂的地带。因此，往往容易受到外来文化的影响，从而表现出较快的文化变迁速度。如中国的香港、澳门以及一些边境地区。

与文化边际区截然不同的是长期受某种文化观念禁锢的一些文化区域。在这些地区，由于文化交流相对较少，观念相对僵化，因此接受外来文化，特别是具有较大文化观念差异的文化时，往往会出现文化震惊现象。文化震惊（culture shock），也称文化冲击，是指生活在某一种文化中的人，当他初次接触到另一种文化模式时所产生的思想上的混乱和心理上的压力。如，长期生活在内地的汉族人看到一些少数民族和外国人的一些日常行为和习俗时所表现出的震惊。文化震惊是一种客观现象，并无善恶之分。既不能盲目排外，也不该盲目崇拜。

四、文化的功能

由于共同生活和生产的需要，人类创造了文化，进而文化又成了人类社会的灵魂，成为人区别于一般动物的显著标志。在人类社会的产生及演进发展中，文化不仅起到了社会整合和导向作用，而且塑造了人类的人格，促进了人的社会化。

1. 文化的区分功能

文化是人类特有的东西，是人类区别于一般动物的重要标志。对个人来讲，只有将文化通过社会化内化于己，掌握一定的生活和生产技能，遵守社会的价值规范，才能成为真正的社会人。而且，文化又是区分不同国家或民族的重要标志。不同国家或民族的人们在长期的生产和生活中形成了属于自己的不同行为方式、生活技巧，创造出了不同的物质产品和精神产品。人们可以通过分辨他们秉承的文化特征，如语言、价值观念、宗教信仰等来对他们做出区分。就饮食文化而言，中国人以吃中餐为主，而西方人则喜欢吃西餐，美国人不吃牡蛎而吃蜗牛，法国人吃蜗牛而不吃蝉，祖鲁人吃蝉而不吃鱼，犹太人吃鱼而不吃猪肉，印度人吃猪肉而不吃牛肉，俄国人吃牛肉而不吃蛇，等等。另外，文化还是人类社会与自然界区分的标识。

2. 文化的规范和控制功能

有了文化，人们便有了自己的行为标准，同时它也使一个社会的规范、观念系统化。文化通过社会化塑造了合格的社会成员，并达成了社会控制功能的形成。具体地讲，文化通过价值规范、行为准则和行为方式等要素来规范和约束人们的行为，并通过舆论、道德、纪律和法律规章等赏罚机制来保证社会的约束效力，从而发挥规范和控制功能。

3. 文化的整合功能

社会整合是社会秩序的基础。文化的社会整合功能包括价值整合、规范整合和结构整合三个方面。价值整合是文化整合功能中最重要，也是最基本的功能。社会成员在价值观上存在差异是必然的，这种差异一经统一文化的熏陶，就会在社会生活的基本方面形成基本一致的观念，并作用于人们的行为方式。通常来讲，被一种社会文化所肯定和宣扬的观念和行为，往往是社会绝大多数成员所追求的；而被社会文化所否定和摒弃的观念和行为，也会被社会绝大多数人所摒弃。规范整合作用一般是借助社会价值体系和社会规范体系来实现的。借助社会化过程，将社会的价值观、行为标准和行为准则等内化为个人的行为准则，进而将社会成员的行为纳入一定的轨道和模式，以达到维护社会秩序、促进社会进步的目的。社会是一个结构复杂的系统。一般来讲，社会的异质性越强，分化的程度越高，社会的结构就越复杂，结构整合的难度也就越大。文化的整合功能是民族团结和达成优良社会秩序的基础。一个缺乏整合的社会将是一个四分五裂的社会。一个民族，只有共享同一份文化，才会有民族的认同感，也才会实现心理上和行为上的联结，从而表现出强大的民族凝聚力。

4. 文化的导向功能

文化的导向功能是指文化可以为人们的行为提供方向及可供选择的行为方式。在群体和社会生活中，人们根据自己的需要可能会采取多种行为，或者为达到目标采取不同的行为方式。然而，并非所有的行为均能有效地达到既定目标，因为某一行动者的目标必须通过他人（同样是行动者）合适的回应才能实现。对于什么是合适的行为和行为方式，这只有通过共享文化来做出判断。任何文化都包含有对于人们行为的好与坏、对与错以及合适与否的价值判断。站在对方角度来看，共享文化包含有行动者对对方合理行为的预期，正是这种合理预期及其实现才能达成相互间的合作。通过共享文化，行动者可以知道自己的何种行为在对方看来是适宜的、可引起积极回应的，并及时做出有效行为的选择，此即文化的导向功能。

第三节　社会发展与文化变迁

任何社会的文化都不是固定不变的，它是随着经济和社会发展不断变化的，此即文化变迁（culture change）。

文化变迁可以分为文化渐变和文化冲突。文化变迁的动因主要有两种：一是来自文化内部，如科学发现和技术发明、社会关系及制度和结构的创新以及知识、信仰、道德、思想和价值观等领域的发现或发展；二是来自外部社会的异文化的影响。文化变迁既可能是社会内部的紧张关系和冲突以及渐变的结果，也可能是自然环境变异引发的。一般认为，对外来文化的主动吸收和借鉴对文化变迁的影响更大。如日本对中国唐代文化的系统引进以及明治维新后对欧美文化的吸收，都曾使日本整个社会系统和文化系统发生了巨大变革。

文化变迁离不开人类的发现和发明，也离不开文化传播、文化采借和文化濡化。

文化传播是指文化特质和文化丛从其发祥地扩散到不同地方而被模仿、采借和接受的社会现象与过程。如印度的佛教文化传入中国，中国的四大发明传入西欧，日本的茶道传入东南亚其他国家和北美等国。在文化传播过程中，一种文化特质的传播，必然会引起功能上具有相关性的其他文化特质随之传播。如电从欧洲传入中国，随之电灯、电话、电车、电报等也传了过来；啤酒传入中国后，造酒技术、饮酒器具等也随之而来。影响文化传播的因素主要有文化的差异性与相容性程度；封闭与阻隔的文化政策；本民族的文化导向和传播媒介的发达程度等。传播媒介是文化传播的重要载体，这其中人的流动是最重要的媒介，如旅行者、商人、移民等。近二三十年来，随着大众传播媒介的发展，传媒已成为高效而广泛的传播载体，从报纸杂志到广播、电视、电话，再到互联网，人们足不出户即可通晓天下大事，观赏异域风情，领略他族文化。

文化采借是指对外来文化根据自己的标准与判断，有选择性地采纳和借用。如对国外股份制、公司制等的采借，以及人们对美国快餐麦当劳、肯德基的接纳等。有批判地采借和吸纳外来文化，是推动文化变迁和社会进步的必要条件。

文化濡化，也叫文化融合，是指因文化传播导致两种或两种以上的文化元素相互接触，其中一种文化吸收或采纳了另一种文化元素，并使之与主文化协调起来，最终成为主文化一部分的文化变迁过程。文化濡化包括文化接触、文化撞击、文化冲突、文化采借与整合调适等阶段。中国城市中的咖啡馆、酒吧、卡拉 OK 等，即是文化传播和文化濡化共同作用的结果。

文化变迁中经常伴随的另一种现象是文化冲突。文化冲突是指不同文化之间的矛盾、对立和斗争。由于不同文化形成的物质环境和社会历史条件不同，因此它们之间必须存在或多或少、或大或小的差异性，在接触过程中不可避免地会产生矛盾和冲突。如美国唐人街的中国人活宰鸡、鸭、鱼等，美国人则觉得这种活宰水产家禽现象很不人道，主张维护动物的生命尊严，而中国人则认为这些东西原本就是必备菜肴，是中国人的生活方式。此即文化冲突现象。

本 章 小 结

1. 社会是一个人类的生活共同体，是人与人、人与群体的全部关系的总和，也就是说，社会是以共同的物质生产活动为基础而相互联系起来的人们的有机总体。西方社会学界对"社会"一词的解释主要有两大流派：一是社会唯实论（也称实体论）；二是社会唯名论。

2. 社会具有六个方面典型特点：（1）社会是由人组成的；（2）社会是以人与人之间的交往和关系为纽带的；（3）社会是一个有文化、有组织的系统；（4）社会是以人类的物质生产活动为基础的；（5）社会系统具有心理的、精神的联系；（6）社会系统是一个具有主动性、创造性和改造能力的活的机体。社会的功能主要表现为整合功能、交流功能、导向功能以及继承和发展功能。

3. 社会结构是一个描述性的概念，是社会得以形成和发展的基础。社会结构主要包括社会地位、社会角色、社会群体和社会制度等部分。

4. 文化是随着人类社会的产生和发展而出现的。文化是人类社会的灵魂。文化有多种定义。我们认为，文化是指与自然现象不同的人类社会活动的全部成果，它包括人类所创造的一切物质的和非物质的东西。凡经人类"耕耘"的一切均为文化。

5. 文化具有超生理性和超个人性、复合性、象征性、传递性、多样性以及变迁性和文化堕距等特征。文化堕距是导致各部分间的不平衡、差距和错位。

6. 划分标准不同，文化的类型也不同。从物质性和非物质性角度看，文化可划分为物质文化和非物质文化；按照文化在社会生活中所处的地位、具有的影响和被接受的程度，文化可分为主文化、亚文化和反文化；按照文化的可评比性或可比较性，文化又可分为评比性文化和非评比性文化。

7. 文化结构主要有文化特质、文化丛和文化模式。文化的空间结构主要有文化中心、文化区、文化圈和文化边际。

8. 文化具有区分、规范和控制、整合及导向等多种功能。文化的功能性是文化之于社会运行作用的具体表现。

9. 文化变迁可分为文化渐变和文化冲突。文化变迁的动因一是来自文化内部，二是来自外部社会的异文化的影响。文化变迁离不开人类的发现和发明，也离不开文化传播、文化采借和文化濡化。

思 考 题

1. 社会的特点有哪些？社会的功能有哪些？
2. 社会结构主要包括哪几部分？
3. 社会制度的基本特点有哪些？
4. 文化的特征有哪些？
5. 文化可区分为哪几种类型？
6. 试比较文化中心主义和文化相对主义。
7. 文化与社会发展的主要功能有哪些？
8. 社会发展与文化变迁的关系是怎样的？

第三章　社会化与社会角色

学习目标

1. 理解并掌握社会化的含义，了解社会化的类型以及社会化的意义。
2. 了解社会化的条件和主体，学习把握社会化的过程。
3. 了解社会化的一些基本理论，掌握社会化的生命周期以及社会化过程中经常出现的一些问题。
4. 掌握社会化的基本内容。
5. 理解并掌握社会角色和角色集等概念，了解社会角色理论的来源。
6. 理解并掌握社会角色类型的划分，了解不同类型角色的特征。
7. 如何了解社会角色及如何扮演社会角色等问题。
8. 了解角色扮演中经常出现的问题——社会角色失调问题。

关键名词

社会化　初始社会化　预期社会化　发展社会化　再社会化　同龄群体
"镜中我"　生命周期　无效文化传递　代差　政治社会化　道德社会化
社会角色　角色集　先赋角色　自致角色　自觉角色　不自觉角色　规定
性角色　角色失败　开放性角色　功利性角色　表现性角色　角色距离
角色冲突　角色不清　角色中断

　　社会是由人组成的，社会运行离不开人的参与。但在现代社会中，纯生物的人是无法参与社会运行的。人要想融入社会运行中，成为人类社会活动的一员，首先就要进行社会化，确定并担当一定的社会角色。本章所要讨论的正是社会化与社会角色问题。

第一节　社会化及其类型、条件和主体

一、什么叫社会化

　　在日常生活中，我们经常听到有关"社会化"的说法，如高校后勤社会

化、养老社会化，等等。这些场合中所提到的"社会化"与这里要讲的"社会化"一词，在含义上存在很大区别。

美国社会学家科塞（Lewis Coser）将社会化定义为：社会化是一个社会性的互动过程，通过这一过程，人们获得某种价值、态度、技能和知识，即获得了他们所属的那个社会的文化。我们认为，社会化（socialization），是个体在与社会的互动过程中，逐渐养成独特的个性和人格，从生物人转变为社会人，并通过社会文化的内化和角色知识的学习，逐渐适应社会生活的过程。经由这一过程，社会文化得以积累和延续，社会结构得以维持和发展，人的个性得以健全和完善。社会化是一个贯穿于人的一生的长期过程。

社会化这一概念的发展，经历了一个由狭义到广义的过程。狭义的社会化是指个人接受社会文化并被社会认可的过程，狭义社会化的研究对象主要是少年儿童。广义社会化则是指个人学习社会文化，扮演社会角色并形成人格的全过程，它贯穿于人的一生之中。广义社会化与狭义社会化的区别体现在两个方面：一是研究对象的范围；二是研究方法。广义社会化的研究范围不仅把青少年作为研究对象，而且把青年、中年和老年人也涵盖其中，认为社会化是一个贯穿人的一生的过程。从研究方法来看，广义社会化包括三种研究角度，即文化角度、社会结构角度和人格发展角度。从不同角度来研究，社会化的方法往往有所不同。从文化的角度看，社会化可被视作一个文化传递和延续的过程，其实质在于社会文化，特别是价值标准的内化。这种认识形成于社会学的初创时期，属于文化学派的观点。从人格发展的角度看，社会化则被视为一个人的个性形成和发展过程，社会人即是经由社会化过程而形成的有个性的人。这属于社会心理学派的立场。从社会结构角度讲，社会化就是要使人变得具有社会性。如美国社会学家萨金特曾指出，社会化的本质是角色承担；而帕森斯则认为，社会化过程是一个角色学习过程，社会化的功能在于维持和发展社会结构。

20世纪50年代前，社会化研究主要以少年儿童为研究对象，即研究个体如何从一个"生物人"转变为"社会人"。这一阶段的研究基本上属于狭义社会化研究。

自20世纪50年代开始，在美国社会学家帕森斯和英克尔斯等人的推动下，社会化研究的范围逐渐扩大，出现并形成了广义社会化研究。广义的社会化不再单单是一个从"生物人"向"社会人"的转变过程，同时也是一个内化社会价值标准、学习角色技能、适应社会生活的过程，它贯穿于人的一生。

> **小应用**
>
> ### 大学生的社会化
>
> 社会化既是社会对个人的文化教化，又是个人对社会的调适，是个人与社会交互作用的过程，个人在这个过程中具有较大的能动性。社会化的内涵具体来讲应从三方面来理解：（1）从时间方面看，个人社会化涉及人生发展的全过程。（2）从内容方面看，个人社会化关注到个人作为社会一员所应具有的全部文化遗产。（3）从关系方面看，个人社会化注重个人与社会的交互作用以及个人社会化的结果。
>
> 大学生同样要完成自身所处的这一阶段的社会化目标。大学生社会化进程由于外界因素的参与变得曲折复杂，并且要经历一番痛苦磨砺，但社会化内容的确立以及社会化目标的完成是不可避免的。
>
> 总体来说，大学生社会化的内容分三个部分：（1）内化社会文化，形成合乎社会要求的行为规范和价值观念。（2）促进个性发展，获得实现自我价值和自我完善的心理素质。（3）形成社会角色，掌握生存和适应社会生活的社会知识和专门技能。从具体方面来说，大学生必须实现六个方面的社会化：政治社会化、道德社会化、性别社会化、价值观念社会化、知识能力社会化和职业意识社会化。大学生需要与社会进行互动来掌握获得经济独立的各种条件，完成这六个方面的社会化，并在心理上脱离对父母的依赖而获得人格独立，拥有比较稳定的价值观念，形成自己的社会角色，从而最终获得经济和精神的双重独立，成为一个真正意义上的社会人。

二、社会化的类型

一般认为，社会化主要有五种类型，即初始社会化、预期社会化、发展社会化，逆向社会化和再社会化。这些社会化，有的是人生中必须经历的，如初始社会化，有的则不一定会经历，如再社会化。

1. 初始社会化

初始社会化（primarcy socialization）发生于幼年和童年时期，是文化学习的集中阶段。正是在这一阶段，儿童学习了语言和基本的行为模式，为以后的进一步学习打下基础。这一阶段主要的社会化机构是家庭。

2. 预期社会化

预期社会化（anticipatory socialization）是一种指向未来角色的社会学习过程。在这一过程中，人们要学习的不是现在要扮演的角色，而是将来要扮演的角色。如在学校里学习是为将来的工作做准备。预期社会化主要发生在青少年时期。

3. 发展社会化

发展社会化（developmental socialization），也称为继续社会化。是相对于初始社会化而言的，是指成年人为适应社会发展所提出的新的角色要求而进行的学习过程。成人社会化与儿童社会化不同，儿童社会化是在借用"角色"，而成人社会化则是在制造"角色"。比如，在过去，妻子的角色是期望照料好她的家庭，使丈夫感受到家的安静和充实，而对家庭以外则很少甚至不承担责任。现在情况有了很大不同。在现代社会中，女性为了自我发展以及适应社会对女性的新要求，她们努力地改造自己，以尽可能地取得社会对女性新的社会角色的认同。

4. 逆向社会化

现代社会与传统社会不同，社会化是一个双向过程，即不但有长辈传授知识和规范给晚辈，也有晚辈传授知识和规范给长辈。其中，后者即属于逆向社会化（reversal socialization）。传统社会的社会化过程基本上是单向的，即长辈向晚辈传授知识和规范，很少有晚辈向长辈传授知识和规范的。现代社会则有了很大不同。比如，一些父母向子女学习计算机知识或外语等，已是比较常见的事。

5. 再社会化

再社会化（resocialization）是指全面放弃原已习得的价值标准和行为规范，重新确立新的价值标准和行为规范的过程。再社会化与发展社会化有着本质区别，主要表现在：（1）发展社会化着眼于人的完善，而再社会着眼于人的改造；（2）再社会化的形式一般比发展社会化要剧烈。应该指出的是，再社会化虽然着眼于人的改造，但它并不一定是负面的和强制性的。在再社会化过程中，为了改造一个人的人格、价值观与自我认同，经常会把一个人一天24小时置于管理人员完全监控之下。如对罪犯的改造，军队的基本训练等。

📖 小案例

工人楷模窦铁成：只有初中文化的电力高级技师

2008年"五一"节前夕，《焦点访谈》节目报道了中铁一局一名普通工人窦铁成的先进事迹，在全社会引起了强烈反响。一个只有初中文化的老工人，通过自学成了电力高级技师。

窦铁成出生于1956年，初中毕业后，由于出身问题，窦铁成彻底告别了课堂。1977年，21岁的窦铁成在农村结了婚，死心塌地准备当一辈子农民。然而在 1979 年，中铁一局招工的消息传来，已为人父的窦铁成重新拿起课本，一手抱着未满周岁的女儿窦虹，一手看书复习。临行前，母亲在窦铁成的背包内侧，用钢笔写下了"白日依山尽，黄河入海流。欲穷千里目，更上一层楼"。窦铁成知道，母亲希望自己不断进取，大有作为。就这样，年轻的窦铁成告别家乡，登上了前往中铁一局电务处的火车。

从此，窦铁成开始跟着施工队在沙漠、戈壁、高山上架设电力铁塔，要把麻花一样的电力导线排列得整齐漂亮，要按照厚厚的蓝图完成一项项浩大的工程，窦铁成这才知道，这份工作不仅艰苦，技术含量也很高。只有初中文化的他要学会专业性很强的电力技能，不下点狠功夫是不行的。29 年来，窦铁成花费 1 万余元买的书已经塞满了三个大木箱。60 多本、100 多万字的日记，记录了窦铁成从走进中铁一局的第一天到现在近 30 年走过的历程。

他攻坚的所有工程均一次性验收通过，他学无止境且总是跑在行业最前线。在出国考察记录本上窦师傅写下了这样一句话：生命旅途中许多事情，就像坐在高速行驶的车上抓拍，窗外的风景稍纵即逝，一闪而过，拍上了，就会留下，拍不上，美好的景致就会永远不再回头。

作为工人阶级的楷模，窦铁成的社会化历程是完整而成功的。家庭的初始社会化，母亲的谆谆教导，使其具备了兢兢业业从事个人事业的品质基础。预期社会化为他限定了技术工人的角色，凭借自身能动性的发挥，伴随着发展社会化的过程，他成功地扮演了这个角色，得到了社会的认可。窦铁成成功的社会化是社会大环境和个人良性互动的结果。

三、社会化的条件和主体

人类之所以成为世界的主宰，是因为人组成了社会。而人之所以能够组成社会，个人能够通过社会化过程完成从自然人向社会化的转变，说明人的社会化有一定的基础和条件。人的社会化不仅需要一定的生物条件，也需要一定的社会条件。

（一）社会化的生物基础条件

个体的社会化以人的生物遗传素质为基础。离开人类所特有的生物素质，社会化活动将无法进行。这种生物物质主要是人的大脑。人的大脑的进化与发展，促成了人类社会进化的一系列潜在能力，这些潜在能力包括以下四个方面。

1. 语言能力

语言是人类社会特有的现象，人类可以通过语言来传达信息、沟通思想。

人们凭借语言学习社会文化、他人经验，积累生活知识，指导自己的行为，参与社会生活，处理社会关系，创造社会财富。语言能力是人类个体接受社会化的重要条件之一，人类只有借助于口头的、书面的和形体的语言形式，才能彼此传达信息，交流思想。语言能力以人类高度进化的大脑的机能为基础，是人类区别于其他动物的主要特征。

2. 思维能力

思维能力直接与语言能力相联系，是人类区别于其他动物的根本特征，是人类个体接受社会化、适应社会生活的最重要的生物基础条件。这种思维能力包括形象的、抽象的和逻辑的思维能力等。

人脑不仅可在第一信号系统内活动，而且也可在第二信号系统内活动，即能对信号刺激做出思维反应，而动物脑则只能在第一信号系统内活动，即只能对一些感观的物体做出刺激反应。如扎针之于人或一般动物所引起的不同反应。

3. 学习能力

语言能力和思维能力是人类学习能力的基础。动物的学习仅限于直接或间接的模仿，不具有抽象思维能力，动物的学习是缺乏创造性的。与其他动物不同，人类不仅能较长时间地坚持学习，从而学习更多的知识，而且能够积极主动地学习和思考。

4. 较长的依赖生活期

所谓依赖生活期，是指人类个体在出生后由于生理、心理、意识和行为能力尚未发展健全，不能独立生活，因此在生活上、心理上要依赖他人，受他人照顾、监护的时期。人类的依赖生活期大致要经历乳儿期、儿童期、少年期甚至青年期。人，既不像鸭子一样一孵出来即会游泳，也不像飞鸟一样用不了多久即会筑巢。人通常要有一个较长的生理上不能独立生活时期，这一时期在人的一生中大约占 15%～25% 的时间，这一时期，他们需要依赖父母或其他长辈。

📑 小知识

语言与思维

人类面对自然界的现实是相同的，大脑的生理构造也一样，因而具有共同的思维能力。任何复杂的现象，不同民族的人都有能力认识它。不同民族有共同的思维能力不等于他们有共同的思维方式。思维能力和思维方式是两个不同的概念。思维能力指能不能认识现实，在这一点上，不同的民族没有什么差异，即思维能力对全人类来讲是相同的；而思维方式是指如何实现这种能力，在这一点上，不同的民族是不一样的，即思维方式具有民族的特点。

人类思维的过程需要语言，思维的成果也需要语言表达出来。比如我们认识客观世界，形成了概念，这种概念就需要运用语词把它包装起来，把它固定下来，展示出来。没有语言，没有句子，概念也就无所依托，推理也难以进行，思维恐怕也不存在了。所以，语言在思维过程中具有很大的作用，既参与形成思想，又参与表达思想。语言是思维最有效的工具，人们用语言进行思维，而思维则在语言材料的基础上进行。语言和思维是相互依存，共同发展的。一种语言，无论它的结构简单复杂与否，都是能满足一个社会集团交际的需要的，当然也能适应思维的要求。从这个角度看，人类语言无所谓先进与落后，无所谓优劣，都是一定社会的产物，为一定的社会服务。

（二）社会化的社会主体

社会化的社会主体是指对个体最重要、最有影响的个人、群体和机构等。如家庭、学校、同龄群体、工作单位和大众传播媒介等。这些必要条件一旦被剥夺，人的社会化将会出现重大缺陷而无法达到正常人的水平。

1. 家庭

家庭是人类最重要的社会化机构，是人进行社会化的理想场所。家庭社会化具有非强制性和潜移默化的特点。在家庭中，孩子学会认识自己是谁，他们能够和应该从他们所生活的社会期望些什么，以及这个社会对他的期望又是什么，等等。正是在家庭中，儿童建立了他们第一个亲密的感情联系纽带，并开始理解和接受本民族文化的价值规范。一般来讲，家庭内部的社会交往模式是在不自觉之中为儿童成人之后的个性特征和行为做出榜样的。父母与孩子之间的关系越密切，孩子的自我评价往往越高。而且，父母对孩子在社区或学校中的表现给予关注的程度也与孩子的自我评价密切关联。对孩子的学习成绩置之不理，往往会导致孩子在同学中的自我评价降低。

与其他社会化场所不同的是，家庭社会化体现出三方面重要特征：一是它的初始性，即早期社会化主要是在家庭中进行的，它为进一步社会化提供了条件和基础。二是直观性。儿童在家庭中对人际交往的模仿和学习通常是直截了当的，个性表现往往比较充分和毫不掩饰。三是可接受性强。这主要因为，家庭以一定的婚姻和血缘关系为基础，成员间的亲密程度和信任感往往超出其他类型的社会群体。

2. 学校

学校是一种专门为社会化目的而设立的学习机构。学校的社会化具有半强制性、系统性和组织性等特点。通过正规的学校教育，孩子将逐渐学会在这个社会和文化传统中所需要的技能和态度。在学校里，老师告诉他们：作为学生，人们对他们有什么期望；作为社区成员和国家公民，人们对他们又有什么期望，等等。通常，人们只把传授知识和技能作为学校的功能，实际上，韩愈早在《师说》中就阐释了学校具有"传道、授业、解惑"的功能。与家庭不同，学校将儿童首次置于非亲人的直接管辖之下，把他们从充满亲密关系、自由自在的家庭转换到另一个有纪律约束的陌生环境之中，在这里，每个人均是普通的一员，无特殊性可言。同时，学校还为儿童摆脱对家庭和父母的依赖，从而为建立更广泛的社会联系提供了基础平台。

3. 同龄群体

同龄群体（peer group）是指那些在年龄、兴趣爱好和家庭背景等方面比较接近的人自发结成的社会群体。同龄群体并不一定是朋友。同龄群体的社会化具有潜移默化和自发性等特点。与家庭和学校不同，同龄群体往往是思维方式接近、更容易形成伙伴关系和更容易沟通的一群人。同龄群体对儿童以后的个人价值观和行为方式往往具有深刻的影响。

4. 工作单位

一个人在结束学校生活后，就进入了一个全新的社会化环境。在这个新环境中，职业角色的学习和扮演将成为中心任务。一个人只有通过具体的职业角色的学习和扮演，才能被社会承认，也才能由此确定自己的社会地位，实现自己的人生理想和价值。工作单位就是一个职业化的场所，它给人们提供了一个检验和发展家庭及学校社会化成果的舞台。

5. 大众传播媒介

大众传播媒介（mass media）是指社会组织为在广大社会成员间传递信息、互通情报所采用的各种通信手段，如广播、电视、报纸、书籍、杂志、网络，等等。大众传播媒介的社会化具有诱导性和暗示性等特点。近年来，一些社会学家特别关心电视和网络对少年儿童身心发展的影响，并对电视和网络对少年儿童的正向社会化效果提出质疑，认为电视和网络在给少年儿童身心发展带来一些正面影响的同时，也给他们带来了诸多负面影响，这些负面的东西，如战争、犯罪、强奸等对少年儿童的正向社会化是非常不利的。

第二节 社会化的过程和机制

一、有关社会化的若干理论

社会化开始于一个人被父母最初怀抱的那一刻。人的社会化是一个漫长的过程，从婴儿学会把自己看成独特的个体、建构社会联系、发展道德观念、学习语言时起，人的社会化沿着人类社会发展的时间路径不断深化，人格不断形成并完善。有关人的社会化，目前有很多非常有影响的理论，现选择其中最具代表性者作一简要概述。

（一）自我意识和人格发展理论

社会化过程的划分主要是从心理学角度展开的。社会化的最终结果在于形成独特的"人格"。"人格"不同于"人品"，人品通常指一个人的道德品质，而"人格"则是一个社会心理学术语，是指"特殊的思想、感觉和自我观照的模式，它们构成了特殊个体的一系列鲜明的品质特征"。"人格"由认知（思想、知识水平、知觉和记忆）、行为（技能、天赋和能力水平）及情感（感觉与感情）等几个主要部分组成。简言之，人格是个体心理特质和行为特征的总和。社会学家对人格感兴趣的一个方面是所谓的自我（self）。自我是指个体对他们的个体特征和社会认同的意识与感觉，即"我是谁"，以及我怎么与他人区分开来。自我的发展，极大地依赖于社会化的过程。婴儿出生时，并不能完全理解他们自己与其父母间所存在的差异，是没有自我意识的。之后，他们逐渐把自己看成一个人，而把父母看作是另外一些其他的人。渐渐地，互动变得更加复杂。婴儿知道了自己小而父母大；自己是学生而父母是老师；自己是儿子或女儿，而父母是父亲和母亲，等等。

关于个体独特人格和自我意识的形成过程，最具代表性的理论有库利的"镜中我"理论、米德的"角色扮演"理论、弗洛伊德的人格发展理论和埃里克森的"八阶段"理论。

1．"镜中我"理论

美国的查尔斯·库利（Charles Horton Cooley，1864－1929）是最早提出自我发展理论的社会学家之一。库利认为，自我作为一种社会产物，它的出现有三个阶段：第一阶段是我们觉察到我们在他人面前的行为方式阶段；第二阶段为我们领悟别人对我们行为的判断阶段；第三阶段是在他人对我们做出判断基础上，我们对自己的行为做出评价的阶段。比如，如果一个对我们很重要的人对我们的行为表示赞成，我们也会赞成我们自己的这个行为。库利将通过观察别人对我们自己的行为的反应而形成的自我认识，称为"镜中我"（looking-glass self）。也就是说，每个人的"自我"认识，实际上都是以他人为"镜子"而映射出来的。

2．"角色扮演"理论

美国社会学家乔治·米德（George Herbert Mead，1863－1931）曾经对自我意识的形成过程进行过深入研究。米德将人格分为主我（I）和宾我（me）。

"主我"是主体的非反思的、自身的、冲动的反应，是对情境刺激的直接响应，是个体在行动的顷刻之间考虑到当前计划时，对情境要求所做的即时的行为反应，它赋予个体以自由感和独创性。"宾我"则是对"主我"行为的回忆，它存在于意识状态之中，通过将自身视作客体，来从他人的角度来评价自身的行为，对自身行为进行反思。"宾我"体现了法律、道德以及社区的组织规范和期望。"主我"和"宾我"都必须与社会经验相联系。"主我"与"宾我"是一种动态的依赖关系，是相互建构的：一方面，"宾我"规范和制约着"主我"的行为；另一方面，"主我"的外在行为又表达了"宾我"的期望。

米德认为，社会化的实质是"角色扮演"（role taking）。社会化过程包括模仿阶段（imitation stage）、嬉戏阶段（play stage）和游戏阶段（game stage）三个阶段，每个阶段的"角色扮演"能力是不同的。在模仿阶段，孩子只能通过"手势交流"活动来模仿父母的动作，"角色扮演"能力非常有限；到了嬉戏阶段，孩子开始扮演一些特定的、重要的角色，这些角色如父母、兄弟、家里的朋友等。而到了游戏阶段，孩子开始走出家庭，与更多的人和群体发生联系，并开始观察、理解和模仿"一般他人"（generalized others）。在游戏中，孩子开始考虑许多人在同一时间所扮演的许多不同角色的相似行为，对一些游戏从情节到人物，再到行为做出预知和扮演勾画。

3. 弗洛伊德的人格发展理论

弗洛伊德（Sigmund Freud, 1856 – 1939）是心理分析的奠基人。弗洛伊德认为，人格的发展在很大程度上是受"无意识"驱动的。他把人格划分为本我（id）、自我（ego）和超我（superego）三部分。本我是人格结构中最原始、最隐秘的部分，其基本成分是人类的基本需求和冲动；本我受本能驱动，遵循快乐原则；自我是从本我中分化出来的。

想象一下，如果你驾车走在一个车开得非常慢的人的后面，你急于在8点钟前后赶到某个地方，但如果以目前的速度行驶，将很难按时到达。为了能开得快一些，你不停地按喇叭，但在你前面的那个司机就是不听你的，依然开得很慢。这时，你的本我也许会要你猛踩油门向前面那辆车冲过去，以便教训一下那个司机。而自我则考虑这样做可能会导致不良后果：碰坏车子，甚至可能受伤。超我可能会提出关于你的行为的道义与"正当性"问题，我有权把自己的汽车撞向另一辆汽车吗？难道其他司机没有权利走得慢些吗？最后，你可能会沮丧地尖叫几声或嘟囔几句，但不愿把自己的汽车撞向那辆车。

在本我、自我和超我三者中，自我和超我属于意识层次，本我属潜意识层次。后者长期处于前者的压抑和控制之下，处于无意识状态。在人格发展过程中，三者如能和谐一致，则人格发展过程将会是正常的；但若三者失衡甚至长期冲突，人格发育将会变得十分困难，甚至出现心理疾病。

弗洛伊德将人格发展过程分为五个时期，即：口腔期（0～1 岁）、肛门期（1～3 岁）、性器期（3～6 岁）、潜伏期（7 岁至青春期）、两性期（青春期之后）。他认为，前三个时期对一个人人格的发展至关重要，在这一时期，一生的人格将基本确定下来。

4. 埃里克·埃里克森的"八阶段"理论

埃里克森（E. H. Erikson，1902－1944）是新弗洛伊德派的代表人物之一，他修正并发展了弗洛伊德的理论，把人的社会化扩展到人的一生，并把个人心理的成长历程划分为八个阶段。他认为，每一阶段个人都会遇到不同的问题，如果个体能成功解决所遇到的这些问题，就会在心理和行为上表现出积极的反应；反之，则会做出消极反应，并给以后的社会化留下隐患。埃里克森所划分的这八个阶段是：

（1）信任与不信任阶段（婴儿期，0～1 岁）：这一阶段中婴儿若能得到父母或他人的良好照顾，各种需求得到充分满足，则其对周围环境产生信任感，否则，就会产生不信任感。

（2）自主与羞怯、怀疑阶段（幼儿期，2～3 岁）：这一阶段中个体的自主性增强，如父母过多指导或指责，会使儿童产生羞怯感，并对周围环境和自己能力产生怀疑和对周围环境产生疑虑，不利于个体自立个性的建立。

（3）主动和内疚感阶段（学前期，4～5 岁）：父母若对儿童的主动要求不予理睬或管束太多，会使儿童带创造性甚至荒诞的做法因遭取笑或惩罚而产生内疚感。

（4）勤奋与自卑感阶段（学龄期，6～11 岁）：儿童好奇心增强，乐于用工具进行操作性活动，若父母不理解或压制其想象力和创造性活动，会造成儿童自卑。

（5）认同与角色混淆阶段（青少年期，12～18 岁）：个体注意观察和认识各种社会角色的意义，学习扮演不同角色，实现角色的自我认同。若这一阶段个体的活动缺乏主动和自信，会导致角色混淆不清的现象。

（6）亲密与孤独感阶段（青年期或成年早期，18～30 岁）：个人在此阶段要经历恋爱与婚姻家庭，需要学会与异性交往，并建立起一种亲密关系的能力。若这方面的活动失败，则会使人陷入难以自拔的孤独感中。

（7）关注后代与关注自我阶段（中年期或成年期，30～60 岁）：个人成就相对已达顶峰，子女已经长大，个人对后代尤其是下一代的关心增加，那种未能实现对后代关注的个人，则会沉溺于对自我、自己的事业和生活的关注中。

（8）完善与绝望阶段（成熟期或老年期，60 岁以上）：个人陷入对昔日生活和成就的回忆之中，力图为自己的一生画上一个完满的句号，如不能找到满意的解释，则会使他们陷入追悔和绝望中。

埃里克森的自我发展理论把个体自我意识的形成与发展划分为八个相互联系的阶段，如表3－1所示。

表3－1　　　埃里克森的自我意识的形成和发展的八阶段及其特征表现

	阶段	大致年龄	自我危机	自我品质	理论关键词
1	口唇—感觉期	0～1岁	基本信任 Vs 不信任	希望	基本信任感、希望
2	肌肉—肛门期	2～3岁	自主 Vs 害羞和怀疑	意志	羞愧、怀疑
3	运动—性器期	4～5岁	主动 Vs 内疚	目的	内疚感
4	潜伏期	6～11	勤奋 Vs 自卑	能力	勤奋、自卑
5	青少年期	12～18岁	自我同一性 Vs 角色混乱	忠诚	同一性、角色混乱、总体主义、同一性混乱、提前终止、延缓、同一性获得
6	成年早期	19～24岁	亲密 Vs 孤独	爱	亲密感、孤独感、亲密的个体、前亲密的个体、刻板的个体、假亲密的个体、孤独的个体、混乱的个体
7	成年中期	25～60岁	繁殖 Vs 停滞	关心	繁殖期、停滞期、繁殖感状态、繁殖型、传统型、代理型、理他型、停滞型
8	成年晚期	60以上	自我整合 Vs 绝望	智慧	自我整合、子孙满堂

📖 **小应用**

用埃里克森的心理发展观分析在校大学生的恋爱问题

人是生活在现实生活中的，他与周围的环境发生交互作用就会产生这样或那样的主观活动和行为表现，这就是心理活动。人从出生，到成熟直至衰老死亡，各个阶段都有其心理发展的特点和规律。也就是说，每一个年龄段都有其明显的年龄特征。人在一生的发展中既表现出明显的阶段性，又是连续的，所以心理学家们把人的一生分为阶段来研究。著名心理学家、精神分析理论学家埃里克森就把人的一生分为八个阶段。在校大学生恰好属于埃里克森所划分的成年早期。埃里克森认为人的每一个阶段都有每一个阶段的发展任务。在成年早期，人的发展任务是获得亲密感以避免孤独感，体验爱情的实现。只有在自我同一性的基础上获得共享的同一性，才能形成美满的婚姻并获得亲密感。发展亲密感对是否能满意地进入健康成长阶段是至关重要的。据有关调查，这一时期的青年人，他们的困难或烦恼都愿意向自己亲密朋友倾诉。随着性意识的发展，大学生们对亲密朋友的这种概念和对象会缩小，变成对异性的意识的改变和增强，并由此产生恋爱的情感。从埃里克森的心理发展理论我们可以认识到如下几点：第一，情感是人的生存的必然需求；第二，人在成长时期的心理发展特点表现为需要获得别人对自己的亲密感；第三，如果人为地阻止在校大学生这种心理成长过程，势必会导致其在将来生活中的一些心理障碍；第四，恋爱是这一时期人的较为显著的特征。

（二）生命历程理论

生命历程（life course）理论兴起于 20 世纪初而发展于 20 世纪 60 年代。生命历程理论起源于美国芝加哥学派关于移民问题的研究。生命历程理论的基本思想是将个体的生命历程看作是更大的社会力量和社会结构的产物。生命历程理论的基本研究范式是将个体的生命历程理解为一个由多个生命事件构成的序列。如一个人一生中将会经历入学、就业、工作、生育、退休等生命事件，这些生命事件按一定顺序排列起来，即构成了一个人的生命历程。生命事件发生的时间、地点和内容受社会结构的深刻影响，前者反过来又会影响个体的角色扮演。由此，以"生命事件"为中介，就打通了社会结构与个体社会化过程间的联系。生命事件发生的先后次序，以及生命事件间的过渡关系，是生命历程理论研究的基本主题。

生命历程理论在考察宏观的社会结构与个体的生命历程间的关系时，有如下四个要点：

（1）生命发生的时间和空间。时间和空间规定了不同生命所拥有的生活机会、权利和回报。如同是中国人，1950 年出生的那一代人与 1980 年出生的那一代人就面临着完全不同的两种生活场景。前者正在学习文化知识、掌握生活技能的关键时刻，却碰上了"文化大革命"；后者则赶上了中国改革开放和教育发展的大好时机。而同样是 1980 年出生的人，由于出生地点不同，有的在城市，有的在农村，面临的机会也有很大不同。

生命历程的时间观

时间性是近年来生命历程理论的四大原理中最为引人注目的一套概念体系，它以轨迹（trajectory）、转变（transition）、持续（duration）三个概念来对变迁社会中的个体发展进行描绘。

轨迹是指人的一生发展中的某一具有长期稳定性的心理或社会状态。

转变往往以入学、毕业这样社会规定的事件为标志，并在很短的时间里发生。

持续则是轨迹的主要构成部分，代表个体在某一阶段比较稳定的人生状态，也是用系统观分析个体发展动力的最重要体现。

简而言之，轨迹、转变和持续强调的是环境个体交互作用下个人发展的方向和路线，尤其是其中的"转变"，被生命历程理论视为联结社会背景与人类主动性的节点。在此基础上，生命历程理论发展出了自己一套关于个体发展的概念体系，提出个体生命中的转变效应和连接机制，并做了有关动力学的分析。可以说，轨迹、变化和持续概念为生命历程解释个体层面的行为、过程及其原因提供了概念基础，奠定了生命历程学派在心理学界的地位。

（2）生命相关性。如父亲的生命历程会影响到儿子的生命历程。生命相关性说明了生命与生命、生命历程与生命历程间的相互联系。

（3）生命的时间安排。生命的时间安排是指一个社会对个体生命历程中特定角色和事件所发生的时间和后果的期望。如一个未达退休年龄的人提前退出劳动领域，就不符合社会期望，就违反了社会对个体生命的安排常规性的时间安排。

（4）人的能动性。人的能动性决定了个体对自己生命历程的影响作用。

二、社会化的生命周期

社会化过程具有连续性，但对人的一生来讲，也存在一定的生命周期。

所谓生命周期，是指一个从出生到死亡的整个过程。在现代社会中，生命周期一般可分为儿童期、青年期、成年期和老年期四个阶段。

1. 儿童期

儿童期是社会化的开端，是初始社会化的主要时期。在这一时期所面临的主要社会化任务是：（1）学习走路、说话等基本生活技能，培养读、写、算等抽象思维和逻辑思维能力等；（2）建立日常生活所必需的概念系统，内化一般的社会道德标准，形成价值判断的态度；（3）与父母、兄弟姐妹和同伴建立人际关系，培养对相关社会团体的积极态度，扮演性别角色。

2. 青年期

青年期是人生的特殊阶段。在此阶段，个体性器官趋于成熟，开始出现青春期特征，由此也就带来了许多心理的和生理的困扰。埃里克森认为，青年期的社会化问题主要是"自我认同"问题。在现代社会，青年人大多面临着生理上早熟而心理上晚熟的问题，从而导致身心发展失衡，加之父辈的成长经验在迅速的社会文化变迁中变得越来越不容易移用于晚辈，因此，青年人成长过程中的"自我认同危机"现象凸显，从而导致一定程度的偏离行为，青少年犯罪已经成为一个严重的社会问题。青年期的社会化主要是预期社会化。

3. 成年期

成年期是从青年期结束到60岁左右退休的一段时间。成年期的社会化主要是初始社会化基础上的发展社会化或继续社会化。成年期的个体将面临恋爱、结婚、生子、就业等许多重大的生命事件。这一阶段，个体扮演的角色成功与否，将直接影响到个体在社会中的地位。

4. 老年期

在老年期，社会化所面临的主要问题是身体机能、社会地位和声望等下降，疾病甚至死亡等。老年期的社会化是如何使老年个体顺利走过老年阶段，即尽可能达到"老有所居，老有所养，老有所乐，老有所学，老有所为，老有所终"。

三、社会化过程中的问题

社会化并不是一帆风顺的，每个人在社会化过程中都会遇到这样或那样的问题，其中，比较引人注目的有以下三方面问题。

1. 早期社会化的困境

早期社会化包括儿童期和青年期的社会化。早期社会化的困境在于，儿童和青少年在生理和心理上还不成熟，缺乏独立思考和判断的能力，主要以模仿的形式接受外部环境的影响，对新奇的东西感受强烈。因此，要保证其社会化的顺利进行，社会就必须提供相对稳定和统一的社会规范和价值标准，提供令人信服的社会权威形象，以规范他们的行为。但问题是，各社会化主体间往往相互矛盾和冲突，难以满足这一要求。

2. 社会化的偏差和失败

社会化的偏差和失败主要表现为无效的文化传递和使人处于不利地位的社会化两种形式。所谓无效的文化传递，是指上一代的文化知识和规范因故未能有效地传递给下一代的现象。无效文化传递的显著后果是造成反社会的人格。

青少年犯罪即是无效文化传递的典型表现。反社会人格需要通过再社会化予以矫正。

3. 代差问题

代差（generation gaps）是指社会的不同世代的人在价值观念和行为选择等方面所出现的差距、隔阂，甚至冲突。代差反映的是不同世代的人在社会结构和社会生活迅速变化过程中所表现出的有快有慢的不同步现象。通常情况下，社会变化越迅速、越深刻，世代间的代差就越大。

代差是社会发展过程中的正常现象，是下一代人对上一代人文化的变异和扬弃。对于代差的性质，不能简单地否定或肯定，应具体问题具体分析，应看它所代表或倡导的价值观和行为方式是否与社会发展的方向一致，是否是社会进步的表现。

第三节　社会化的基本内容

不同时代、不同文化中，社会化的基本内容是不同的。在当前西方社会学中，社会化的基本内容主要包括政治社会化、道德社会化、性别角色社会化和再社会化四个方面。关于再社会化，前面已有讨论，性别角色社会化将留待第六章讨论。这里只讨论政治社会化和道德社会化。

一、政治社会化

政治社会化，是指社会个体通过接触和学习某种政治文化，培养政治立场（包括政治信仰、政治情感和政治态度等）和政治参与能力的过程。

从个体角度讲，政治社会化能够培养个体的政治参与意识及其参与热情和能力。从社会角度讲，政治社会化则能够培养个体对某种政治制度和政治价值的认同、忠诚和责任感。在政治制度的维持和发展过程中，广大公民的积极参与不仅有利于降低政治治理的成本，而且能够有效地促进政治团结和社会整合。在西方一些国家，公民有着积极的政治参与意识，他们不仅积极参加政府首脑的选举，而且也积极地参与一些政治活动和政治事务。在我国，近年来，中央政府在推进政治社会化，提高公民的政治参与意识、参与热情和能力方面，也做了大量工作。

通常来讲，经济发展能够促进政治认同，增加某个国家、政府和官员在人们心目中的"合法性"，但同时我们也应看到，经济发展和政治认同绝不是完全同一的。例如，北爱尔兰天主教徒始终不承认、不认同英国政府的统治，一直在谋求让北爱尔兰脱离英国而并入爱尔兰，为此，天主教徒与英国政府长期对抗，甚至出现"低烈度内战"。

政治社会化的主体包括家庭、同龄群体、学校、大众传播媒体和政治组织，如政党等。

二、道德社会化

道德社会化是指社会成员通过社会互动学习道德规范，内化道德价值，培养道德情操的过程。道德社会化是按照社会的规范标准培养社会成员的重要手段。例如，在学校教育过程中，政府往往通过教育内容来宣传和倡导政府所提倡和主张的一些道德规范，同时禁止一些政府不提倡的道德规范。道德的形成和发展是有一定规律可循的。瑞士心理学家皮亚杰根据心理试验结果，将儿童道德意识的发展分为"地律阶段"（约5~8岁）和"自律阶段"（8~9岁以后）。在此基础上，美国心理学家科尔伯格则将道德社会化过程划分为三个层次，共六个阶段。

第一层次：前习惯层次。该层次第一阶段，是儿童尚未形成明确道德观念时期，基本行为取向是"避罚服从取向"；第二阶段，孩子服从规范的目的在于获取奖赏，此时"工具相对主义取向"占主导地位。

第二层次：习惯层次。该层次第一阶段，占主导地位的是"乖娃娃取向"，孩子非常看重家长和亲友眼中"乖娃娃"的标准，并努力按此标准行事；第二阶段，占主导地位的是"法律与法令取向"，此时，孩子已认识到并服从法律的权威，判断是非时，已具有法律意识。

第三层次：后习惯层次。该层次第一阶段，人们认识到各种道德信仰间的矛盾和冲突，在行动中不再盲目遵从，而是根据实际情况做灵活的变通，"社会契约条文取向"占主导地位；第二阶段，占主导地位的是"普遍伦理原则取向"。科尔伯格认为，并不是每个人道德社会化都必须遵从上述三层次六个阶段，特别是第三层次的第二阶段，只有少数具有极高修养的人才能达到。

第四节　社会角色及其类型

社会化的目的是培养合格的社会成员，即能够胜任各种社会角色的人。通过社会化，个体内化了社会角色并学会了如何扮演某种社会角色。

一、社会角色的含义

（一）什么是社会角色

角色（role）本是一戏剧名词，指演员所扮演的剧中人物。自美国社会学家乔治·米德首先将这一术语引入到社会学研究中以后，角色变成了社会学研究社会关系和社会结构的一个非常重要的基本概念。米德通过对人类所从事的一些游戏的研究，提出了角色扮演理论和符号互动理论。米德认为，角色是在互动过程中形成的，角色表演并没有先定的剧本，人们主要根据自己对某一角色的理解来扮演该角色，在此过程中，文化只是为角色表演规定了大致范围。除米德外，林顿、莫雷诺等人也对社会角色进行了深入研究。林顿认为，角色可以定义为在任何特定场合作为文化构成部分提供给行为者的一组规范。林顿区分了角色和地位，认为当地位所代表的权利和义务发生效果时即为角色扮演。林顿认为，角色是由社会文化塑造的，角色表演是根据文化所规定的剧本来进行的。莫雷诺强调，角色和角色扮演的概念有助于将人际关系的个人系统置于有意识状态，认为每个人都在扮演着具有高度创造性的角色。

社会角色（social role）是指与人们的某种社会地位、身份相一致的一整套权利、义务的规范与行为模式，是人们对具有特定身份人的行为的期望。它是构成社会群体或组织的基础。具体来讲，社会角色应包含如下四方面含义：

（1）角色是社会地位的外在表现。社会地位是人们在社会关系体系中所处的位置，它总是通过角色表现出来，角色是地位的外在、动态的表现形式，而地位则是角色的内在依据。一般情况下，人们可根据某人的角色表现，如衣着打扮、行为举止、言语谈话等来判断或识别其社会地位，如军人、警察、医生、男人、女人等；但有些社会地位则不易通过其角色的表现识别出来，如知识分子与干部、科长与科员等。

（2）角色是人们的一整套权利、义务的规范和行为模式。任何社会角色总是与其特定的权利和义务相联系的。只有在一定的社会关系中，人的行为才具有社会性，人们通过相互合作，形成了权利和义务关系，并以一定的行为表现出来。所谓角色权利，是指角色有权要求别人进行某种活动。所谓角色义务，是指别人有权要求这种角色进行某些活动、表现出某种行为。如领导干部既拥有要求他人遵从其命令、并按其指示办事的权力，同时他也有义务照章、按自己的权限来行使自己的指令、为群众办事。而且，长期的社会生活又使各种角色形成了一整套各具特色的行为模式，即行业或职业的特定的待人接物方式。

（3）角色是人们对处在某一特定地位上的人的行为期待。社会之所以要对处在特定社会地位的人做出行为模式的规定，就是希望他能按照这套行为模式办事，这种期望被称作行为期待或角色期待。如约定俗成的，干部应该为政清廉、秉公办事、不徇私情、不牟私利，军人必须服从命令、听从指挥，教师要为人师表，医生要救死扶伤，等等。这实际上是人们对这些角色的行为期待或角色期待。

（4）角色是社会群体或社会组织的基础。社会群体或社会组织是人与人之间形成的一种特定的社会关系，这种社会关系的网络就是由社会角色编织而成的，角色是社会群体和社会组织的基础单位，失去这些角色，社会群体与组织就不复存在了。如家庭是由夫、妻、父、母、子、女等一系列角色组成的，学校则是由学生、教师、行政管理人员、教学管理人员、后勤管理人员等角色组成的，等等。

（二）角色集

社会生活的丰富多样性决定了社会角色的多样性。就每一社会个体而言，一方面需要在生活和生产活动中与其他人建立各种各样的社会联系；另一方面还需要确立自己社会中的不同位置，并在这些位置上表现不同的行为，扮演不同的角色。当众多的社会角色集中在同一个人身上时，就形成了角色集。

所谓角色集，也称角色丛，是指由一组相互联系、相互依存、相互补充的角色所组成的角色集合。角色集通常包括两种情况：一是多种角色集于一人之身，它强调的是一种内在关系。比如，一位公司的部门经理，在公司里，相对于上级来讲他是下属，属于公司的中层管理者，相对于同级来讲他是同事，属合作伙伴，相对于下属来讲他是领导者；而回到家庭中，相对于父母他是儿子，相对妻子来讲他是丈夫，相对于子女来讲他是父亲，等等。围绕公司部门经理这一角色，他还担任了很多其他社会角色：中层管理者、同事、上级领导者、儿子、丈夫、父亲等。二是角色间具有相互依存性，它强调的是人与人之间的外在关系。比如，医生在医院里要同病人、病人家属、护士、化验员、药剂师、医院领导及医院行政人员等多种角色打交道，由此而形成一个角色集。角色集的存在，一方面说明了社会角色的复杂性，另一方面也说明了社会角色之间的相互关联性。

小思考

大学生社会角色的变迁

大学校园被视为纯洁无瑕的象牙塔，是没有尘世的浮华和喧嚣，有的只是对知识的憧憬和汲取，以及奋发昂扬的气氛。然而，在大学校园里，你也许会看到另外一些东西，比如公共课上一片酣睡、不分场合的拥吻，还有对网络的迷恋……所有这些，令人们感到的不是大学生的神圣，而是彷徨和不知所措。

他们该何去何从？在这个大学生已非天之骄子的社会环境中，大学生该扮演怎样的角色，以及怎样扮演这个角色？这是值得人们思考的问题。

目前，大学生社会角色变迁呈现出回归性、骤变性、根本性和外力性等特点。回归性就是个性意识回归、本体主位回归、角色期望回归、角色行为回归；骤变性、根本性则表明了规定性角色与开放性角色、表现性角色与功利的差异和特点；外力性就是强调社会舞台巨大的影响和时代变迁的冲击作用。

大学生作为接受教育程度较高的社会阶层，不仅有着较强的接受新鲜事物的能力，而且以学校为阵地，及时地把社会前沿的科学观念传递到社会其他领域、其他阶层，他们依旧是社会的生力军，依旧是文明的传接者。可是大学生又是社会变革中的普通一员，在心理和生理上与其他青年无异，冲动、个性似乎也不足为怪。他们的社会角色应该是这两个方面的融合和统一，忽视任何一面都是不完整和不科学的。

诚然，有些人对大学生的评价不甚乐观，但明晰社会角色扮演的舞台及多种社会思潮影响后可以认为，思想迷茫、心理失衡、道德失控、行为失范等绝不是当代大学生的主流思想与行为。时代在变迁，大学生必然从接班人变为创业者、从精英变为普通人、从服从分配报效国家到自主择业展示个体，从依靠国家到自我独立，从天之骄子变为普通平民，从被学校管理变为自我规范。

二、社会角色的理论基础

从理论上讲，社会角色至少包括如下四个重要来源：

第一个来源是美国芝加哥学派。角色扮演理论的首创者乔治·米德认为，角色是在互动过程中形成的，角色表演并没有一个先定的剧本，文化只能为角色表演规定大致的范围。这些思想与符号互动论融为一体。

第二个来源是人类学。拉尔夫·林顿认为，角色可定义为：在任何特定场合作为文化构成部分提供给行为者的一组规范。当地位所代表的权利与义务发生效果时即为角色扮演。角色是由文化塑造的，角色表演是根据文化所规定的剧本来进行的。

第三个来源是"完形主义心理学"。"完形主义心理学"运用角色概念来强调心理过程，认为角色是通过整合模式的发现与创造而形成的。

第四个来源是社会戏剧论。雅各布·莫雷诺认为，角色和角色扮演的概念有助于将人际关系的个人系统置于有意识状态，每个人均在扮演着具有高度创造性的角色。

三、社会角色的类型

受社会生活和社会关系复杂性的影响，社会角色是各色各样的。根据不同的标准、从不同的角度，社会角色可以划分为不同的类型。比较典型的划分有如下几种：

1. 先赋角色与自致角色

从人们获得角色的方式来看，社会角色可分为先赋角色和自致角色。

先赋角色，又称归属角色，是指建立在血缘、遗传等先天或生理因素基础上的社会角色。个人的先天性主要包括性别、年龄、出生家庭、出生顺序、民族和种族等，围绕这些先天因素可以形成不同的先赋角色，如男人、女人、长子、次子、长女、次女、汉人等。从更深刻的含义来讲，先赋角色还指社会上某些只有具备特定自然特性才可能获得的角色，如传统社会的皇帝、族长及世袭贵族等。这些角色是传统社会中角色世袭特征的具体表现。

自致角色，又称自获角色或成就角色，是指通过个人的活动和努力而获得的社会角色。如英雄人物、科学家和画家等。自致角色既是个人活动的结果，也是个人选择的结果，同时还与人们的一些主、客观条件有关，因此自致角色有时是相对的。随着社会的进步和发展，自致角色的范围有不断扩大、数量不断增多的趋势。较好的自致角色的获得，标志着一个人的成就。

2. 自觉角色和不自觉角色

从承担社会角色时的心理状态考察，社会角色又可划分为自觉角色和不自觉角色。

自觉角色是指人们在承担某种角色时，明确意识到了自己正担负着一定的权利和义务，意识到周围的人均是自己所扮演的角色的观众，因而努力用自己的行为去感染周围的观众。首先，一个人在刚刚充当某一角色时，往往容易表现为自觉的角色；其次，在他人在场或他人对此角色提出明确希望时容易出现自觉的角色；再次，特定的环境与任务易使人表现出自觉的角色；最后，经常的自我提醒也是实现自觉角色的重要条件。如新上任的干部、演员、民警、演讲者等的行为。不自觉角色是指人们在承担某一角色时，并未意识到自己正在承担这一角色，而只是按习惯性行为去做。如青年人、老年人、丈夫、妻子、男人、女人等的行为。

3. 规定性角色和开放性角色

如果按照角色的规范化程度，社会角色又可划分为规定性角色和开放性角色。

规定性角色是指有比较严格和比较明确规定的角色，即对此角色的权利和义务、应该做什么，不该做什么均有明确的规定。如医生、教师、法官、党员等。人们在扮演这些角色时，行为会受到较大限制，没有太多的选择余地。

开放性角色则是指那些没有严格、明确规定的角色。这类角色的承担者可以按照自己对角色的理解和社会对角色的期望进行活动。如父母、顾客、朋友等，人们在扮演这类角色时，受到的限制比较少，因此有很大的选择余地。

4. 功利性角色和表现性角色

如果从社会角色追求的目标考察，社会角色又可分为功利性角色和表现性角色。

功利性角色是指那些以追求效益和实际利益为目标的社会角色。如商人、企业家、经理等。

表现性角色则指不以经济效益或报酬为衡量尺度，而是以表现社会制度与秩序、表现社会行为规范、价值观念、思想道德等为目的的社会角色。如法官、警察、艺术家、模范人物、党政干部等。表现性角色在一个社会中所起的作用主要是表现社会公平和社会正义。

5. 理想角色、领悟角色和实践角色

从角色的表现状态来看，社会角色可划分为理想角色、领悟角色和实践角色。

理想角色，也称期望角色，是指社会对处于特定地位者所规定的一套权利、义务和行为规范。如社会中对父亲或母亲所具有的权利、义务和行为的设定，即表达了社会对为人父或为人母者的角色期望。

领悟角色是指角色承担者对自己所担任角色的主观认识和理解。对某一角色的认识和理解程度，从一定意义上决定着角色担任者在该角色扮演过程中的结果和效果。比如，对父亲这一角色的理解，有的人认为父亲对子女应该严厉才行，所谓"棍棒之下出孝子"，因此很少与子女沟通，不把自己的想法告诉子女，以维护父亲的所谓尊严；有的则认为父亲应与子女友好相处，通过沟通建立感情，成为平等相待的朋友，与此同时还应给子女以关爱，为子女的成长提供有益的告诫，等等。可见，对角色的不同认识和理解，从较大程度上影响着角色扮演者的行为。

实践角色是指个人在实际行为中表现出来的角色。与理想角色和领悟角色不同，由于人的行为要受主客观两方面因素的影响和限制，从而使得人们不可能完全按理想角色和领悟角色那样去做，以致实践出来的角色可能与理想角色和领悟角色有很大差距，甚至可能出现完全相反的情形。如，看病救人本来是医生的天职，然而在实践中有些医生却违背医德，不认真履行医生治病救人的职责，从而导致实践角色与理想角色出现差距。

第五节　社会角色扮演与社会角色失调

一、社会角色的扮演

社会角色扮演是指具备某种角色条件者，去担任这种角色，并按此角色所要求的行为规范活动的过程。角色扮演这一概念最早由米德提出。米德从社会化的角度分析了角色扮演对于儿童成长的意义，认为儿童的各种游戏———一般的玩或"过家家"都是在扮演他人角色，有利于儿童自我的形成。在社会这个大舞台上，每一社会成员均在社会关系和社会活动中扮演着各种不同的社会角色，但每个扮演社会角色甚至同一社会角色的过程及其所表现出来的效果和结果却大相径庭。

（一）社会角色的确定

社会角色的扮演不是随心所欲的，而是必须经过人和某种规范的认可才能扮演。如一个男人作为某一个女人的丈夫，一要经过这个女人的确认，二要经过法律的确认才能有效。

社会角色的确定就是一个回答"我是谁"的问题。通过回答"我是谁"，来确定自己的实际地位、与别人的关系，从而充当并扮演该角色。当人们遇到新的社会关系或来到一个新的社会环境时，有时会遇到角色确定的难题。此时，若角色确定得好，则能胜任角色；否则，就会出现角色确定不当问题。角色的确定不当通常包括三种情况：一是不能胜任角色，即某人不具备担当某一角色的能力，但却被安排或任命到这一位置上；二是未能承担合适的角色，即某些有一定才能与条件的人未能被安排到与之能力和条件相适应的角色上，如大材小用、此材彼用等；三是选择了不适当的角色。如朋友间某些人以官自居而给他人带来的感觉不舒服现象，即属此种情况。

角色确认的有效性是一个长期的过程，同时也是一个个人不懈努力的过程。十年"寒窗"之苦成就了一个人上大学的愿望。

（二）社会角色的表现

社会角色需通过一系列的环节来加以表现，这些环节具体包括：

1. 布景与道具

布景或道具的作用通常有：一是象征性的，即它象征着某一种角色的标志或活动场所，同时也间接证明着某一角色的有效性。如医院的红十字、介绍信、证明、公章和身份证，等等。二是实用性的，即它们是某些角色实际活动所必需的物质工具。如黑板、粉笔、板擦这些道具。

布景和道具不是越华丽越好，而是要以适当、得体，与角色的特点相吻合为宜。

2. 衣着、仪表和言谈举止

衣着和仪表修饰是社会角色的外在表现。一个人的衣着和仪表修饰应与其所扮演的角色相适应，应尽量得体。言谈举止、姿态和风度等是社会角色内在品质的体现，但它却不是死板划一的教条，而应根据需要和场合做出相应的、得体的表现。

3. 台前、台后表现与社会角色表现上的配合

在角色表现上，应注意区分台前表现与台后表现。所谓台前表现，是指人们正在充当这些角色时的表演。所谓台后表现，是指在表演某种角色以前的准备活动。要使角色有出色的表演，就必须实现角色之间的配合，这关系着全体角色表演的效果。如大饭店服务员，其服务前的准备活动，应放在顾客看不见的另一房间里进行，否则将会对顾客心理和消费行为造成不同程度的影响。

（三）社会角色的扮演过程

社会角色的扮演是一种社会行动，同时也是一种社会互动。社会角色的扮演过程包含了对角色及其规范的理解、对情境的定义或解释以及做出具体反应等。社会角色的扮演过程一般要经历如下三个阶段。

1. 对角色的期望

社会和他人对角色的期望是一种驱使角色扮演成功的外在力量。如群众对刚上任领导的期望。一个人扮演角色的前提是了解社会对自己所扮演角色的要求，即必须知道社会要他做什么，也就是他的权利和义务是什么，这是一个对客观规定的了解和认知过程。当然，社会生活中人们对某一角色规范的了解并不一定是他在承担这一角色后才开始的，社会学习机制能够帮助人们预先了解某一角色的规范以及社会对该角色的期望。

2. 对角色的领悟

对同一社会角色，不同的扮演者有着不同的领悟，因而表现出不同的表演效果。对角色的领悟所反映的是个人的看法。如同样是售货员，有的人认为应积极、主动、热情、耐心地待客；有的则认为售货员没有必要对别人笑脸相迎、卑躬谦让，等等。角色领悟也是一个角色认同的过程，它是随着角色所涉及范围的逐渐展开和纵深化而不断发展的。一个只有深刻地领悟和认同了某一角色，有了角色意识，才会主动地扮演角色，也才可能表现出比较理想的角色扮演效果。

3. 对角色的实践

角色实践也就是角色扮演的具体过程。个人对角色的实践是角色领悟的进

一步发展，是个人对角色领悟所做的行动反应，经过这一环节，一个角色扮演成功与否即可充分体现出来。在角色实践过程中，社会为每一角色确立的规范是其行为方向和行为模式的指导，是角色扮演者有效实践某一角色的必要前提。停留在角色领悟阶段的角色是没有实际意义的，是虚夸或"吹牛皮"。

人们在角色实践过程中经常会产生"角色建设"的行为。角色建设是一个在实践中不断调整、不断完善的过程。它是一种文化创造。如民族英雄、革命家、"清官"等均是历史上多代人在角色实践中进行角色建设的成果。

（四）角色距离

角色距离（role distance），是指一个人自身的素质、能力、水平与他所要扮演的角色之间的差异现象。角色距离具有普遍性。角色距离这一概念最早由符号互动论者、美国社会学家 E. 戈夫曼提出。

戈夫曼以游乐场的电动木马为观察对象，通过考察 4～5 岁儿童全神贯注玩木马，以博得父母的喝彩这一现象阐述了角色距离的思想。他认为，角色距离是由于那些角色扮演者的行为、品质达不到规范的要求，如军纪不严的士兵，或者是由于那些角色扮演者的素质远在角色规范之上，如成人玩木马时等情况而导致的。角色距离的产生与这些人不能"进入角色"有关。

通常，"进入角色"需具备三个条件：一是获得了承担某种角色的认可；二是表现出扮演这一角色的必备能力和品质；三是本能地或积极地在精神上和体力上均投入这一角色。

角色距离理论对我们处理人际关系和进行管理工作具有重要的启示意义。从角色距离理论可以得出如下三点结论：

（1）在管理或人事安排上，应严格遵守量才使用、适才适用的原则，同时，还应把他放在具有一定"挑战"性的工作上。

（2）当一个人屈居在与其才能不相适应的角色上时，他需要有朋友为伴，以便形成新环境下的互动。

（3）表现角色距离的方式有两种：一是个人尽力使自己独立，与情景相分离；二是几个人在一起形成新的互动，如几个成人一直骑木马来取笑。

二、社会角色失调

角色失调是指社会角色在扮演过程中所产生矛盾、遇到障碍甚至导致角色失败的现象。常见的有角色冲突、角色不清、角色中断和角色失败四种。

（一）角色冲突

角色冲突指在角色扮演过程中，在角色或角色内发生了矛盾、对立和抵触，妨碍了角色扮演的顺利进行。如职业女性难以同时关爱家庭和子女，秉公办事的政府公务人员在工作原则与人情关系间左右为难等，均为角色冲突。角色冲突存在如下两种情况：

一是角色间的冲突，即不同角色承担者间的冲突。主要由角色利益上的对立、角色期望的差别及人们没有按角色规范行事等原因而引起。如夫妻间、领导与群众间、邻里间、婆媳间的冲突。

二是角色内的冲突，即由于多种社会地位和多种社会角色集于一人身上，而在他自身内部产生的冲突。这包括三种情况：其一是角色紧张（角色承担者因承担多种社会角色而感到力不从心现象）；其二是两难角色（一个承担多种角色的人，其角色的行为规范间所存在的互不相融现象，如"婆媳之争"使儿子或丈夫所处的两难境地）；其三是单一角色冲突（如销售人员在销售中所遇到的售货与个人道德、良心间的矛盾）。

📝 小知识

教师角色冲突：基于社会学的视角

教师角色行为是指教师按角色规范所实施的具有社会意义的行为。教师作为一个独立的行动者，要扮演多重角色，教师在教师角色的指导下所做出的行为就是教师的角色行为。

在学校教育系统中，教师所扮演的不同角色分别代表了不同的教师行为、教师的社会地位及对教师的期望。教师对学生而言是教育者，对其他教师而言是同事。

教师角色冲突的正面功能主要表现在：（1）适当的冲突可以使角色扮演者依据社会的期望与职业活动的要求，以及特定的教育情境，不断反思自己的角色行为，不断审视自己的角色形象，不断衡量自己的角色扮演能力，向角色要求靠拢。（2）适当的冲突可以督促教师自觉地用社会角色的标准来检查自我角色扮演的差距，进而产生提高从业能力的需要。（3）角色冲突的积极解决能使教师体验到成功的乐趣。

教师角色冲突的负面功能主要表现在：（1）角色冲突可能会增加教师的心理压力，使其产生紧张情绪。（2）面对冲突，部分教师会产生消极情绪。这种消极可能来自四种情况：一是经过斗争，教师对有效地解决冲突丧失信心；二是在一定环境条件的影响下，教师放弃解决冲突；三是有效解决冲突的设想超出教师自己的控制能力；四是教师对冲突的变通解决。（3）冲突可能影响教师的职业稳定，诱发部分教师角色转变的行为。

（二）角色不清

当人们对自己所扮演角色的规范认识不清时，他们的行为必然会出现角色混淆，从而就会出现角色不清现象。角色不清，也称角色混淆，是指社会大众或角色扮演者因对自己所扮演的角色和角色规范认识不清，从而导致扮演该角色的行为与其他角色的要求发生混淆的现象。角色不清既与人们对自己所扮演角色及其规范的认识不清、认识不准有关，同时又与对角色扮演情境的分辨不清有关。人们在社会中同时扮演着多种角色，当他们活动的领域发生变化时，其角色行为也应该发生相应变化。但因人们习惯于某种情境中的角色关系，有时会把这种角色行为带进另一种场合，从而发生角色混淆。如公司经理将其在公司所扮演的角色带到家庭中，对家人发号施令。社会急剧变迁是造成角色不清的最主要原因。

（三）角色中断

角色中断是指一个人在其所承担的前后相继的两种角色间所出现的矛盾或中断现象。这种现象是因人们在承担前一角色时并未为后一阶段所要承担的角色做好充分准备，或者前一角色所具有的一套行为规范与后来的新角色所要求的行为规范存在直接冲突而导致的。如高考落榜者在落榜后所出现的问题，或在岗职工被解雇后所表现出的现象。

解决这类因准备不足所产生的角色不清的办法是：对角色承担者来讲，应做好自己的人生设计，了解人的一生不可避免要相继承担的那些角色的特点，为未来角色扮演做好准备；对家长来讲，则应注意对子女成长的指导，帮助子女渡过难关；对社会来说，应加强对各种不同角色的培养、培训和咨询工作，对因社会原因导致的角色中断者提供社会帮助。

（四）角色失败

角色失败是指因多种原因使角色扮演者无法进行成功表演，而不得不终止表演，或虽未退出角色，但因困难重重而难以继续表演的现象。角色失败通常有两种情况：第一种情况是角色承担者未能有效地按照社会期望进行表演，从而导致角色扮演失败。如干部受处分，或学生考试不及格等。第二种情况是角色关系解体，原来的角色承担者无法继续扮演原来的角色。如夫妻离异、干部被罢免或被撤职等。

从角色扮演的角度讲，角色失败主要是因为角色承担者自身能力不足而导致的。

角色失败虽然通常是件坏事，但若处理得当，也会转变成好事，如夫妻离异，双方关系处理得好，也许是件好事。

本 章 小 结

1. 社会化是个体在与社会互动过程中，逐渐养成独特的个性和人格，从生物人转变为社会人，并通过社会文化的内化和角色知识的学习，逐渐适应社会生活的过程。社会化贯穿于人的一生。社会化主要包括初始社会化、预期社会化、发展社会化、逆向社会化和再社会化五种类型。社会化的意义主要表现在：（1）社会化是社会按照一定的标准培养和塑造自己的社会成员的过程。（2）文化具有完善个体人格、维系社会共同体、推动个人发展和社会进步的功能，文化的统一和延续是社会良性运行和协调发展的重要条件。

2. 人的社会化既需要一定的生物条件，也需要一定的社会条件。社会化的生物基础条件包括语言能力、思维能力、学习能力和较长的依赖生活期。社会化的社会主体包括家庭、学校、同龄群体、工作单位和大众传播媒介等。

3. 社会化的有关理论中具有代表性的有查尔斯·库利的"镜中我"理论、乔治·米德的"角色扮演"理论、弗洛伊德的人格发展理论、埃里克·埃里克森的"八阶段"理论，以及兴起于20世纪初而发展于60年代的生命历程理论。

4. 社会化的生命周期一般可分为儿童期、青年期、成年期和老年期四个阶段。社会化过程中常见的问题主要有早期社会化的困境、社会化的偏差和失败以及代差问题。

5. 社会化的基本内容主要包括政治社会化、道德社会化、性别角色社会化和再社会化四个方面。

6. 社会角色是人们对具有特定身份人的行为的期望。它是构成社会群体或组织的基础。社会角色包括如下四个重要来源：来源之一是美国芝加哥学派；来源之二是人类学；来源之三是"完形主义心理学"；来源之四是社会戏剧论。

7. 角色集，也称角色丛。角色集通常包括两种情况：一是多种角色集于一人之身，它强调的是一种内在关系；二是角色间具有相互依存性，它强调人与人间的外在关系。

8. 社会角色的类型多种多样。从获得角色的方式来看，可分为先赋角色和自致角色；从承担社会角色时的心理状态考察，可划分为自觉角色和不自觉角色；按照角色的规范化程度，可划分为规定性角色和开放性角色；从社会角色追求的目标考察，又可分为功利性角色和表现性角色；从角色的表现状态来看，可划分为理想角色、领悟角色和实践角色。

9. 社会角色扮演过程一般要经历如下三个阶段，即对角色的期望阶段、对角色的领悟阶段和对角色的实践阶段。

社会角色的确定就是一个回答"我是谁"的问题。角色确定不当通常包括三种情况：一是不能胜任角色；二是未能承担合适的角色；三是选择了不适当的角色。

社会角色需通过一系列环节加以表现，包括布景与道具、衣着、仪表和言谈举止以及台前、台后表现与社会角色表现上的配合。

10. 角色距离具有普遍性。角色距离这一概念最早由 E. 戈夫曼提出。角色距离理论对我们处理人际关系和进行管理工作具有重要启示意义。

11. 常见的角色失调现象有角色冲突、角色不清、角色中断和角色失败四种。

思 考 题

1. 社会化的类型有哪些？

2. 社会化的生物基础条件有哪些？并简要说明之。

3. 社会化的主体是有哪几类？各有何作用？

4. 埃里克森"八阶段"理论的内容是什么？

5. 生命历程理论在考察宏观社会结构与个体生命历程关系时的要点是什么？

6. 社会化的生命周期有哪几个重要阶段？各阶段的主要特点是什么？

7. 社会化的基本内容是什么？

8. 社会角色理论的来源有哪些？

9. 社会角色包括哪几方面的含义？

10. 社会角色可分为哪几种类型？

11. 如何确定社会角色？社会角色是通过哪些环节来表现的？

12. 社会角色扮演通常要经历哪几个阶段？

13. 进入角色需要具备哪些条件？角色距离理论对人际关系和管理工作的启示有哪些？

14. 社会角色失调有哪几种具体表现？请简要说明之。

第四章　社会互动

学习目标

1. 理解并掌握社会互动的含义，了解社会互动的要素以及社会互动的有关理论。

2. 了解社会互动的情境及有关社会互动过程的理论。

3. 了解社会互动的维度，理解并掌握社会互动的常见形式。

4. 理解并掌握集合行为的含义和特征，了解集合行为的相关理论及集合行为的典型形式。

关键名词

社会互动　符号互动论　参照群体　拟剧论　社会交换论　本土方法论
情境　熟悉情境　社交情境　工具关系　混合关系　向度　频度　合作
竞争　冲突　强制　顺从　顺应　集合行为　紧张规范论　恐怖　谣言
流行

社会中人与人之间的关系，一是在血缘、地缘和业缘基础上形成的，二是通过社会交往和人际互动建立并稳固下来的。社会互动在个体间乃至群体间关系的形成与稳固以及信息、感情和思想的交流中发挥着重要作用。

第一节　社会互动及其理论

一、什么是社会互动

社会是一个动态的体系，个体之间、不同群体之间的合作、竞争使社会展现出复杂、多变的局面。人们在复杂的社会交往中不断追求着自己的目标，同时也推动着社会发展。社会互动是社会存在和发展的基础，是社会中各种关系建立的前提条件。

互动是一种最基本、最普遍的社会现象。日常生活和工作中与别人打交道、通信、向他人提问题或回答他人问题等社会交往，均为社会互动。

社会互动（social interaction），也称互动、社会相互作用或社会交往，是指社会上个人与个人、个人与群体、群体与群体之间通过信息的传播而发生的相互依赖性的社会交往活动。一般认为，德国社会学家 G. 齐美尔在 1908 年所著《社会学》一书中最早使用了"社会互动"这一术语，之后，在美国形成了相关的学派和系统理论。至今，"符号互动论"仍被视为美国社会学的一大特色。社会互动主要包含如下几层含义：

（1）社会互动活动是发生在两个人或两个人以上之间的活动。

（2）两个人或两个群体间只有发生了相互依赖性的行为时才存在互动，社会互动并非形成于任何两个接近的人之间。例如，同时乘坐公共汽车的、互不相识的乘客，他们之间就可能不存在社会互动。但当乘客之间有询问和交谈等相互交流行为时，互动也就发生了。

（3）社会互动是以信息传播和感情交流为基础的。互动中往往伴随着信息或思想、情感的交流，如果交流因为一方的沉默无语而难以进行时，互动就难以产生和持续。

（4）社会互动不一定非要面对面地进行。如书信往来、电话、电传或通过电子邮件、网上聊天所进行的交流等，均为社会互动的形式。

（5）社会互动是在特定情境下进行的，同一行为在不同时间、不同场合下具有不同的意义。如，同样是打对方一拳，如果是在两人争吵时，这一拳既意味着对对方的进一步侵犯和侮辱；但当发生在两个好朋友久别重逢之时，这可能是相互思念和彼此友好的象征。

（6）社会互动还会对互动双方及他们间的关系产生一定影响，并有可能对社会环境形成一定作用。如夫妻之间，如果经常互动，感情深；否则，就可能渐渐疏远，并最终走向离异，甚至会给子女和他人带来不良影响。

（7）社会互动往往遵循一定的行为模式，具有一定的互动结构。如两个熟人见面时互致问候。首先是彼此都看到对方，并给对方一个表示，或者是举手示意，或者是打招呼，然后，相互走近、相互问候或握手等。

二、社会互动的要素

社会互动的基本要素包括四个方面，即主体、环境、信息和影响。但一般比较侧重文化、人格和情境等方面要素。

1. 文化要素

文化要素主要指语言、文字、姿态、动作和礼仪，等等。其中，语言和文字是社会互动中最重要的文化要素。人们除了借助语言和文字进行互动外，还常常以反映相同意义的某种姿态、动作、礼仪和表情来表达各自的意愿，从而进行沟通和交流。

2. 人格要素

人格要素主要包括心态、价值、信念、意识和道德等。这些要素经过内化过程体现为个体的人格系统，人们可以带着由此而形成的人格特征进入互动过程。鉴于人格形成的上述特征，因此，个人因素和社会因素均会对人际互动的效果产生影响。

3. 情境要素

情境主要是指互动发生时的客观环境条件，包括时间、地点以及参加的人物等。人与人、群体与群体之间的互动一般是在一定情境下进行的，因此，了解情境及情境的要求，是保证社会互动效果的基础。

三、社会互动理论

有关社会互动的理论很多，其中具有代表性的包括符号互动论、角色论、参照群体理论、拟剧论、社会交换论和本土方法论等。接下来对这些理论予以简要介绍。

（一）符号互动论

符号互动论（symbolic interactionism），也称符号相互作用理论，它是一个通过分析在日常环境中人们的互动，来研究人类群体生活的社会学理论流派。符号互动论是一种反实证的主观社会学，它研究人们面对面相互交往与作用以及引起或改变这些活动与过程的主观反应。符号互动论强调个人的主观理解，认为社会结构是许许多多的个人理解与行动的结构，社会过程是人把主观的意义赋予客体并做出反应的过程。德国社会心理学家乔治·H·米德（George Herbert Mead，1863－1931）被认为是符号互动论的开创者。此后，库利等人也对符号互动论的发展做出了贡献。后来，赫伯特·G·布鲁默（Herbert George Blumer，1900－1987）和库恩等则发展了米德的思想，并形成了以布鲁默为代表的芝加哥学派和以库恩为代表的衣阿华学派。

米德认为，符号是社会生活的基础，人们通过各种符号进行互动，人们可以借助于符号来理解他人的观点和行为，也可借此来评估自己的行为对他人的影响。符号互动论认为，人的行动是有社会意义的，人们之间的互动是以各种各样的符号为中介进行的，人们通过解释代表行动者行动的符号所包含的意义而做出反应，从而实现彼此的互动。

所谓符号，是指能够有意义地代表其他事物的事物，是传播意识的一种意愿标志，如声音、语言、文字、图画、手势、姿态和表情等。符号沟通是人与其他动物区别的主要标志。一个事物之所以成为符号，是因为人们赋予了它某种意义，而这种意义又是大家所公认的。该理论的基本观点包括：

（1）在社会互动中起中介作用的是符号。人与人的互动是借助符号进行的，是符号互动。

（2）人的行为是有意义的行为。讨论问题过程中的举手，是表示赞成或反对。

（3）符号的意义不是固定不变的。一方面，符号意义的确定有赖于互动的背景和情境；另一方面，在某种程度上，意义在互动过程中通过双方的协商而确定。在符号互动论那里，情境是指人们在行动之间所面对的情况或场景，包括作为行动主体的人、角色关系、人的行为、时间、地点和具体场合等。实际上，任何具有意义的符号，只有在一定的情境中才能确切地表示出意义。人们只有在一定的情境下去理解符号，才能真正领悟其中的含义。因此，托马斯认为，人们在自觉的行动之前，总有一个审视和考虑阶段，即要对他所面对的情境做出解释，赋予这一既定情境以意义，他称此为情境定义（definition of the situation）。托马斯认为，一个对情境的主观解释或定义，会直接影响他的行为。

（4）在互动过程中，人们往往通过扮演他人的角色，从他人的角度来解释其思想和意向，并以此为根据来指导自己的行为。如被打者对打一拳这一行为的理解。

（5）在互动过程中，人们往往从自己所认识到的他人对自己的态度和看法中来认识自己，形成并修改自我概念。如被打者将"打一拳"这一动作理解为是对自己的侵犯、侮辱，还是友好的表示。

（二）角色理论

角色理论是以角色概念为核心来解释人类行为的一种理论。关于角色理论，在第三章已有较详细讨论，这里只简单介绍一下角色与互动的关系。角色互动理论认为，角色与互动密不可分。一方面互动是角色间的互动；另一方面，角色的形成和扮演又是在互动中完成的。离开角色，互动无法进行；而没有了互动，角色的存在将失去其意义。

（三）参照群体理论

"参照群体"（reference group）一词由美国社会心理学家赫伯特·H·海曼在1942年提出。"参照群体"是指个体在心理上所从属的群体。个体通常将其参照群体的价值和规范作为评价自身和他人的基准，作为自己的社会观和价值观的依据。若个体把某一群体视作自己的参照群体，则该群体的活动目标、标准和规范就会对其行动发生约束作用，个体将会自觉或不自觉地以参照群体的规范对照自己的行为并修正自己的行为。一个人的参照群体与他在行政上、组织上或地位上所从属的群体可能相同，也可能不同。而且，一个人的参照群体还可能发生变化。

对个人来说，参照群体有两个基本功能：一是规范功能；二是比较功能。

参照群体理论是研究个人的客观地位与其社会观点间相互作用的社会心理机制的工具，是探明个体动机与社会结构间相互作用的有关机制的工具。

（四）拟剧论

拟剧论（dramaturgical perspective theory）是从符号互动论中发展出来的、具有自身特点的、说明日常生活中人与人之间相互作用的理论。拟剧论框架是观察家与分析家研究社会行为所用的最古老的模式之一。表演、场景和角色等对解释生活舞台上的演员同样属于核心概念，因为他们始终按照脚本进行活动，而这些脚本来自先前的演出与演员。拟剧论主要倡导者是加裔美国社会学家欧文·戈夫曼（Erving Goffman，1922－1980）。

戈夫曼采用戏剧分析的方法，从印象管理的角度揭示了人们社会互动的特点。戈夫曼认为，社会和人生是一个大舞台，生活就是在演戏，当人们在扮演角色时，他们的表演是由观众来判断的。戈夫曼将人们运用各种技巧和方法左右他人，以在他人那里建立良好印象的过程称为"印象管理"（impression management）。该理论主要研究人们运用哪些技巧来在别人心目中创造印象，因此又称"印象管理理论"或"印象整饰理论"。

拟剧论认为，互动的一方总想控制对方的行为，使对方通过对自己的理解，做出符合自己计划中的行为反应。如摇滚明星总喜欢采用某种他们确信能引起观众注意的穿着和行为举止。再如，一位为开学第一天做准备的老师，就其所要建立的与学生的关系，发表了如下意见："你绝不能让他们占上风，否则你就完了。所以，我一开始总是表现严厉。上新课的第一天，我就让他们知道谁是老师……只有如此，你才有可能逐步放松。如果一开始就放任学生，当你想严厉时，他们就只会看着你发笑。"

戈夫曼把针对陌生人或偶尔结识的朋友的行动叫"前台"行为。只有关系比较密切的人才被允许看到"后台"所发生的一切。在学校里，教室对老师来讲就是前台，而办公室则是后台。如果表演者无意识地"露出"了马脚，就会出现尴尬情形。这种尴尬往往会使表演者感到很"丢面子"，为此，他可能会做一些挽回面子的工作，以避免丢脸。如自嘲一下，或是为自己做一番辩解，等等。

戈夫曼还研究了互动时的礼仪，即表达式礼仪（如见面时对对方点头微笑）、回避式礼仪（如避免与陌生人长时间的眼接触）、维系式礼仪（如逢年过节时串亲访友）和认可式礼仪（如别人结婚时去道贺等）。他认为，这些礼仪是个人维持和加强与他人关系，表达对他人尊敬与关怀的重要方式，如果违背了这些礼仪，就很难与他人融洽相处。

（五）社会交换论

社会交换论（social exchange theory）是当代西方社会学理论流派之一，它产生于 20 世纪 50 年代末期的美国。社会交换理论最初是针对结构功能主义提出的，在理论和方法上具有实证主义、自然主义和心理还原主义的倾向。它强调对人和人的心理动机的研究，批判那种只从宏观的社会制度和社会结构或抽象的社会角色上去研究社会的做法；在方法论上倡导个人是社会学研究的根本原则；认为人类的相互交往和社会联合是一种相互的交换过程。这是对美国心理学家 B. F. 斯金纳的行为主义心理学、功能主义的文化人类学和功利主义的经济学的全面综合。

社会交换论的基本研究范畴和概念包括价值、最优原则、投资、奖励、代价、公平和正义等。主要代表人物有美国社会学家乔治·C·霍曼斯、彼得·M·布劳和埃默森。

霍曼斯（George Casper Homans，1910－1989）是社会交换论的创始人。他提出了一组基本命题：

（1）成功命题。一个人的某种行为能得到相应的奖赏，他就会重复这一行动；某一行动获得奖赏愈多，重复活动的频率也随之增多；获得的奖赏愈快，重复活动的可能性就愈大。

（2）刺激命题。相同的刺激可能会带来相同或相似性行为。如某人过去在某种情况下的活动得到了奖赏或惩罚，而在出现相同情况时，他就会重复或不再重复此种活动。

（3）价值命题。如果某种行为的后果对一个人越有价值，那么，他就越有可能去重复同样的行动。

（4）剥夺—满足命题。某人（或团体）重复获得相同奖赏的次数愈多，那么，这一奖赏对该人（或团体）的价值就愈小。

（5）攻击—赞同命题。该命题包括两方面：一是当个人的行动没有得到期待的奖赏或者受到了未曾预料到的惩罚时，就可能产生愤怒的情绪，从而出现攻击性行为；二是当个人行动得到预期的奖赏，甚至超过期望值，或者没有遭到预期的惩罚时，他就会高兴，就会赞同这种行为。

霍曼斯将这五个命题看成是一组"命题系列"，强调它们之间相互联系的重要性，并认为只要将这五个命题综合起来，就能够解释一切社会行为。霍曼斯指出，利己主义、趋利避害是人类行为的基本原则，由于每个人都想在交换中获取最大利益，结果使交换行为本身变成一种相对的得与失。对个人来说，投资的大小与利益的多少基本上是公平分布的。

布劳则是从社会结构的原则出发来考察人与人之间的社会交换过程。布劳的理论方法从描述交换过程及其在微观层次上的影响开始，再从群体层次上升到制度与社会的宏观层次。他认为，社会交换关系存在于关系密切的群体或社区中，是建立在相互信任的基础之上的。社会交换是一种有限的活动，它指个人为了获取回报而又真正得到回报的自愿性活动。布劳指出，"邻居交换恩惠，儿童交换玩具，同事们交换帮助，熟人交换礼貌，政治家们交换让步，讨论者们交换观点，家庭主妇们交换烹饪诀窍。"布劳区分了经济交换与社会交换、内在奖赏和外在奖赏的差别，引入了权力、权威、规范和不平等的概念，使交换理论在更大的范围内解释社会现象。布劳的社会交换理论从微观到宏观系统地追溯了交换现象的各种发展过程及其影响，从而形成一种归纳过程取向的社会结构理论。

继布劳之后，对交换理论做出重要贡献的还有埃默森（Richard M. Emerson）等人。埃默森运用严密的数理模型和网络分析，阐述了社会结构及其变化、社会交换的基本动因和制度化过程，在方法论上进一步充实了交换理论的理论体系。

（六）本土方法论

本土方法论（ethnomethodology），也称常人方法论，是美国社会学家哈罗德·加芬克尔在1967年创立的。加芬克尔通过对以前并不相识的陪审团员们能够在一起工作这一事件的研究认为，通过建立一套不言自明的规则，来指导人们在新的情境下的活动，能使人们在彼此不相识的情况下，也能有效地沟通和互动。这套不言自明的规则，就是本土方法。

该理论研究人们在日常互动中如何建立和共同使用对现实的定义，认为社会互动是由形成人们正常交往基础的规则所决定的，这些规则通常是理所当然和心照不宣的；但如果违背了这些规划，互动就不能顺利进行。本土方法论有三条重要规划：（1）寻求常规形式，即人们一般假定行动者拥有关于情境互动的常规形式，但当互动双方感到难以沟通或出现紧张时，即发出信息告诉对方回到"常规"形式上去；（2）进行思想沟通，即认为行动者在一种假定的支配下积极地去寻求沟通；（3）运用"等等"原则，即在互动中实际上还存在许多隐含其中而不必讲出的东西，即言外之意。如"你知道""众所周知"等。对言外之意的理解，通常要依赖于谈话所涉及的当事人最近的互动发展过程及前景预期，依赖于对话发展的一系列时间上连贯的表达，依赖于谈话过程。本土方法论曾做过一著名研究，称"无背景试验"或"打破常规试验"。如让儿子管父亲不叫父亲，而称"先生"；管母亲不叫母亲，而称"夫人"，对一些不言而喻的东西装作不了解、不知道。结果发现，交谈很难进行，沟通中断。这一实验证明，互动是建立在双方有"共同语言"基础上，并遵守"共同语法"的活动。

第二节 社会互动的情境与过程

一、社会互动的情境

互动是在一定情境下进行的。情境相同，人的互动方式往往不同；不同情境、不同类型的互动，在过程上也会表现出不同的形式。人们经常说"入乡随俗""到什么地方说什么话""见什么人说什么话"，其意思就是说，说话办事不能离开具体的情形，而应选择合适的行为方式和互动方式。

（一）二人关系、三人关系和多人关系

根据参与互动的人数多少，互动情境可划分为二人关系、三人关系和多人关系等。齐美尔的研究表明：二人组中每一方仅需同另一方有关系，因此，对方的具体需要、愿望和个人品质均可得到充分考虑，并由此形成二人关系特有的亲密感、独特性和排他性，同时这种亲密感也往往使两人的冲突更加激烈。如恋人关系、夫妻关系；在三人组中，每一方均面对两个人，要考虑两个人的人格特征，因此，三人关系很难达到二人关系的那种亲密感，而当其中两人发生冲突时，第三者可充当中间人、仲裁人、从中渔利者以及分裂者和征服者等不同的角色，如在夫妻关系中的"第三者"，就可能是一个分裂者；多人组的关系是非常复杂的关系，因为其中还可能形成亚群体，从而使互动关系进一步复杂化。

（二）熟悉情境、工作情境和社交情境

根据互动的目的，可划分为熟悉情境、工作情境和社交情境三种类型。

在工作情境中，互动双方有着特定目标，有明确的分工，言谈举止也被限制在一定范围内，很少有感情的交流。如购物、谈判、工作会议和上课等。

在社交情境中，人们往往为互动而互动，无其他目的，通常会轻松交谈，但话题的实际意义往往不大，但这种交谈却具有重要的沟通功能。如宴会、舞会、郊游等。

熟悉情境主要指我们与熟人间的日常交往场合，如朋友聚会、家庭成员间、邻居间的交往等。

（三）情感关系、工具关系和混合关系

根据参与者之间的人际关系，可分为情感关系、工具关系和混合关系三种

情境。情感关系是家庭成员、亲密朋友等初级群体中的人际关系。它以满足个人在关爱、温情、安全感、归属感等情感方面的需求，这种关系的人际互动和社会交换遵循需求法则。工具关系是个体为达到某种目的而与他人交往时发生的关系。这种互动和交换遵循公平原则。混合关系是个人在家庭之外所建立的各种人际关系，如亲戚关系、朋友关系、同学关系、同事关系，等等。这种互动往往以人情法则为基础。

二、社会互动的过程

（一）贝尔斯的互动过程分析

美国社会学家贝尔斯20世纪四五十年代提出了一种小群体研究方法——互动分析过程。他认为，小群体的面对面的互动包括12类互动范畴，这些范畴涉及取向问题、评价问题、控制问题、决定问题、紧张问题和整合问题六项功能性问题，并把互动划分为三个阶段：

第一阶段为定向阶段，主要研究情境辨识问题。如人们被召集到一起时，首先最关心的是要干什么？是开会，还是社交性联欢。

第二阶段为评价阶段，主要解决态度确定问题。也就是说，一旦情境确定，人们还要考虑自己在此次活动中是以积极的，还是消极的，甚至应付式的态度参加。

第三阶段是控制阶段，主要解决行为选择问题，即在此情境下做什么。若持积极的态度，应该去干什么；若持消极的态度，又该干什么，等等。

上述三个阶段并不是直线式的，有时可能会重复某一阶段。如听报告，开始你可能做好了做笔记的准备，但在报告进行过程中，你却发现人们并不认真，而且很少有人做笔记，于是，你也会敷衍了事。

（二）芝加哥学派的四阶段说

美国芝加哥学派的帕克和伯吉斯等人主张把互动分为四个阶段，即：第一阶段是竞争。互动双方为争夺一个目标而呈现出一种排斥关系。第二阶段是冲突。因激烈竞争而导致双方产生对立情绪，并出现以攻击对方为目的的行为。第三阶段是顺应。少数情况下会以一方消灭另一方而结束互动；多数情况下则是一方或双方部分地改变思想、态度和习惯，来适应对方或彼此适应，以避免、减少或消除冲突。第四阶段是同化。顺应的结果是双方日益接近、融合，并趋于一致，实现同化。

三、社会转型与社会互动

社会转型即是深刻的社会变革，同时也是一次伟大的文化重建，必然引起新旧文化间的冲突和融合。

改革中出现的一个重要社会问题是腐败。改革也引起了人际关系的变革，并由此引发了很多的矛盾和冲突。在社会转型过程中，与之相伴的竞争和冲突不可避免，这就需要通过加强有益于社会进步和发展的社会互动来加以解决。如何借助社会互动这一工具来促成社会转型过程中群体矛盾和群体冲突的有效解决，是摆在各级政府和社会管理者面前的重要课题。

> **📖 小知识**
>
> **教导小孩社会互动**
> **技巧的几个原则**
>
> 教导社会互动技巧的基本原则可归结为"4P"原则，即：（1）Practice。练习如何去做另一个可以被接受的行为。（2）Praise。赞美小孩的练习行为，并应确定好激励物，并及时激励。（3）Point out。在看到其他人（大人或小孩）的行为正确时，应适时指出，用明白的语言告诉他别人都是这样做的。（4）Prompt。在你能预期将有要他表现的状况发生时，应及时提醒他，以使他适时地表现或学习其行为。

第三节　社会互动的维度和基本形式

一、社会互动的维度

社会互动通常包括如下四个维度：

1. 向度

向度反映了社会互动的方向，表明互动双方关系的性质，主要包括：情感关系（是亲和，还是排斥；是融洽，还是对立）、利益关系（是平等，还是不平等，以及权力分配的格局如何等）、地位关系（是一致，还是冲突，以及冲突的程度如何）等。一般认为，在情感向度上，应遵循回报原则，即通过爱来引发爱；在地位向度上则遵循互补原则，即通过支配来引发顺从。

2. 深度

深度反映了社会互动的程度，它表明了互动双方相互依赖的大小。如异性间的交往，彼此见面打招呼只是浅层互动，而如果异性一起去跳舞，则表明其情感更进了一层，如果开始谈恋爱，则这种情感关系又进了一层。

3. 广度

广度反映社会互动的范围，它表明互动双方交往领域的大小。一般来讲，如果不存在规范约束，那么互动的范围就较大；反之，则会较小。如开会，若只许领导一个人来讲，则互动范围就比较小，倘若允许每个人都发言，则互动范围就比较大。

4. 频度

频度反映了一定时间内发生社会互动的多寡。它会影响人际关系的深浅和好坏。如"远亲不如近邻"即是明显的体现。

英国社会心理学家阿盖尔的研究表明，不同类型同事的交往情况是很不一样的，人们与工作外的朋友的互动一般多于工作中的朋友，而与工作中朋友的互动又多于单纯工作关系的同事。

二、社会互动的常见形式

社会互动的形式多种多样，这里着重介绍几种常见的基本互动形式：

（一）合作

合作（cooperation）是指在社会互动过程中，人与人、群体与群体之间为达到对互动各方均有利的目标而彼此相互配合的一种联合行动。人们之所以需要合作，是因为有些共同的利益或目标对于单独的个人或群体来讲是很难或不可能达到的。合作是群体或社会中不可缺少的方面。在现代社会中，没有合作，个体就难以生存；没有合作，也就没有社会的发展和进步。不同个人或群体通过合作可以组成某种伙伴关系、团体或组织。例如，商人通过合作成立了工商界联合会；妇女通过合作成立了妇女界联合会；工人通过合作成立了工会；国家与国家之间通过合作成立了联合国等国际组织……

成功的合作应具备如下四个条件：（1）合作双方或多方应该具有一致的目标。目标不一致，合作是不可能达成的，也是不可能延续或持久的。（2）合作双方或多方彼此间具有相互依赖和互补性。相互依赖和彼此互补，是合作双方或多方达成合作的基础。（3）合作双方或多方应该达成共识，并在行动上密切配合。如果合作者之间不能达成共识，志趣不相近，不能为对方着想，那么，即使目标一致也很难达成合作。而在合作达成过程中，行动的配合是合作行为的具体体现。（4）合作双方或多方应该讲信用，即说话算数。合作一般是建立在相互信任基础上的，没有相互的信任，各抒己见，合作将很难达成，也难以持久。

在现代社会中，合作能力是一种良好的个人品质，也是一种有效的生存策略。在企业招聘中，企业越来越重视应聘者的合作意识和团队精神，团队技能训练已经被普遍地引入到组织培训之中。

合作行为主要有如下几种类型：

1. 协同

协同是指行为者为了达到共同的目的而产生的一致性行动。协同行为的发生一般是为了解决单个行为主体无法解决的问题，或行为主体为了使问题解决得更好。协同行为有简单协同和分工协同。大家同做一件事是简单协同，如人们共同来抬一件器物；足球场上或同一组织不同部门或人员间的协同是分工协同。在现代社会中，分工协同正变得越来越普遍。

2. 援助

援助是指行为者向他人提供社会资源来支持他人的社会行为方式。援助有单向和双向之分。单向援助是指行为主体单方面向他人提供社会资源，受益方没有逆向援助的行为。双向援助是行为主体之间相互提供援助。即使双向援助，也不等同于交换，因为交换是从自身需要出发，而援助则是从他人需要出发的。

3. 交换

交换是指个人或群体之间所进行的交易互动过程。交换的目的在于获得回报。例如，雇主与雇员之间所进行的付出劳动与获得酬劳的互动过程即是典型的交换。交换通常包括三个基本环节，即目标、支付与回报。交换中的回报可以是物质的、金钱的，也可以是精神的、感情的。交换过程一般遵循互惠原则。也就是说，一个人或群体向另一个人或群体的每一次让渡均包含有对某种回报的期待，这种回报可能需要当场兑现，也可能需要做出一定时限的承诺。

4. 调适

调适是为达到某种状态，行为者主动调整或改变自己态度和行为方式的过程。在社会互动过程中，由于内在或外在原因，行动者会对他人产生顺从和容忍，以主动地接受和适应对方。调适的主要方式有和解、妥协、服从、权变、从众和同化等。

（二）竞争

竞争（competition）是遵循某些规则的一种合作性冲突。竞争是以不同利益群体的存在和目标物的稀缺为前提的。竞争的特征包括：（1）竞争者彼此所追求的目标是相同的。如果竞争者追求的目标不同，那么就形不成竞争。（2）竞争者彼此所追求的目标是稀少的和难得的。对于数量多且易得的目标，是很难形成竞争的。（3）竞争者彼此竞争的目的在于获得目标物。竞争是一种间接而非直接的反对关系，而尽量避免那种直接反对性的、有可能酿成冲突的竞争。在竞争过程中，达到所追求的目标要比打败对手更重要，因为竞争的目的是获取目标物，而不是为了打败竞争对手。因此，为了防止竞争发展为个人与个人、群体与群体间的直接反对关系，首先就必须预先就"游戏规则"达成一致性意见。

竞争的方法很多，常见的主要有破坏法、宣扬法、改革法和专业化方法等。破坏法是指在竞争过程中通过采取诋毁对方声誉、破坏对方信誉、削弱对方地位的方法来建立自身优势地位的方法。如在社会竞争中，一些人通过说竞争对手的"闲话"或"坏话"来破坏其声誉。宣扬法是指在竞争过程中通过宣扬自己的优势和信誉来建立自己优势地位的方法。如在职务竞争中发表个人演说，宣传自己的政见，或者通过广告等手段来宣传自己的产品，介绍其特点和优势。改革法是一种建设性方法。它是指在竞争中建设自己，树立自身优势，从而战胜对方，或保存自己。如在政治竞争中进行的社会改革和社会改良。专业化方法是指为了在竞争中取胜而采取的专攻自身擅长的一项或几项工作，以此来确立自身的优势。

（三）冲突

冲突（conflict）是指人与人或群体与群体间为了某种目标或价值观念而互相斗争的方式和过程。冲突也是一种互相反对的方式，它与竞争有着密切联系，但又有所不同。这种不同主要表现在：（1）冲突的直接目的是为了打败对方；（2）冲突双方或各方，有直接的、公开的、面对面的接触，是一种直接的反对关系；（3）冲突双方所争夺的目标既可相同也可不同；（4）冲突在形式上比竞争激烈得多，它往往突破了规章、规则甚至法律的限制。冲突表现出极强的非理性和破坏性，即它通常会造成财富的毁灭和生命的丧失。

社会冲突的直接原因是人们在权益、观点和态度上的对立。比如两人争夺同一件东西而发生口角甚至拳斗，或者两人因意见相左而发生争吵等。人们发生权益、意见和态度对立的根本原因在于社会不平等。西方社会学家用"相对剥夺"（relative deprivation）来解释社会冲突，认为许多社会冲突并非发生在人们拥有最少的时候。如革命者一般不是最穷的人，而更多是破了产或面临破产的人。①

冲突的类型多样，有经济冲突、政治冲突、军事冲突、思想冲突、文化冲突、宗教冲突、民族冲突、国家冲突和地区冲突等。生活中最常见的冲突有口角、拳斗、械斗、仇斗、战争等。

1. 口角

口角是经常发生的最轻微的一种冲突方式。通常发生在两个人之间。口角与辩论不同。辩论是为了弄清一种看法、观点或命题的是非真假而进行的思想交锋，它是一种有理智、有秩序的互动过程。口角一般是在认定自己有理而对方无理的情况下发生的，是缺乏理智的感情冲动的体现，它不是为了弄清某种是非真假，而是在精神上打击或侮辱对方，发泄自己的感情。有的口角甚至是

---

① 科塞等：《社会学导论》，南开大学出版社 1990 年版，第 615～616 页。

更为严重的冲突的前奏，目的是激化矛盾。

2. 拳斗

拳斗一般是继口角之后发生的较为严重的一种冲突形式。拳斗的特点是通过诉诸武力，不仅从精神上侮辱对方，而且从肉体上伤害对方。拳斗比口角更缺乏理智，因此往往也更激烈。拳斗既可发生在个体之间，也可发生在群体间，像"打群架"即是一种集体性的拳斗。拳斗是徒手的，不持器械的，使用的主要是肢体。拳斗通常有两种发展趋向：一是就此停止；二是升级为械斗。

3. 械斗

械斗，也就是手持器械进行搏斗。在械斗中支配人们行为的仍然是感情冲动。一般来讲，有预谋的械斗不仅比无预谋的械斗更严重，而且破坏力也更大。

4. 仇斗

仇斗是发生在部落、家族、种族乃至群体之间的一种暴力冲突。仇斗可以是持器械搏斗，也可以是持兵器的战斗。这种冲突一般是有组织、有计划的。仇斗的诱因可能是一次偶然的小事件，但因背后存在着更深刻的民族、家庭或群体间的仇恨，从而这次小事件成了仇斗的"导火索"。如印度曾经发生的印度教徒与锡克教徒间的冲突即是仇斗。

5. 战争

战争是冲突的最高形式。它不是因为一次偶然性事件或某人的感情冲动引起的，而是有其深刻的经济、政治和社会根源的。战争一般是有组织、有计划地进行的，而且其组织性和计划性比任何其他社会冲突都强。战争是一种破坏力极大的冲突，而且一般有着较大的涉及面。如伊拉克战争、中国抗日战争等。

冲突除表现出明显的负功能外，还具有一些正效应，如它有利于社会变迁、组织变革和人际关系调整；团体间的冲突有利于增进团体内部的团结；冲突还是人际间、团体间和文化间加深了解和理解的前提。20 世纪 70 年代以来，冲突管理已经成为一个备受人们关注的领域。

（四）强制

当一个人或一个群体将其意志强加于另外一方时，强制这种互动形式就发生了。强制是社会互动的一种形式，在这种形式中互动的一方被迫按另一方的某些要求行事。强制的核心是一种力量对另一种力量的统治或制约。强制意味着互动双方力量的不平衡。强制性互动所借助的力量既可以是物质的，如武器、军队、法庭、监狱等，也可以是精神上的力量，如处分、批评等。

像冲突一样，强制通常也被视为一种负面的社会互动形式。但强制也有正功能，有时，它对规范被强制的行为，使之按社会规则和道德规范行事，是有益的。

（五）顺从与顺应

顺从是指互动中一方自愿地或主动地调整自己的行为，按另一方的要求行事。顺从是群体和社会中不可缺少的互动行为。

顺应不仅包括顺从的含义，而且还指互动双方或各方通过调整自己的行为，以实现相互适应。顺从的种类包括：和解（即互动双方改变敌对态度，建立友好关系）、妥协（即双方通过确定一些条件而暂时平息冲突）和容忍（即暂时采取克制态度，以避免发生冲突）等。

1. 和解

在冲突过程中双方不分胜负，然而，由于有了新的认识或看法，或者经第三方调解，双方改变了原来的敌对情绪和态度，从而停止冲突，建立起了友好关系，这一过程即称为和解。和解是解决非对抗性冲突的主要方式。一般来讲，和解不会改变原来的社会关系和社会秩序，因此是比较稳妥和保守的解决社会冲突的方式。

2. 妥协

与和解相似，妥协也是在双方不分胜负的情况下通过让步来结束冲突或争斗的方式。但与和解不同的是，以妥协方式结束的冲突或争斗，不是因哪一方有了新的认识，改变了敌对态度，而是双方势均力敌，谁也无法战胜或说服谁，不得不暂时做出让步。妥协不是投降。妥协中的任何一方均不占有明显优势，因此条件上是对等的。甲方接受乙方提出的某些条件，是为了换取乙方接受甲方的类似条件，二者没有胜利与失败的区别。通常来讲，妥协具有暂时性，一旦双方力量的均衡被打破，冲突或争斗就会重新产生。

3. 容忍

容忍是通过调整自己的行为以适应环境变化状况的一种行为方式。在遇到特殊情况或者环境发生了某些未料及的变化时，因人们无力或没有有效的办法来改变这种情况或变化，故而往往不得不采取暂时忍耐的态度，以避免矛盾或冲突的出现。容忍对自己来讲是抑制自己的习惯行为，对别人和环境来讲则属忍让。容忍不是投降。容忍是为避免矛盾和冲突发生而采取的一种行为方式；而投降则是解除自己的武装，放弃自己的主张，顺从地屈服于他人，消灭自我。常言道"小不忍则乱大谋"，即是容忍这一行为所具有的实际意义的具体表达。

第四节 集合行为

一、集合行为及其一般特征

集合行为，也称集体行为、大众行为，指一种人数众多的自发的无组织行为。集合行为一词最早由美国社会学家帕克（R. E. Park）提出。他的解释是：一种共同的、集体冲动影响下的个人行为。人们参加到一种集合行为中，表示他对该种行为有着共同的态度或类似看法。但人们在开始时，并没有一个共同的态度或看法，而是由于他们在相互交往时发生了集中于某些事物的倾向性，才逐渐产生了一些共同的态度和行为。集合行为一般限制在那些相当大的、相对非组织起来的、时间上短暂的群体行为。集合行为与有组织的群体行为有相似之处，因为它们都是指人们在一起的活动。但集合行为与有组织的群体行为又有显著不同。一般来讲，集合行为比有组织的群体行为更具自发性、时间上也更短暂，而且是很少能够预料到的；而有组织的群体行为则有较强的规律性、明确的目的性和较正规的组织形式。

集合行为具有如下四方面特征：

（1）人数众多。集合行为通常是许多人共同的、一致的行为。

（2）非组织性。集合行为通常是自发的、非理性的，它变化无常，很少处于均衡状态。

（3）行为者相互依赖。集合行为中，个人都不是单独行动的，而是相互依赖、相互影响的。

（4）突发性。集合行为大多发生于公众场合，那些因受环境压力而心理不安的人最容易参与其中。

二、集合行为理论

集合行为中那些非理性的并且带有破坏性的行为，历来是社会学家和社会心理学家所感兴趣的问题。他们提出了许多观点来解释这种机制和过程。这里简要介绍一下斯梅尔塞的基本条件说、模仿理论、感染理论、紧急规范理论、匿名理论和控制转让理论。

（一）斯梅尔塞的基本条件说

在 1963 年出版的《集合行为理论》一书中，斯梅尔塞对集合行为进行了综合解释。他认为，集合行为实质上是人们在受到威胁、紧张等压力情况下，为改变自身处境而进行的尝试。如赶时髦、狂热追捧歌星、影星，以及社会中发生的恐怖和骚乱等行为。斯梅尔塞指出，集合行为一般有六个基本条件：

（1）环境条件。环境条件是集合行为产生的背景，包括物质条件和社会条件。一些公共场所，如公园、广场、剧场、体育场等往往是突发性集合行为最易出现的地方。

（2）结构性压力。结构性压力是指因经济萧条、自然灾害、贫困、种族歧视和前途渺茫等社会因素而对人们心理产生的压力。这些压力促使人们自发地通过集体努力来解决问题。

（3）普遍情绪的产生或共同信念的形成。这是一种集合行为力量的积蓄过程。

（4）诱发因素。诱发因素是集合行为发生的"导火线"。

（5）行为动员。通过传递信息和压力感而唤起人们的情绪，使人们由旁观者变成参加者。

（6）社会控制能力。集合行为是否产生，通常取决于社会控制的成败。一般来讲，社会控制能力越大，集合行为越不容易产生；反之，集合行为就难以避免。

（二）模仿理论

模仿是由法国社会心理学家 J. G. 塔尔德提出的，在 1890 年出版的《模仿的法则》一书中，他认为社会上的一切事物除了发明就是模仿，而"模仿是最基本的社会现象"。法国社会心理学家塔尔德在 1901 年出版的《模仿律》一书中，试图用"模仿"来解释集合行为的一致性。此后，勒朋和弗洛伊德都对模仿与集合行为的关系进行了深入研究。模仿理论认为，当人们面临冲突事件时，他们往往会处于丧失理智状态，失去自我控制能力，出现哭泣、吼叫、模仿等简单的初级行为。这种行为的传播将会导致集合行为。

模仿可分为潜意识的自动模仿和有意识的自觉模仿两类。潜意识的自动模仿是指对暗示信息不加分析批判的自然而然的模仿，即不知不觉中按照他人的样子去做。儿童在生活中对父母或他人行为的模仿即属此类。自动模仿在个人初级社会化过程中具有重要作用。有意识的自觉模仿是指对暗示的信息做出分析批判后所进行的模仿。比如对新技术的吸收和引进等。

（三）感染理论

感染是指某种观点、情绪或行为在群体暗示机制作用下在群体中迅速蔓延开来的过程。勒朋在 1895 年出版的《群众心理学》一书中认为，群众的特征表现为有意识的人格已经消失，无意识的人格占据主导地位，情绪和观念感染、暗示的影响使群众心理朝某一方向发展，并具有将暗示的观念立即转变为行动的倾向。在感染作用下，个体被一时的冲动所主宰，并卷入非理性的集合行为中。

（四）紧急规范理论

紧急规范是指在发生紧急情况或面临紧急状态时，人们通过控制性影响来作用于其他人的现象。紧急规范理论认为，当人们面临突发事件时，会通过互动而产生一种"紧急规范"，并对在场者形成一种规范性压力，迫使人们去仿效和遵从，从而产生集合行为。如火灾后人们的行为，此时，只要有一人提水救火，人们就会一起响应；但若有人逃离，人们也会争先恐后地逃离。

（五）匿名理论

匿名是指没有明显的群体或个人标志。匿名理论认为，集合行为中个体之所以会做出越轨行为，是因为他处于匿名地位，在这种状态下，一方面个体因无明确的个人标志而不必承担破坏规范的后果；另一方面，个体在这种状态下的遵从性也大大降低，因此，个体才易从事越轨行为。

（六）控制转让理论

控制转让理论认为，在正常情况下，人们都会控制自己的行为；而在集合行为中，行动者出于利益最大化的考虑，往往把对自身的控制因素转让给他人，以利于自己的行动。此时，如果转让者控制不了形势，则可能出现集合行为。

三、几种典型的集合行为

（一）恐怖

恐怖是指人们在面临某种直接威胁时所产生的紧张心态及所做出的不协调的违反常规的行为。如自然灾害或战争给人们所带来的恐怖心理，以及2001年9月11日发生在美国纽约的世贸大楼恐怖事件，即"9·11恐怖事件"。

（二）谣言

谣言是指从不知名的来源发生、通过非正式途径传播的信息。它往往是人们在情况不明时，利用集体想象构造出来的、没有确切的事实根据而描述某一被广泛关心的事件的信息。谣言是集合行为的信息通道之一，它可以凭空捏造，也可对正确信息进行加工和歪曲，这些加工方式包括简略化（使原有信息越来越短、概括化，从而失掉某些重要成分）、片面化（对信息进行断章取义的描述和传播）、同化（根据自己的信念和态度对原有信息添油加醋地加以传播）和逻辑化（对原有信息中空白处、不合理处加以补充，以自圆其说后再加以传播）等加工方式。

（三）流行

流行是指一个时期内在社会上流传很广、盛行一时的外表和行为的风格，是一时为人们广为崇尚的生活方式。流行涉及服饰、音乐、美术、娱乐、语言、用品等各方面，它具有新奇性、消费性、周期性和选择性等特点。人们追求流行是个性表现与从众心理的统一。它是人们一定心理需要的满足方式。流行既具有积极的一面，也有消极的一面。流行还会激起人们的攀比心理。

📝 **小应用**

地震与集合行为

2008年5月12日，四川汶川发生8级大地震，这次灾难波及了大半个中国。虽然大地震已过去，却依然余震不断，人心惶惶，人群间不断闹着"余震向陕西、甘肃转移"、"广东将发生地震"、"陇南将有7~8级地震"、"中午12点至下午2点会有余震"……各种流言，人们也经常跟着这些流言一窝蜂地跑出城、睡车里、住帐篷，在学校上课时听见有人喊"地震啦！"同学老师都神经质地冲出楼门。

这反而是更加危险的，其实对于非震中的地方来说，并不会有破坏性的余震，但一直紧绷的神经会导致工作、学习、生活不能正常进行，而争先恐后地乱跑往往是踩踏悲剧的直接原因。

从传播学的角度来看，人群的这种反应现象是典型的"集合行为"。集合行为现象的发生有三个条件：第一，结构性压力。第二，触发性事件。第三，正常的社会传播系统功能减弱，非常态的传播机制活跃化。

从集合行为的群体心理来看，集合行为的参加者通常处于昂奋、激动的精神状态，这种状态使他对周围的信息失去理智的分析判断能力，表现为一味地盲信和盲从。在这样的机制作用下，恐慌的情绪在人群中以异常的速度蔓延开来。集合行为中的主要信息形式是流言，它们具有以下三个特点：第一是流言信息快速增值。第二是流言信息回流。第三是流言中伴随着大量的谣言。

在地震风波未平息之前，当一个不确定信息被自己接收到以后，第一反应应该是冷静判断而不是盲信、盲从，试图去寻找该信息的来源，假如未果，那么请相信正常大众传媒的正式报道，不必恐慌，也让这则流言就此打住。平日要多注意学习一些地震基本知识，加深对地震这个自然灾害的认识，"知己知彼，百战百胜"是不灭的道理；同时注意学习地震的逃生和自救措施，一旦破坏性地震发生，能及时应对。还应当注意的是辨别谣言，注意对信息加以理智的过滤和辨别，以便做出明智之举。

本 章 小 结

1. "社会互动"一词最早由德国社会学家 G. 齐美尔在 1908 年提出。社会互动的基本要素包括主体、环境、信息和影响，但一般较侧重文化、人格和情境等方面要素。

2. 社会互动的理论很多，其中具有代表性的有符号互动论、角色论、参照群体理论、拟剧论、社会交换论和本土方法论等。

3. 社会互动情境主要包括如下三种类型：（1）二人关系、三人关系和多人关系；（2）熟悉情境、工作情境和社交情境；（3）情感关系、工具关系和混合关系。

4. 美国社会学家贝尔斯认为小群体面对面地互动时，涉及取向问题、评价问题、控制问题、决定问题、紧张问题和整合问题等项功能性问题，并把互动划分为定向阶段、评价阶段和控制阶段三个阶段。美国芝加哥学派的帕克和伯吉斯等人把互动分为竞争、冲突、顺应和同化四个阶段。

5. 社会互动包括向度、深度、广度和频度四个维度。社会互动常见的形式有合作、竞争、冲突、强制、顺应和顺从。

6. "集合行为"一词最早由美国社会学家帕克提出。集合行为一般具有人数众多、非组织性、行为者相互依赖和突发性等特征。常见的集合行为的有关理论有斯梅尔塞的基本条件说、模仿理论、感染理论、紧急规范理论和控制转让理论。社会中常见的集合行为有恐怖、谣言和流行等。

思 考 题

1. 试简要评述符号互动论、拟剧论、参照群体论、社会交换论和本土方法论的主要观点。

2. 简要回答二人关系、三人关系和多人关系各自的特点。

3. 熟悉情境、工作情境和社交情境各有何特点？

4. 贝尔斯互动过程包括哪几个阶段？各分阶段解决的主要问题是什么？

5. 芝加哥学派四阶段说的内容是什么？

6. 社会互动包括哪几个重要维度？各维度说明的问题是什么？

7. 社会互动包括哪几种基本形式？简要说明各种社会互动形式的特点。

8. 集合行为的特征有哪些？

9. 简要描述模仿理论、感染理论、紧张规范理论和匿名理论等集合行为理论的主要观点。

第五章　社会群体与社会组织

学习目标

1. 理解并掌握社会群体的概念和类型。
2. 了解并掌握社会群体的结构、群体动力及其作用过程。
3. 掌握初级群体的特征、形成条件和功能，了解初级群体的发展趋势。
4. 理解并掌握社会组织的概念和类型。
5. 了解组织目标的含义、分类以及组织目标的制定原则和影响因素，懂得如何评估组织目标。
6. 掌握组织管理的概念，了解传统组织管理理论、行为科学管理理论和现代组织管理理论的一些主要流派和观点。
7. 了解家长制、科层制的管理方式，以及官僚主义的主要表现。

关键名词

社会群体　初级群体　次级群体　正式群体　非正式群体　内群体　外群体　所属群体　参照群体　血缘群体　地缘群体　业缘群体　群体凝聚力　社会组织　正式组织　非正式组织　事业部型结构　矩阵型结构　组织管理　科层制　家长制　官僚主义

中国古代思想家荀子曾说："人之生也，不能无群。"又云："物以类聚，人以群分"。社会中的每个人均生活在一定的群体之中，这些群体构成了社会互动的基本单位。也就是说，社会之所以成其为社会，一方面是因为社会是由结合成群体的人构成的；另一方面是因为人与人、群体与群体之间存在着较为稳定的相互关系。本章将介绍社会群体与社会组织问题。

第一节 社会群体及其类型

一、什么是社会群体

群体是人的集合，也是社会学研究的基本单位。群体与人群不同。一般意义上的人群是由许多人聚集在一起所组成的，他们之间缺乏相互了解，互动时间一般较短，互动频率较低，不能形成较为稳定的社会关系，不能形成这个集合体所特有的行为模式，这些人聚集得快，散去得也快。如商场里的人、车站里的人、公共汽车上的人等。然而，人群与群体之间并非存在不可逾越的界限。人群如果具备了如下特征即可向群体转变：（1）在互动中形成较为明确或逐渐明确的行动目标，进而引导其成员的行动方向；（2）在互动中形成一整套共有的行为模式，确定各成员的活动范围及彼此间的相互关系；（3）在活动中形成一套较为固定的角色关系，将其内部成员与其他群体的成员区别开来；（4）成员间形成一个相互吸引和影响的网络。

社会群体（social group），也称社会团体，其含义有广义和狭义之分。广义的社会群体泛指一切通过持续的社会互动或社会关系而结合起来的进行共同活动、有着共同利益的人类集合体。狭义的社会群体则指由持续的直接交往联系起来的具有共同利益的人的集合体。

一般来讲，具有某种共同社会特征，如年龄、文化程度的人，若无交往关系和共同的规范或利益，也不能称为社会群体，只能称为社会类属（social category）。

与一般的人类聚集体相比，社会群体具有如下特征：

（1）群体内部有明确的成员关系。群体内部的每个成员均扮演着不同的群体角色，承担着不同的任务和责任，而且，群体成员之间还存在着彼此依赖、相互影响的关系，有着一定的群体归属感和认同感，并为群体之外的人们所承认。

（2）群体内部存在着持续的人际互动。群体内部成员间的关系不是临时的和偶然的，而是具有长期持续性和相对稳定性的，这种持续、稳定的社会关系必须通过持续的人际互动而逐渐形成和建立起来。

（3）群体内部成员有一致的群体意识和行为规范。一致的群体意识和群体规范的形成是以较明确的成员关系为基础的。群体意识是群体归属感和认同感得以形成和维持的重要保障，群体规范则规定了成员在群体内部的活动范围和职责范围，是保证群体有序、协调运行的重要条件。行为规范既可能是成文的，也可能是不成文的。

（4）群体内部成员有一定的分工协作。分工协作既是现代群体的基本特征，同时也是社会分工和专业化发展的必然结果。分工协作关系既是群体内部成员间工作关系形成的基础，也是成员间相互依赖性的具体体现。

（5）群体内部成员间有一致的行动能力。群体成员间目标和利益的同一性促使群体内部成员必须朝着同一个方向前进，并按照互利、互助的原则去行动，否则就可能给他人甚至自己带来不必要的麻烦和影响。

对于群体存在的基础，可以从如下两个方面来分析：（1）从社会成员个体方面看，乐群性是人的本能，人们希望通过群聚获得各方面需要，如感情需要、安全需要、自我展现的机会；交换关系则是群体得以维持的根本，如家庭、夫妻关系中的感情交换。（2）从社会自身来看，群体是社会生产过程中的产物，群体生活是社会选择的结果，是社会的本能所在。一个群体能够自我维持，通常需要具备四个条件：其一，群体必须能够适应自然环境和社会环境状况；其二，成员的利益必须受到保护，成员能为实现自己的目标而从事活动，但不妨碍群体目标的实现；其三，群体赋予其成员一定的地位和作用，以此来谋求成员间的统一；其四，群体能够满足成员的各种欲求，并提高其能动性。

二、社会群体的类型

社会群体的类型多种多样，按照不同的分类标准可以划分为不同类型。以下介绍几种常见的类型。

（一）初级群体与次级群体

依据群体中成员间关系的亲密程度，社会群体可划分为初级群体和次级群体。

初级群体（primary group），也称直接群体或首属群体，是指群体内部成员间相互熟悉、相互了解并以感情为基础而结成亲密关系的社会群体。如家庭、邻里、朋友等。"初级群体"一词最初由美国社会学家库利在1909年出版的《社会组织》一书中提出，他将剩下的群体类型统称为"其他群体"。库利认为，家庭和儿童的嬉戏群体是个体所遇到的最初的社会化主体，是"人类本性的培养所"，因此称为初级群体。

次级群体（second group），也叫间接群体或次属群体，是指群体成员为了某种特定目标集合在一起，通过明确的规章制度而结成的正规关系的社会群体，如学校、医院、政府部门和企业等。在次级群体中，成员间的互动主要是通过共同的利益和目标而不是感情来联结的，而且群体成员间直接的、面对面的互动方式比较有限，个体在其中只扮演特定的角色。

（二）正式群体与非正式群体

按照群体的正规化程度及其成员间的互动关系，社会群体可分为正式群体和非正式群体。

正式群体（formal group）是指正规化程度高，其成员间的互动采取制度化、规范化的方式，成员间的权利、义务及彼此间的关系均是明确的，且常常是书面规定的群体形式。在正式群体中，成员间有着明确的职能分工，并按照特定的规范和规章制度来行事。如工厂中的车间、班组，军队中的班、排，学校中的班级、教研室等。

非正式群体（informal group）是指按照成员自己的个人意愿自发形成的群体。一般来讲，非正式群体的正规化程度较低，成员间的互动经常是随意的、非常规的，成员间的权利、义务及彼此间的关系没有明确的、成文的规定，成员间的交往是自由的，分工是不严格的。如趣味相投的朋友、街道或同院的伙伴等。

正式群体和非正式群体是美国哈佛大学的梅奥教授通过霍桑实验发现并提出来的。梅奥认为，在现代大规模生产条件下，正式群体中产生非正式群体是不可避免的，也是正常的。非正式群体中形成的目标在很大程度上决定着群体成员对劳动和管理部门的态度，因而对劳动生产率有重大影响。苏联心理学家的研究也证明，在自由和创造性的劳动条件下，正式群体内部产生的非正式群体不仅不会涣散劳动集体，而且会使劳动集体更加团结，并有助于整个群体实现目标和完成任务。当然，也存在非正式群体与正式群体发生矛盾，并干扰整个正式群体达到既定目标的情况。这时，管理者就要设法改善与非正式群体的关系，改变非正式群体的倾向和已经形成的规范，使非正式群体与正式群体的活动协调一致起来。

📝 **小知识**

霍桑实验

霍桑工厂是美国芝加哥西部电器公司所属的企业，该企业具有较完善的娱乐设施、医疗制度和养老金制度，然而，工人们仍然愤愤不平，生产成绩很不理想。为找出原因，美国国家研究委员会组织研究小组开展实验研究，即霍桑实验（Hawthorne Studies），共分四阶段：

第一阶段为照明实验。想通过"提高照明度有助于减少疲劳，使生产效率提高"。可是经过两年多实验未发现对生产效率的提高有影响。

第二阶段为福利实验。实验目的总的来说是查明福利待遇的变换与生产效率的关系。经过两年多的实验发现：（1）参加实验的光荣感。（2）成员间良好的相互关系，会导致生产效率上升。

第三阶段为访谈实验。研究人员发现，在访谈过程中多听少说，详细记录工人的不满和意见，工人的产量大幅提高。

第四阶段为群体实验。实验者设想实行一套奖励办法会使工人更加努力工作，以便得到更多的报酬。但观察的结果发现，工人们只维持中等水平的产量，是担心产量提高，管理当局会改变现行奖励制度，或裁减人员，使部分工人失业，或者会使干得慢的伙伴受到惩罚。为了维护班组内部的团结，可以放弃物质利益的引诱。由此提出"非正式群体"的概念，认为在正式的组织中存在着自发形成的非正式群体，这种群体有自己的特殊行为规范，对人的行为起着调节和控制作用。

（三）内群体和外群体

按照成员对群体的心理归属情况可分为内群体和外群体。"内群体"和"外群体"是由美国社会学家萨姆纳（W. G. Sumner）1906 年在其出版的《民俗论》一书中提出来的，他主要为了描述一个人的群体归属感和群体意识。

内群体（in-groups）是指人们经常参与的或生活、工作及活动于其间的群体，也就是成员在心理上自觉认同并归属于其中的群体。内群体又称为我们群体，简称我群。人们在日常生活中所说的"圈"（如朋友圈、娱乐圈等）和"界"（如教育界、学术界等）等即为内群体的俗称。人们的日常生活多以内群体为中心。

外群体（out-groups）则指内群体成员之外的其他群体。内群体中的成员对外群体及其成员普遍抱有怀疑和偏见，甚至采取蔑视、厌恶、仇视、挑衅等敌视态度。外群体又称为他们群体，简称他群。

内群体和外群体明确区分了我们和他们的界限。这种内外有别的观念不仅内化在群体成员心里，而且有时通过外在形式加以突出和强调，如一个群体有自己的名称、符号标志或特殊的服饰、礼仪或习俗，等等。

内群体和外群体的性质和范围是不断变化的。比如，在原始社会里，内群体和外群体的数目极为有限，性质单纯。一个人所在的家庭、氏族或部落属于内群体，其他的氏族或部落则属于外群体。随着社会的发展，人们活动范围不断扩大，一个人参与的内群体的数量随之增多，性质不完全局限于血缘的联系或地域的联系，而是逐步扩展到工作、社交、文化娱乐和体育运动各个领域，从而形成业缘、社交、文体等多种类型的内群体。内群体和外群体的界限不是一成不变的，随着个人的加入或退出，外群体和内群体不时发生相互转换的现象。

（四）所属群体与参照群体

按照成员的身份归属可分为所属群体和参照群体。

所属群体（membership group），也称隶属群体，是指成员身份所属的群体，它规定着成员身份及其日常活动。

参照群体（reference group）则指被某一（些）成员视作其所属群体的参照对象的群体。它对其成员的认知、情感、态度和价值观等具有重大影响，并可能削弱或加强所属群体的团结。"参照群体"一词是由穆扎弗·谢里夫（Muzafer Sherif）在1948年出版的《社会心理学大纲》中论述小群体时采用的。他在该书中用此词与所属群体一词相对比。当然，两者可以相互重合。而且，通常有这种情况，即一个人所属的隶属群体同时也是他的参照群体。但是，对它们做出区别是为了指出这样一个事实：支配一个人行为的规范或标准可以是那个人乐于成为其成员而又难以加入的群体的规范或标准。人们的社会流动的例子就可清楚地说明这一现象。

（五）血缘群体、地缘群体和业缘群体

按照群体内人际关系发生的缘由及其性质，社会群体可分血缘群体、地缘群体和业缘群体。

血缘群体是人们基于血统关系而形成的社会群体，成员间的关系一般通过婚姻、生育来确定。如家庭、家族、部落等。血缘群体是人类历史上出现最早的群体形式，是社会构成的基本单位及个体社会化的起点。

地缘群体是因相邻而居所形成的群体。地缘群体有的由血缘群体发展而来，有的纯属于地理原因。如学校或社会上的同乡会或老乡会等。地缘群体是伴随着人类第一次社会大分工（即畜牧业与农业分工）而产生的一种群体形式。

业缘群体是由于职业和劳动方面的原因而形成的社会群体。如小企业协会、足球协会以及各种经济组织和政治团体等。与血缘群体和地缘群体比较，业缘群体在人类历史上出现较晚，它是伴随着人类社会第二次社会大分工（手工业与农业的分离）而形成的。

第二节　社会群体的结构及其作用过程

一、社会群体的结构

社会群体的结构由群体规模、群体规范、群体角色和群体领导等构成。

（一）群体规模

每个都有一定数量的成员构成。群体规模是群体结构的基本要素。随着群体规模增大，群体成员的互动关系也变得越来越复杂。群体最少由两人构成。二人群体的关系纽带可能是最强的，这种群体能产生大群体所没有的团结感和亲密感。齐美尔认为，从某种程度上讲，三人群体可能是所有小群体中最不稳定的。在三人群体中，有一位可能是局外人，或者说是个"入侵者"，他有时扮演中间人角色，有时可能是仲裁者，有时还可能是渔利者或分裂者和征服者。

群体中成员间的互动关系的数目可以用凯波特提出的公式 $x = (n^2 - n)/2$ 来计算。其中，x 为群体中人际关系的数目，n 代表群体成员数。按此公式，两个群体的人际关系为1，三个群体的人际关系是3，四人群体的人际关系则为6。群体中成员越多，人际关系也就越复杂，成员间的联系也就越弱。

（二）群体规范

群体成员之间之所以能够有效地进行持续交往，很重要的一个原因在于这些互动是在群体规范规制下进行的，同时，他们的互动又在进一步修正着群体规范。

所谓群体规范，是指群体在对其成员行为进行预期基础上制定的、要求群体成员必须遵守的行为准则的总称。群体规范规定了成员应该如何行动以及违反规范将意味着什么等。群体规范有的是在群体成员的互动中产生的，有的则发生在群体成员交往之前。

群体规范与组织中的规章制度存在不同之处。一般来讲，群体规划可分为正式规范和非正式规范。前者是成文规范，后者则是不成文规范，但同样要求群体成员在认同的基础上予以遵守。组织的规章制度则不同，它一般是正式的成文规定，但制定出来后未必能得到成员的普遍认可和遵循，一般带有较强的强制性。

群体规范的研究最早始于美国社会学家谢里夫（M. Sherif）。谢里夫的试验表明，当群体成员间进行持续互动时，就会逐渐形成共同的判断标准和行为准则，而且这些标准和准则会逐渐稳定下来，这个过程即是群体规范的基本形成机制。由于群体中成员行为表现出一定的趋同性特征，因此，群体往往会对其个体"施加"一种压力，这表现为：当群体规范形成后，群体成员会自觉或不自觉地与群体行为保持一致。这种借助规范而对成员"施加"的强制性压力，具有约束成员行为、保持群体一致的作用。

（三）群体角色

在很大程度上，群体规范是以角色期待的形式表现出来的。在群体中，成员按照一定的结构交往和沟通，不同的成员承担着不同的角色。任何群体都会产生最基本的角色分工，成员通过各自的努力来确定自己在群体中扮演的角色，这些角色与群体的任务和活动有关，有助于组织目标的实现。

按照美国学者唐·赫尔雷格尔和约翰·W·斯洛克姆的观点，依据角色的行为取向，群体角色可分为着重任务、着重关系和着重自我三类角色。

着重任务的角色是指那些承担任务、且能促进并协调解决问题的成员，其中包括发起者（指对群体有关问题、目标、程序或组织形式等提出新设想和建议的人）、信息召集者（指群体中那些承担召集相关事实和信息、以佐证或反对有关设想和建议的任务的人）、信息提供者（指群体中那些为群体解决问题或发展而提供"权威性"事件、概括性信息或个人经验等的人）、协调者（指群体中为厘清和综合群体内各种意见和建议的关系，或者协调群体内不同派别的活动而工作的人）和评价者（指群体中对有关意见和建议及其"现实性"、"逻辑性"、"事实"或"步骤"等内容进行可行性评估，或者对群体发挥功能的标准进行估计的人）。

着重关系的角色主要起着维系群体凝聚力，并建立起以群体为中心的活动和观点的作用。着重关系角色具体体现为六种角色模式：（1）鼓舞者。他们主要表现为精神上的功能，或者表现为表扬、赞同、接受他人的观点，或者通过各种积极措施来关心群体成员。（2）调和者。这类角色扮演着群体内部润滑剂的作用，即调停内部冲突和争吵，缓和群体中的紧张气氛。（3）"守门员"。该角色扮演者经常会使用"让我们来听听……""为什么不限制发言时间，好让大家都能对问题发表看法呢"之类的话，以此来勉励和敦促成员参与讨论和决策。（4）标准设置者。该角色扮演者主要原因为群体的运行制定各种参照标准，或者应用自己已有的标准对群体过程的质量等进行评价。（5）追随者。这些人只是消极被动地随大流，当一名友好的听众，对群体不具建设性作用，当然也不具破坏性影响。（6）观察者。这类角色的扮演者有两种：一是对群体漠不关心、置身事外的人；二是以对群体发生的事情做出反馈为己任的人。

着重自我的角色往往是只求个人利益、只重视个人需求的，这类角色对群体运行和发展的负功能比较显著。这类角色又可分为如下几类：（1）障碍设置者。当群体决议或行为不符合自己利益时，他们或者进行无理抵制，或者进行消极抵抗，有的还会搬弄是非。（2）赏识寻求者。这类角色总是试图引起别人，特别是上级对自己的关注，为此，经常会通过各种场合来表现自我，甚至吹嘘本人的成绩，采取非正当的手段谋取私利。（3）有统治欲望者。这类人经常表现出强烈的操纵欲，总是试图通过非程序、非制度化的手段来攫取操纵群体或某些个人的权力，以达到个人目的。（4）逃避者。这类人与追随者和观察者不同，他们总是试图通过断绝与群体内其他成员的交往来置身于群体过程之外，具有消极抑制的特征。

（四）群体领导

领导与领导者是两个不同的概念。领导是指对群体或个人施加影响的活动过程。它是一种影响群体走向目标的能力。而领导者则指担任某种职务、扮演某种特定角色并实现领导过程的个人或群体。另外，领导与管理又有区别。一般来讲，领导偏重于决策和用人，而管理则侧重于执行任务和管人，通过建立规则、组织力量来完成目标任务。

社会学家罗伯特·贝尔斯认为，在群体中有两种基本的领导方式：一种是工作型领导；另一种是关系型领导。前者的存在在于提出目标并指导下属完成群体任务；后者的存在在于创造和谐的群体气氛，使成员团结一致。在一个群体中，这两种方式通常由不同人来承担，一个负责群体任务的完成，另一个则处理群体成员的情感冲突。对于领导方式，社会心理学家勒温、利皮特和怀特等人，根据群体决策、计划制订、选择工作伙伴的自由度、领导参与群体活动的方式等指标，把群体领导分为民主式领导、放任式领导和专制式领导。研究认为，民主式领导可以提高工作效率，成员满足感较高，成员工作热情和创造力能得到较好的发挥；专制式领导的工作效率较高，但群体间关系紧张，甚至会产生公开敌意和攻击；放任式领导的效率低，成员工作热情低，成员间漠不关心，群体的整体意识较差，有时处于无政府状态。

二、群体动力及其作用过程

群体动力机制涉及群体凝聚力、群体规范、群体沟通、群体冲突及群体决策与遵从。

（一）群体凝聚力

群体凝聚力（group cohesion），也称群体内聚力，指群体吸引其成员，把成员聚集于群体中并整合为一体的力量。群体凝聚力的发展一般有三个层次：第一层次是人际吸引力；第二层次是成员对规范的遵从，把个人目标与群体目标相结合，使个体自觉接受群体规范的约束；第三层次是成员对群体目标的认同，并将群体规范内化为自己的行为准则。

对群体凝聚力的关注始于 W. 麦独孤，大规模的研究则始于 20 世纪 40 年代 K. 勒温对人类群体的研究。与早期研究相比，现代研究倾向于把凝聚力作为一个变量，并集中在两类问题上：一是各种程度的凝聚力对群体行为产生的影响；二是决定群体凝聚力大小的因素。西方社会心理学家常常直接研究群体成员之间的相互作用和感情，强调凝聚力的情感成分。如美国社会心理学家 L.费斯廷格运用群体中出现的沟通频率和强度来分析群体凝聚力。

影响群体凝聚力的因素具体体现在如下几个方面：

（1）个体与群体的心理互动关系。如果一个群体对其成员确实有魅力，而其成员又自觉地意识到这一点，便可能诱发出成员对群体的忠诚，并增强群体凝聚力。

（2）个体与群体间利益的关系。要使群体有较高的凝聚力，群体中个体与群体的利益关系应该遵循互惠原则；否则，群体凝聚力将难以达成或保持持久。

（3）成员在群体中的关系结构。成员在群体中应遵循一致性和互补性原则。

（4）群体成员与其领导的关系。在一个群体中，领导的权威性以及成员对此权威性的认同和拥护，是保证群体凝聚力的必要条件。

（5）群体与其所处环境的关系。如果一个群体内部尚不存在分裂性因素，当其面临环境的巨大压力和威胁时，其凝聚力也会大大增强；否则，群体凝聚力将趋于消失，群体处于崩溃边缘。

群体凝聚力对群体形成及维持的作用表现为：保持群体的整体性、协调性，控制群体成员，保证成员的自信心和安全感。一个好的群体，其凝聚力一定高，从而会有很高的士气、明确的动机和坚强的抗干扰力量。群体成员彼此的吸引力越大，则群体对成员的吸引力也越大，群体凝聚力就越高。增进成员之间的活动和交往，有助于增加群体的凝聚力。群体规模的大小与凝聚力通常成反比，规模小的群体比规模大的群体更容易产生凝聚力。群体成员对群体的忠诚、责任感，对外来攻击的防御，群体成员之间的友谊和承担群体的任务等都可以表明群体凝聚力的高或低。凝聚力有利于群体任务的完成。有高度凝聚力的群体比缺乏凝聚力的群体工作效率要高。

（二）群体规范

群体规范是指在某一特定群体活动中，被认为是合适的成员行为的一种期望，是群体所确立的一种标准化的观念。群体规范在群体成员的共同活动中一经形成，便具有一种公认的社会力量，并不断内化为人们的心理尺度，成为对各种言行的判断标准。

群体规范由于能够促成群体成员行为的一致和协调，因此可以发挥维持群体生存的功能。当然，群体规范的效用也有一定范围，若规范压力超出群体多数成员所能承受的程度，则规范的效力将减弱乃至消失。

（三）群体沟通

群体凝聚力能够影响群体的沟通。高凝聚力的群体往往比低凝聚力的群体有着更好的沟通。有沟通障碍的群体可以进行沟通的改善。所谓群体沟通，是指成员在群体活动中相互交往、传递信息、沟通思想、交流情感、增进了解、增强群体凝聚力的过程。在群体沟通过程中，每个参与者都是积极的主体，而且沟通通常是借助语言和肢体进行的。群体沟通有利于群体中成员的相互了解，增进信任，能够极大地增强群体的凝聚力。

（四）群体冲突

群体冲突是在群体之间公开表露出来的敌意和对对方活动的干涉。冲突对组织的正常运转具有负面影响，但这并不是说群体冲突一无是处。人们发现，尽管冲突的潜在消极后果相当严重，但冲突也存在一些有效的成分。在有些时候，冲突可能会成为组织变革的催化剂，它会促使组织重新评价组织目标或对优先顺序重新做出排列，迫使领导管理者发现那些过去一直被忽视的重要问题，并对这些问题做出更合理决策。群体冲突往往会给组织带来冲击，使组织不满足于现状，从而走向革新。压制所有冲突，有时会导致更消极的后果。原因在于，如果对所有冲突都予以压制，人们就会暗地里互相拆台而不是互相直接对抗，群体把精力花在企图削弱对手而不是努力去解决与对手间的问题上。作为解决冲突的一种策略，对抗有时比压制更为有效。因此，按照现代冲突观，管理者不应刻意地压制冲突，而应允许冲突的适当存在，并设法以那种能加强组织有效性且不产生更深敌意或破坏性行为的方式去解决和消除冲突。

群体冲突大致有三方面来源：群体沟通因素、群体结构因素和个体行为因素。

对大多数群体冲突来讲，群体沟通不良是其主要原因。完善的沟通可使受讯者毫无差错地理解发讯者所发出的信息。然而，现实中的群体沟通往往是不够完善的，这就使得群体沟通过程中会出现许多误解，这种误解的累积和深化就会导致群体冲突。

结构因素是群体冲突的另一重要致因。就群体而言，群体规模越大，层次往往越多，分工也会越细，信息在传递过程中越容易被歪曲，因此冲突发生的可能性往往越大。相关研究表明，下属参与程度越高的群体，发生冲突的概率往往越大。原因可能是参与越多，个体间的需求、看法和价值观等的差异会越大，产生意见分歧和利益对立的可能性也越大。群体中另一结构性原因源于结构性的奖励制度。如果群体中部分成员获得的报酬比另一部分成员获得的报酬多，就容易引起群体内部的矛盾和冲突。权力的结构性分布也是导致群体冲突的重要原因。在群体中，如果某一群体感觉自己的权力过小，另一群体权力过大，就可能会对现状不满，从而产生群体间的冲突。

个体之间的差异也是群体冲突的重要原因。在群体中，因个体间价值观念或知觉方式等的差异，在对一些问题的看法上往往会出现分歧，从而引发冲突。如果领导管理者喜欢将个人观点强加给群体中成员，这也会引起冲突。同样，如果管理者喜欢以某种固定模式来看待人，那么这种知觉方式迟早也会引发冲突。

解决群体冲突的策略很多，主要区别在于着手处理冲突的公开程度。用来解决群体冲突的第一类策略是冲突回避，即根本不让冲突公开；第二类策略则是注意平息、缓和，即使冲突中止并对牵涉各方的感情降温；第三类策略则依靠包容，即允许某些冲突公开发生，但严格控制讨论哪些问题以及讨论问题的方式；第四类策略则是冲突对抗，即公开讨论所有冲突问题并努力寻找一种双方满意的解决方法。一般而言，对最合适策略的选择取决于冲突需要解决的紧急程度。

（五）群体决策与遵从

所谓群体决策，是指群体活动中群体针对要遇到的问题而做出的判断和决定的过程。

群体决策一般经历如下四个连续阶段：第一阶段是搜集信息阶段；第二阶段是对搜集到的信息做出评价阶段，在这一阶段，成员表明自己的看法，并对他人意见做出反应。第三阶段是做出决定阶段。在这一阶段，多数人的一致看法将强加给少数人，并导致群体的紧张情绪。第四阶段，群体成员普遍努力地恢复他们间的紧张关系，使之趋于融洽，以保证群体的继续团结。群体决策虽然能够集思广益，但也往往更易导致失误。

群体决策的优点主要表现在：（1）能够提供更完全的信息和知识；（2）能够提供更多样的经验和观点；（3）可以开发出更多的可行方案；（4）能够提高解决方案的接受程度；（5）提高决策方案的公正性。

群体决策的缺点主要表现在：（1）费时；（2）服从的压力；（3）"从众现象"，即压抑不同的、少数的或不受欢迎的观点，以建立一致的表象；（4）模糊的责任。

遵从（conformity）是指习惯、规则或普遍意见一致的行动。实验表明，小群体成员倾向于通过确定对现实的共同观点来减少情景的模糊性。成员内化了群体的共同观点，甚至在离开群体后还继续持有这种观点。

第三节 初级社会群体

家庭、邻里、伙伴群、朋友圈均是初级群体。初级群体是个体社会化的初始环境，是人类生活中最重要的社会群体之一。

一、初级社会群体的基本特点

早在 19 世纪早期，社会学家滕尼斯、杜尔克姆和齐美尔等人就开始关注初级社会群体。进入 20 世纪后，美国社会学家 C. H. 库利及托马斯、兹南尼基、施拉舍、梅约和米尔斯等人相继致力于这方面的研究，并取得了重要进展。目前，初级小群体仍是社会学和社会心理学感兴趣的热点问题，并已分化成许多流派。

人们之所以对初级群体如此感兴趣，原因在于：第一，初级群体是联系个人与社会的桥梁，通过研究初级群体，有助于人们全面认识和把握社会发展的过程；第二，初级群体是社会的雏形。社会的许多特征，比如分工、规范、沟通、管理等，都可以从初级群体中得到很好的反映；第三，初级群体是人们赖以生存及赋予较多精神寄托的重要范畴，对人们的心理过程和行为方式具有很大影响，通过对初级群体的研究，有助于推行社会进步，提高社会管理水平；第四，通过对初级社会群体的研究，不仅能够加深对次级社会群体的认识，而且也有助于在实际工作中对初级群体加以改造和引导，充分发挥其正功能，减小其负功能的不良影响，以改进管理方法，提高工作效率，创造良好的社会环境，促进社会及其成员的健康发展。

一般来说，初级群体具有如下几方面基本特点：

（1）初级群体的规模较小，成员较少。从规模上看，初级群体一般为 2～30 人。因为只有规模比较小的群体，人们的联系才能相对密切，人们所结成的关系也才能较为稳定。

（2）初级群体中成员间可以直接、经常地面对面互动。由于群体规模较少，因此成员间更容易进行直接的、面对面的交流和互动，从而建立起比较稳定的群体关系。

（3）群体成员间的交往富于感情，即"人情味"。在直接面对面的持续交往过程中，初级群体成员彼此间在言谈举止、行为方式和脾气秉性方面比较了解和熟悉，这有利于增进彼此的感情，并相互关心、爱护和安慰。初级群体成员间的交往一般不是就事论事的表层交往，而是涉及情感和相互心理支持的交流。

（4）群体成员之间是难以替代的。由于初级群体成员间存在着较深层次的情感联系，因而某一个特定成员是不能随意由其他成员替代的。如家庭中的母亲这一角色，在子女看来是唯一的，父亲也是唯一的，不仅二者之间，而且其他成员都难以取而代之。从这一点来看，次级群体则不然。在次级群体中，一个成员不在了，可由其他成员来代替。由此也就不难看出，为什么成人在失去配偶、失去父母或子女时，通常在精神上要罹受重大痛苦。

（5）初级群体有着较高整合度。正是由于初级群体之间所存在的强烈的情感关系，因此，初级群体的整体意识较强，表现出来的整合度也较高。常言道："打仗亲兄弟，上阵父子兵"，实际就从一定程度上说明了初级群体的高度整合性特点。

（6）初级群体一般是依靠非正式手段控制的。初级群体中一般没有明确、严格的规章、制度和法律法规，成员的行为及成员间的关系主要依靠习惯、风俗、伦理道德、群体意识等非正式手段来加以控制和维持。因此，自觉是初级群体成员重要的行为方式。

二、初级群体的形成条件

初级群体的形成是以一定的条件为前提的，概括地讲，这些条件主要包括：

（1）活动空间接近。这里所说的活动空间既包括现实中的区位空间，也包括观念上的区位空间。活动空间接近，为初级群体中各成员间的相互交流与交往提供了必要条件；地理空间上接近，便于群体内成员间的相互往来，交流和交往的机会也较多；而观念上接近，则便于人们心灵的沟通，为形成密切的群体关系奠定了精神基础。"近水楼台""远亲不如近邻"等从一定程度上说明了在相互交往过程中空间距离接近的必要性，而大学里的"同乡会""老乡会"则是在观念区位基础上建立起来的。

（2）群体成员间的接触时间长。在群体成员交往中，情感的深入是依靠长期接触而产生的，所谓"日久见真情"就说明了这一道理。

（3）群体成员间的相互交往比较自由，不受太多约束。在群体成员交往过程中，自由交往、不受约束的交往，是群体成员间拉近心理距离的必要前提。比如，大学教授与学生间的关系，虽然两人在客观上是一种师生关系，但如果双方在交往中打破这种师生关系的界限，自由交往，无约束的交流，他们就可能建立起朋友关系；反之，就只能停留在师生关系上，如果处理不好，甚至还可能发展成为敌视关系。

（4）群体中交往各方在社会地位、文化层次上的差异较小。社会地位、文化层次相差较大，本身就使个体间的交往和交流形成了限制。即使有机会交往和交流，也往往难以找到共同的话题，在兴趣、生活方式等方面难以达成一致，因此，"门当户对"往往是初级群体中交往各方进行平等交流和沟通的基础。居高临下或者俯首仰视式的交流和沟通，是不可能拉近交往双方间心理距离的，因此，交往双方也很难发展成为朋友或至交。

三、初级群体的功能

作为个人参与社会的基本形式，初级群体在社会生活中发挥着重要作用。概括地讲，初级群体的功能主要表现为正功能和负功能两个方面。

（一）正功能

初级群体的正功能主要表现在：

（1）初级群体担负着社会化的任务。社会化是个体由生物人转变为社会人的过程，在此过程中，初级群体具有重要作用。通常，人的早期社会化就是在家庭、同龄群体等基本初级群体中进行的。古人云："养不教，父之过"，实际上就是说，子女能不能成为适合社会发展的人才，主要责任之一就在于家庭。

（2）初级群体能够满足人们的情感需求。家庭的重要职能之一就是情感慰藉，和睦、友好的家庭关系，良好、亲密的朋友交往，为每一个社会成员心向往之。在初级群体中，成员之间借助正式和非正式的感情交流来满足彼此的感情需求，获得心理的满足，达到精神的愉悦。同时，成员间也可通过情感交流来调节自己或他人的情绪，部分甚至全部地消解痛苦、愤怒和忧愁，并获得精神或心灵慰藉，或者将精神或心灵慰藉传递给他人，使他人摆脱不良情绪的困扰，这对群体的和谐发展至关重要。

（3）有助于维护社会秩序，促进社会和谐。作为社会的基本单位之一，初级群体通过将社会伦理、道德和行为方式等内化为群体成员的行为规范，从而发挥着社会控制的作用。在人的社会化过程中，家庭社会化的失败，缺乏友好、亲密的伙伴和朋友，是一些人沦为罪犯的重要因素。此外，初级群体还可通过自身的内聚力，来对群体成员的行为实施有效控制，发挥其维护社会秩序、促进社会和谐发展的功能。因此，重视初级群体的研究和引导，保证其健康发展，对维护社会秩序和社会安定有着十分重要的意义。

（二）负功能

任何事物均具有相对性，初级群体也不例外。这就是说，初级群体既然有正功能，那么它也势必会有负功能。初级群体的负功能主要表现在：

首先，从微观角度来看，初级群体可能会压抑个性的形成，影响个人积极性的充分发挥，限制个人的自由发展。初级群体中成员间的关系亲密，群体凝聚力强，整合度高，因此一旦发生个体意识消退现象，那么，其他成员就可能出现盲目跟从现象。贾尼斯曾经指出，初级群体中，在群体做出决定时，个体出于对群体的忠诚，往往不会提出异议或使其他成员感到不快的意见或建议。也就是说，初级群体中可能会出现压制个体成员不同意见或看法的现象，这不利于群体的发展和进步。

其次，从宏观角度看，正规组织中的初级群体有可能会干扰正式组织的关系，导致正式组织关系紧张或组织的最终解体。这种情况一般发生在群体目标与社会目标不一致时，如社会组织中的裙带关系、帮派集团、政府中的腐化集团等，均会从一定程度上损害组织形象，降低组织效率，败坏社会风气。

四、初级社会群体的发展趋势

中国目前正处于社会转型时期，各种社会矛盾凸显，人们的价值观和人生选择都在发生着深刻而剧烈的变化，一些初级群体的功能趋于弱化。从初级群体总的发展趋势看，随着社会生产方式由传统型向现代型过渡，家庭原有的生产功能、教育功能和赡养功能日趋社会化，家庭作为传统社会的基本生产单位、小型学校和个人养老场所的地位，逐渐被现代社会的现代企业组织、正规学校和社会养老机构所取代，这无疑从一定程度上弱化了人们的心理联系和相互依赖关系，这种弱化，必然会带来初级群体成员间关系的松懈，并导致一些初级群体，如邻里等的名存实亡。

应该讲，初级群体功能的弱化与衰落，对社会进步来讲，既有积极作用，也有消极影响：首先，它有助于个人自由度的增加。初级群体功能的弱化无疑

> **小知识**
>
> ### 现代社会中初级群体的衰落
>
> 现代社会中，初级群体的衰落主要表现出的特征：首先是功能的外移。随着正式组织的大量涌现，许多原来由初级群体承担的功能正逐步移到正式组织中去。如幼儿园、学校和社会福利组织等。其次是初级群体成员关系的松懈。最后是某些初级群体的解体。如同其他许多社会现象一样，初级群体的存在，是以它对社会具有一定的功能为前提的，它所承担的功能越重要，在社会中的地位也就越重要。
>
> 总之，随着工业化和正式组织的大批涌现，初级群体正处于不断衰落之中。

为个体发展提供了更大、更广阔的活动空间，从一定程度上释放了群体成员的个性，有利于个体的全面成长和发展。其次，它有可能带来更大范围的社会整合。初级群体功能的弱化，在为个体成员提供了更为广阔的发展空间和可能的同时，也给社会整合提出了挑战和更大的困难。这种情况颇类似于中国农村实行土地承包责任制后所发生的情况。再次，它有助于提高工作效率，实现组织目标。初级群体的衰落及其关系的弱化，为正式组织和社会的全面整合提供了契机，加强分工合作，实施规范化管理，正确处理成员与组织和社会的关系，建立目标一致的共赢组织和社会，将有助于提高全社会的劳动效率，促进组织

和社会目标的实现。最后，它削减了非正式组织控制手段及影响力，增加了社会控制难度，并导致了一些不利于个人发展的社会问题。如精神抑郁症、酗酒、吸毒和自杀等事件。

第四节　社会组织及其类型

组织是当今社会非常典型的次级社会群体，它是建立在理性主义基础之上的群体活动形式，是一种高度组织化的社区。

一、社会组织的内涵

关于社会组织（social organization），通常有广义和狭义两种理解。广义的社会组织泛指人们从事共同活动的所有群体形式，包括氏族、家庭、家族、政府、军队、学校等；狭义的社会组织则指为了实现特定的目标而有意识地组合起来的社会群体。如企业、政府、学校、医院、社会团体等。社会组织也简称组织（organization）。

在人类社会早期阶段，整个社会发展水平极为低下，人们共同活动的群体形式最初是以血缘关系为纽带的原始群、血缘家庭和家族，以及稍后出现的以地缘关系为纽带的村社等。它们都是人类发展的初级社会群体形式。随着社会分工的发展，阶级的出现，人们之间的社会关系以及人们的社会活动日趋复杂，社会组织适应社会及社会成员的需要逐渐形成并发挥作用。但这时人们的社会关系和共同活动的形式还是以初级社会群体为主。人类社会进入工业社会以后，社会生产力飞速发展，社会分工越来越细，社会生活和社会关系越来越复杂，初级社会群体在很多方面已无法适应社会发展和社会活动的需要。因此，完成特定目标和承担特定功能的社会组织的大发展就成为近代社会发展的必然趋势。

社会组织的活动具有整体性和结构性，这包括目标性、一定的心理结构（是组织千差万别的重要方面）、技术结构和有结构的整体活动四方面。

与初级社会群体相比，社会组织具有如下特征：

第一，社会组织是人们有目的、有意识地组织起来的群体。初级群体的形成具有一定的自然性，而社会组织则是为了某种特定目的，如经济的、政治的、军事的、社会的等而组建的。

第二，社会组织的目标比较简单、明确。通常来讲，社会组织的目标都带有一定"功利化"色彩，即便政府、学校、医院等也不例外。

第三，社会组织中成员的关系不那么亲密。初级群体的最重要特征是成员间关系的亲密性，而社会组织则不然。社会组织中成员走到一起往往是为了一定的个人目标，如获取经济收入、获得自我发展的机会、获得别人和社会的认可，等等。

第四，社会组织成员的可替代性强。社会组织的形成基于一定的目标，一定目标的实现往往通过相应职位责任和义务的很好履行来达到，就此而论，社会组织成员聚集到同一组织的前提是个体成员能够适合组织既定的工作岗位，并能够很好地履行岗位的职责和任务要求。因此，只有做到这一点，才算具备了进入某一组织的基本条件，这其中一般不掺杂个人情感色彩。正因如此，社会组织成员的可替代性要比初级群体强得多。

二、社会组织的基本组成要素

社会组织的基本组成要素包括五个方面：确定的目标、成员、规范、权威的领导体系和物质基础。

1. 确定的目标

任何组织都有自身确定的目标，它既是组织成员聚集、结合的基础，也是组织内部进行分工、合作的基础。没有明确目标的社会组织是不存在的。根据功能主义的观点，社会组织就是人们为了实现共同的特定目标而组合起来的社会群体。艾兹奥尼认为，组织目标是组织致力于达到的某种期望的境界，是指向未来的东西，是组织期望达到的状态。管理学家则从更加具体和操作的角度来认识组织目标，认为组织目标是组织努力争取达到的、期望的未来状态，它包括使命、目标对象、指标、定额和时限等。没有确定的目标，组织将会迷失其发展的方向，组织将难以长期存在和发展。

2. 成员

成员是组织形成的基础，同时也是组织中职位分工、角色落实的前提。一般来讲，人们要进入一个社会组织，成为组织中的一员，首先必须通过一定的进入程序或手续。借助这种进入程序或手续，组织能够强化成员对社会组织的归属感和认同感，明确社会组织与其成员各自的权利和义务。也只有通过这种进入程序或手续，社会组织才能对其成员进行有效的管理。

3. 规范

组织规范是关于组织性质、目标、任务、结构、组织原则、组织成员的权利和义务以及组织活动规则的范围规定，是组织正常运行和良好发展的保证，同时也是组织互动的基础和行为准则。

4. 权威的领导体系

按韦伯的说法，权威是获得认可的权力。权威既是组织的特征，同时又依附于职位。一个人居于某一职位，他就具有该职位的权威，当他离开这一职位时也就失去了相应的权威。权威的领导体系是指由职位等级所确立的权力和领导体系，它确立了不同层级成员间的权利、义务关系，从而保证组织内部的秩序和共同行动的可能性。韦伯根据权威的形成，把权威区分为三类：（1）法理型权威。这是借助人们认同的合法程序而形成的，具有合理性的权威。（2）传统型权威。这是由于世袭等原因而形成的权威，下级对上级的臣属和忠诚是这种权威的重要特征。（3）魅力型权威。这是由于个人具有超人的才能而形成的权威。在现代社会组织中，占主导地位的是法理型权威。

5. 物质基础

任何社会组织的正常运行均必须以一定的物质基础为前提，它是任何组织不可或缺的基本条件，如资金、设备、活动场所等。

三、社会组织的类型

（一）常见的组织分类

1. 按功能和目标分类

美国社会学家、结构功能论的代表人物帕森斯（Talcott Parsons，1902－1979）按组织的功能和目标将社会组织划分为经济组织、政治组织、整合组织和模式维持组织。经济组织主要包括从事物品生产的生产性企业以及为社会提供经济功能的服务性组织，如实业公司等；政治组织是为保证作为整体的社会实现其目标，并进行权力分配和使用的组织，如政府机关等；整合组织是指那些调整整个社会的内部关系，处理社会冲突和解决社会问题，使社会各个部分彼此配合，以维护整个社会秩序的组织，如司法和公安系统等；模式维持组织则指通过教育和文化活动，以维护一定的社会和文化持续性的组织，如学校、教会等。

2. 以组织的受惠者为基础的分类

美国社会学家、交换理论的代表人物彼特·布劳（Peter Michael Blau，1918－2002）以组织的受惠者为基础把社会组织划分为互惠组织、服务组织、经营性组织和大众福利组织。布劳认为，互惠组织的目标是使所有组织成员相互受益，如俱乐部、工会等；服务组织的目的是以社会服务为主，为某些特定的人群提供专门服务，如医院、学校等；经营性组织是指那些目的在于经营获利，且受益者是实业所有者的组织，如公司、银行等；大众福利组织，也称公益组织，这类组织的目的是增进社会和一般公众的福利，如图书馆、博物馆、社会保障机构等。

3. 以组织谋求人们顺从方式的分类

美国社会学家艾·爱桑尼在其著作《复杂组织比较分析》一书中以组织谋求人们顺从方式将组织划分为强制型组织、功利型组织和规范型组织。强制型组织，也称疏远型组织，是指组织和成员的关系是强制和被强制性的，它借助职权来指导个人或群体的活动。这类组织用强迫甚至武力的方式来控制其成员，如监狱、精神病医院等。功利型组织，又称实用型组织，是指以报酬形式作为手段来控制成员的组织。成员与组织间是一种劳务与报酬的交换关系，如各类工业组织和商业组织。规范型组织，又称志愿组织或道德型组织，是指依靠伦理、道德、观念和信仰等社会规范来作为控制成员的主要手段的组织，如教会等。

4. 以组织所使用的技术为基础的分类

按照组织所使用技术来分类，社会组织可分为长链组织、媒介组织和集约组织三类。长链组织是指那些需要在一个时间序列中执行相互不同但彼此相关的功能的任务的组织。如在汽车工业中，生产一辆汽车需要产品设计、部件生产、轮胎制造、组装等部门，这些部门共同构成了汽车生产这一长链组织。再如建筑工业中，一座高楼的建设需要地基处理、墙体垒砌、室内装饰、门窗制造等一系列部门，它们也共同构成了长链组织。媒介组织是指将希望保持相互依赖的人群结合在一起的组织，如以银行业的银联、工商联合会、校友会等。集约组织是指将各种各样的工艺技术或方法结合在一起以改变人或对象的组织，如以完成航天为目标所组建的组织、以经济普查为目标所组建的组织，以及高科技生产和研究计划组织等。

另外，也有人将组织按其规划划分为巨型组织、大型组织、中型组织和小型组织，或者根据社会规范是否严格正规把组织划分为正式组织和非正式组织。

（二）中国社会组织的分类

在中国，组织同样有着许多分类，然而，目前被人们较广泛接受的划分方法是根据社会生活的三大领域将组织分成经济组织、政治组织和文化组织。政治组织主要是根据人们在政治关系中的组合形式，如政党组织、军事组织、司法组织等。经济组织主要是根据人们之间的经济关系来建立，并以生产和经营为中心而结成的组织形式，如各类企业组织、金融组织和商业组织等。文化组织则是以满足人们各种文化需求为目标，以文化活动为基本内容而组建的组织，如各类学校组织、文艺团体、宗教组织、医疗卫生组织和文化传媒组织等。

另外，也有的以企业、事业、国家机关、党派和人民团体的编制性质为标准将组织划分为政府机构、事业单位和企业等组织类型。其中，政府机关包括国家权力、行政、司法以及各类党派组织、政协组织、人民团体等；事业单位组织包括农、林、水利、气象、文化卫生、教学研究、勘察设计、社会福利、城市公用事业、交通管理等一系列组织；企业组织包括冶炼、制造、建筑、交通运输、通信、商业服务等。

第五节　社会组织的目标和结构

一、社会组织的目标

社会组织是有特定目标的社会团体，没有目标就不成其为组织。组织目标既是社会组织建立的基础，又是组织进一步发展的力量源泉。

（一）组织目标及其分类

组织目标（organizational goal）是组织通过自身活动希望达到的一种未来状态。它是组织开展活动的依据和动力，代表着组织的未来和发展方向。组织目标是组织的灵魂，同时也是确定组织活动路线的基础，是衡量组织活动效益与效率的标准。

组织目标的类型多样，按照不同标准可以划分为不同类型的目标。

按照目标的性质及设计时间的长短，组织目标一般可分为长期目标、中期目标和短期目标。长期目标是指需要经过较长时间才能达成的目标，时限一般在 5 年以上，战略性的长期目标的时限一般在 10 年以上。短期目标是指需要较短时间即可达成的目标，时限一般为 1 年以内。处于短期目标和长期目标之间的为中期目标，时限一般为 3～5 年。

按照目标的地位和重要性，组织目标可分为主要目标和次要目标。主要目标是指那些直接关系到组织主要受益人群体需求和愿望满足情况的目标。次要目标则指组织必须满足各种各样的次要受益人群体的需求和愿望而设立的目标。

按照目标的实现状态及其与社会发展的符合程度，组织目标可划分为平衡性目标和改进性目标。平衡目标是指有意识地做出的能够适应组织发展的宏观环境的目标，这种目标一般要通过适应性战略来实现。改进性目标则指建立在改进工作和提高效率的愿望基础之上的目标。这一目标的达成一般是通过改进工作和提高效率来实现的。

按照目标的表现状态，组织目标可划分为显目标和隐目标。显目标是指组织建立的官方的、正规化的目标，这种目标一般以正式文本的形式供组织之外的股东、政府或各类宣传机构参阅。隐目标则是组织朝向的非官方目标，这类目标与正规目标可能存在一定差异。

（二）组织目标的制定和实施

1. 组织目标的制定原则

组织目标的设计和制定一般要遵循一定原则，这些原则主要有：

（1）互惠原则。互惠是指对当事人双方均有利。互惠是基于当事人双方利益均衡要求的。

（2）评估原则。评估是指能够用测量技术来评价目标的实现程度。

（3）选择原则。选择原则是指组织在确定目标时要遵循选取最优目标的科学程序。这种程序一般要经过掌握信息、拟订各种组织目标的预选方案、讨论和评估、对初步选择的方案进行试点以及最后通过并正式公布实施等五个阶段。

2. 组织目标的实施

目标一旦确定，就要安排人力、物力和财力贯彻实施。在目标实施过程中，一般应注意如下两方面问题：一是要选择适当的机会。影响目标实施的因素很多，既有外部因素，如政治、经济和文化因素等，也有内部因素，如人员素质、组织制度建设情况等，因此，只有选择适当的机会，才能保证目标的顺利实现。二是要加强目标实施过程中的监督和检查工作。这种监督和检查主要包括：一是检查所制定的目标是否符合实际情况，是否可行，遇到哪些问题和困难，并及时修正；二是检查所制定的目标是否是组织实际追求的目标。

（三）影响组织目标的因素

1. 社会文化环境对目标的影响

社会文化环境包括一般组织环境和具体的工作环境，如教育现状、法制化水平、技术创新情况、原材料供应情况以及竞争对手情况等，它是组织目标实现过程中影响资源配置和利用的重要因素。具体地讲，社会文化环境包括经济环境、社会环境、政治环境、技术环境等。

2. 组织内部不同目标层次的相互影响

组织内部目标往往是多重的，通常情况下，在组织总目标确定后，接下来就要把它们转化为具体的可操作性的目标，并且制定出等级和先后顺序。在实践过程中，通过一个个短期目标、一个个子目标的完成，来逐步达到中期目标及分目标的完成，最后实现长期总目标。

3. 组织参与者对目标的影响

组织参与者通常是指组织成员。就每一位组织成员来讲，他们进入组织都是为了实现一定的个人目标。因此，在组织目标制定和实施过程中，应充分考虑到这一点，组织目标的实现既不能以损失组织成员目标为代价，个人目标也不能以蚕食组织目标为前提，应尽可能使个人目标统一于组织目标之下，并保证组织目标与个人目标的一致性，实现组织与个人的"双赢"。

（四）组织目标实现程度及其评估

对一般组织来讲，测定目标实现程度及绩效的标准有三个。

（1）有效性。有效性是指组织实现各种目标的能力情况，它是测定目标实现程度的普遍性指标，是长期测试标准。有效性一般与组织最终目标的实现相联系，它一般具有长期的测度效果。

（2）效率。效率是指组织在实现目标过程中，所消耗的资源与产出的结果之间的比例关系。效率属于短期测试标准。

（3）人道主义或人文关怀。人道主义或人文关怀是指组织目标是否充分考虑到了组织成员个人才能的充分发挥，是否有利于组织成员个人目标的实现，有利于个人成长和发展。

二、社会组织的结构

（一）什么是组织结构

组织结构（organizational structure）是指组织内部正式规定的、比较稳定的相互关系形式。它是指一个社会组织由哪些部分组成，各部分在组织整体中所处的地位以及它们在组织运行中比较稳定的相互关系。社会组织结构既包括正式结构，也包括非正式结构。正式结构是社会组织的主要结构。

社会组织的正式结构是指组织成员根据一套严格的规章制度而形成的一种规范性的结构形式。正式结构是为了实现组织目标而设置的，并由组织规章正式规定的各层次、各职能部门之间的稳定的关系模式，它具体体现为不同层次、各部门之间分工合作关系。正式结构包括规章、法规、内部细则、命令和达到目标的时间表等。以正式结构为主的组织就是正式组织，如学校、政府、公司等。当组织进行部门之间分工时即形成了基本的职能结构，它一般用组织结构图来表示。这种组织结构图从纵向的权力结构和横向的职能分工角度将组织结构表现出来。组织正式结构所反映的是组织中各部门、各成员之间的正式关系，即工作关系，是为了有效达到组织目标而安排的结构。

组织非正式结构是指组织内部成员以共同的观点、爱好、情感为基础自发形成的一种群体结构。非正式结构问题最早由梅奥等人在"霍桑实验"中发现并提出来。非正式结构在一定条件对正式结构具有补充作用。主要表现在：（1）能够缓冲正式结构所带来的压力，从而使组织成员身心舒畅地投入到组织工作中去；（2）能够提供正式结构以外的丰富的控制和沟通形式，从而取得良好控制效果；（3）能够成为推动组织变革、维护组织成员合理利益的有效力量。当然，非正式结构也具有一定负面影响，特别是当组织中非正式结构与组织正式目标相抵触时，这种消极作用即会展现出来。

（二）组织结构的设计原则

在对组织结构进行设计时，通常要遵循如下基本原则：

（1）目标任务原则。在进行组织结构设计时，应坚持因事设职、因职择人的原则，以确保组织效率，降低组织的运行成本。

（2）有效管理跨度原则。有效管理跨度实际上是说一个管理者能够有效地管理多少名下属。因受个人精力、体力、能力、时间以及管理对象和环境等多方面因素的影响，管理者能够管理的下属一般有一定限度，因此就要求在设计组织结构时，比较充分地考虑管理跨度的客观存在性，以免造成"鞭长难及"、管理低效甚至失效问题。

（3）分工协作原则。只有明确的分工才能保障责权范围的清晰，也才能取得较高效率；而且，有效的工作协作也是确保现代组织高效运作的必要条件。

（4）统一领导和分级管理原则。统一领导也就是集权，而分级管理则意味着授权与分权。就一个组织而言，只有在民主参与基础上进行统一领导，才能确保组织行动目标和方向的一致，也才能保证比较高的效率和效益。当然，单单强调统一领导还是不够的，因为组织的规模不一，组织成员的需求、观念等各异，因此要保证组织的效率，就必须对下级进行授权，属于下级职权范围内的事务，由下级全权处理，以激发下级管理人员的工作积极性、主动性和创造力，确保组织的高效运作。

（5）责权对等原则。在组织结构设计时，应保证组织内每一职位拥有的权力与其所承担的责任对等，即委以重任者必给予重权。权责对等是充分发挥组织成员能力的重要条件。

（6）效率和效益相结合原则。效率是时间的函数，而效益则是成本的函数。一般来讲，高效率的组织，往往是注意节约时间，或者充分利用每一分、每一秒来努力工作的时间。高效益的组织，往往是指注意成本节约，或者充分利用组织现有资源和资本的组织。确保效率与效益结合，是现代组织结构设计过程中必须坚持的原则。

（三）组织结构的基本形式

不同的组织有不同的组织结构，归纳起来，组织结构可分为直线型、职能型、直线职能型、事业部型和矩阵式等几种结构形态。

1. 直线型结构

直线型结构是一种按垂直系统直线排列、上级对下级进行指挥、下级对上级负责的组织结构形式。这种结构一般适用于规模小、运行过程简单的组织。在这种组织中，每个人只有一个上级，信息在垂直方向上进行单向直线传递。其特点是：机构简单、职权明确、决策统一、贯彻迅速。

2. 职能型结构

职能型结构是指在规模比较大的组织中，通过设立专业职能型部门，并把相应的管理职责和权力交付给若干职能型部门，由这些职能型部门来对组织实施具体管理活动的一种组织结构形式。职能型结构可以使最高管理者摆脱具体的管理事务，从而专注于组织决策；另外，职能型结构也可弥补组织最高领导者能力不足、知识欠缺等问题。在组织运行中，职能型部门借助其职能系统直接向下级行政单位下达任务和命令，从而形成由职能部门指挥下层部门运行的情形。职能型结构的特点是分工负责，有利于组织管理的科学化和民主化。

3. 直线职能型结构

直线职能型结构，也叫生产区域管理型结构，它是直线型和职能型相结合的一种组织形式。直线职能型结构强调自上而下的行政主管的统一领导，同时也注意发挥职能系统在专业、技术方面的作用，它既可避免直线型结构的粗放，又可保证主管领导的统一指挥。

4. 事业部型结构

事业部型结构，又称分权组织或部门化结构，是现代大型企业通常采用的组织形式。事业部型结构是在最高领导层集权的基础上，按业务分类并设立若干从事不同业务的事业部门，各事业部门在最高领导层和有关职能部门的总体决策下，分别实行相互独立的领导和管理。这样，整个组织的方针确定和控制是集权化的，具体的方针与运用则是分权化的。实行事业部型结构的组织一般下设几个从事不同事业的二级组织，即事业部。整个组织有统一领导和决策机构，但各事业部之间又有相对独立的利益、相对独立的市场和相对独立的自主权，从而形成集中决策、分散经营的组织形式。美国的杜邦公司、通用汽车公司都成功地使用了事业部型结构，对公司集权化管理体制进行分权。目前，这种组织结构形式已被一些大型企业广泛使用。

5. 矩阵式结构

矩阵式结构，又称规划矩阵结构或规划目标结构，它是在直线职能型基础上，通过增设横向的领导系统，即纵向按"指挥职能"的领导关系和横向按"计划—目标"的指挥关系，纵横交叉形成矩阵。这种组织结构将管理部门分成了传统职能部门及由各职能部门派人联合组成的、以完成某项专门任务为目标的专门任务小组。这种组织结构的特点是：（1）可将各职能部门的专业人员集中起来，集思广益，迅速完成任务；（2）实现了多项专门任务在一个组织中平衡地完成，避免了各部门的重复劳动，提高了组织效率和效益；（3）可使主管领导摆脱日常事务，着力于组织的战略决策，同时也有效发挥了各职能部门的作用；（4）有利于知识和经验的相互交流，有助于组织成员的成长。

矩阵式结构比较适合于某些需要集中各方面专业人员参加完成的项目或业务，以及一些设计或研制等创新性质的工作。如美国休斯飞机公司等就曾采用矩阵式结构。

第六节　组织管理与组织变革

一、组织运行与组织管理

社会组织并不是组织成员与物资设备的简单集合和组合，它是社会成员为实现同一目标而协同努力的集体。将独立的个体组合成一个共同活动的整体的过程被称为组织化。帕森斯认为，要使组织的成员认同组织的价值和角色，首先就必须对其进行社会化，而后还要运用制度和规则对其进行制度化，由此，组织才能成为有效的功能体系。西方组织理论认为，组织成员是具有理性的个体，他们是在组织制度、规则之下基于自身利益而进行理性选择的行动者。这就需要组织设计各种方法去刺激员工的积极性，使之为实现组织目标做出贡献。组织所拥有的对于其成员进行刺激的因素既包括经济性的，如工资、奖金，也包括非经济性的，如员工的成就感、满足感以及工作的挑战性、社会地位等。另外，为保证组织正常运行，对员工进行必要的权力管理和支配也是必需的。

所谓组织管理（organizational management），是指组织运用权威来协调其内部人力、物力和财力，以实现组织目标的活动。设计合理的组织结构是管理的基础和必要条件。组织管理的基本目的是寻求内部秩序和外部环境的均衡和发展，提高组织的活动效率。管理的基本功能是消除紧张状态，完成组织目标。管理活动一般由管理者来实施。不过，管理者往往有着比较宽泛的含义，它泛指执行管理职能的人。根据管理的内容和层级，管理者可分为基层管理者、中层管理者和高层管理者。在管理实践中，管理人员履行的职能主要有计划、组织、领导和控制。计划是指为实现组织的既定目标而对未来行动所进行的规划和预期安排活动。计划就是预先确定要做什么、如何做、何时做、由谁做、在哪里做以及为什么做等问题。具体地讲，计划主要是为了实现已确定的目标而对整个目标进行分解，预算并筹划目标实现过程中的人力、物力和财力需求，并预先拟订实施步骤、方法及制定相应的策略、政策等的一系列管理活动。计划的目的在于协调社会劳动，合理地利用一切资源，从而使管理活动取得最佳效果。组织是指为实现既定目标而对人、财、物等资源进行分工和协作的过程。它是根据组织目标，结合组织内外部环境来建立和协调组织结构的过程。组织工作应随组织内外部环境的变化而变化，它不可能一劳永逸。领导也就是影响人们去实现目标的过程。领导的功能在于构建一种影响力，借助领导者掌握的资源和具有的领导才能，来使组织成员为达成组织目标做贡献。控制是指使事情按计划向着既定的目标进行。控制是一个不断纠偏和校正的过程，是保证组织成员朝既定目标迈进的必要保证。

二、组织管理理论

（一）传统管理理论

传统管理理论产生于 19 世纪末 20 世纪初，该理论以等级规则和非人格因素为基础，是现代管理理论的基石。传统管理理论主要包括泰勒的"科学管理"、法约尔的"一般管理"思想和韦伯的"科层制管理"。

1. F. 泰勒的"科学管理"理论

美国工程师泰勒（Frederick Winslow Talor，1856－1915）在"搬运铁块"、"铁砂和煤炭铲掘"和"金属切削"等实验的基础上，归纳提炼出了一整套规范化、程序化的方法和理论，这些方法和理论因建立在实验基础上而被称"科学管理"理论。"科学管理"理论的核心是通过规范化管理来提高劳动生产率。泰勒推崇经济合理性和个人主义的价值观，认为只要给工人合理的报酬就能刺激起他们的积极性，从而提高企业效率，并带来劳资两利的效果。以此为假设，他科学地设计了一套旨在提高工人工作效率的方法，这种方法包括工作程序的标准化、确定工作定额和计件工资等，并形成了一套以工作任务为中心的管理方法，这套管理方法后来被称为"泰勒制"。"科学管理"理论是一套建立在"经济人"假设上的理论，这种理论确实有刺激工人积极性和工作效率的功能，并被广泛推行。

2. H. 法约尔的一般管理理论

法约尔（Henri Fayol，1841－1925）是法国的工业实业家和管理学家。他最早将行政管理划分为计划、组织、指挥、协调和控制五个环节。法约尔认为，管理原则只是指导行动的灵活信条，一个有效的管理者是不应仅仅根据原则行事的。法约尔根据自己多年的工作经验，提出了著名的 14 项管理原则：（1）劳动分工；（2）权力和责任；（3）纪律；（4）统一指挥；（5）统一领导；（6）个人利益服从集体利益；（7）人员报酬；（8）集中；（9）等级制度；（10）秩序；（11）公平；（12）人员的稳定；（13）首创精神；（14）人员的团结。法约尔的14条原则虽然具有一般性，然而它们却是灵活的，因此他认为，原则的应用要求智慧、经验、判断和注意尺度，由经验和机智合成的掌握尺度的能力是管理者的主要才能之一。法约尔认为："没有原则，人们就处于黑暗和混乱之中；没有经验与尺度，即使有最好的原则，人们仍将处于困惑不安之中。原则是灯塔，它能使人辨明方向：它只能为那些知道通往自己目的地道路的人所利用。"① 法约尔提出的行政管理过程和原则不仅适用于企业，而且适用于政府、军队和其他组织，因而被称为一般管理理论或一般行政理论。

3. 马·韦伯的"科层制"管理理论

马 · 韦 伯（M. Weber, 1864 – 1920）是最早对现代组织的兴起提出了系统解释的德国社会学家。韦伯认为，组织是以一种跨越时空的、稳定的方式把人类活动或他们所生产的物品协调在一起的一种手段。韦伯强调组织的发展依赖于对信息的控制，并强调书面文字在这个过程中所起的重要作用，即一个组织为实现其功能，需要书面的规章制度以及储存其"记忆"的档案。韦伯把组织看成是非常富于等级性的，权力倾向于集中在上层。

根据韦伯的观点，大多数大规模的组织都具有科层制的性质。"科层制"一词最早由蒙西尔·古尔耐在 1745 年使用。科层制的本意是指官员的

> 📖 **小知识**
>
> 马克斯 · 韦伯（Max Weber, 1864 ~ 1920），德国著名社会学家、政治学家、经济学家、哲学家，是现代一位最具生命力和影响力的思想家，是公认的现代社会学和公共行政学最重要的创始人之一，被后世称为"组织理论之父"。韦伯生于德国图林根的埃尔富特市，不久举家迁至柏林。他的父亲是当地知名法学家和政治家。青年时代的韦伯便在他的父母亲的客厅里结识了当时知识界和政界的许多杰出人士，如狄尔泰、莫姆森、聚贝尔、特赖奇克和卡普等人。在1882年韦伯进入了海德堡大学的法律系就读。和他父亲一样，韦伯选择以法律作为主要学习领域。除了法律的学习外，年轻的韦伯也学习了经济学、中世纪历史、神学。1889 年，韦伯取得了法律博士学位。韦伯与卡尔·马克思和埃米尔·迪尔凯姆并称为现代社会学的三大奠基人。

① ［法］法约尔：《工业管理与一般管理》，中国社会科学出版社 1998 年版，第 50 页。

统治。法国著名作家巴尔扎克把科层制形容成"由侏儒行使巨人的权力"。这种观点一直延续至今。科层制经常同红图章、低效率以及浪费联系在一起，从而也说明了这种制度本身所具有的缺陷。当然，也有很多学者已经以一种不同的方式来看待科层制，即将它看作是认真、精确而有效的行政管理的一种典范。因为科层制下的所有任务都由程序化的、严格的规章制度来控制，所以它是由人类设计出来的最有效的组织形式。韦伯对科层制的看法介于上述两种极端的观点之间。

科层制管理是组织内部职位分层、权力分层、分科设层、各司其职的组织结构模式和管理模式。科层制管理的基本观点是合法与合理的职权观点。科层制有如下几个特点：一是分工明确；二是层系设置合理；三是规则具有强大约束力；四是非私人性；五是职位专门化。科层制管理是一种以事为中心的管理，也就是"以事为本"。

（二）行为科学管理理论

行为科学管理理论发端于20世纪20年代的"霍桑实验"，40年代后被理论化。行为科学是综合应用心理学、社会学、社会心理学、人类学、经济学、政治学、历史学、法律学、教育学、精神病学及管理理论和方法，研究人的行为的边缘学科。行为科学理论研究人的行为产生、发展和相互转化的规律，以便预测人的行为和控制人的行为。它把组织看成是人类活动的共同体，强调人与人、人与组织的关系，而不是人与规则的关系。梅奥等人在霍桑工厂的实验表明：（1）人是社会人；（2）组织中存在着非正式群体；（3）通过提高士气，可以提高工人的工作效率。"霍桑实验"的重要结论是：社会因素是影响工人生产积极性的决定性因素。

行为科学理论的基本观点是：在组织形态上要重视民主的、非集权的且少等级结构的组织形式，强调权力均等，反对非人格化的科层组织。

行为科学管理理论的主要特点是：（1）把人的因素作为管理的首要因素，强调以人为中心的管理，重视职工多种需要的满足；（2）综合利用多学科的成果，用定性和定量相结合的方法探讨人的行为之间的因果关系及改进行为的办法；（3）重视组织的整体性和整体发展，把正式组织和非正式组织、管理者和被管理者作为一个整体来把握；（4）重视组织内部的信息流通和反馈，用沟通代替指挥监督，注重参与式管理和职工的自我管理；（5）重视内部管理，忽视市场需求、社会状况、科技发展、经济变化、工会组织等外部因素的影响；（6）强调人的感情和社会因素，忽视正式组织的职能及理性和经济因素在管理中的作用。

（三）现代组织管理理论

现代组织管理理论产生于 20 世纪 40 年代后，主要包括组织系统理论和组织权变理论等。

1. 组织系统理论

系统论是 20 世纪 20 年代由美籍奥地利生物学家贝塔朗菲（Ludwig von Bertalanffy）创立的一门新兴学科，是研究一切综合系统或子系统的一般模式、原则和规律的理论体系。系统是由相互作用和相互联系的若干组成部分结合而成的整体，它具有各组成部分孤立状态所不具有的整体功能，它总是与一定的环境发生着联系。系统论归纳了管理整体与部分之间的相互关系、管理系统与环境之间的相互关系。系统论强调必须以整个系统作为看待事物的出发点，并认为系统是开放性的。

社会系统学派的创始人、美国管理学家切斯特·巴纳德（Chester Barnard，1886 – 1961）以系统观为依据，把组织视作一种开放的系统，认为组织中的所有人员都是寻求取得平衡的系统，他们调整内部和外部的各种力量，不断使整个系统得以保持平衡。巴纳德认为，组织是由两个或两个以上的人有意识地协调活动和效力的系统，个人对是否参加组织的活动可以做出选择，这种选择是以个人的目标愿望为依据的，即要受到个人动机影响，组织中的管理人员就是通过改变个人动机来影响他们的行为，从而促进组织目标的实现。他指出，作为正式组织的协作系统，不论其规模大小或级别高低，都包含协作意愿、共同目标和信息沟通三个基本要素，管理人员就是在信息沟通系统中作为相互联系的中心，并通过信息沟通来协调组织成员的协作活动，以保证组织的正常运转及组织目标的实现。

2. 组织权变理论

权变理论是 20 世纪 60 年代末 70 年代初在美国经验主义学派基础上发展起来的管理理论。权变理论认为，在组织管理中要根据组织所处的环境和内部条件的发展变化随机应变。权变理论强调各分系统间的相互关系模式及其特殊性。权变理论强调组织的多变量性，其最终目的在于提出最适宜具体情况的组织设计和管理行动。权变理论认为，每个组织的内在要素和外在环境条件都各不相同，因而在管理活动中不存在适用于任何情景的原则和方法，即在管理实践中要根据组织所处的环境和内部条件的发展变化随机应变，没有什么一成不变的、普适的管理方法。成功管理的关键在于对组织内外状况的充分了解和有效的应变策略。权变理论以系统观点为理论依据，从系统观点来考虑问题。权变理论的出现意味着管理理论向实用主义方向发展前进了一步。权变理论的核心就是通过组织的各子系统内部和各子系统之间的相互联系，以及组织和它所处的环境之间的联系，来确定各种变数的关系类型和结构类型。它强调在管理中要根据组织所处的内外部条件随机应变，针对不同的具体条件寻求不同的最合适的管理模式、方案或方法。现代组织权变理论的代表人物主要有劳伦斯（P. R. Lawrece）、卢桑斯（Fred Luthans）和菲德勒（F. E. Fidler）等人。

三、组织管理方式

（一）家长制的管理方式

家长制（patriarchy）是历史上最早出现的一种组织管理方式，它产生于农业社会，是小农经济的产物。家长制是建立在下级对上级效忠、服从和依赖的基础上的，它是一种与封建家庭制度相似的管理制度，是前资本主义阶段比较普遍的管理方式。

家长制源于家庭、家族等血缘群体。在母权制和父权制的家庭中，家庭的主要权力集中于家长一人手中，权力不划分，其他成员均须服从家长一人。在家庭中奉行非正式控制原则，无正式规章，靠习惯、习俗等来维持管理与控制。当社会群体规模有所扩大时，此种方式又被推广到更大的范围，如手工业作坊、店铺、行会。封建帝王把国家看成是一家私有，即所谓"家天下"。他们治国常常采用家长式的方法。家长制是在生产力水平低下、社会分工不发达、群体规模相对狭小、结构相对简单的传统社会中的一种手工业组织管理方式。随着现代工业社会和现代社会组织的出现，这种管理方式逐渐被淘汰，但它的残余形式仍可能存在于某些社会和社会组织中。

作为一种组织管理方式，家长制具有几方面特征：（1）组织内部权力集中于最高领导人手里。在家长制下，组织内部权力不进行划分，组织中的重大决策和大部分问题的裁决权都集中于最高领导者手中，整个组织的活动完全由最高领导者的个人意志支配。家长制的典型表现形式是个人独裁制。（2）分工不明，责任不清。家长制一般没有明确的责任和权力分工，缺乏稳定的正式结构，组织活动呈无序状态，组织活动效率常因互相推诿、不负责任而降低。（3）任人唯亲，因人设岗。家长制与以人的个性为特征的初级社会关系密切相联系。在家长制的社会组织中，选择管理人员，以具有人身依附性的初级社会关系为标准，视与最高领导者的私人关系和感情亲疏而定，结果造成大量不称职的人员占据组织管理职位，在组织内部形成与组织目标相悖的利益群体，有着任人唯亲、因人设岗、管理职位冗杂的问题。（4）办事无章可循、无法可依。（5）管理人员终身制。由于初级社会关系具有不可置换性，因而家长制下的最高领导者一般实行终身制，缺乏正常的更换领导者的机制。

由于组织中的权力掌握在极少数上层人手中，大多数组织成员只有执行命令的义务而没有过问组织事务的权力,所以家长制会极大地抑制组织成员的积极性和责任意识,不利于充分动员组织资源去实现组织目标。在组织中的高层领导实行人治情况下,下属常常会视上层的情绪、好恶行事,缺乏科学的办事规则。另外,家长制培育奴性、抑制组织成员的创造精神,常使组织守旧,不适应外部复杂多变的环境,不利于组织的顺利发展。

(二)科层制的管理方式

科层制(bureaucracy),是德国社会学家马·韦伯提出的一种社会组织内部职位分层、权力分层、分科设层、各司其职的组织结构模式和管理方式。它是一种以正式规划为主体的管理方式,是现代组织结构的典型形式。在韦伯看来,科层制组织大致具有如下几方面特征:

(1)明确的分工。科层制中的组织成员均有负责一项工作的专长,同时组织会以正式规定的职责形式固定落实到人。组织中明确的分工规定了每个成员的权力和责任,并使之合法化。

(2)明确的职权等级。科层制组织内部的权力是按等级划分的,它是一种金字塔式的组织结构。处在顶部的极少数人拥有较多权力,处于底部的多数人拥有较少权力,下级职务接受上一级职务的管理和监督,推行大规模的责任制和协作。

(3)明确的规章制度体系。科层制组织内有一套严格的规章制度体系,对组织内部的各级机构设置,各种成员的职责、权限、活动方式均有一整套严格而具体的规定。这些规定是组织所有成员都必须遵循的。

(4)公私分明。在科层制组织中,组织成员在办事时,一切从理性角度,不掺杂个人好恶与感情地照章办事。

(5)以事为本,量才用人。以工作为核心,以事为本,是科层制组织的重要特征。科层制在招聘人员、选用人才时,严格按照才能和程序进行。同时,组织内部还设置有一套按年资、工作表现或两者兼顾的原则来提薪晋升的制度。

(6)管理权限依附于职位,而不依附于个人。科层制组织的权限是与人们所处的职位密切联系的,一切随职位的变化而变化。

虽然科层制的一些特征是有助于整个组织的生存、效率和目标的实现,然而,科层制也有其无法克服的缺陷,这表现在:

(1)特殊场合下的无效能。由于科层制的规定是针对一般情况和问题拟定的,因此在面对特殊情况时,特别是瞬息万变的环境时,往往会失效。

(2)科层制易导致权力单极化倾向,容易造成上级对下属真实情况不了解的问题。

（3）处于科层制中的人容易变得无能。

（三）官僚主义

官僚主义（bureaucratism）是指因管理不善而造成的组织活动与目标相偏离的现象。官僚主义是一个管理制度问题。从管理主体角度看，无论家长制还是科层制，均可能产生官僚主义问题。

由家长制产生的官僚主义具有如下特征：遇事推诿；相互扯皮；敷衍塞责；牟取私利；不关心群众痛痒；"一言堂"；命令主义等。

由科层制产生的官僚主义则表现出如下特征：浮夸习气；墨守成规、缺乏灵活性；繁文缛节、文牍主义；例行公事、文山会海。

官僚主义是随着国家的出现而产生的，是一种长期存在的、复杂的社会历史现象。社会主义社会的官僚主义，是旧社会剥削阶级习惯势力的反映。它除了同历史上的官僚主义有共同点以外，还有自己的特点，既不同于旧中国的官僚主义，也不同于资本主义国家中的官僚主义。这种官僚主义，同我国长期实行中央高度集权的管理体制有着密切关系。改革权力过分集中的领导制度，是克服官僚主义的有效途径。

本 章 小 结

1. 社会群体有广义和狭义之分。社会群体表现出如下重要特征：（1）群体内部有明确的成员关系；（2）有着持续的人际互动；（3）有一致的群体意识和行为规范；（4）有一定的分工协作；（5）有一致的行动能力。

2. 社会群体的类型多样，依据的标准不同，划分的类别也不同。

3. 社会群体的结构由群体规模、群体规范、群体角色和群体领导等构成。

4. 群体动力机制涉及群体凝聚力，其具有保持群体整体性和协调性、控制群体成员以及保证成员自信心和安全感的作用。群体沟通通常是借助语言和肢体进行的。群体冲突是群体沟通因素、群体结构因素和个体行为因素等引起的。群体决策是提高群体决策有效性的重要性方法。遵从则是指习惯、规则或普遍意见一致的行动。

5. 初级群体具有如下特点：（1）初级群体的规模较小，成员较少；（2）初级群体中成员间可以直接、经常的面对面互动；（3）群体成员间的交往富于感情，即"人情味"；（4）群体成员之间是难以替代的；（5）初级群体有着较高整合度；（6）初级群体一般是依靠非正式手段控制的。初级群体的形成条件有：（1）活动空间接近；（2）群体成员间的接触时间长；（3）群体成员间的相互交往比较自由，不受太多约束；（4）群体中交往各方在社会地位、文化层次上的差异较小。

6. 初级群体有正功能和负功能。正功能表现为：（1）初级群体担负着社会化的任务；（2）能够满足人们的情感需求；（3）有助于维护社会秩序，促进社会和谐。负功能则表现为：从微观角色看，初级群体会压抑个性形成，影响个人积极性的充分发挥，限制个人的自由发展；从宏观角度看，初级群体可能会干扰正式组织的关系，导致正式组织关系紧张或组织的最终解体。

7. 社会组织有广义和狭义之分。广义的社会组织包括氏族、家庭、家族、政府、军队、学校等；狭义的社会组织如企业、政府、学校、医院、社会团体等。与初级社会群体相比，社会组织具有如下特征：（1）它是人们有目的、有意识地组织起来的群体；（2）目标比较简单、明确；（3）成员的关系不那么亲密；（4）成员的可替代性强。社会组织的基本组成要素包括确定的目标、成员、规范、权威的领导体系和物质基础等方面。社会组织的类型具有多样性。

8. 组织目标是组织通过自身活动希望达到的一种未来状态。组织目标的设计和制订一般要遵循互惠原则、评估原则和选择原则。目标实施过程中，一般应注意如下两方面问题：一是要选择适当的机会；二是要加强目标实施过程中的监督和检查工作。

影响组织目标的因素有社会文化环境、不同的目标层次以及参与者等。测定目标实现程度及绩效的标准包括有效性、效率以及人道主义或人文关怀。

9. 社会组织结构既包括正式结构，也包括非正式结构，其中，正式结构是社会组织的主要结构。组织结构的设计应遵循目标任务原则、有效管理跨度原则、分工协作的原则、统一领导和分级管理的原则、责权对等的原则以及效率和效益相结合的原则。组织结构可分为直线型、职能型、直线职能型、事业部型和矩阵型等几种结构形态。

10. 组织管理是实现组织目标的活动。设计合理的组织结构是管理的基础和必要条件。管理实践中管理人员履行的职能主要有计划、组织、领导和控制。

11. 传统管理理论主要包括泰罗的"科学管理"、法约尔的"一般管理"思想和韦伯的"科层制管理"。现代组织管理理论产生于 20 世纪 40 年代后，主要包括组织系统理论和组织权变理论等。

12. 家长制是一种与封建家庭制度相似的管理制度，是前资本主义阶段比较普遍的管理方式。科层制是德国社会学家马·韦伯提出的一种社会组织内部职位分层、权力分层、分科设层、各司其职的组织结构模式和管理方式。

思 考 题

1. 社会群体有何特征？社会群体包括哪些类型？

2. 组成群体结构的要素有哪些？

3. 初级群体的基本特点有哪些？

4. 简要说明初级群体的形成条件。

5. 简要论述初级群体的正功能和负功能。

6. 组织的特征有哪些？社会组织可分为哪几种类型？

7. 简要回答社会组织的基本组成要素。

8. 组织目标可分为哪几种类型？

9. 在制定组织目标时应遵循什么原则？

10. 简要论述影响组织目标的因素。

11. 在组织结构设计中应遵循哪些原则？

12. 社会组织结构包括哪几种基本类型？

13. 简要论述传统管理理论和行为科学管理论的主要观点。

14. 家长制和科层制的主要特征是什么？

15. 官僚主义的主要表现有哪些？

第六章　婚姻、家庭与社会性别

学习目标

1. 了解现代社会中择偶时应具备的素养以及有关择偶的一些主要理论。

2. 理解并掌握婚姻和婚姻制度等概念，了解婚姻制度的本质以及婚姻制度的演变历程。

3. 了解离婚和再婚问题，以及离婚对社会安定和发展的影响。

4. 理解并掌握家庭和家庭制度的含义，了解家庭制度的发展演变历程，以及家庭结构的几种基本类型和特征；家庭规模的发展趋势及常见的几种家庭关系。

5. 掌握家庭功能和家庭生命周期等概念以及家庭生命周期的发展阶段；了解家庭的主要功能。

6. 掌握性别角色、女权主义和社会性别等概念，了解西方女权主义产生和发展的过程以及西方女权主义的发展阶段。

关键名词

婚姻　婚姻制度　家庭　家庭规模　家庭结构　家庭功能　家庭生命周期　性别角色　女权主义　社会性别

婚姻、家庭与社会性别，是人类社会生活的重要组成部分，是联系个人生活与社会运行的中介，在社会良性运行和协调发展中有着不容忽视的作用。本节专门讨论一下婚姻、家庭和社会性别问题。

第一节　择偶与婚姻

一、爱与择偶

爱是人类情感联系的纽带，同时也是一个体对另一个体的欣赏和赞美的表现；被爱则是人类的重要心理需求，是个体吸引力的外在体现，同时也是一种最最让人狂热和兴奋的感觉。乌尔里西·贝克夫妇在 1995 年合作的《爱的正常混乱》一书中写道：

"爱是一种对自我的找寻，是一种真正能跟我和你接触的渴望。彼此分享身体、分享思想，邂逅之时不扭捏造作，坦诚相见、互谅互让，理解、认可和支持彼此的过去和现在，渴望拥有家庭、渴望彼此依赖，共同抵御现代生活所造成的疑惑与焦虑。如果似乎没有什么东西是确定的或者安全的，如果在一个被污染的世界里，甚至连呼吸都要冒风险的话，那么人们就只是在追求误导的爱梦，直到爱梦突然化为霾耗。"

他们认为，爱既是一种渴望又是一种抚慰，是一种"服从于其自身的规则以及将其自身的信息铭刻进人们的期望、焦虑和行为模式之中的强大力量。"爱是我们当今世界的新的信息之源，爱是你我的主宰，是彼此的贴念和牵挂，是一种刻骨铭心的爱与恨，是一种能彻底毁灭意志薄弱者的洪水猛兽。

在现代社会中，"性别之间的战斗"可能是人们"对于爱的饥渴"最为鲜明的表露。人们结婚是为了爱，离婚也是为了爱；人们陷入了对爱的希望、悔恨和重新再来的圈子里，周而复始，永无终结。一方面，男性和女性间的关系高度紧张；另一方面，人们又为找到真爱和归属而怀着深深的希望和信念。这就是当今世界，这就是现代社会的男人和女人。

择偶则是男女双方彼此选择的过程。人们对对方的选择既可能基于爱的需求，也可能基于经济的、政治的、文化的、生理的和家庭需要等各种原因。择偶不同于在商场买东西，它不是一件随意的事，具有排他性。择偶也并非一件可信手拈来的东西，它需要男女双方具备一定的素养。

青春是人生组歌中的一首绝唱，对步入青春期、春心萌动的少男少女们来说，其择偶素养的高低实际上等同于其自身的成熟程度。只有一个真正的成熟者，才能在考虑家庭、亲属网络诸因素的基础上理智地选择配偶，才有资格迈入人生的另一阶段——婚姻。

择偶素养通常包括如下三方面内容：

（1）年龄成熟：年龄的差异会导致人们对择偶看法和认识程度的不同。

（2）生理的成熟：绝对的生理成熟无法确认，一般认为是 20 岁左右。

（3）心理的成熟：是择偶与成功婚姻的关键。心理成熟表现为：①能克服青春期的冲动，能反叛以自我为中心的思想，能关心别人；②能以忍耐和执著的态度追求自己的目标；③能对自己的选择和行为负责；④能以理性的态度考虑择偶时对家庭及周围亲属网络的影响；⑤能坦然地对待人生各种不可避免的不如意事情。

心理成熟中，情绪成熟（不易冲动，能控制自己的情绪）和个性成熟（能随机应变，不褊狭，不固执，不盲目从事，考虑事情全面、深刻，目标确定，无随意性）为两个最重要环节。

对于如何选择配偶，人们有着不同的认识。从社会文化的角度讲，主要有如下几种理论：

（1）角色理论。角色理论认为，所有适宜结婚的人，都有被他们自己及未来配偶所要求的期待。即是说，可能结婚的未婚男女往往有着相似的角色期待。

（2）价值理论。价值理论认为，当人们具有或他们认为自己具有相似的价值取向时，个人间的吸引会发挥促进作用。具有相似价值的人的互动最容易达成。

（3）交换理论。交换理论认为，人类总是想以最小的代价换取最大的报酬，求婚行为是一种交易利用行为。例如，人们在解释黑人男性与白人女性的婚姻几率超过白人男性与黑人女性的婚姻几率时，认为这是黑人男性用较高的社会地位去换取白人女性较高的人种地位的结果。

（4）过程筛选理论。过程筛选理论认为，不能用人的个性因素来解释择偶行为，而只能将择偶视作一个过程，相互产生好感，通过自我启示来达到相互了解的依赖，并最终满足各自个性的需要。

W. 麦尔顿（W. Melton）将人们择偶的标准划分为两类：一类是工具性标准，它包括经济和社会地位等因素；另一类是情感标准，它包括情感和谐等因素。而且，他通过对美国大学生的调查研究发现：①黑人比白人更重视工具性标准；②在情感标准上没有性别和人种的区别；③男性黑人比男性白人更重视工具性标准；④人们对物质性标准的重视程度与社会经济地位成反比，即社会经济地位越低的人越重视物质标准。[①]

作为一种特定的社会过程，人们在择偶时自觉或不自觉地遵循着如下原则：

（1）同类婚原则。对于婚姻，不同社会的人约定俗成地形成"相配"的观念，也就是说，在择偶过程中首先考虑对方的条件是否与自己相当，即中国所谓的"门当户对"。

（2）男女有别原则。男性比女性更强调对方的外表，女性则比男性更注重对方的能力以及职业和事业的成功等。也就是说，女性在择偶时更可能凭借自己的外表来追求经济的稳定性，而男性则更可能追求身体的吸引力，包括面

---

① 转自佟新：《社会性别研究导论》，北京大学出版社 2005 年版，第 126 页。

部特征和身体特征。

（3）梯度择偶原则。一般来讲，在择偶过程中，女性更可能寻找并选择与自己地位相当或比自己地位高的男性，而男性则更可能寻找并选择与自己地位相当或比自己地位低的女性。

"金无足赤，人无完人"，选择配偶不是选择一个完美的人，而是选择一个虽有缺点、但却能令人接受的成功婚配的人。

二、婚姻及其本质

（一）什么是婚姻

在社会学上，婚姻（nuptiality）被定义为一种社会赞许的配偶约定，是个体结合的实体单位。

在古汉语中，"婚"一般指妇家，后指男女结为夫妻，又专指男子娶妻；"姻"则指没有血缘关系的亲戚，古代专指婿家。婚姻，顾名思义是指妇家与婿家的结合。在《诗经·郑夙篇》中有"婚姻之道，谓嫁娶之礼"。这是对"婚姻"一词较早的定义。

在文明社会中，婚姻是家庭建立的基础，而家庭则是两性婚姻的结果，无婚便无以成家。但这种婚姻在20世纪中叶以前主要是由家长按"门当户对"的标准、通过媒人而结成的，正所谓"父母之命，媒妁之言"。据《礼记》记载，在古代，"男女非有行媒，不相知名"；《唐律疏义》则规定"为婚之法，必有行媒"；民谚有云"天上无云不下雨，地上无媒不成婚"，认为只有"明媒正娶"才算合法婚姻，这种婚姻观念至今仍很普遍地存在着。可见，过去的婚姻权力主要操纵在父母和长辈人手中，当事人只能屈从。现代社会，婚姻的缔结已由昔日的父母和长辈包办转化为男女双方的自主结合。只有在男女双方情投意合、心心相通之时，感情才得以升华，男女双方才有携手步入红毯另一头的愿望——共结良缘。正如古诗云，"结发为夫妻，恩爱两不疑"。在这种婚姻缔结方式下，婚姻能否缔结以及婚姻是否成功，已完全成了当事人自身的事，父母、长辈和朋友只能成为当事人采取何种态度的参照。也就是说，在现代社会中，婚姻的缔结是建立在男女双方彼此爱慕和自愿基础上的。

从社会设置角度讲，现实意义上的婚姻已经与过去有了很大不同。所谓婚姻，是指男女双方确定合法的夫妻关系，组织家庭，共同承担生育后代职能的一种社会形式。

（二）婚姻的本质

对于婚姻的本质，人们有着不同看法。有人认为婚姻是对爱情的进一步延续；也有的人认为，婚姻是一种交易行为，是一场涉及婚姻男女及其背后的家庭甚至家族的交易；还有人认为，婚姻的本质是利益，是男女双方及与之相关的人围绕情感、性爱、金钱、权力、地位、儿女、前程等上演的一出利益的追逐、互换、调和、达成的一类事务表象，而且，正因婚姻掺杂了利益，因此才会出现很多复杂的甚至是令人费解的悲喜剧。

从本质上看，婚姻的达成首先应是以生理需求为基础的，其次婚姻又融合了一定的心理需求、情感寄托、相互依赖关系和利益关系。婚姻关系是建立在生理需求、交换关系和依赖关系基础上的一种社会关系。

三、婚姻制度及其演变

婚姻制度（nuptial system）是指用习俗或法律形式加以固定的婚姻关系，是社会制度的重要内容，婚姻制度一般由社会经济制度所决定。中国的婚姻制度很早即已形成，自有文字记载时始，婚姻规划即已有了确实的资料。但反观人类婚姻关系发展历史又不难看到，人类的婚姻关系实际上就像人类进化和发展过程一样，也经历了一个由低级向高级的发展过程。婚姻关系和婚姻制度的发展大致经历了如下五个阶段。

📄 **小知识**

中国古代婚礼

中国周朝时制定的"婚姻六礼"包括纳采、问名、纳吉、纳征、请期、亲迎六个步骤，几千年来成为人们结婚时遵行的参考准则。虽然随着社会变迁，"六礼"中不少繁文缛节均已省略，不过，古代对婚姻的重视，还是可以从中窥知一二。"纳采"是指男方家中请媒人带上礼物到女方家中提亲的礼仪。"问名"是指提亲得到女方家长允许后，男方家中便以书信形式正式询问女方年龄、品貌、家产、健康等有关情况。女方家中也以书面形式告知男方女方的有关事宜。之后，由单方面询问发展为男女双方交换龙凤帖。"纳吉"是在纳采、问名通过后，由媒人将卜婚的吉兆告诉女方，婚姻关系从此确定。相当于后世的订婚。民间又俗称为"过小定"和"定聘"。"纳征"又称"纳币"、"过大定"，指在婚姻关系确定后，男方家中正式将聘礼（即彩礼）送到女方家中。"请期"是指男方家中选定婚期后，备好礼物，请媒人告诉女方家长，并征得其同意。一般是查皇历或是请算命先生掐算，选择黄道吉日。"六礼"中的前五礼都是准备工作。"亲迎"是最后一礼。到了黄道吉日这一天，新郎要亲自到新娘家登门迎娶。

1. 群婚制

群婚制大约发生在距今约 270 万~300 万年前的原始社会早期，这是人类的童年时期。在这一时期，人类所实行的是群婚杂交形式。其特征表现为：一切男子属于一切女子，一切女子也属于一切男子，不仅兄妹之间，而且父母与子女之间均存在性关系。这一时期的人类，男女交配实际上与一般动物没有什么区别。当然，上述婚姻关系的存在是有一定的社会基础和背景的。在原始社会早期，由于社会生产力尚处于初始发展时期，人类抵御猛兽袭击和自然灾害的能力很差，单个人或较小的人类群落，很容易因遭受猛兽袭击或自然灾害而消亡，为了生存下来，人类只能采取群居的形式，以共同抵御猛兽袭击和防御自然灾害，在这种情况下，异性间的群婚杂交也就不可避免。

自古云："圣人皆无父，感天而生"。传说"舜母见大虹而生舜""禹母吞神珠而生禹"，实为人们感到对舜禹这样的古之圣人竟是群婚杂交的产物，实难启口，而杜撰出来的神话。

2. 血缘婚制

血缘婚制在中国大约发生在 170 万年前，这是人类发展的一大进步。在这一时期，两性间的关系是按辈分来划分的，祖父母这一辈男女互为夫妻，实行群婚杂交；他们的子女，即父母这一辈也互为夫妻；他们的孙子女这一辈也互为夫妻，实行群婚杂交。这一时期的婚姻关系因限制了不同辈分间的两性关系而标志着人类婚姻制度的正式产生。

3. 伙婚制

随着人类认识的进一步深入，对两性间关系的约束也在不断变化。到了伙婚制时期，人类对两性关系又作了进一步限制，亦即排除了兄弟姊妹间的性关系，实行两个集团间的伙婚。也就是说，在两个集团中，一个集团的一切女子属于另一集团的一切男子，同样，这一集团的一切男子也属于那一集团的一切女子。古代传说："上古男女无别，伏羲氏始制嫁娶；女娲氏与伏羲同母……"即说明女娲氏与伏羲氏因同母是不通婚的，他们又怎么能成为人们传说中的"夏娃"和"亚当"呢？

4. 对偶婚制

对偶婚制是一种不牢固的个体婚，它是群婚向个体婚的过渡阶段，是一男一女间发生婚姻关系，但并不严格，很容易离异。对偶婚制产生和存在于原始社会晚期。随着原始社会的发展，排除血亲通婚的禁例越来越严格，终于摒弃了任何形式的群婚制，代之以对偶婚制。对偶婚虽然具有相对稳定的性质，但并不是男女双方的牢固结合，很容易为男女双方或一方所破坏。对偶家庭也很脆弱，在氏族公有制的基础上，它是不可能脱离氏族而独立存在的。对偶婚和对偶家庭仍以女子为中心，成婚后定居于女方氏族，所生子女是母方氏族的成员而不是父氏族的成员。对偶婚制的形成引起了一系列重要的后果。过去在群婚制下只能判明谁是子女的生母，现在谁是子女的生父，一般来说也是能够确定的了。这就从血缘结构上为父亲氏族和一夫一妻制的产生准备了条件。虽说对偶婚制时期男女双方已有了比较明确的婚姻关系，然而，这种婚姻关系却不是以男女双方感情为基础的，而是以方便和需要为基础的，是一种"从妇居"（matrilocal residence）的形式。

在这一时期，子女的婚姻基本上由父母来安排，婚姻双方在婚前并不相识。婚前，男方要向女方赠送财礼，婚姻实际上带有购买性质，但应该承认人类此时已经走到了一夫一妻制的大门。

5. 一夫一妻制

一夫一妻制实际上又分为两个阶段，即古典的一夫一妻制和现代的一夫一妻制。不过，总体来说，一夫一妻制是婚姻关系长期历史发展的结果，是私有制的产物。与对偶婚制相比，一夫一妻制是一种牢固的个体婚，是一种"从夫居"（patrilocal residence）的形式，这是男性对自身种的认识的结果。

古典的一夫一妻制对妇女来说，实际上是一种性约束，因为在这一时期，男子尤其是处于富裕阶层的男子，实际上是一夫多妻（polygyny）的。虽说一夫一妻制是一种与文明时代相适应的婚姻形式，但同时它也是"男尊女卑"时代的开始。在古典的一夫一妻制中，男子处于统治地位，夫权高于一切。《孔子家语》说："女子者顺男子之教而长其礼者也"，实际是要女子俯首帖耳地听从男子。《曲礼》有云："公庭不言妇女"；《尚书》中则说："牝鸡无晨。牝鸡之晨，惟家之索"；等等，均说明了当时女子低下的地位。

一夫一妻制是伴随着私有制产生而出现的，在这种婚姻制度的产生过程中，与原始共产制为基础的婚姻制度相反，夫妻不是处于平等地位，而是女性为男性所奴役。正如恩格斯言："在历史出现的最初的阶级对立，是同个体婚制下的夫妻间的对抗的发生同时发生的，而最初的阶级压迫是同男性对女性的奴役同时发生的。"

现代的一夫一妻制与古典的一夫一妻制已有了很大的不同。在现代的一夫一妻制中，不仅婚姻的缔结是以感情为基础的，而且婚姻的存在也是建立在男女平等前提下的。当然，这种男女平等与妇女自身的经济地位的变化及社会赋予妇女的权利是分不开的。尽管说现代的一夫一妻制有许多人在婚后或者从夫居，或者从妇居，但同时也存在另一种情况，亦即婚后夫妇俩既不与任一方父母共同居住，也不与任一方亲戚一起居住，这种情况被称为单居制（neolocal residence），这种家庭居住方式有日益增多之势。

四、离婚与再婚

（一）离婚

离婚是指配偶双方在生存期间依照法定的条件和程序解除婚姻关系的法律行为。离婚的基本要求有四个方面：一是在时间上，离婚只能发生于配偶双方生存期间，如有一方死亡或被宣告死亡，则不存在离婚。二是在主体上，离婚只能由具有夫妻身份的男女双方自己行使。即只有夫妻才能提出离婚，任何人都不能对他人的婚姻关系提出离婚主张。三是离婚的前提，应该是有合法婚姻关系存在，非法同居关系，或以欺骗、弄虚作假等手段取得结婚证的无效婚姻，不能按离婚来解除。四是离婚必须符合法定离婚条件，履行法定的离婚程序，才能发生法律效力。

在多数人看来，离婚似乎是一道与现代文明不相协调的风景线。研究表明，20 世纪 90 年代以来，发达国家的离婚率基本保持在 10% 以上。如美国，1989 年每 1000 个已婚者中即有 138 个离婚；在英国，2/5 的婚姻是以离婚而告终的。在离婚过程中，与其说离婚的受害者是夫妻双方，倒不如说是他们的子女。有研究表明，离婚给孩子所带来的某些负面影响甚至会持续相当长时间。法恩（M. Fine）等人的研究表明，与完整家庭中的孩子相比，离婚家庭中的孩子认为他们与父母的关系较难肯定，亦即他们与父母的关系更为疏远，更缺乏父母之爱及与父母间的交流。对父母离异，多数孩子都具有恐惧、被抛弃、被拒绝、悲伤、担忧、孤独、愤怒和内疚之感。研究表明，离婚对子女所造成的长期心理后果只有在以后的发展阶段甚或成年期才会表现出来。如果离婚后父母能够保持积极交往，彼此尊重，没有大的冲突，那么对孩子的心理来说，就有较好的调试机会，不过，对遭受父母离异之苦的孩子来说，母亲与孩子间关系的质量应该是最关键的因素。

（二）再婚

随着离婚率的上升，再婚的人数也在迅速攀升，越来越多的再婚婚姻开始涉及离婚者。在今天的英国每 100 对婚姻中有 28 对至少有一方以前是结过婚的。研究表明，离婚者的再婚时间大多发生在离异后的 3～4 年内，而且近 70%～80% 的再婚者是带着以前婚姻中的子女再婚的。在西方发达国家，第二次婚姻的成功率要远远低于第一次婚姻，大约 60% 的再婚婚姻以失败告终；如果还有孩子，那么失败的概率将会增大到 75%。再婚失败率较高的原因主要是因为当事人对婚姻过于敏感，而一些人将第一次婚姻中的感情和问题带进第二次婚姻，极大地妨碍了第二次婚姻中情感关系的成功发展。

第二节 家 庭

一、家庭与家庭制度的演变

（一）什么是家庭

家庭（family）是社会的"细胞"，是一个典型的首属群体，同时也是人进行社会化的场所。在人的一生中，大部分人都属于两种不同的家庭，即出身家庭（family of orientation）和生育家庭（family of procreation）。出身家庭是指人们出生并进行部分社会化的家庭；生育家庭则指人们因结婚生子而建立起来的家庭。尽管在人们看来出身家庭和生育家庭均属于"家庭"，但它们在人们的心目中却有着不同的位置，多数人似乎更忠心于自己所组建的家庭——生育家庭。

人类对于家庭的认识是从近代开始的。马克思和恩格斯曾经指出："每日都在重新生产自己生命的人们开始生产另外一些人，即增殖。这就是夫妻之间的关系，父母和子女之间的关系，也就是家庭。"① 奥地利心理学家 S. 弗洛伊德认为家庭是"肉体生活同社会机体生活之间的联系环节"。美国社会学家E. W. 伯吉斯和 H. J. 洛克在 1953 年出版的《家庭》一书中提出："家庭是被婚姻、血缘或收养的纽带联合起来的人的群体，各人以其作为父母、夫妻或兄弟姐妹的社会身份相互作用和交往，创造一个共同的文化。"英国社会学家安东尼·基登斯则将家庭定义为"直接由亲属关系联结起来的一群人，其成年成员负责照料孩子"。中国社会学家孙本文认为家庭是夫妇子女等亲属所结合的团体。中国社会学家费孝通则认为家庭是父母子女形成的团体。

结合国外学者对家庭的认识以及现实中家庭这种初级社会群体所表现出来的特征，我们认为，家庭是指以婚姻、血缘关系和收养关系联系起来的、有着共同的经济关系的生活共同体。简言之，"家庭 = 实体婚姻 + 孩子 + 生活共同体"。

（二）家庭制度的演变

家庭制度（family system）是社会制度的主要形式之一，其发展演变与婚姻制度具有一定的同步性，它大致经历以下六个阶段。

1. 原始蒙昧时期

原始蒙昧时期与群婚制相对应，它实际上不是一种家庭制度，而是属于家

---

① 《马克思恩格斯选集》第 1 卷，人民出版社 1972 年版，第 33 页。

庭制度形成的前期阶段。

2. 血缘家庭阶段

血缘家庭（consanguine family）是建立在血缘婚基础上的家庭形式，也是人类第一种家庭形态和第一个社会组织。存在于人类由原始群向氏族公社过渡的整个时期。血缘家庭的特征表现为：婚姻集团按辈分划分，即在家庭范围内，一群直系或旁系的兄弟姊妹互相通婚，但婚姻关系基本上排除祖辈与孙辈、父母辈与子女辈的婚配。这种家庭的典型形式是一对配偶的子孙中，每一代都互为兄弟姊妹，也互为夫妻。在亲属称谓上无父系和母系的区别，祖父与外祖父、伯叔父与舅父、姑母与姨母、舅母与母亲等都使用相同称呼。

血缘家庭的出现是与原始社会早期生产力的发展水平相一致的。在旧石器时代中期，由于狩猎技术的提高，引起了年龄分工，从而导致原始群分裂为若干血缘家庭的小集团。同原始群相比，血缘家庭已经抛弃了没有婚姻规定的杂乱性交共系，而产生了禁止父母与子女之间婚配的婚姻规例。在血缘家族集团内，人们共同生产、共同消费，过着"共产主义"的集体生活，故亦称"血缘家族公社"。

血缘家庭形态在世界上早已绝迹了。它是美国民族学家亨利·摩尔根于19世纪70年代依据遗留在夏威夷的马来式亲属制和群婚的残余推论出来的。这一论点冲破了当时流行的一夫一妻制家庭自古就有的家庭形式观念，并得到了马克思、恩格斯的肯定。中国许多学者运用民族学有关血缘婚和马来式亲属制材料，补充阐述了血缘家庭存在的历史合理性与真实性。

3. 普那路亚家庭阶段

普那路亚家庭是原始社会群婚家庭形式之一，它由血缘家庭发展而来。这种家庭形式与伙婚制相对应，曾存在于欧洲、亚洲和美洲。最早发现实行此制度的是夏威夷群岛的土著人。"普那路亚"系夏威夷语"punalua"的音译，意即"亲密的朋友"或"亲密的伙伴"。"普那路亚家庭"由美国民族学家 L. H. 摩尔根命名，并把它作为群婚家庭的典型。实行外婚制的群婚家庭是母系氏族公社时期的一种婚姻家庭形式。从普那路亚家庭的起源、形成和发展过程来说，有一系列形式，其中包括19世纪以前澳大利亚人的级别制群婚家庭等。普那路亚家庭是群婚家庭发展的最高形式。

普那路亚家庭的特点是：若干同胞的、旁系的或血统较远的一群姐妹，与其他集团的一群男子互相集体通婚，丈夫们互称"普那路亚"，意思是这些男子是共享那群女子的"伙伴"；同样，若干同胞的、旁系的或血统较远的一群兄弟，与其他集团的一群女子互相集体通婚，妻子们也互称"普那路亚"，因为她们是共享那群男子的"伙伴"。由这种婚姻关系产生的家庭形式，称为普那路亚家庭。在这种家庭中，由于进行非固定对偶的群婚，必然是男子多妻，女子多夫。子女只知其母，不知其父。氏族制度即由普那路亚家庭发展而来。由群婚家庭产生的亲属制，摩尔根称为土兰尼亚式（tulanian）亲属制或加诺万尼亚式（ganowanian）亲属制。学术界有的学者不同意摩尔根关于普那路亚家庭的论述，认为人类历史上不存在这种家庭形式。

4. 对偶家庭阶段

对偶家庭与对偶婚制相对应，这种家庭形式以女子为主，存在于母系氏族社会时期，具有"母权制"的典型特征，是一种"从妇居"家庭。这种家庭具有不牢固的特点，它的存在是建立在方便和需要基础上的，然而，它却是一夫一妻制家庭形成的准备阶段。

对偶家庭由普那路亚家庭发展而来。这种家庭是由一对配偶在对偶婚的形式下结合而成，所生子女归母亲所有。对偶婚的特点是：结合短暂而不牢固，男女双方仍分别属于自己的氏族，没有独占和固定的同居生活，也没有独立的家庭经济，婚姻关系很容易由任何一方所撕破。

关于对偶家庭的产生，恩格斯在《家庭、私有制和国家的起源》一书中曾经指出："对偶家庭产生于蒙昧时代和野蛮时代的交替时期，大部分是在蒙昧时代高级阶段，只有个别地方是在野蛮时代低级阶段。这是野蛮时代特有的家庭形式"。也就是说，对偶家庭是野蛮时代初级阶段和中级阶段占主导地位的婚姻家庭形式。随着社会生产力的逐步提高，对偶家庭也不断发展。起初，双方都住在自己母亲的氏族中，通常由丈夫到女家拜访妻子，或双方到专为他们建筑的公房中去过夫妻生活，即所谓望门居。随着母系氏族发展到繁荣期，氏族分裂为母系大家庭，丈夫便迁到妻子家中居住，是一种"从妇居"。到了父系氏族制初期，"从妇居"形式则为"从夫居"所代替。

对偶家庭的发展，从人类原始社会时期只知其母不知其父，发展到知母又知父，为后来的父系氏族和一夫一妻制家庭的产生准备了条件，这是人类婚姻家庭史上的又一个进步。

在当今世界上某些民族中，还有对偶婚的残余形态存在。

5. 古典一夫一妻制家庭阶段

古典的一夫一妻制家庭是一种比较牢固的家庭形式，它是随着社会生产力的发展，随着人们对宗族延续和财产继承要求而产生的，是"母权制"让位于"父权制"的结果。在这种家庭中，生儿子素来被看成是家庭的头等大事，因为只有儿子才是父亲的合法继承人，才能够为自己的宗族延续香火。如果到了某一代，没有男性子嗣，按照宗法观念即被视为断了香火，此情况往往会遭到来自社会的一种无形压力，当事者往往自认为"做了亏心事"或感到"无脸见先人于地下"，正所谓"不孝有三，无后为大"。在这种家庭中，妇女在家庭中的地位是借助于能否为该家庭生儿子来体现的，"母以子贵"正说明了这个问题；若不能生儿子，那么妇女将难有出头之日。在古典一夫一妻制家庭中，受严格的等级制度和伦理纲常的约束，妻子只能无条件地服从丈夫，夫妻在家庭中的地位是极不平等的，妇女纯属生育的工具，是丈夫的附属物。

6. 现代的一夫一妻制家庭

现代的一夫一妻制家庭是建立在男女双方地位平等基础上的。在现代社会中，由于妇女逐渐走出家庭，并参与社会经济活动，妇女在社会和家庭中所具有的价值开始显现出来。妇女自我发展欲望的日益强烈，社会活动参与率的提高，以及她们在经济上的独立，为她们在家庭和生育决策中获得与男子同等的地位提供了条件。20世纪60年代在美国兴起的、为提高妇女社会地位而进行的女权运动，引发了世界各国对妇女问题的重视，从而推动了1975年以来各次世界妇女大会的召开，从一定程度上改变了人们对妇女参与社会经济活动的看法。尽管如此，仍应承认，目前妇女在社会中还远未获得与男性平等的地位，因为目前不仅在管理机构中工作的妇女比例仍很低，而且她们所拥有的权力和承担的责任也远不如男性大，性别歧视在社会经济的各个领域均较普遍地存在着。

二、家庭规模的变化

家庭规模（family size）指一户或一个家庭的成员数的多少。户（household）和家庭不同。按联合国规定，户指居住在一起，并构成一个统一消费单位的人群。家庭则侧重于对血缘关系的考察。

尽管中国传统家庭观一直对大家庭褒奖有加，但人们同时也明白要维持一个稳定的大家庭是如何的不易。因为家庭规模越大，结构也往往越复杂，各种家庭冲突和矛盾也越难处理。因此，从有历史记载以来，中国社会家庭的平均规模最多也不过6~7人，大部分时间在5人左右，真正意义上的大家庭并不多见。

家庭规模结构的变化与社会生产力发达程度和社会经济发展水平密切相关。在生产力低下、土地资源丰富、耕作方法原始的传统农业社会，由于劳动生产率低，人们采取广种薄收的耕作方式，靠天吃饭，尽管人均可耕作的土地较多，但耕作却很粗放，因此，亩产量很低。此后，人口日渐增多，人均耕地数量减少，在耕地种植面积扩张受限的情况下，人们被迫通过改良农业生产技术来提高土地单产，以获取尽可满足生存需要的生活资料。农具和耕作技术的改进提高了农民个体的生产能力，这样，从家长控制财产的角度考虑，保持大家庭似乎比较有利。然而，家庭规模太大，各人间技能和产出的差距也往往越容易显现，协调也越困难，家庭中的矛盾也往往越多。近代许多大家庭就是在这种背景下分裂瓦解的。

近代生产技术的变革和产业结构的变化，对传统的家庭生产、生活和消费方式形成了强烈的冲击，进而也从一定程度上改变了人们的家庭婚育观念。科学技术的进步和人的素质在生产中作用的日益突出，社会化大生产的广泛推行和生产中合作分工的加强，对人们的专业技能提出了更高要求，在生产中每个人往往只能承担其中的一小部分工作，为此，人们不得不与他人合作，进行合作化生产。由此，家庭作为生产单位的功能也就大大降低了。家务劳动、子女教育和养老等的社会化，使家庭的一日三餐不必再依赖家庭主妇围着锅台转，子女教育主要转由社会来完成，医疗保健设施、交通通信设施、社会保障体系、社区服务网络和文化娱乐设施等的日臻完善，使家庭原有的教育功能和养老功能等趋于弱化，进而也带来了人们家庭婚育观的转变，家庭规模向小型化、结构向核心化转变。

总体来看，在传统社会中，家庭同时担负着生产、生育、向子女传授生产和生活知识以及养老等职能，加之这些职能体现得比较明显，因此，人们尤其是家庭中"家长"也就比较看重大家庭。婚姻是传统大家庭的最重要事情之一，家庭对其配偶选择配偶进行严格管制，在择偶时，人们更讲究"门当户对"，超越家庭或家族利益而追求爱情通常是不被允许的，除非这种婚姻能够为本家庭或家族带来利益，才会为家庭所认可。在传统社会中，家庭对其成员的婚姻拥有很大权利，它不允许爱情至上思潮进入本家族，以影响家庭目标的实现。传统社会的大家庭，门第的重要性是通过对其亲属和血缘遗传的强调而显示出来的，家族的姓氏往往被视作一份很有价值的财富或"商标"，它标志着该家庭或家族在当时社会中的地位，如美国的"洛克菲勒"或"卡内基"及中国 20 世纪 40 年代的蒋、宋、孔、陈"四大家族"。在现代社会中，由于社会生产力的巨大进步和社会经济的迅速发展，知识更新速度加快，在这种情况下，年长者所积累的经验和知识，已远不如传统社会时那样对青年人有用；为传统职业活动培训人员的小型学校——家庭，也已远不如社会大型正规学校更有成效；由于社会保险取代了家庭保险，因此血缘关系也变得不再像传统社会那样有价值；在择偶和婚姻方面，现代人所寻求的是个人间而非家庭间的相融性，利己主义取代了利他主义，由此所演绎出的社会则是一个鼓吹爱情至上和高离婚率相矛盾的结合体。

三、家庭结构类型与家庭关系

（一）家庭的结构类型

家庭结构（family structure）即家庭的内部关系及其构成，它以"人"为单元，以夫妻关系为基础。家庭结构类型，也称家庭类型，是指因家庭的组成方式不同而归纳的不同类型，也就是说家庭由哪一种或哪几种家庭关系所组成。一般来说，家庭结构类型通常包括五类：（1）复合家庭（composite family），又称联合式家庭（joint family），它是指由两代以上的夫妇及其子女、亲属所组成的家庭，包括已婚的同胞兄弟在内。（2）主干家庭（trunk family），又称直系家庭（lineal family），是指由夫妻、父母、子女，甚至第四代所组成的家庭，这类家庭与复合家庭的主要区别是该类型家庭中不存在已婚的同胞兄弟及其子女，甚至孙子女。（3）核心家庭（nuclear family），指由一对夫妇及

其未婚子女所组成的家庭。（4）单亲家庭，又称不完全家庭（broken family），指夫妻一方与自己的未婚子女所组成的家庭，这种家庭通常由核心家庭或单身家庭演变而来。（5）单身家庭（one-person family），包括未婚或离婚、丧偶后过独居生活的家庭。一些研究表明，随着人们婚育观念和价值观念的变化，一些国家或地区妇女不育率大有提高之势，与此同时，一些男性也因找不到配偶而独居，再加上一些无子女家庭（也称夫妇家庭，conjugal family）的离异，致使单身家庭数量增多。不过，从近代家庭结构总的变化趋势来看，一方面扩展型家庭（extended family，包括复合家庭和主干家庭等）的比例在下降；另一方面，核心家庭、单亲家庭和单身家庭的比例则在上升，世界多数国家的家庭呈现出小型化趋势。

另外，也有的将家庭结构类型归纳为完整家庭、残缺家庭和形式家庭三大类，各大类又包括具体的家庭类型。其中，完整家庭包括：（1）单纯夫妻型，指男女已婚尚无子女或无子女及与子女分居和父母也分居的家庭；（2）夫妻

子女Ⅰ型，指夫妻与成年而尚未结婚的子女居住在一起；（3）夫妻子女Ⅱ型，指夫妻与尚未成年子女居住在一起，而和双方上一辈分居的家庭，这是典型的"小家庭"；（4）两代型，指夫妻尚无子女，仍和上一辈人居住在一起的家庭；（5）三代型，指夫妻与子女并和上一辈住在一起的家庭。残缺家庭又包括：（1）夫妻双方缺了一方的两代型、三代型和夫妻子女Ⅰ型、Ⅱ型缺父或损母的家庭；（2）单身型，指不愿结婚的而没有和父母兄弟姐妹居住在一起的成人，或者夫妻离婚或一方死亡后无子女也不和上一辈居住在一起的家庭，或者儿女均已成家分居的上一辈夫妻中缺少一方的家庭。形式家庭则指一些成人和兄弟姐妹或其他亲友居住在一起而其中不存在二人间夫妻关系的家庭。这种家庭只有形式而无实质，但又是客观存在的，故此被称作形式家庭。

近些年来，老年的单纯夫妻型和夫妻子女Ⅰ、Ⅱ型，随着社会经济、政治、风尚、妇女经济独立、退休制度的建立等，发展得特别迅速；单身家庭的数量也有上升迹象。

（二）家庭关系

家庭关系是指基于婚姻、血缘或由法律约定形成的一定范围的亲属之间的权利和义务关系，它是家庭结构的重要组成内容。家庭关系不同于其他社会关系，它以婚姻关系和血缘关系为基础，是家庭成员之间相互影响和相互合作的日常互动形式。在现代家庭中，最主要的家庭关系有夫妻关系、父母与子女的关系、婆媳关系、祖孙关系、妯娌关系等。

1. 夫妻关系

夫妻关系是家庭关系的起点和基础，家庭中的一切关系均由夫妻关系发展而来。婚姻是夫妻关系的基础，带有明显的时代特征。古代的夫妻关系采用夫妻一体主义。夫妻一体主义也称夫妻同体主义，是指男女结婚后，夫妻合为一体，夫妻的人格相互吸收。但实质上是采用夫权主义，妻之人格为夫之人格所吸收，妻的活动由丈夫代表，妻子丧失民事法律行为能力及诉讼行为能力及管理、用益和处分自己财产的能力等。19世纪以后西方各国的夫妻立法采取夫妻别体主义。夫妻别体主义是指夫妻结婚以后男女平等，各自保有独立人格，夫妻平等享有民事法律行为能力、诉讼行为能力、对财产享有所有权的能力及对个人财产拥有管理、用益和处分的能力以及参加社会活动的能力等。但是现代西方资本主义国家立法在一定程度上仍然存在夫妻不平等的残余。现代社会的婚姻生活中爱情正在成为婚姻的决定因素，逐渐取代以往的经济和社会地位等因素。夫妻关系是靠感情、靠相互的理解和体谅来维持的。在夫妻关系中强调彼此间的奉献和牺牲精神，它们是婚姻关系持续发展以及家庭和睦美满的重要基础。

2. 父母与子女的关系

父母与子女的关系是一种血缘联系，它由夫妻关系延伸而来，是家庭关系最重要的特征之一。与夫妻关系相比，父母与子女的关系更为稳定和牢固，因而也导致了更多的义务。它是两代人之间的联系，涉及父母对子女的抚养教育及子女对父母的赡养义务。

3. 婆媳关系

婆媳关系是一种较难处理的家庭关系，这种关系由于是跨代的，加之婆媳关系的联结纽带是儿子或丈夫，因此，如果处理不好，就可能导致家庭关系矛盾。如果处理得当，则能够增强家庭的和睦与友好。婆媳关系容易失调的主要原因包括：（1）关系的特殊性。家庭的基本关系有两种：一是夫妻关系；二是亲子关系，两种关系构成了家庭结构的基础。其他关系，如兄弟姐妹关系、姑嫂关系以及婆媳关系、祖孙关系都是在此基础上派生出来的。婆媳关系在家庭人际关系中有其特殊性。它既不是婚姻关系，也无血缘联系，而是以上述两种关系为中介结成的特殊关系。因此，这种人际关系一无亲子关系所具有的稳定性，二无婚姻关系所具有的密切性，它是由亲子关系和夫妻关系的延伸而形成的。如果处理得好，婆婆和媳妇各自"爱屋及乌"——婆婆因爱儿子而爱媳妇，媳妇因爱丈夫而爱婆婆，各得其所，关系就会融洽。如果处理不好，则婆媳之间会出现裂痕，难以弥补。（2）利益分歧。婆媳同在一个家庭中生活。有共同的归属，自然也就有着共同的经济利益，双方也自然都希望家庭兴旺发达。这是婆媳利益一致的一面。但同时也常常在家庭事务管理权、支配权等方面发生分歧，出现矛盾，甚至明争暗斗。我国家庭中有"男主外，女主内"的传统，婆婆做了几十年的内当家，现在把权力交给媳妇，媳妇在家庭事务中唱起了主角。对这种角色的转换，做婆婆的往往不易适应。有的婆婆虽已年过花甲，却仍希望继续保持在家庭中的经济支配权，或者难以接受完全由媳妇掌握家庭经济大权的事实；而做媳妇的也往往不甘让步，这就难免发生矛盾。即便是婆婆和媳妇共同持家，由于各自的地位不同，考虑问题的角度不同、需要不同，也容易产生分歧。（3）相互接纳不良。婆媳原来各自生活在不同的家庭之中，各有自己的生活背景、生活习性，而现在婆媳在一家生活，这就有一个逐步了解、相互适应的过程。如果适应不良，彼此不能接纳，便会关系紧张，矛盾丛生。（4）中介失衡。在婆媳关系中，儿子起着十分重要的中介作用。儿子的这种中介作用如果发挥得好，则可以加强婆媳之间的情感联系，反之，则容易成为矛盾的焦点，出现"两面受敌"的困境。尽管母子情深，也难以避免结婚以后这种关系变得复杂的事实。因为夫妻之间毕竟在活动、打算、开支以及交往等方面有着更多的共同点。在这些问题上，夫妻观点的一致性往往要超过母子观点的一致性。这是因为儿子和母亲相隔一代，在心理上存在着差异，这样就容易造成儿子中介作用的失衡。如果母亲不理解，就会产生"娶了媳妇忘了娘"的心态，误认为儿子对自己的感情被儿媳夺去了，而迁怒于儿媳。婆媳关系得以调节的有效途径：一是婆媳之间相互尊重与谅解；二是应避免争吵；三是将物质上的孝敬与情感上的交流相结合；四是儿子或丈夫应担当好媒介角色，充分发挥中介或桥梁作用。

4. 祖孙关系

在家庭生活中，祖父母往往比较疼爱孙子女，孙子女常常是父母与祖父母关注和交流的中心。

5. 妯娌关系

在中国人的传统观念里，妯娌之间的关系和婆媳之间的关系一样难处，妯娌关系的好坏直接影响着全家的家庭气氛。有人说，"亲兄弟，仇妯娌"。这话并不正确，但确实说明在家庭关系中，最紧张最难处理的恐怕要数妯娌之间的矛盾，这种矛盾必然要反映到兄弟关系和家庭关系中来。因此，帮助妯娌之间建立融洽关系，合情合理地解决好她们之间的矛盾，会有助于处理好兄弟关系和整个家庭关系。妯娌关系容易紧张、难以相处的原因有二：一是互不了解，互有猜疑。由于妯娌之间不像兄弟姐妹那样从小生活在一起，感情基础不像兄弟姐妹那样深厚，互相之间的脾气、爱好、特长也不像兄弟姐妹那样互相了解，容易抱有戒心，产生猜疑。加之她们主持家务多，互相接触多，容易暴露放不到桌面上的思想，从而发生矛盾，产生摩擦。二是自私心重，遇事爱计较。唯恐自己吃亏、受气，处处事事都想占上风、一点都不肯让步的心理，是妯娌之间矛盾产生的重要根源。

四、家庭的功能

家庭功能（family function）是指家庭在一定生产力水平下和社会发展过程所表现出来的作用及其所担负的社会责任等。在不同的生产方式下，家庭所具有的功能往往不同，也就是说，家庭功能是随着生产力发展和社会进步而变化的。不过，从家庭所具有的众多功能来看，如下几种功能是最主要的：生育功能、生产功能、消费功能、抚养与教育功能、赡养功能和精神慰藉功能。

1. 生育功能

生育是家族延存及人类社会延续和发展的基础，是家庭最基本的功能之一。自人类进入个体婚制以来，家庭就一直扮演着生育子女、繁衍后代、延续种族的角色。随着社会经济的发展，人们的婚育观念也在随着个体的人生观和价值观而变化，个体享乐思想的盛行与蔓延，以及个体自我实现欲望的不断增强，致使婚后少育甚至不育家庭越来越多，丁克家庭正呈现出不断增多之势。家庭生育功能正受到个体享乐和自我实现需求越来越强烈的冲击，家庭生育功能有不断弱化的趋势。

2. 生产功能

生产功能是指家庭所具有的物质生产的功能与效用，它曾经是家庭中最重要的功能之一。家庭的生产功能主要存在于传统生产方式之下。在以私有制和个体经济为基础的传统社会，家庭基本上是自产自足的。那时的家庭户主同时也是家庭生产的设计者、指挥者和组织者，家庭的成年成员则是家庭生产的主力。家庭的生产规模不仅取决于家庭所拥有的生产资料，而且取决于家庭所拥有的劳动者人数。在以手工劳动为基础的传统农业社会，家庭收入的多少及其富裕程度，往往与家庭劳动者的数量及其劳动技能水平的高低密切关联。在进入工业社会后，随着社会化大生产的普遍推行及经济活动中对劳动者素质和技能等要求的不断提升，劳动者数量与家庭经济收入的正比关系逐渐被打破，"人手即财富"正逐渐成为过去，由此，家庭原有的生产功能也趋于弱化。并且，一些家庭，特别是城市家庭的生产功能已消失殆尽。

3. 消费功能

家庭是最基本的消费单位之一，消费活动是家庭得以维系和发展的基本活动。消费，特别是生活消费是满足个体生存和发展需求的基本前提。人是具有生物属性和社会属性的高级动物。没有必要的衣、食、住、行的消费，不仅个体所需要的物质和能量得不到补充，而且家庭和家族的繁衍活动也会终止；没有必要的文化和精神消费，个体就会因思想和精神枯萎而逐渐丧失自我发展的可能和能力，甚至被社会所淘汰。另外，家庭的消费活动还体现为一定的生产消费，即便是当代社会也不例外。因为个体要适应社会需求就必须不断改进自身的素质和能力水平，从而就必须投资于教育、培训甚至健康，这是当今社会对个体和家庭的必然要求。由此可见，无论何时，家庭的消费功能都将是家庭的最基本功能之一。

4. 抚养和教育功能

家庭是每一个人成长及其进行社会化的初级场所，因此，抚养和教育功能也是家庭的最基本功能。家庭教育是国家教育体系的重要组成部分，其作用不亚于学校教育和社会教育。虽然随着社会化的蔓延，学校和社会教育的触角在向家庭不断延伸，在此过程中，传统家庭教育的一些方面正在被学校教育和社会教育所取代。然而，应该明确的是，无论什么时候，学校教育和社会教育都不可能从根本上替代家庭教育，家庭过去是未来仍然是个体成长和进行初级社会化的摇篮。不可否认的是，随着社会生产力进步及学校正规教育的发展，家庭教育对个体生产能力和生活能力的影响力在逐渐弱化，从而使家庭的教育功能也呈现出一定的弱化之势，然而，家庭对个体人格塑造以及对个体基本生活能力和人生观、价值观等的影响作用却是学校教育永难替代的。而且，作为生育的主体单位，家庭将长期担负抚养子女的责任和义务。

5. 赡养功能

赡养功能是中国家庭特别是传统家庭的基本功能之一。赡养老人是"孝道"的根本体现，同时也是中国家庭的责任和义务。从交换论的角度讲，父母养育了子女，那么在父母进入老年，部分和全部丧失劳动能力后，子女就有责任和义务来赡养老人。无论在过去、现在还是将来，赡养老人都应是子女义不容辞的责任。诚然，随着计划生育工作的深入开展及其影响的愈益深远，家庭子女数量的减少，导致后代的赡养压力越来越大，特别是在中国社会保障体系还很不完善、很不发达的今天，但这并不能成为也不应该成为子女不赡养父母的借口。即便是社会保障体系非常健全、非常发达了，家庭的赡养功能也不会完全消失，因为社会是无法从根本上替代家庭给老年人所带来的精神愉悦的。

6. 精神慰藉功能

家庭素来被人们视为生活的"避风港"和生命之舟运行的"港湾"，因为人们在学习和工作之余，可以从家庭中获得更多精神方面的满足和身体方面的休整，家庭是人们享受天伦之乐的"乐园"。目前，家庭所具有的精神慰藉职能已越来越被一些发达国家和地区有家庭所看重。一些西方发达国家的老年人渴求获得家庭慰藉的事实业已证明了家庭在精神慰藉方面的不可替代性。

五、家庭的生命周期

每个家庭都要经历一个产生、发展、衰老和灭亡的过程，这一过程所经历的时间，通常称为家庭的生命周期（family life cycle）。美国学者 P. C. 格里克最早于 1947 年从人口学角度提出了比较完整的家庭生命周期概念，并对一个家庭所经历的各个阶段作了划分。家庭生命周期这一概念综合了人口学中占中心地位的婚姻、生育、死亡等问题。由于婚姻、生育、死亡等人口过程都是发生在家庭里的，对家庭生命周期的研究可以对这些人口过程的机制进行更深入的认识与剖析，避免传统人口学把婚姻、生育、死亡等人口过程分离开来孤立地进行研究的弊端。家庭生命周期的概念在社会学、人类学、心理学乃至与家庭有关的法学研究中都很有意义。例如，对家庭生命周期的分析，可以更好地解释财产权、家庭与家庭成员的收入、妇女就业、家庭成员之间的关系、家庭耐用消费品的需求、处于不同家庭生命周期的人们心理状态的变化等。

家庭的生命周期一般比人的生命周期短，却比家庭人口再生产的周期长。

家庭生命周期有着明显的阶段性。按家庭发生的主要事件和妇女年龄，家庭生命周期一般分为六个阶段：

（1）新家庭产生阶段。新家庭产生阶段是指从夫妇结婚到第一个孩子出生这段时间，亦即从初婚到初育。

（2）生育和抚养子女阶段。生育和抚养子女阶段是指从第一个孩子出生到最后一个孩子出生，此时，家庭人口规模不断扩张，家庭经济负担最重。

（3）孩子陆续就业、结婚阶段。这一阶段的长短取决于第一个孩子就业和最后一个孩子就业时的时间间隔。这一阶段的家庭处于发展的鼎盛时期，不仅家庭劳动力人口多，而且经济收入也大。

（4）家庭收缩阶段。家庭收缩阶段取决于第一个孩子结婚并离家单过和最后一个孩子结婚并离家单过之间的时间间隔，在只生育一个孩子的家庭中，这一阶段实际上并不存在。

（5）空巢阶段。空巢阶段是指在子女纷纷结婚离家单过后，父母重新单独居住这段时间。

（6）家庭灭亡阶段。从配偶死亡到本人死亡，家庭生命结束。家庭生命周期受组成家庭的夫妇的寿命影响。随着人口平均预期寿命的延长，家庭的生命周期也呈现出不断延长之势，不过，总体来讲，家庭生命周期一般在40～60年。

自从20世纪80年代以来，随着世界范围的政治性冷战的结束，全球经济交流和社会交往的范围在逐渐扩大和深化，在这种变化过程中，人类社会的变迁速度也在逐渐加剧。全球范围的这种经济一体化及其迅速的社会变迁，给人们的生活带来了更多的变数和不可预测性。在中国，随着80年代以来经济体制改革步伐的加快，社会转型已成为一股强大的推动人们一直向前的潮流。原有的传统企业组织的逐渐沦落，使人们原来稳定的、可预期的生产和生活已变得不再稳定和难以预期。中西方文化的交流，东西方价值观的碰撞，在不知不觉中吞噬着人们原有的价值观和个人价值尺度。在现代社会中，一些人眼中衡量个人成就的标尺，一是金钱；二是权力。这种价值观给城乡社会和家庭也带来了重大影响。在社会变迁过程中，家庭原有的一些功能，如生产功能、生育功能、教育功能、赡养功能在日趋弱化，家庭原有的聚合力也逐渐呈弱化之势，并表现出一定程度的裂化趋向。这些变化，一方面使家庭失去了其原有的在人们生活中和心理上的稳重感；另一方面，家庭也日趋成为一个具有较大变数的、不稳定的社会群体。由这种变化所带来的结果是：大家庭分裂加剧，家庭规模趋于小型化，家庭结构趋向核心家庭、不完全家庭和单身家庭。家庭在人们心目中越来越被人们看成是个人情感和心灵的栖息场所，成为人们在繁忙紧张工作后用来小憩的固定"客栈"。

第三节 社会性别

一、性与性别角色

从客观上讲，性是一种生物过程；但社会学中所说的性，却是一种生物过程与心理过程和社会过程的统一，即所谓的性存在。

"性"有广义和狭义之分。广义的"性"是将人按男女两性来划分、来区别对待，它从一定程度上表明了男女之间的关系、联系和发展规律等。只要是人，就有性的归属、性的差异和性的活动。人是性的产物，即使是试管婴儿或克隆繁殖，都是性的产物，因为其母体存在有性的归属和性的差异。可以说，"性"只是人对自身（存在和发展）和自身行为的一种认识角度而已，是因为男女之间较大差异引起的对人性质一分为二的判断。有了这种视角，即使阴阳人在"性"这一问题上，也有其归属。目前人们所说的"性"一般是指狭义的"性"，即将范畴局限于性判断、性差异、性异常和性行为上。

性别角色是指社会针对具有不同生物性别的人所制定的、足以确定其身份与地位的一整套权利、义务的规范和行为的表现模式。在人类社会发展的较长时期，性别角色一直被人们视为一种"先赋角色"，是先天的、生物的、第一性的，是后天改变不了的。而"女权主义"运动则将它逐步定位于"社会性别"。

性别角色的形成主要与种属和男女两性的生理特性有关。随着社会的发展，性别角色的行为模式则随社会文化和男女两性社会分工的变化而演变。从种系发生的角度，可以窥视到动物界性别角色分化的雏形。例如，大多数飞禽由雌鸟孵卵，雄鸟觅食或在巢旁守护。

在原始社会里，男性从事狩猎和战斗，女性进行采集和养育子女。在封建社会里，妇女因受到礼教的约束，活动大多局限于家庭内，男性则有社会交往的自由。进入资本主义社会后，妇女从封建家庭的桎梏中解脱出来，开始参与较多的社会活动。然而，性别角色的传统观念仍然是男性应有事业心、进取心和独立性，行为粗犷豪爽、敢于竞争，即具有"男性气质"；女性则应富有同情心和敏感性，善于理家和哺育子女、对人温柔体贴、举止文雅娴静，即具有"女性气质"。凡其行为模式与所期望的性别角色一致，便会受到社会的接纳和赞许；否则，就会遭到周围人群的冷讽热嘲甚至排斥。

近几十年来，随着现代经济的迅速发展和社会生产方式的变化，越来越多的成年女性走出家庭，参与到社会活动中，并从事过去男性长期从事的传统职业；而男性则开始分担常年由妇女包揽的一些家务劳动。不仅如此，在发式、服装和行为习惯等方面，也发生了显著变化。例如，一些男性蓄长发、着鲜艳服装，女性留短发、着男性服装、吸烟、饮酒等，使性别角色的行为规范有了急剧改变。这种改变又进一步融入当代社会，为人们所接受，成为当代社会文化的一部分。

就个体演化而言，性别角色经历了社会化的过程，甚至在孩子出生前，父母对不同性别子女的态度，便已显露出来。怀孕期间，父母常常推测胎儿的性别，对不同性别的孩子，赋予不同的期望。婴儿出生以后，父母通过衣着、环境布置、取名等活动，把男女婴儿区分开来。两三岁的幼儿，观察父母不同的服装和行为，对男性和女性的外表和性别角色开始有所认识。学龄前儿童的父母给不同性别的子女购买不同的服装和玩具，对男孩的顽皮和淘气采取容忍的态度，而对女孩的安静文雅则予以称赞。儿童通过玩具和游戏增强了性别角色的意识，使其行为向相应的性别角色转化。入学以后，图书和电视对儿童性别角色的意识将进一步发挥影响。在儿童的动画世界里，英雄几乎都是男性，是强者；女性往往等待英雄从恶魔身边解救出来，是弱者。青春期男女区别更明显，恰当的性别角色表现比儿童期更为重要。

然而应该看到的是，虽然人们的观念在发生变化，但传统观念的影响仍然非常深重。新旧观念的冲突反映在现实生活中最常见的就是家庭矛盾的增加。当今社会出现的一种新的现象是"两性合一"（androgyny）的行为模式。所谓"两性合一"主要是指融男性和女性行为特征于一体。"androgyny"一词源自希腊词根"andro"（男性）和"gyny"（女性），是指男性与女性的融合。"两性合一"行为模式的传播将有助于性别角色传统观念冲突的消除，有利于社会进步与发展。

二、"女权主义"与社会性别

"女权主义"是一种以支持男女权利平等为主导思想的主张。"女权主义"对所谓的"家庭是一个和谐、平等的领地"的说法提出质疑，认为在家庭中，妇女要无休止地带孩子、操持家务、照顾丈夫和家人，妇女在家庭中所处的这种境况恰恰说明了妇女与男性的不平等地位。

女权主义（feminism），源自西方，指主要以女性经验为来源和动机的社会理论与政治运动。女性主义一词，最早出现在法国，意指妇女解放，后传到英美，并逐渐流行起来。"五四运动"时传到中国，定为女权主义。在西方，最初是指追求男女平等，首先是争取选举权。20世纪20～30年代，西方国家的妇女虽然争取到了与男性平等的政治权利，但在社会生活和人们的观念中，仍然与男性不平等。女权主义者开始认识到，这其中有一个性别关系和性别权力的问题，女权运动由此演变为分析男女为何不平等、男女的权力架构等问题。通常意义上，"女权主义"与"女性主义"并无本质区别，但后者有着更深广的内涵。在中国，目前人们多使用"女性主义"一词。女性主义是理论与实践的结合，是一种男女平等的信念和意识形态，旨在反对包括性别歧视在内的一切不平等。中国的女权主义，是指女性争取与男性平等，体现女性自我精神与能量的一种女性思想、社会言论及政治协助行为。男女平等是女权主义最基本的目标，在争取与男性平等的同时，女性还要注重自我的价值表现，展示女性的独特魅力，挖掘并发挥女性的社会力量，为社会各阶层女性的思想与行为解放而努力，要将全世界妇女的利益放在同一个起点，协助官方处理女性主义面临的问题。

西方女权主义大致经历了三个阶段，即第一代西方女权主义、第二代西方女权主义和后现代女权主义。

第一代西方女权主义（19 世纪下半叶至 20 世纪初）：西方女权主义起源于法国资产阶级革命和启蒙运动以后，19 世纪下半叶出现第一代女权主义，它与欧洲的工业革命同步，代表人物是英国的密尔（Harriet Tyler Mill）。女权主义最初的诉求是妇女在受教育和立法上应当平等，在经济上与男性平等。她们主要是从经济方面诉求妇女的解放，它对以后的女权主义运动，特别是马克思主义女权运动有着深刻影响。第一代女权主义有影响的文学作品有易卜生的《娜拉》和托尔斯泰的《安娜·卡列尼娜》等。中国 19 世纪 20~40 年代的一些社会主义者受女权主义的影响，基本上也属于这一代。这一时期，女权主义还没有上升到理论高度，主要是一些实践活动，像克拉拉·蔡特金领导的妇女同工同酬的运动，以及"三八"国际妇女节的诞生。

第二代西方女权主义（20 世纪初至 60 年代）：自 20 世纪初到 60 年代，世界上经历了两次世界大战，殖民制度瓦解，各种矛盾重新排队，女权主义在这一动荡的历史时期也各树大旗，风起云涌。这一时期的女权主义分道扬镳，出现了以凯特·米丽特（Kate Millet）和凯撒瑞·麦肯农（Catharine Mackinnon）等人为代表的"激进主义女权主义"、以朱立特·米切尔（Juliet Mitchell）为代表的"马克思主义/社会主义女权主义"和以贝蒂·佛里丹等人为代表的"自由主义女权主义"。马克思主义/社会主义女权主义主要是从经济和阶级斗争方面要求妇女和男性的平等，要求妇女在物质上的地位。而"激进女权主义"和"自由女权主义"却是在"性"方面诉求女性的"解放"。她们挑战的是整个男性社会，挑战"性阶级"体制。美国的凯特·米丽特在她 1970 年出版的《性政治学》一书中第一次引入"父权制"（patriarchy）这一概念，她认为妇女受压迫的根源是"父权制"。她们将女性和男性完全对立起来：男人是敌人，女人是朋友；男人是暴躁，女人是温柔；男人是迫害者，女人是被迫害者；男人是压迫者，女人是被压迫者；男人是战争贩子，女人是和平主义者；男人是胜利者，女人是失败者；男人是个人中心主义者，女人是关系取向者；男人的快感只局限在生殖器上，女人的快感则体现在全身各方面；男人只注重结果，女人则注重过程，等等。这种简单的二分法，受到以后的后现代女权主义的批判。不过，这一时期的女权主义，尤其是激进和自由女权主义对"性解放"的诉求，对一批女权主义作家产生了深刻影响。弗吉利亚·伍尔芙和莱莘等人的作品虽然有后现代的痕迹，可是基本上是这一时期女权主义在文学上的代表。

后现代女权主义：后现代女权主义开始于20世纪60~80年代，其产生与两个因素密切相关：一是由于20世纪60年代的"性解放"与将男女对立起来的女权思想带来了无数家庭的破裂，单亲母亲、问题儿童和艾滋病流行等。因此，人们开始反思：社会值不值得为性解放和女权主义付出那么大的代价？另一因素是20世纪80年代后，越来越多的女性占据了政府企业学校传媒的领导地位，当了老板，男人们惊呼：母鸡打鸣了！女人也开始怀疑：还会不会生蛋？在这种情况下，后现代的女权主义应运而生。

如果说第二代的"现代女权主义"重实践，那么第三代的"后现代女权主义"则更重视超出女性范围的哲学思考，社会主义和性自由的色彩也更加浓厚。

"社会性别"（gender）这一概念被视为女权主义的理论基石与核心。所谓"社会性别"，主要是指生理构造是男还是女，一般并不包括人的其他社会特征。"社会性别"是西方第二次女权主义浪潮中出现的一个分析范畴。女权主义学者在探索将妇女的从属地位理论化时，曾借鉴马克思有关阶级的概念，然而，人类经济活动中所产生的阶级显然与性别问题存在诸多不同之处。女权主义学者在20世纪70年代初期发展了"社会性别"的概念，指出社会性别是人类组织性的活动的一种制度，同任何文化中都有经济制度、政治制度一样，任何文化中也都有自己的社会性别制度，即种种社会体制习俗把人组织到已经规范好的"男性""女性"的活动中去。

社会性别理论认为，男人和女人并不是天生如此，而是后天被塑造成这样的。所谓的"男性领域"和"女性领域"的划分，完全与"男权中心"或"父权制"有关。这种"社会性别定轨"，严重损害了个体的权利和发展，是对女性权利的强行践踏。为此，一种观点认为，应该通过促进社会的整体发展，依靠社会进步，来逐步解决社会性别定轨问题，实现男女真正平等；另一种观点则认为，应该通过人们的自我努力，打破以往的社会性别定轨，以此来促进社会的整体发展。应该讲，社会性别是人类社会的一种基本组织方式，是人的社会化过程中的一个最基本内容。社会性别的规范无处不在，其内涵也在不断变化。不同文化中有不同的社会性别制度，同一文化不同历史时期社会性别的具体规范也会发生变化。尽管在大部分文化中社会性别被用来界定性别的等级，如中国的社会性别制度就是男尊女卑，但是也有的文化中性别间的等级差异很小。当然在中国的等级秩序中除性别外还有辈分、年龄等因素在交叉起作用，这意味着在同等社会阶层中女性并非总是处于卑者的位置上。但在文化层面，社会性别的等级含义却会不断地被调动起来，并被各种文化或知识生产者复制，从而不断地巩固男尊女卑的社会性别观念；这种无处不在的社会性别文化观念、语言、符号又时时参与到对人的主体身份的塑造中来，构成人们对下述问题的基本认识和认同：自己要做什么样的男人或女人？作为一个男人或女人应该是怎样的？对不符合主流社会性别规范的人应持何种态度？虽然人们对社会性别文化、对自己的规范和塑造，一般没有理性和意识层面的认识，但任何人都被某种或几种社会性别话语所构造，人的主体是社会性别化的，并可能具有不同社会性别话语所造成的矛盾性和多面性。社会性别的文化观念也经常体现在人们所做的各种选择和决定中，包括政府或各种权力机构的决策中。在当代女权主义学术已发展了几十年的西方社会，"社会性别"已经与"阶级"和"种族"一样成为研究人类社会与历史的一个基本的分析范畴，在各个人文社会科学学术领域被广泛运用。

本章小结

1. 择偶是男女双方的彼此选择过程。择偶需要男女双方具备一定的素养。择偶素养涉及年龄成熟、生理成熟和心理成熟三个方面。择偶理论主要有角色理论、价值理论、交换理论和过程筛选理论。人们在择偶时总是自觉不自觉地遵循同类婚原则、男女有别原则和梯度择偶原则。

2. 婚姻制度是社会制度的重要内容，婚姻制度一般由社会经济制度所决定。婚姻制度包括群婚制、血缘婚制、伙婚制、对偶婚制及古典的一夫一妻制和现代的一夫一妻制。

3. 离婚是现代社会的常见问题，它会引发诸多社会问题。

4. 家庭是社会的"细胞"，是一个典型的首属群体，同时也是人进行社会化的场所。

5. 家庭结构也就是家庭的内部关系及其构成，它以"人"为单元，以夫妻关系为基础。家庭结构类型一般包括复合家庭、主干家庭、核心家庭、单亲家庭和单身家庭。通常人们还将它划分为完整家庭、残缺家庭和形式家庭三大类。

6. 现代家庭的主要家庭关系有夫妻关系、父母与子女的关系、婆媳关系、祖孙关系、妯娌关系等。其中，婆媳关系、妯娌关系是最难处理的关系。

7. 家庭功能主要有生育功能、生产功能、消费功能、抚养和教育的功能、赡养功能和精神慰藉的功能等。现代社会中家庭的生产功能、教育功能等均呈现出明显的弱化趋势。

8. 家庭生命周期主要包括六个阶段，即新家庭产生阶段、生育和抚养子女阶段、孩子陆续就业和结婚阶段、家庭收缩阶段、空巢阶段和家庭灭亡阶段。

9. 性别角色是一种"先赋角色"，"女权主义"运动将它定位于"社会性别"。

思 考 题

1. 择偶者应该具备哪些基本素质？常见择偶理论有哪几种？择偶时人们所遵循的原则是什么？

2. 婚姻的本质是什么？婚姻制度的形成和发展经历了哪几个阶段？各阶段的特点是什么？

3. 家庭制度包括哪几个阶段？各阶段的特点是什么？

4. 家庭结构类型可分为哪几种？各种类型的特点是什么？

5. 家庭规模发展的趋势是怎样的？

6. 家庭的功能有哪些？

7. 家庭关系主要有哪几种？

8. 家庭生命周期可分为哪几个阶段？并简要说明之。

9. 女权主义产生的原因是怎样的？西方女权主义的发展经历了哪几个阶段？各阶段的特点是什么？

10. 社会性别理论是怎样看待"男性领域"和"女性领域"问题的？它有哪些不合理之处？为什么？

第七章　社会分化、社会分层与社会不平等

学习目标

1. 掌握社会分化的概念、特征及其类型，掌握马克思主义阶级理论及其基本内容。

2. 了解新中间阶级的含义以及马克思主义的新阶级观，了解种姓制度、身份制度和等级制度的特征。

3. 理解并掌握社会分层的概念，了解有关社会分层的重要理论，掌握社会分层的方法和标准。

4. 理解社会不平等的含义，认识社会不平等的实质，了解社会不平等的相关理论。

5. 掌握社会流动的概念及其类型，了解社会流动的模式以及影响社会地位的条件。

6. 了解中国改革开放前后阶级阶层变动和发展的状况及特征。

关键名词

社会分化　功能专门化　水平分化　垂直分化　阶级　种姓制度　身份制度　等级制度　社会分层　社会不平等　社会流动　垂直流动　水平流动　代际流动　一生流动　群体流动　个人流动　开放式流动　封闭式流动　混合式流动　先赋条件　自致条件

在人类社会中，人们不仅以群体和组织的形式从事共同生活，而且人们在不同的社会生活中还处于不同的阶级阶层。不论是在经济领域，还是政治领域、文化领域，或者是在社会生活中，均可看到人们地位的高低不同现象。地位的不同，在带来社会不平等的同时，也造就了一种社会动力。这是一个充满矛盾的领域。

第一节　社会分化与阶级

一、社会分化及其类型

（一）社会分化及其特征

在任何社会中，成员之间以及社会各部分之间总是存在这样或那样的差别。概括地讲，社会成员间的差别主要体现为两大类型，即自然差别和社会差别。自然差别通常是由生理或遗传因素导致的，如性别、年龄、肤色、血型、种族等；社会差别则是由社会原因造成的，如职业、地位、声望和财富等。随着社会发展，社会成员间的差别主要表现为社会差别。造成社会差别的原因很多，其中最基本的是社会分化。

在社会学上，一般将事物之间具有相同特点的现象称为同质性。而将事物之间所表现出的不同特点现象称为异质性。分化则是指事物从同质性向异质性的变化过程。

从社会结构角度讲，社会分化（social differentiation）是指社会系统结构中原来承担多种功能的某一社会单位发展为承担单一功能的多个社会单位，以及诸社会单位由地位相同变为地位相异的过程。在这里，社会单位既指社会个体和社会群体，也指社会机构。

社会分化具有两个重要特征，即功能专门化和地位多样化。所谓功能专门化，是指原来的社会单位可以同时承担多种不同的功能，后来变为由不同单位、不同部门来分别承担某种功能，如家庭作为社会单位，在传统社会同时承担着生产、生育、教育和赡养等多种功能，而到了现代社会，家庭中的一些功能则在外移，分别转移给了企业、学校和社会养老机构等来承担。所谓地位多样化，则指原来在社会结构中地位相同或相近的社会单位变得越来越不同，如在现代社会中，随着工业化和城市化进程加快，原来的农民有的变成了工人、商人，有的仍然是农民。

（二）社会分化的类型

社会分化可分为两大类型，即水平分化和垂直分化。

所谓水平分化，是指依据某种社会属性和特征，将社会成员划分为不同类型的地位群体，这些群体从公认的社会价值序列（如经济地位、政治地位、社会地位等）看不存在高低差别。这种分化所表现的只是社会成员间职能上的差别。水平分化一般表现为社会分工和生活的多样化，它使社会的异质性增强，如同时毕业的大学生，有的从事科学研究工作，有的从事行政管理工作，有的进了企业，这种职业性分化即属于水平分化。

所谓垂直分化，是指依据某种社会属性或特征，将社会成员分为不同层次的地位群体，这些地位群体从公认的社会价值序列看存在着高低差别。在垂直分化中，不同层次上的人们在社会表现、生活方式和价值观念等方面有着明显的差别，具有较大的异质性。由垂直分化所造成的差别就是社会不平等。如整个社会分为资本家阶级和工人阶级就是一种垂直分化。再如，同样是从事行政管理工作，有的处于高层领导职位，有的则处于中层管理岗位，还有的只是基层管理人员。

二、马克思主义阶级理论

（一）马克思主义对阶级的界定及其划分标准

马克思主义阶级理论在社会学领域占有重要地位。关于阶级，列宁曾经指出："所谓阶级，就是这样一些大的集团，这些集团在历史上一定的社会生产体系中所处的地位不同，同生产资料的关系（这些关系大部分是在法律上明文规定了的）不同，在社会劳动组织中所起的作用不同，因而取得归自己支配的那份社会财富的方式和多寡也不同。所谓阶级，就是这样一些集团，由于它们在一定的社会经济结构中所处的地位不同，其中一个集团能够占有另一个集团的劳动。"马克思主义的阶级定义将对生产资料的占有作为阶级划分的物质基础，认为生产资料的占有在很大程度上影响着人们在生产中的地位，进而影响着他们对劳动产品的占有。在马克思主义看来，阶级的划分标准是经济地位，特别是对生产资料的占有关系。一个阶级集团对生产资料的占有形成了其对另一个不占有生产资料的阶级集团的控制和剥削，两者间于是就形成了剥削和被剥削关系。这样，划分阶级的标准就是占有生产资料的多少、人们在社会组织中的地位和作用，以及人们生产财富的方式及其多少。马克思主义认为，由于生产资料的占有方式不同，因此资本主义社会分裂为资产阶级和无产阶级两大阶级。

（二）马克思主义阶级理论的基本内容

马克思主义阶级理论的内容可以简单概括为：

（1）阶级是一种社会历史现象，它与生产力发展的一定阶段相联系，以剩余产品的出现为前提。阶级的本质是剥削。

（2）阶级是有相同经济地位和共同利益的社会集团，共同的利益使他们具有共同行动的可能性。阶级成员的共同行动能力取决于两点：一是取决于阶级成员的阶级意识或阶级认同，强烈的阶级意识有利于阶级成员的共同行动；二是取决于阶级内部的组织化程度，组织程度越高越有较强的行动能力。

（3）阶级内部可划分为不同阶层，同一阶级的不同阶层在对待社会问题的态度上有差异，但他们的根本利益是一致的。

（4）阶级斗争是阶级对立的必然产物，当阶级矛盾不可调和时，就可能爆发社会革命。社会革命是阶级斗争的最高形式。

（5）阶级的消亡有赖于消除阶级产生的基础，消灭私有制和生产力高度发展是阶级消亡的基础。

三、当代社会的阶级划分

（一）新中间阶级

随着科学技术进步及其在经济和社会生活中作用的提高，资本主义社会的阶级结构也发生了重要变化，其突出特征是管理阶层的出现，他们被称为"新中间阶级"。作为"新中间阶级"的管理阶层，他们既不占有生产资料，又不从事体力劳动，所以按马克思的阶级划分标准，他们的阶级归属即成了问题。而随着这一阶层人数的不断扩大，他们在社会生活中的作用也在不断增强，他们正成为资本主义社会结构的重要组成部分。由此，如何认识这一阶层的阶级地位，即成了一个理论和现实问题。

人类对社会中间人群的研究源远流长。早在两千多年前，亚里士多德就对此作过精辟的研究。他认为一个两头小、中间大的社会结构是最具稳定性的社会结构。第二次世界大战后，在新科技革命的推动下，西方社会出现了前所未有的繁荣，经济持续增长长达数十年。在这种条件下，经济结构、社会结构、政治制度、大众生活，以及整个社会文化价值观的种种深刻变化，都令过去任何一个时代望尘莫及。而社会结构的变化，则集中体现为"新中间阶层"即来自非体力劳动职业的、相对高教育程度的人群的出现。

这些新中间阶级的经济社会地位，使他们一方面由于生活条件的相对舒适而对现代社会的生产方式和生活方式有一种认同感，反对社会动乱，安于现状，趋于保守；另一方面又常常感到自己的地位缺乏强大的阶级力量作后盾，有受大资产阶级和其他社会阶层取而代之的危机感，希望寻求政治上的代理人，在社会生活各方面实行有利于自己实际利益的变革。在这样一种矛盾心理下，他们往往主张用和平的手段而不是用暴力来解决社会问题，希望通过渐进有序的改良推动社会稳定、持续地向前发展。

研究表明，正是"新中间阶级"这一新的社会成分，构成了战后西方新社会运动的主体，成为当代资本主义社会的主要抗议力量之一，而且随着经济结构的变化和经济的发展，所谓"新中间阶级"对国家政治的影响越来越大。因此，战后西方发达国家学术界兴起了对"新中间阶级"的研究，认为传统的城市小业主、农村农场主和其他介于资产阶级与无产阶级之间的"中间阶级"正在萎缩，代之以高文化层次、高科技能力和现代管理能力的工薪阶层为主的"新中间阶级"正在兴起和扩大，并已成为当代资本主义国家经济的主体。这一"新中间阶级"的状况是西方国家社会稳定与经济发展水平的标志，也是西方国家政府制定政策的主要依据。

在中国，随着社会转型现代社会结构也开始发生变化，其中最显著的表现就是"社会中间人群"的形成和凸显。"社会中间人群"可以说是中国社会转型、市场转型的必然产物，其形成与中国经济结构变化、产业结构调整以及高科技经济的迅速发展密切相关。中国现阶段正值社会结构转型时期，社会阶层结构正在由传统农业社会的"金字塔"形向现代工业社会的"橄榄"型转变。在此过程中，处在中间位置的社会中间人群不断增加，处于顶层的豪富和底层的赤贫人数日趋减少。这种趋势表明，随着社会发展，人口城市化率的提高，社会中间人群将成为未来中国社会结构的主流。社会中间人群的发展状况代表着中国经济和社会发展的水平。在中国未来的发展中，社会中间人群将会是一个基本的社会力量。因此，中国的经济政策应该促进社会中间人群的形成和发展，以尽快形成有利于社会稳定和经济发展的现代社会结构。

（二）马克思主义的新阶级观

在资本主义社会的经济结构、生产资料占有方式发生重大变化的情况下，一些学者在马克思主义划分标准的基础上，提出了一些新模式去分析发达资本主义社会的阶级结构问题。

美国社会学者埃里克·赖特汲取了马克思和韦伯的思想观点，发展了一种阶级划分理论。他用生产资料占有状况将人们分为占有者和非占有者（获取工资的劳动者）。在占有生产资料者内部，根据是否亲自劳动和是否雇用工人，

> **小知识**
>
> **中产阶级**
>
> "中产阶级"译自英文"middle class"，本意为中间阶层。根据美国《韦氏辞典》，这个英文词可以上溯到1766年，定义是"介于高收入阶级（upper class）和低收入阶级（lower class）之间的阶级，特别是指主要由具有共同社会特征和价值观的商人、专业人士、官僚和一些农民技工组成的一个庞杂多变的社会经济组合"。
>
> "中产阶级"一词在中文里最早的用例之一可见毛泽东《中国社会各阶级分析》，其中有"中产阶级主要是指民族资产阶级"一说。近年来国内学术界用"中产阶级"一词来指代介于高收入阶层和低收入阶层之间的社会阶层，包括专业人员和小业主等。这些人往往受过良好教育，有令人羡慕的高薪职业。这一定义跟美国学术界的用法不大一样。

把人们划分为三类，即资产阶级、小业主和小资产阶级。在获取工资的劳动者内部，根据组织资产的能力和资格认定性技能，划分为九类。在阶级划分过程中，赖特将是否占有生产资料置于阶级划分的首要地位，将资格认定性技能放在了次于生产资料占有和组织资产能力的从属地位。

一些学者为了研究阶级划分问题，运用大量指标来测量阶级，比如从职业、收入、财产、个人声望、交往、社会化、权力、阶级意识等方面来分析个人的阶级归属问题。有的学者将 20 世纪 80 年代初期的美国社会划分为六个阶级：（1）由投资者、继承人和总经理组成的资本家阶级；（2）由高级管理人员、专业人员和中等实业家组成的上中层阶级；（3）由低层管理人员、半专业人员、工头等组成的中层阶级；（4）由操作工、办事人员等组成的工人阶级；（5）由个体劳动者、低薪水的操作性工人组成的劳动贫穷阶级；（6）由失业者、领取救济者组成的下层阶级等。

四、种姓、身份与等级制

（一）种姓制度

种姓制度（caste）与印度次大陆的文化以及印度教的轮回观念紧密相连。人们相信，没有遵循仪式和自己的种姓责任的人，再生后的下一轮回，地位将会降低。种姓制度实际上是一些国家所采用的封闭型的社会分层制度。他们认为，一个人在社会分层中的地位是一出生即确定的，即是先赋，而且这种地位终身不变。也就是说，一个人的社会地位完全取决于其出身。在种姓制度下，不同种族之间相互隔离，不同种族间的婚姻关系是被禁止的，是违法的。族内婚是种姓制度的一个特点，其目的在于巩固种族间的等级关系。种姓制度在传统的印度社会曾非常流行。在传统印度，种姓制度从高到低依次为婆罗门（僧侣）、刹帝利（武士和贵族）、吠舍（农夫和商人）和首陀罗（奴隶式的农民）。

（二）身份制度

身份一词有两种含义：一种是指在一定情境中对角色所做的区别，即人们在角色关系网络中所处的地位，是社会互动中所使用的概念。人们在不同的场合和交际圈当中，都会考虑自己应该扮演何种角色，这种也就是他身份的体现形式。另一种是指人们对社会结构中某一位置的评价，这是关于社会声望和社会名誉的评价，它是一种基于社会分层的说法。比如我们有时会说，某人是个有身份的人。

韦伯指出，身份是在社会声望方面可有效得到肯定或否定的特权，它与出身和职业、所受教育和生活方式等有关。身份制度是对各类社会成员进行社会声望评价并将其规范化、体系化的制度，它规定了不同类别社会成员的权利和机会，而且不同类别的社会成员难以改变自己的身份。是一种对社会成员划分层次的制度。如 20 世纪 50 年代，中国对干部、工人和农民三种职业群体的经济、政治和社会待遇的评价，即是一种身份制度。

（三）等级制度

等级制度是在奴隶社会、封建社会中将阶级差别用于居民等级划分并固定下来的一种制度。它是一种不平等的制度。这种制度在欧洲的前资本主义社会比较流行。等级制度将不同阶级的经济关系、政治关系加以固定化，并通过各种方式来维持这种等级化、不平等的社会制度。

中国社会也曾有过等级制度，如古代贵族的爵位即分为公、侯、伯、子、男五种。魏晋时期所实行的"九品中正制"也是一种典型的等级制度。选官依照家世声名，造成"上品无寒门，下品无势族"的状况，士族垄断了政府的重要官职。通过互相联姻构成一个门阀贵族统治阶层，制定或形成一整套维护自身等级特权的门阀制度。

第二节　社会分层与社会不平等

分层（stratification）本是一地质学名词，其意指地质构造的不同层次。在社会学上，分层则表现了不同人群间的结构性不平等。在人类社会中，由于各种社会差别及社会分化等导致的社会不平等，使得人们总是生活在不同的社会层次，从而构成了人们在社会中的上下位置，为此，社会学家借用分层这一概念来指人类社会中个体之间和群体之间的结构性不平等。

一、社会分层的内涵

所谓社会分层（social stratification），是指根据一定的具有社会意义的属性，将社会成员区分为高低有序的不同等级和层次的过程与现象。例如，高收入阶层、中上收入阶层、中等收入阶层、中下收入阶层、低收入阶层和极低收入阶层，以及管理者阶层、知识分子阶层、私营企业家阶层，等等。社会分层体现着社会不平等。在这里，社会分层这一概念包括如下两层含义：第一，社会分层是指制度化的不平等，即由法律和社会习俗所规定，并由社会的主体文化所认可而不包括那些由偶然原因引起的社会不平等。例如，由财产法规所认可和保护的财富不均分配等，由企业规则所定的总经理的收入高于一般工人，由社会习俗产生的"男尊女卑"等现象，均属于社会分层的研究领域。而因个人偶然原因带来的收入升降（如抽彩票中奖而致富）则不在社会分层的研究之列。第二，社会分层注重的是社会群体之间的不平等，如各职业群、年龄组等群体之间的不平等。按照社会分层的理解，个人社会地位的高低主要是由于其所属的某个（或某些）社会群体的社会地位所决定的。

在社会学上，关于社会阶层的分析有两个传统，即马克思的传统和韦伯的传统。继承马克思主义传统的学者进一步发展了马克思的思想，其他学者则继承和发展了韦伯的思想。

马克思对社会阶层的分析是从人类社会中的重大不平等关系，即剥削关系的角度来看待阶级问题的。马克思分析阶级的目的在于指出社会不平等的根源，并期望改变这种不平等现象。马克思的阶级分析带有明显的价值取向性。马克思认为，生产方式决定着阶级分层模式，不同的生产方式有着不同的分层模式。奴隶社会的生产方式产生的是奴隶主与奴隶对立的阶级模式；封建社会的生产方式产生的是封建主与农民对立的阶级模式；资本主义的生产方式产生的是资产阶级与无产阶级对立的阶级模式。

韦伯是西方社会学史中另一位最早提出社会分层理论的社会学家，他在分析资本主义的社会结构时，也使用了社会阶级的概念，与马克思强调经济因素——生产方式在社会分层中起决定性作用的观点相左，韦伯认为影响社会分层的因素是多方面的，即多元的。他分析阶层的目的并不是为了揭示阶级的实质，而是要分析阶级的种类、它们所处的地位如何，以及生活机会怎样等问题。在韦伯那里，社会阶级与社会阶层在含义上是一致的。他对阶级的分析没有明显的价值取向。

通常来讲，对社会阶层的分析，可以从不同角度、采用不同分析标准，既可以经济因素为基础，也可以政治、社会和文化等因素为标准。也就是说，社会分层具有多元性特点。

二、社会分层理论

（一）韦伯"三位一体"的分层理论

以马克思的分析为基础，韦伯补充和完善了马克思的理论。他认为，社会是以权力和财富方面的矛盾为特征的。社会分层并非只与阶级有关，而且还与声誉和权力等分层属性有关。韦伯社会分层理论的核心是他所强调的划分基层结构的三维标准：财富——经济标准、声望——社会标准、权力——政治标准。他主张从经济、声望和权力，即"利、名、权"三个角度来综合考察一个社会在经济、文化和政治三大领域的不平等，即所谓的"三位一体"，如图7-1所示。

财富——→经济标准——→市场机会——→阶级
　　　　　　　　　生活机遇

声望——→社会标准——→受人尊重——→身份群体
地位　　　　　　　具有威望

权力——→政治标准——→支配控制——→政党
　　　　　　　　　别人能力

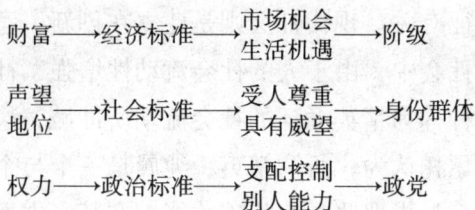

图 7 - 1　马·韦伯的三位一体社会分层法

　　韦伯同意马克思有关生产资料占有权是确立阶级的首要基础的看法，但他进一步指出，阶级划分并非仅源自对生产资料的控制或缺乏控制，而且还源自对财产有没有直接影响的经济差别，如影响个体可获得的工作类型的技能、凭证或资格等资源。他认为，只有在市场上，人们才能实际反映自己的优势。财富差别会产生阶级，他据此将资本主义社会的人群分为四个阶级，即工人阶级、小资产阶级、缺乏财产的知识分子与专业人士、凭借教育和财产获得优势的阶级。

　　韦伯指出，权力地位是依据人们是否拥有权力以及权力的大小来确定的，权力分层反映了政治领域的不平等。权力不仅取决于人们对生产资料的占有关系，在现代社会中它也与科层组织中的管理职位有关。任何有组织的社会生活都存在权力分层现象。韦伯认为，权力差别产生政党，也就是说，依照权力进行社会分层的话，其划分的结果就是不同的政党。

　　声望是社会分层的社会评价标准，它指的是个人在其所处的社会环境中所得到的声誉和尊敬。声望由社会公认的评价体系来确定，社会评价从肯定到否定构成了高低有序的阶梯，声望地位即指人们在这一阶梯中所处的位置。韦伯认为，声望既与个人的身份有关，也与知识教养和生活方式有关。社会地位相同的人共同构成一个具有社会认同感的团体。社会声望的划分不受阶级划分的影响。拥有财富的人虽然一般都有较高的社会地位，但也存在一些例外，如"儒雅的贫穷"，即是其中一例。

　　韦伯认为上述社会分层的标准有时是相互联系，有时是可以相互转化的。比如，财富上的差别可能与权力上的差别直接相关，市场机会也与声望有某种关系。但是，这三种标准又是相互独立的，每一个都可以单独作为社会分层的标准。当然，这种相对独立性并不意味着在任何情况下三者都是同等重要。韦伯的"三位一体"分层理论在西方社会分层研究中具有重要影响。

　　（二）帕累托的精英理论

　　意大利经济学家、社会学家帕累托是开创西方社会学分层研究的另一先驱。帕累托认为，传统农业社会的等级结构是一个静止的、稳定的等级结构，这与农业经济的特征有关。现代社会则是建立在创新、竞争和变革基础上的动态性社会，在这种社会中，由于人的社会流动性增强，社会地位结构原有的静态性和稳定性被一种称为精英循环的社会流动所冲破，稳定性不平等被暂时性不平等所取代。帕累托认为，所谓精英，纯属是一个与个人与生俱来的能力和才干相联系的概念，是指那些具有特殊才能、在某一方面或某一活动领域具有杰出才能的成员。对于帕累托的精英理论的主要观点，这里简要概述如下：

（1）社会分层结构的存在是普遍的、永恒的。地位是可变的，现代社会不存在终身的、世袭的阶级。

（2）现代社会的不平等主要由人的自然差别，即能力和才干所决定，每个人的社会地位是受其天生的能力和才干影响的。

（3）精英，原则上是不能世袭的，天赋很高的杰出人物可以凭借自身的努力和才能上升到社会上层，而出身名门望族、天赋愚笨、懒惰的上层人物，也有可能跌入社会的下层，精英阶层是可以循环流动的。

（4）一个社会稳定与否，主要由执政阶层的能力和才干的平均值是否高于非执政阶层来决定。而要保持使执政阶层能力和才干的平均值始终高于非执政阶层，就必须借助精英循环，即精英通过社会流动进行变更。革命的意义就在于更新上层社会的成员，不断补充和提高执政阶层所必备的管理能力。否则，社会将逐渐失去平衡和稳定，而征服和革命将使新的精英掌权并建立起新的平衡。

除了上述分层理论外，索罗金、伦斯基、米尔斯、戴维斯等人也在研究社会分层问题时提出了许多颇具影响的理论和观点。

📖 **小知识**

帕累托其人

维弗雷多·帕累托（Vilfredo Pareto，1848–1923）是意大利经济学家和社会学家。1868年在都灵大学获工程博士学位。1889年前后转向研究经济学。1893年任瑞士洛桑大学政治经济学教授。1906年后致力于社会学研究。帕累托的社会学思想主要有：（1）行动理论，主要涉及人的行动的非逻辑方面。（2）精英理论，主要探讨社会分层和社会统治问题。（3）社会系统理论，主要研究社会的动态均衡问题。帕累托的社会学思想成为20世纪50年代西方社会学中占主导地位的结构功能主义的理论来源之一。著有《政治经济学讲义》《社会主义体系》《政治经济学教程》《社会学通论》等。其最著名的思想是帕累托最优和帕累托改进。帕累托最优的定义是：资源分配的一种状态，在不使任何人境况变坏的情况下，而不可能再使某些人的处境变好。帕累托改进（Pareto Improvement）的定义是：一种变化，在没有使任何人境况变坏的前提下，使得至少一个人变得更好。帕累托改进是达到帕累托最优的路径和方法。帕累托最优是公平与效率的"理想王国"。

三、社会分层的方法与标准

社会分层是一种客观现象，同时也是我们认识复杂人类社会的一种简单的方法，如何认识这一现象和使用这一方法是学者们研究的重要问题。

（一）社会分层方法

社会分层的方法主要有三种，即主观法、声望法和客观法。

（1）主观法。主观法也称自我评分法，是由人们根据某种标准，对自己的情况进行归类，指出自己所属阶层的方法。目的在于测量人们的阶层归属意识，即测量人们的阶层认同情况。

（2）声望法。声望法是由熟悉社区情况的人按事先规定的分层标准，对本社区成员进行评价并进行阶层归类的方法。目的在于了解各种因素对声望的影响，并发现公认的声望分层标准，建立声望分层体系。

（3）客观法。客观法认为，用可以直接测量的客观标准，如收入、受教育程度等对人们进行层次划分。使用这种方法可进行客观分层。

（二）社会分层的标准

目前常用的社会分层标准有：收入、职业、教育程度和权力等。当然，社会分层的标准也可以以家庭背景、家庭居住条件等为标准。选择什么样的分层标准，通常根据不同的研究目的和需要而定。社会分层的标准是多元化的，不同的分层标准会得出不同的分层结构。

按照收入来划分社会阶层。按照此种标准，低收入者构成社会下层或弱势群体，中等收入者是中间层或中产阶级，高收入者是社会上层，此种分层虽然理论基础并不强却被人们广泛采用。中国自改革开放以后，平均主义的利益格局被打破，出现了社会分化、利益差别，很大程度上反映在收入方面。收入分层比较容易操作，有很大的应用价值。

根据职业来划分社会阶层。从职业角度解释社会分层的首推社会学大师迪尔凯姆，他从社会分工角度分析了社会分层的必要性，剖析了职业地位高低的原因。美国社会学家彼得·布劳和奥蒂斯·邓肯认为资本主义社会阶层的变化速度太快，人们是否属于某一集团已无意义，唯一可以作为分层标准的只有职业。他们认为，阶级虽然可以根据经济资源和利益来定义，但对于大多数人来讲，决定这些的首要因素是其职业地位。人们地位的不同，是因为分工不同，因而具备不同专业知识、不同技术水平的人去从事不同的工作，处在不同的职业位置上。

按照文化资源来区分阶层。凡勃伦 1899 年出版的《有闲阶级论》一书中研究了闲暇生活、服装、古代遗风、宗教信仰、高级学识等文化现象与金钱和阶级之间的关系。文化分层理论的另一位突出代表是法国社会学家布迪厄，他在《区隔》一书中研究了不同阶层的生活方式与文化，探讨了阶级文化与"习惯"的关系。在文化分层的角度看来，富人阶级会形成"贵族文化"、绅士文化，穷人阶级形成"短衣帮"的文化。文化分层对于经济分层、阶级分层具有固化作用。

根据政治权力来划分阶层。在韦伯的三元分层理论中，政治权力是重要的一元，因此韦伯被看作是政治权力分层的较早提出者。自古以来中国就是典型的官僚等级社会。迄今为止，权力大小、地位高低依然是社会差别的重要标志，权力资源的作用往往超过财产和收入而居于首要地位。因此，根据权力大小来划分阶层能够反映社会利益群体的重大差异和对立。当然，应用此种标准必须谨慎，应尽可能避免因为此种划分而导致社会集团间的对立情绪。

社会分层的标准还有很多，如按消费水平、社会资源（社会关系）占有情况以及从市场地位角度来设立社会分层标准，等等。

四、社会分层与社会不平等

（一）社会不平等及其实质

社会不平等是社会分化的必然结果，是社会分层的表现。社会学中所说的社会不平等，是指社会成员或群体所处的不同社会地位以及由此所产生的社会报酬等方面的差别。

研究者普遍认为，那种建立在出身等先赋地位上的地位获得或社会分层制度是不合理的，现代社会需要自致性的社会分层制度。要做到这一点，首先就要建立一种机会平等的制度。

社会分层中的不平等是一个本质性问题。从对社会分层的批判性观点看，不合理的、过分的不平等蕴涵着社会冲突。既然社会分层以不平等为基础，过分的不平等又会带来社会冲突，那么理想化的解释就是在社会分层中保持适度不平等。适度不平等是指社会认可的不平等，它是建立在机会均等基础之上的不平等，是一种相对不平等。

任何社会都有其社会分层结构，即不同社会阶层所形成的总体社会结构的类型。传统社会的社会分层结构是金字塔形的，它是由少数在财富、权力和声望上占垄断地位的上层阶级与大多数处于贫困、无权地位的下层阶级共同组成的社会。这种社会的维持通常是靠强力来实现的。尽管社会成员都希望进入上层社会，但由于规模庞大的上层阶级与小规模的下层阶级所组成的社会是不存在的，因此，一个合理的选择就是要在尽量缩小处于下层阶级群体规模的同时，努力扩大处于中层和上层阶级的群体的规模。

发达国家的社会分层特征是形成了一个庞大的中产阶级，相比之下，极富有群体和极贫穷群体的规模则相对较小，也就是说，发达国家的社会分层结构是一个以中产阶级为主体的社会分层结构。在这种社会分层结构中，阶层之间在经济、权力方面的差距相对较小，内在冲突也较小，社会结构处于相对稳定状态。因此，借鉴发达国家经验，发展中国家减小社会不平等的方法，一是建立机会均等的机制；二是建立平衡过分不平等的制约和补偿机制；三是尽量缩小下层阶级群体的规模，同时扩大中层和上层阶级群体的规模，从而形成一个庞大的中产阶级。

（二）社会分层与社会不平等理论

1. 社会功能论

社会功能论的代表人物有金斯利·戴维斯和威尔伯特·莫尔等人。他们认为，社会是一个系统，为了社会正常运行，一定程度的社会不公平是必要的，分层在维持社会方面具有某种有益的功能。他们认为，社会地位和角色的重要性是不同的，有的工作对社会影响比较大，有的则比较小。如医生、律师、科学家、工程师，如果这些工作被一些能力不足者占据，那么对社会将是一种灾难。根据他们对社会的影响力，如果要使他们为从事这些具有重要性的工作做出必要牺牲，就必须向他们提供更多的实质性的刺激，如财富、权力和声望等，以保证他们为社会发展做出贡献。由此就必然会带来社会分层，然而，这种分层对社会来讲却是必要的和有益的。

2. 冲突论

冲突论者不赞成社会功能论者的观点，认为社会不平等并不是社会成员共同的价值取向或共同的社会需要，他们从各自不同的角度解释社会不平等现象，阐述社会利益的对立。冲突论认为，资源稀缺性才是社会不平等的最深刻根源。马克思认为，经济关系的不平等是一切社会不平等的根源。经济关系不平等使生产资料占有者有了剥削不占有生产资料者的可能，从而导致社会分化和阶级对立。而米尔斯强调，在经济、政治、军事领域一些精英分子占据重要的社会地位，拥有比一般社会成员更多的权利，他们根据彼此间的共同利益结成同盟，共同操纵国家机器，占有稀缺资源。达伦多夫则把社会分层视作权力不平等的结果，并根据社会成员享有权力状况把他们划分为有权者和无权者，认为他们之间围绕权力斗争是持久的，并由此导致了阶级对立和冲突。

3. 社会进化论

格尔哈特·伦斯基将功能主义和冲突论的观点综合起来解释社会不平等产生的根源。他认为，应以大历史的眼光来看待社会分层问题，因为分层的特点是随时间而变化的。他指出，在小型的前现代社会里，物品和服务主要是根据需要分配给其成员的，权力与社会报酬几乎没有关系；而到了近现代社会，权力在分层体系中的作用越来越重要，在争夺资源的过程中，拥有权力的人更具有竞争力，从而造成资源分配的不平等。

第三节　社会流动

既然社会成员在财富、权力和声望方面有高低之分，而且处于高位者更有可能实现自己的愿望，那么，追求较多的财富、较高的权力和声望，也就必然成了社会成员普遍的价值取向，"人往高处走"正是社会成员所普遍接受的价值观念。"社会流动"即是人们实现个人愿望的途径。

一、社会流动及其类型

（一）什么是社会流动

社会流动（social mobility）是指人们在社会关系空间中从一个地位向另一个地位的移动。在现实的社会生活中人们会看到，原来处于下层的一些个人和群体现在变得比别人更富了，而原来权力很大的一些职业群体现在则深感大权旁落，习惯了受人遵从和尊重的长者们突然发现年轻人不再那么听话了。这些现象都说明，在任何一个不平等的社会的分层格局中，社会成员之间和各群体之间的地位都不会一成不变。相反，随着社会、经济、科技文化等方面的变化，人们的社会地位也会发生不断的变化。社会学家将这些变化称为"社会流动"。社会流动更加关注的是人们在获取财富、权力和声望等资源方面的变化，由于这种变化，社会流动的主体增加或减少了获得他所期望的资源的机会。

社会流动不同于物理空间上的移动，而是人们具有社会意义的、地位上的变化。社会流动可能是地理空间上的移动，也可能是非地理空间的，比如，在计划经济时期农村青年农民被招工进城成为工人，从农村到城市是地理上的流动，从农民到工人出现了地位上的变化。但是，许多人在地理空间中的移动并不属于社会流动。判断某种变动是否属于社会流动，关键是看当事人在社会结构中获取或占有他所期望的资源的机会是否发生了变化。

在人类社会发展的历史过程中，社会流动呈现出不断扩大的趋势。在中世纪、封建社会及以前的时代，个人的社会地位是由先赋因素决定的。生在哪个阶级、阶层，一辈子就是哪个阶级、阶层的成员，一般不会变易。阶级、阶层之间等级森严，界限十分清楚，几乎不可逾越，社会流动几乎等于无，所以称为封闭型社会。随着生产力的发展，近代社会化大生产的出现，生产形式和产业结构经常发生变化，新的产业部门不断涌现，而有些产业部门则被淘汰。在这种情况下，只有实现劳动力和人才的流动，才能满足社会化大生产的要求。科技的进步，社会化大生产的不断拓展，产业结构不断向更高层次演变，客观上创造了新的社会岗位，同时也创造了社会流动的需要，只有通过社会流动，新的社会岗位才会有人去充实，才能实现劳动力和人才的合理配置。社会流动越畅通，社会流动率越高，就越能调动社会各个阶层尤其是中低层社会成员的积极性，使他们充满希望，通过后致性规则亦即通过个人后天的努力奋斗，实现上升流动到更高层次社会地位的愿望。这种流动，将在客观上推动社会化生产的发展，形成经济结构变动与社会结构变动相互促进的良性循环。

（二）社会流动的类型

按照不同标准，社会流动可划分为不同类型。

1. 以流动的方向作为标准，社会流动可划分为垂直流动和水平流动

所谓垂直流动，也称纵向流动，是指人们在同一社会分层结构中的不同社会阶层之间地位的转化。垂直流动还可进一步分为向上流动和向下流动。向上流动是从较低社会阶层进入较高社会阶层；向下流动则指由较高社会阶层跌至较低社会阶层。垂直流动说明了人们在获取资源的机会方面的变化情况。垂直流动无论对个人还是对社会都极为重要。如果一个时期内向上流动的频率超过向下流动，说明社会在进步；反之，说明社会在倒退。每个人都希望向上流动而不希望向下流动。但每个社会向上流动的机会分布是不均匀的，只有那些具备一定条件的人才有可能上升，这个条件就是知识、才能和机会。对社会来说，关键是要有各种合理的流动渠道，要有一套选优的标准和实施办法。这些渠道、标准和办法是在社会流动的实践中形成的，是一种社会选择而不是决策人的主观设计。

水平流动，也称横向流动，是指人们在同一社会阶层内部社会地位的变化。这种变动对当事人获取或占有经济资源、权力和声望的机会没有影响或没有明显影响。如一名干部在本单位相同职务间的调动，求职者按照自己的需要换工作等。水平流动可以使自然资源、物质财富和人才资源得到合理的分配和使用，影响着人口的地区分布和同一产业的内部结构。它带来人员的交往，有利于各地区和群体之间的文化交流，能打破地区和人群的封闭状态，有利于社会的发展。

2. 按照流动的参照基点，社会流动可以划分为代际流动和一生流动

代际流动是指子代相对于父辈而言社会地位的变动。也就是说，当子代的职业、他们在社会分层结构中的地位与父辈相比发生了变化时，就发生了代际流动。社会学尤其重视代际流动的调查研究，因为代际流动更能反映社会变迁的方向，改变着社会乃至家庭的职业结构。在封闭的传统社会里，一个人一出生就注定要在他父辈所属的阶级和阶层里终其一生，子继父业，代际流动很少。在开放的现代社会，每个阶级和阶层的大门都是敞开的，代际流动是必然的。但代际之间向上流动的机会，并非对所有的人都一律平等，它受到许多个人条件和环境因素的影响。

一生流动则指一个人一生中地位的升降变化。社会学对此种流动的研究，主要关注人的一生，在哪个年龄阶段，哪种职业地位发生流动的次数最多，他们向哪个方向流动等，如士兵经过努力当上了军官，一个干部因渎职被降为一般职员。在现代工业社会，尤其是在城市，这种流动也是一种普遍的现象。

3. 按照流动的主体特征划分，社会流动则可分为群体流动和个人流动

群体流动是一种较大规模的社会流动，是由于自然环境和社会环境的突变，或由于某项社会发明与创造而引起的相当多的人的流动，包括有组织的、无组织的、向上的和向下的流动。群体流动会在短期内影响社会结构和人口分布的变化。群体流动的关注重点是流动规模可能对社会结构产生的影响。如城市化过程中，大批农民进入城市成为城市居民，当前我国的农民进城务工、经商等都是群体流动。尽管这种流动会对当事人的生活机遇产生某种影响，但群体流动所关注的是它对社会结构的影响。

个人流动，又称自由流动，是指由个人原因造成的地位、职业的变化或地区的移动。它反映了一个人在社会阶层结构中地位的变化，不会对社会结构和人口的分布产生重大的影响。

个体流动和群体流动在有些场合下不易划分。例如，移民，有的是个体流动，有的是群体流动。个体流动是随时随地经常发生的，群体性流动只有在自然环境或社会发生剧变时才会发生。个体流动无一定的方向，不能从个别自由流动中发现社会变迁的性质和趋势；群体性流动是有方向的，从每一次群体流动中都可发现社会变迁的性质和方向。

二、社会流动的模式

社会流动总是按照一定的模式进行。概括地讲，社会流动的常见模式主要有开放式流动、封闭式流动和混合式流动。

1. 开放式流动

开放式流动是指社会成员在各阶层、职业间的流动不受制度性限制的流动模式。开放式流动是现代社会最基本的社会流动模式。在现代社会中，社会成员享有公民权，他们可以根据自己的能力去从事合法的职业活动，而不受人为的、排斥性的制度限制。所有的职业、职位对全体社会成员都是开放的。

2. 封闭式流动

封闭式流动是指社会成员只能在一定范围内流动的社会流动模式。封闭式流动模式普遍存在于传统社会中，由于社会资源的短缺，统治者和上层社会为了维护自己的利益而设置种种制度，把人们的职业流动，特别是底层全体的职业流动限制在一定范围之内，只允许他们在一定范围内流动。这种流动模式常常把社会成员分为几大类别，在类别之间建立壁垒，限制了社会成员能力的最大限度发挥，从而也积累了社会矛盾和冲突。甘地时代以前的印度即是一个较封闭社会的例子。在那个时代，种姓制度的规定通过法律得以强化。不过，即使在这样的社会中，也允许一定的社会流动。人们有时可以与较高种姓的人通婚，或者通过获得较高种姓成员的庇护而获得教育和较好的工作。这样，当事者个人或者至少是他们的孩子，以后就能够进入更高一级的种姓。有时整个群体都在流动，这样的话，整个社会的等级体系就改变了。

3. 混合式流动

混合式流动是在一个社会中既有开放式流动，又有封闭式流动的状况。这种模式下，社会成员可以在一定范围内，甚至是在一些社会阶层之间进行流动，但是他们不能进入另一个封闭的领域。例如，在中国封建社会，平民可以通过仕途或军功而为将相，但是他们一般不能封王。在由平民到将相的职位范围内是开放的，但社会的最高层对平民来说是封闭的，除非他们造反而自立为王。

三、影响人们获得社会地位的条件

在现代社会中，职业地位的作用越来越重要，因为它直接影响着人们的经济收入、权力和声望，因此成为个人社会地位的综合性象征。影响人们获得职业地位的条件有个人条件和社会条件。

1. 个人条件

个人条件包括先赋条件和自致条件。先赋条件指个人生而具有的或自然得到的属性。如家庭出身、亲属关系、性别、民族、年龄、容貌等。以先赋条件为职业录用标准的社会往往会形成封闭的社会分层体系，人们生而被束缚于某一阶层，只能子承父业。自致条件是指个人因自己的行为或自身的努力而获得的一些属性。如技术、文化程度、个人成就等。以自致条件为职业录用标准的社会所形成的是开放的社会分层体系，这种体系有利于社会成员的职业流动，造就了一个奋发向上、积极进取的生动局面。开放社会的特点是依赖自致性身份地位的程度大大超过封闭社会，而封闭社会更依赖于先赋性身份地位。多数研究均表明，像美国这样的工业化、技术先进的发达国家的社会一般较为开放；相反，以农业为基础的前工业化社会一般相对封闭。

2. 社会条件

社会条件主要包括制度条件和文化条件，即就业制度和职业声望观。

就业制度规定了人们获取某种职业地位的可能性和范围。在中国，改革开放前所实行的基本上是一套城市分离、国家统一分配的就业制度，它极大地限制了人们的自主择业和自由流动。改革开放后，国家逐渐放开了对职业分配的控制，市场化极大地促进了个人在地域间、城乡间的流动，扩大了人们职业选择和自由流动的自主权，形成了一个积极流动、充满活力的社会局面。

职业声望观是社会成员对各种职业的综合性评价。职业声望观受职业功能、职业环境、职业待遇以及文化传统等多种因素影响。根据有关调查，目前中国职业声望最高的是科学家，其次是大学教授、工程师、物理学家、医生等。

四、中国的阶级阶层状况

（一）改革前中国社会分层结构及特点

改革开放以前，中国的社会分层结构是基于中央计划体制的高度集权的，行政权力控制着社会资源的再分配，制度性歧视，造成城乡严重分割，城市社会呈现显著的"单位"化特征。改革开放前的中国经济体制是社会主义计划经济。这种经济体制以全民所有制和集体所有制为基础，实行集权制或集中管理制，并由中央计划来调节和配置社会经济资源，社会成员的利益边界一般是通过行政性力量来规定的，他所拥有的使用资源获得收益的权利是按照等级及社会身份来划分的。一定的社会地位或身份决定了该社会成员能在多大的范围内支配资源。财产、收入的获得也是依据这种等级秩序而划分的。与之相对应，社会也存在着一定的利益分配结构和社会分层结构。

在计划经济体制下，以身份制为核心特征的社会分层体系，在城市主要分为干部与工人。干部级别的垂直分层是全社会分层的基础与主线，并由此派生出全社会的分层体系。我国单一的所有制经济划分，使得干部的工资收入分层及与之相配套的一系列福利、待遇制度成为社会财产、收入分层的本位体系。因此，干部在当时社会上的权力分层、声望分层、收入分层三者是高度一致的，干部成为极令人羡慕的阶层，"转干""提干"等名词也颇为流行。从工人阶层来看，工人阶层内部以所有制形式的不同划分为国有制和城镇集体所有制两大类。国有制工人是中国工人的主体力量，其比例占全国工人总数的75%左右，无论在政治上还是在经济上都是"老大哥"，收入一般比集体所有制工人高。

在高度集权的中央计划经济体制下，计划制定者和实施者居社会权力中心，按照工业化目标和政治意识形态目标，决定社会稀缺资源的分配并确定劳动力价格，他们构成了社会的核心阶层，即干部阶层。专业技术人员和知识分子构成了另一稳定的社会阶层。工人，特别是产业工人具有较高的政治地位，被宪法确定为领导阶级、国家和企业主人，并享有法定的社会福利，是当时社会的中坚阶层。农民处于社会分层体系的边缘地带。城乡分割的二元社会和经济体制，将他们排斥于中心社会之外，他们的流动被视为"盲目流动"。而工农业资源交换中形成的巨大"剪刀差"，则体现了城市对农村的"剥夺"。农民在各种资源（生存机会、社会声望、权力）分配上处于全面弱势地位。

中国改革开放前的社会分层表现出如下鲜明特点：

（1）中国改革前的社会分层结构属于政治性分层。社会成员获得社会地位的方式通常取决于政治性因素（政治出身、政治表现、政治面貌），与主流政治意识形态的距离决定了人们获得社会资源的机会和数量。这种分层中人们之间的差异主要表现为政治性差异。政治运动和政策目标的变化成为推动社会分层结构变动的主要动力。

（2）改革前的分层是一种权力化分层，在这种社会中，行政权力决定着可供支配的社会资源种类和数量。在"再分配"体制下，行政权力按照级别被层层赋予各个单位，每个社会成员所属的单位的级别大体上确定了其在社会分层体系中的位置，而与社会成员所在单位的性质、类别无太大关系。

（3）改革前的分层是一种身份制分层，它具有刚性地位分割的性质，其最大弊端是排斥公平竞争，束缚和压抑人的积极性。因为不同身份的人在分配社会资源和生活机会方面存在着明显差距，而且这种差距是难以跨越的。比如工人和农民，不仅仅体现了职业地位的不同，而且体现了基于户籍制度的身份地位的不同，并且这种身份是难以更改的。

（二）改革开放以来中国社会分层结构的变化

改革开放后，中国的社会经济体制已经并正在发生着巨大变化，这种变化对中国社会分层结构产生了重大影响，主要表现在：

（1）近几十年来随着经济和科技的发展，我国的劳动分工体系发生了巨大变化，推动着原有的职业结构不断改变。我国城乡制度的变革加速了社会成员在城乡间、区域间以及产业、行业和职业间的流动，并引发了劳动者经济地位、社会地位的变化。社会分工体系的变化，即劳动分工的细化和专业化使得不同行业和职业的重要程度出现差异；也使不同职业和行业的技术程度呈现差别。更为重要的是这两方面的因素又促使不同行业和职业的社会成员的经济收入和社会地位出现了高低之分。

（2）新兴职业对自获条件的要求，为社会成员的行业和职业流动提供了可能，教育、职业声望及收入间的联系日益密切。教育机会和资源在人口中的分配形式极大程度地决定了社会分层的基本特征。人们受教育水平及获得的教育地位（学历、文凭、技术证书等）直接影响着未来职业及其他社会经济地位。在现代工业社会中，教育普及程度提高，发展速度加快，一方面人们越来越多地享有接受教育的机会，从而促进人们向上流动，有利于社会平等；但另一方面教育也可能引发和强化社会地位的不平等，成为精英复制的重要场所。

（3）职业结构的变化，催生了一个日益庞大的中间阶层。中间阶层或称中产阶层通常具有三高特征："高学历、高收入、高消费"。中间阶层的扩大与发展是一个国家现代化程度的重要体现。在西方发达国家，已成为推动社会发展、引导社会消费、稳定社会形势、定型社会规范及主流社会价值的社会结构的主体力量。中国需要逐步培育并形成一个庞大的中产阶层，以规范、优化财富分配结构，推动社会稳定有序。庞大的中产阶层形成后，社会财富分配结构将变成中间大、两头小的"纺锤形"，或者叫"橄榄形"，这对增强政策的针对性和施政的代表性、减少社会矛盾冲突，具有积极作用。

（4）职业体系日趋开放，不断打破企业的用工限制，减少了对户籍、性别、年龄等限制，企业不断拥有用工的自主权力，个人也拥有自己的择业权力，社会自由流动空间日益扩大，从而能够依照经济发展的需要合理配置人力资源。

当前中国社会分层研究中的主要问题：一是社会精英构成问题；二是中间阶层走向问题；三是弱势群体问题；四是阶层范畴与阶级概念关系问题。对于这些问题的深入研究和较好把握，是促进中国社会分层结构良性化，逐渐缩小各阶层差别，推动社会良性运行和协调发展的方向性指南。

本 章 小 结

1. 社会分化具有功能专门化和地位多样化特征。社会分化包括水平分化和垂直分化两种类型。

2. 所谓阶级，就是这样一些集团，由于它们在一定的社会经济结构中所处的地位不同，其中一个集团能够占有另一个集团的劳动。马克思主义阶级理论的内容可以简单概括为五方面。

3. 随着科学技术发展及其在经济和社会生活中作用的提高，社会中开始出现了"新中间阶级"。作为"新中间阶级"的管理阶层，他们既不占有生产资料，也不从事体力劳动，所以按马克思的阶级划分标准，他们的阶级归属即成了问题。

4. 种姓制度与印度次大陆的文化以及印度教的轮回观念紧密相连，它是一些国家所采用的封闭型的社会分层制度。

5. 马克思对社会阶层的分析是从人类社会中的重大不平等关系，即剥削关系的角度来看待阶级问题的。

韦伯社会分层理论的核心是他所强调的划分基层结构的三维标准：财富——经济标准、声望——社会标准、权力——政治标准。

帕累托提出了精英理论，该理论有四个主要观点。

6. 社会分层的方法有主观法、声望法和客观法。社会分层标准有收入、职业、教育程度和权力等。

7. 社会不平等是社会分化的必然结果，是社会分层的表现。

8. 社会流动不同于物理空间上的移动，而是人们的具有社会意义的、地位上的变化。按照不同标准，社会流动可划分为不同类型。如果以流动的方向作为标准，社会流动可划分为垂直流动和水平流动；按照流动的参照基点，社会流动可以划分为代际流动和一生流动；按照流动的主体特征划分，社会流动则可分为群体流动和个体流动。

9. 社会流动模式主要有开放式流动、封闭式流动和混合式流动。影响人们获得社会地位的条件包括个人条件和社会条件。

10. 中国改革开放以前的社会分层结构基于中央计划体制的高度集权，行政权力控制着社会资源的再分配，制度性歧视造成城乡严重分割，城市社会呈现显著的"单位"化特征。

思　考　题

1. 马克思主义阶级理论中划分阶级的标准是什么？
2. 简述马克思主义阶级理论的基本内容。
3. 简述新马克思主义的阶级观。
4. 简要回答种姓制、身份制和等级制的特点。
5. 马克思和韦伯在阶级分析的着眼点上有何不同？

6. 简述韦伯"三位一体"的分层理论。

7. 帕累托精英理论的主要观点有哪些？

8. 社会分层方法有哪几类？常用的社会分层标准有哪些？

9. 简述功能论、冲突论有关社会分层与社会不平等问题的主要观点。

10. 社会流动包括哪几种类型？

11. 社会流动模式有哪几类？

12. 简述影响人们获得社会地位的条件。

13. 改革前，中国社会分层结构是怎样的？其特点是什么？

14. 改革开放及经济体制转轨对中国社会分层结构有何影响？中国当前社会分层结构研究的主要问题有哪些？

第八章　社区与社区管理

学习目标

　　1. 理解并掌握社区的概念、类型及其与社会的区别，了解社区的研究方法。

　　2. 掌握社区发展、社区建设、社区管理的概念及特征。了解影响社区发展的因素；中国社区建设的特征；社区管理在社会管理中应遵守的原则。

　　3. 了解农村社区产生的过程及农村社区的社会结构，掌握农村社区的概念与特征。

　　4. 掌握城市社区的概念及特征。以及虚拟社区的含义和特征，与实在社区的联系和区别。

关键名词

　　社区　传统社区　现代社区　农村社区　小城镇社区　城市社区　法定社区　专能社区　自然社区　精神社区划　社区发展　社区建设　社区管理　虚拟社区

　　人生活在一定的地域空间内，空间不仅是人们实际生活的载体，而且具有一定的社会意义。社区是现代社会地域空间的基本单元，是人们共同生活和交往的文化空间区域。从社区角度来研究人类活动是社会学的重要任务。本章介绍人类的生活空间——社区与社区管理。

第一节　社区概述

一、什么是社区

（一）社区的定义

"社区"是社会学的基本概念之一。它是由德国社会学家滕尼斯

（F. Tonnines，1855－1936）在 1887 年出版的《社区与社会》一书中最早提出来的，德文为"gemeinschaft"。在本书中，滕尼斯把人类社会的结合方式划分为富有情感色彩关系的和为达到某种目的而建立在交换关系之上的两类形式。滕尼斯将通过血缘、邻里和朋友等基于情感、恋念和内心倾向关系建立起来的人群结合体称为共同体。他认为，建立在富有人情味、有共同价值观、关系比较紧密基础上的人类生活共同体为"社区"，而为达到某种目的而建立在交换关系基础上的则为"社会"。滕尼斯提出"社区"这一概念的目的主要是阐释或说明工业化所引发的社会关系和社会结构的变迁问题。在滕尼斯看来，"社区"与"社会"具有一定的对立性，二者的区别主要体现在："社区"中的人们是相互熟悉、具有共同价值观和特定区域空间认同感的；而"社会"中的人往往是彼此生疏、缺乏亲密情感和对特定区域空间感，成员之间的关系是由分工和契约决定、建立在交换基础上的，是一种机械的聚合。滕尼斯对社区概念的界定和运用，对社会学的社区研究产生了重要影响。

随着 19 世纪末、20 世纪初美国城市化运动的兴起，人们对城市中通过相对密切的人际交往结合而成的生活共同体给予了越来越多关注，并引入"community"和"society"来阐释滕尼斯的"社区"与"社会"的不同。美国芝加哥学派的帕克（R. E. Park）通过对社区的研究指出：社区是由一群按地区结合起来的人群构成的，他们共同生活在一种相互依赖的关系中。帕克的界定使"社区"一词具有"地域社会"的含义。继帕克之后，人们对社区进行了更广泛研究，并对社区的含义及其特征、类型等做了更科学界定和区分。

中文的"社区"一词是 20 世纪 30 年代在美国社会学家帕克来华讲学时，由费孝通等国内学者翻译过来的，并一直沿用至今。

随着社会学的发展，社区这一概念的内涵和外延也在不断延伸。社区越来越被看作具有一定利益关系的社区，如公司、学校、同一民族、同一教派等，并由此衍生出超越地理区域的"精神社区"概念。

对于社区的定义，据国内学者统计，目前不少于 140 多种，在这些定义中，社区被界定为群体、过程、社会系统、地理区划、归属感和生活方式等，然而，分析这些定义可以发现，这些定义都涉及区域、共同体和社会互动等要素。因此，综合学者们对社区的认识和界定，这里将社区定义为：进行一定社会活动、具有某种互动关系和共同文化维系力的人类群体及其活动领域。在这里，社区主要包含四层含义：（1）社区占有一定的地域空间，如村落、集镇等；（2）社区中有一定数量和一定质量的人口；（3）社区中共同生活的人们有共同利益、面临共同问题，因此以共同的需要结合起来从事生产、生活及其他活动；（4）社区中的人们在各种社会活动中产生互动关系，并由此形成了不同形态的社区。

（二）社区与社会的区别

社区是相对于社会而提出的一个概念，因此两者间存在一定区别，同时也有一定联系。从社区与社会的联系看，社区是社会的组成单元，是社会的具体化，是一个特定的地域聚落。社区与社会的区别主要体现在如下几个方面：

（1）社会中的各种关系纷繁复杂，盘根错节，但它不强调"共同"性；相比之下，社区中的关系则具有较高同质性，比较强调共同的社区意识和共同的亚文化。

（2）社会不注重地域概念，没有明确的地域界限，一般意义上的社会空间指的是人们活动的内容范围以及活动于其中的社会组织；而社区则是社会空间与地理空间的结合，有着一定边界性，虽然有时社区的边界并不清晰，但它仍然是客观存在的。

（3）社区中的各种关系一般比社会中的各种关系密切得多，人们的交往频率也高得多。与社会相比，同一社区的人们有着比较密切的交往，而且，社区中个体与个体间的关系，如婚姻和亲属关系、朋友关系、邻里关系、分工关系等，是建立在"生活共同体"这一观念基础之上的，表现出一定的共生、共荣特征。

（4）社区的功能比社会更明确，也更专门化。如城市社区通常是一个社会经济、政治和文化的中心，工业社区则表现出显著的专门化特征，文化社区则依靠相同或相近的价值观来维系。

二、社区的类型

社区的类型多种多样，以不同标准、从不同视角分析，社区的类型不同。

从历史演化角度考察，社区可分为传统社区、发展中社区和现代社区或发达社区。

传统社区是社区发展的早期阶段，主要指人类社会发展史上曾出现过的社区的残余形态，例如，传统型的村落和乡镇。发展中社区则是由传统社区向现代社区过渡的一种社区形式，它既保留了传统社区的一些特点，同时又吸收了发达社区的许多内容。如中国目前的乡镇。现代社区则是一种生产方式和生活方式比较发达的社区，如发达国家的社区多属此类。

从空间上考察，社区又可划分为空间社区和非空间社区。

所谓空间社区，是指表现出一定的空间区域特征、具有共同区域认同感的社区。空间社区还可进一步划分为法定社区、自然社区和专能社区。其中，法定社区，亦即地方行政区，这种社区通常具有明确的地域标志，并以法律形式加以固定；自然社区，如村落、集镇和城市，这种社区通常是因人们聚居生活、因产生共同的意识及其对居住地的归属感和认同感而自然形成的；专能社区，如大学、军营、工厂等，这类社区通常是指人们因从事某些专门活动而形成的地域性聚集区。

所谓非空间社区，主要是指没有明确的空间范围、人员间的关系靠共同价值观和共同信仰等来维系的社区，如宗教社区、民族社区、职业社区等精神社区。这类社区通常是以共同的信念和共同的成员感、归属感为纽带的。

根据社区内成员的生产和生活方式以及社区的结构和功能特征等，社区又可分为农村社区、小城镇社区和城市社区。

农村社区是指居民以从事农业生产为主要谋生手段的区域社会。农村社区反映的是一种结构和功能形式，也是一种生产方式和生活方式的写照。

小城镇社区是一种比农村社区高一层次的社会实体存在，是以一批并不从事农业生产的人口为主体所组成的社区。

城市社区是指在特定区域内，由从事各种非农业劳动的密集人口所组成的社区。美国社会学家帕克认为，城市社区具有的特征主要有：（1）社区结构具有商业结构的性质。城市是市场发展和社会分工的产物，是在工业生产活动和商业活动集聚过程中形成和发展起来的，从而使城市社区结构打下了深刻的商业结构的烙印。（2）城市社区主要以正式组织为基础，众多的政治、经济、法律、宗教和福利慈善组织充斥于城市社区之中，并支配和组织着人们的日常生产和生活。由于正式组织均有一定的成文规范，因此，这些组织的日常工作通常是趋于形式化的，其成员的活动要受这些成文规范的约束。（3）社区内信息的传递主要依靠新闻媒介。农村社区中人们的交流一般通过面对面沟通和信息传递来实现，每个成员均是信息传播网络的一个节点；而在城市社区中，由于人们生活的圈域较大，直接进行面对面交流和沟通的成本较高，而且信息传递速度较慢，传播范围较小，因此，新闻媒介和通信设施在交流和沟通中显示出更大优势，并成为城市社区中人们之间相互交流的主要媒介，并在很大程度上影响和控制着人们的行为。（4）城市社区的感情色彩比较淡漠，人与人之间的关系主要是依靠利益关系和法律规范来维系，从而达到团结的目标。[①]关于农村社区和城市社区更具体的内容，我们将在第三节具体介绍。

三、社区研究的方法

社区研究也称社区分析，它是在一定时空坐标中描述该社区居民赖以生活

---

① ［美］帕克：《城市社会学》，华夏出版社1987年版。

的基础与社会结构，并发现其内在逻辑或规律的研究工作。社区研究的方法是一个多层次的方法论体系，包括社区研究方法论、社区研究实证方法和社区研究具体技巧等。社区研究方法论是贯穿于社区研究全过程的指导思想，具有普遍的指导意义。社区研究实证方法和具体技巧联系着理论与经验事实，主要是在经验层次上规定如何收集、整理和分析资料，并提供一套相应的研究程序等。

社区研究的常用方法通常有两类：一类是实地调查法；另一类是分析方法。实地调查法，也称田野研究法，是一种在自然情境下通过耳闻目睹来实地收集和研究有关价值、行为或社会过程的定性资料的方法。依研究者介入观察客体的程度不同，实地调查法又分为参与观察法和局外观察法两种。参与观察法是研究者加入被观察者组织或群体，成为被观察者组织或群体中活动的一个正规参与者，其双重身份一般不为其他参与者所知，从而来观察被观察者的行为表现等。局外观察法是研究者不参加被观察者的组织或群体，不以成员的身份出现，从而对被观察者进行分析研究。实地调查法通常适用于如下研究：（1）对感性事件及其内在意义所进行的描述性研究。比如，研究各种群体是如何形成和运转的，以及群体中成员是如何学会扮演角色的，等等。（2）用作个案研究。实地调查法是以其深入见长，却以其囿于个人感知、具有较大的时空局限见短，因此一般不宜用作推论性或大规模的社区研究，但可用作发现重要变项以及为形成假设提供有用范畴的探索性研究，也可用来印证或丰富、充实研究资料。（3）用于城市社区或农村社区的研究，在对那些文化较落后社区的研究中尤其有效。分析方法也可以说是一种分析理论，其中最常用的是文献分析方法。文献分析方法是通过收集并分析各种文献档案、统计资料，从中引证对研究对象的看法或找出其真相的一种研究方法。① 按照文献的性质，文献分析法又可分为非结构性的个案研究法和结构性的内容分析法两类。非结构性个案研究法主要用于分析个人文献。结构性内容分析法主要用于分析结构性较强的文献。

另外，也有的学者从社区研究的不同视角来讨论社区研究方法，认为从社区研究的不同角度看，社区研究方法主要有如下三类：

（1）人类生态学（人文区位学）方法。这种方法着眼于人类与环境关系的研究。20世纪70年代美国社会学家O.邓肯提出了"新生态学"，他认为应从人口、组织、环境和技术四个变量组成的生态复合体上加以研究。

（2）人类学方法。这种方法着重对文化和社会形态的考察，注重从文化

---

① 易益典：《社会学教程》（第2版），上海人民出版社2007年版，第219页。

比较角度来研究社区。

（3）社会系统方法。社会系统方法把社区看作一个互动的系统，而后从系统的结构和功能、系统的互动关系以及社会场域（空间，即社区互动的场所）三方面来进行研究。

第二节 社区发展与社区管理

一、社区发展

（一）什么是社区发展

社区发展这一概念最早是由美国社会学家 F. 法林顿在其著作《社区发展：将小城镇建设成更加适宜生活和经营的地方》中提出并使用的。另一位美国社会学家 J. 斯坦纳在他的著作《美国社区工作》中以专门章节讨论了社区发展问题。而对社区发展理论和方法做了比较详细概述和总结的则是美国社会学家桑德斯和波尔斯。按照联合国 1960 年的定义，社区发展是指社区成员与政府机关协同改善社区状况，并进一步推动国家发展的一种程序。在这里，社区发展包括两方面重要内容：一是社区成员自身主动参与改善自己生活水准的活动；二是为社区提供有效的技术和其他服务，鼓励社区成员自强、互助。

社区发展的概念和活动是第二次世界大战后由联合国提供推广的。联合国倡导的社区发展试图达到以下四个目标：（1）提供互助合作精神，鼓励社区居民自力更生地解决社区问题；（2）培养社区成员的民主意识，在社区发展中促进民众积极参加社区公共事务；（3）加强社区整合，通过社区发展加强社区内部组织与居民的互助合作，提高社区的整合程度，维护社会安定团结；（4）推动社会变迁有计划地进行，加速社会进步的进程。

根据社区发展这一概念产生的背景及其包含的内容，我们认为，社区发展是指社区及其全体成员依靠自身力量，协调社区各方面关系，充分利用社区资源，通过互助和自治方式，改善和提高社区生活质量，使社区走上更高发展阶段的过程。社区发展不同于社区变迁，社区发展是社区成员有目的、有计划的积极行动；而社区变迁则可能是由自然因素引发的，有时甚至会产生不良后果。

（二）影响社区发展的因素

影响社区发展的因素很多，概括地讲，主要包括地域环境、经济环境、文化和人的因素。

（1）地域环境。地域环境主要指地理条件和资源条件。地理条件通常包括地质、地貌、水文、气候、动植物和土壤等六项基本要素。资源条件则包括土地、水、矿产等资源，这些因素是影响社区发展的直接条件。

（2）经济环境。社区的经济环境主要由生产力发展水平、技术条件、经济体制等因素构成，它是直接影响社区形成和发展的各种经济条件的总称。

（3）文化环境。社区的文化环境主要包括社区的基本行为规范和行为准则。健康的文化环境能够促进社区成员的观念更新，从而有效地推动社区发展。

（4）人的因素。人的因素包括人口、社会群体和个人体系。人口对社区的影响主要体现在人口数量、质量、结构、人口密度和人口流迁等对社区发展的影响上。社区群体则是一种有组织的和制度化的人的构成，不同的构成关系形成不同的社区网，从而对社区发展产生不同影响。个人体系对社区的影响表现在人格、心理和态度取向等方面，一个合理的个人体系（意味着多种合适的角色）是有利于社区发展的；反之，容易满足、缺乏责任感、狭隘自私的人格特点和以此为基础的心态取向则是社区发展中的消极因素。

二、社区建设与社区管理

（一）社区建设

虽然社区建设的实践源远流长，但直到 20 世纪 90 年代初期，中国才有人明确提出"社区建设"的概念。

社区建设是对社区工作的总体概括，是指在政府主导下，依靠社区力量，利用社区资源，强化社区功能，解决社区问题，促进社区健康发展的过程。社区建设不同于社区服务。社区服务是指社区所开发的各种福利服务和便民服务等的合称，中国社区服务开展得较早，由于社区服务的大力开展，从而促进了社区建设的提出和普遍开展。从内容上讲，社区建设包括的范围比较广，它是整个社区的全方位建设，而社区服务只是社区建设的一部分。

中国的社区建设具有自身特色，它的特点主要体现在如下四个方面：

（1）综合性。社区建设是整个社区的全方位建设，无论从内容上还是从手段上讲，它都具有综合性特点。就内容而言，它包括社区的经济建设、政治建设、文化建设、卫生建设和环境建设等；从手段上看，它包括经济手段、行政手段和社会手段等。

（2）社会性。社区建设是各类社区主体、各种社区力量共同参与的过程，它包括起主导作用的社区党政组织、发挥骨干作用的居民委员会和街道办事处以及起支持作用的社区居民和辖区企事业单位。

（3）区域性。社区建设具有很强的区域性，它要根据社区的具体情况和成员要求开展活动，解决本社区问题，以提高社区居民的生活质量和生活水平，而且社区建设的参与者主要是本社区居民、群体和社会组织。

（4）计划性。社区建设是一种自觉地推动社区发展的活动，它需要一定的理论指导，同时需要制订详细的社区发展计划，协调社区各方面力量，以便有效地解决社区问题。

社区建设的基本内容包括社区服务、社区卫生、社区治安和社区文化。

社区服务（community service）是社区建设的"龙头"，是社区建设工作的重要内容。社区服务可以由社会服务机构来提供，也可由社区组织来直接提供，还可由政府和社会力量等为社区发展和增进社区福利来向社区提供。在通过社区服务来推动社区建设过程中，一要注重社区服务产业化工作；二要充分发挥社会保障和社会服务的功能；三要不断完善区、街道、居民委员会三级社区服务网站，提高社区服务的能力和水平。作为社区发展和社会服务体系中的重要组成部分，社区服务具有明显的福利性、服务性和平等共享性等特征。福利性是指社区服务一般不以营利为目的，服务或者是免费的，或者是低收费的，而且在社区服务设施建设和服务项目提供中以政府投资和社会资助为主要资金来源，国家在政策上给予了许多扶持和保护。服务性是指社区服务的开展是以满足社区成员的日常生活和生产需要为目标，便民利民，以社区成员为本是社区服务的根本宗旨。平等共享性是指社区服务的对象是全体社区成员，在享受服务方面，社区成员具有平等的权利，不因人而异，与此同时，平等共享性也要求社区成员积极参与到社区服务中来，互帮互助，真正体现"我为人人，人人为我"的社会公益精神。

在社区卫生工作中，一要不断完善社区医疗卫生网络，逐步建立起方便群体的社区医疗卫生网络；二要大力开发巡回医疗服务活动，为社区居民提供便利的医疗条件；三要宣传医疗卫生保健知识，开展疾病预防活动；四要不断深化社区康复工作，开办社区康复中心。

社区治安是社区居民生活和各项工作的安全保障，是社区健康发展的重要条件。社区治安包括治安保卫、民事调解、防火防盗和帮助失足人员，等等。

社区文化是社区建设的重要内容，也是社区精神文明建设的重要组成部分，兴建各种社区文化娱乐设施，开展多种形式的群众性文体活动，是丰富社区文化生活的必要手段。

除了以上这些工作之外，社区建设工作还包括经济建设、政治建设、环境建设和组织建设等内容，它是一项全方位的工作。

（二）社区管理

1. 社区管理及其特点

社区管理是保证社区良性运行和可持续发展的必要前提。所谓社区管理，是指社区管理者借助制度和规章来规范社区成员行为、管理社区内部日常事务的活动。社区管理通常具有如下几个特点：

（1）区域性。区域性是指社区管理有一定地域界限，不在预定区域内的人的行为和事务一般不属社区管理的范畴或范围。

（2）综合性。社区管理的综合性说明了社区管理工作涉及多方面、多层次关系和内容，也就是说，它不仅涉及社区成员日常生活方面的内容，而且涉及社区发展的内容，同时还涉及社区内部、外部各方面关系的协调和配合问题，具有内容广泛性、工作关系复杂性等特征。

（3）微观化与个案化。微观化要求社区管理必须做到细致、细微，坚持从每一件具体的事、每一个社区成员来开展工作；个案化则要求社区管理应具有针对性，社区管理应细化并落实到每一个具体的个体和群体，通过具体的个体和群体来发现社区管理的规律性，从而推动社区工作全面、深入、扎实开展。

（4）服务性。社区管理是为保障社区内个体和群体的正常生活及身心健康、安定服务的，社区管理活动不应也不能以命令和控制为手段，在工作中应避免"家长"作风和官僚习气，而应坚持以人为本、换位思考的工作方针，把便民为民、一切以社区成员利益为重落实到实际工作中。

2. 社区管理应遵循的基本原则

（1）系统性原则。系统性原则要求社区管理应在全面考虑社区内各组成要素的关系以及社区发展所面临的内、外部环境的情况下，在统筹各方面利益和关系的基础上，着眼于社区发展的可持续性，实施系统化管理。

（2）综合性原则。社区是一个复杂的系统，社区管理应综合考虑事关社区发展方方面面的关系和问题，统筹兼顾，进行科学决策和综合管理，避免管理中的顾此失彼。

（3）统一性原则。社区管理的统一性主要涉及两方面问题：一是社区行动目标的一致性，即社区管理活动应引导社区成员朝着有利于社区和谐发展的目标迈进；二是社区行动规范的同一性，缺乏同一性的行动规范是不可能保证社区发展目标顺利达成的，而且行动规范的同一性是社区管理公平、公正的体现，也是促进社区和谐发展的制度保证。

（4）实践性原则。社区管理是一种具有较强实践性的管理活动。在社区管理活动中，行动比设想更重要，这是社区管理工作的客观要求。

（5）民主集中制原则。在社区管理中，应充分发挥社区成员的作用，引导社区成员积极参与到社区决策和管理活动中来，为社区的发展建言献策；同时，在社区管理中还要坚持集中化原则，以避免决策中的低效率甚至无效率现象。

（6）自主性原则。社区管理是一种具有较强自主性的管理活动，它以社区的既定目标为行动指南，以社区成员共同认定的制度规范为行动准则，要求社区管理者与社区成员共同参与到社区管理中来，实行自主决策、互帮互助、自主管理。

（7）客观性原则。客观性原则要求，在社区管理中应以客观事实及解决现实中遇到的问题为基本立足点和出发点，也就是说，社区管理应本着客观、务实的态度来进行。

（8）具体性原则。社区管理的对象是具体的事务和实际中遇到的具体问题，这就要求应本着具体问题具体分析、具体解决的思路来开展管理工作。

（9）发展性原则。谋求社区又快又好的发展，既是社区管理的基本任务，也是社区管理中应始终坚持的原则。社区管理不是静止的，管理方式和方法也不是一成不变的，而应始终坚持动态化原则，以发展的眼光来开展社区管理工作。

（10）规划性原则。社区规划是实现社区目标的重要保证，同时也是社区管理的行动轨迹。常言道：凡事预则立，不预则废。因此，要确保社区目标的顺利实现，必须结合社区目标和社区实际进行科学有效的社区规划，为社区管理提供行动指南。

3. 通过社区管理来推动社区发展

社区管理是社区发展的必要条件，它通过几个方面来推动社区发展。首先，社区管理可促进社区组织系统与社区组织工作的发展，并通过社区组织改革与创新，实现社区发展。其次，社区管理可以通过解决社区冲突与社区矛盾，协调社区关系和社区利益集体间的关系从而推进社区发展。再次，通过人的需要，动机和激励因素，建立社区激励机制，发挥社区成员的潜能，积极投身于社区发展。另外，通过科学的决策过程、决策准则，实现发展，通过监督、控制，防止问题的出现，将不利因素减少或转化，从而创造有利于发展的环境与秩序，保证发展的持续性。最后，通过建立社区指标体系描述社区的生活条件、评价社区的生活条件，指导社区生活质量的提高和改善工作，引导社区发展。

小应用

美国人的理想社区

四亩见方的绿地，再配上草坪、梧桐树、橡树和桑树，这样的情景在高楼林立的城市已很少见。但是，有一百多年历史的美国南部的甘蓝镇，面对现代建筑的入侵，却实现了一个难以想象的梦想——建成了新的社区公园。拥有林荫小道、绿树、喷泉、长椅、小型运动场和象棋桌，这些都是长期居住在这里的人们所期待的。

1885 年，美国南部建成首家棉花加工厂，在那里做工的人在工厂附近建成了一座城镇，起名甘蓝镇。1997 年由于工厂倒闭，城市也逐渐衰落了。然而现在，随着大量游客被这个地区悠久历史所吸引，纷纷涌入城市观赏各种建筑，这种局面正发生着变化。

"越来越多的人对在城市社区建造休闲设施表现了很大兴趣"耶鲁大学城市规划和管理副教授说道。"大量建造社区公园的高峰在 20 世纪二三十年代，当时每座城市至少有一座标准社区公园"美国非营利性环保组织公共土地的绿色城市计划基金会主席皮特·哈尼克说，"后来，很多人喜欢在乡村生活，因此，从 40～90 年代，社区公园的数量一直在下降"。

纽约公共场所计划副主席凯茜认为，城市公园的兴起部分与人口有很大关系。"人们搬回城市后，发现社区公园破烂不堪，需要重新整修，于是他们就积极地参与这项工作了"，她说，"特别是多年生活在一个社区的居民更加热衷于此"。居住在旧金山俄山小区的克里斯蒂·库克蒙为维护他家附近的海伦·威勒斯公园，已经工作了 31 年。自 1961 年以来小区的公园就再也没修过。库克蒙带领一群人试图恢复它原有的生机。他们通过私人捐款筹集到了 9 万多美元，又从州政府和城市团体得到了 300 多万美元的资金。"这里的建筑就像一座碉堡"，33 岁的库克蒙说，"我们不会半途而废，如果你想参与，就应该像我一样。新公园独具特色，人行道将横跨于能够郊游的新运动场、绿树和俱乐部建筑之上"。

在他们看来，维护好社区公园不仅有利于促使周围居民散步和运动，同时也能提高房屋价格、增加税收，因为许多人都愿意花更多的钱购买靠近公园的房屋。而且许多演唱会以及节日的其他活动也常常会在社区公园举行。

第三节　农村社区与城市社区

一、农村社区

（一）农村社区的产生及其特征

1. 农村社区的产生

农村社区是人类社会中最早出现的社区形式，然而，农村社区并非从来就有，它是人类社会发展到一定阶段的产物。在农业和农村聚落出现之前，无农村社区可言。远古时期的人类是靠捕鱼、狩猎和采集野生食物而生的，逐水草而居，过游牧性生活，是早期人类的生活特征。农业的产生及农村聚落的出现是农村社区发展的起点。农村社区是随着农业的出现及以农业为基础的农村聚落的出现而产生的。农业生产的特征要求人们定居下来从事生产和管理，这种要求即促成了原始农村聚落的出现。早期的人类用土坯和芦柴搭建房屋，并把这些房屋连接起来，从而形成了小村落。村落的形成与人类所面对的生活条件和个体需求密切关联。首先，组成村落来群聚生活有利于抵御外来侵害，从而获得身体和精神上的安全感。对于以耕种为生的农民来说，土地、牲畜、农具是其安身立命的必要条件。为了保护这些财产，同时为了获得身体上和精神上的安全感，他们必须居住在一起，组成村落，以防御外来入侵者。其次，组成村落有利于家庭和家族关系的联结与稳定。传统社会中血缘关系是维系家庭和族类生存的重要基础，同时也是家教、家风和家规得以延续和发展的基本前提，而且，同一家庭和家族居住在一起更便于日常生活上的相互照应和扶持。最后，空间上的接近便于生活和生产上的互相帮助。传统社会中，一个家庭往往就是一个生产单位，也是一个消费单位，日常生活和生产中人们可以互借生产工具和生活用具，或者在人力上互相援助，有助于农村聚落中个体和家庭的共同发展。

2. 农村社区及其特征

农村社区，也称乡村社区，是指主要以农业活动为基础聚集起来的人们生活的共同体。农村社区既可以是一个小村落，也可以是由几个毗邻的村落组织的社会区域。

农村社区居民生存的基础是耕作土地，或以其他方式直接利用土地获取生活资料。传统农村社区基本上采取以村落为单位的家族聚居方式，即村落之间有明显的边界，居民在村内聚族而居。农村人的生活特征是与其占统治地位的生产方式相联系的。农村社区的特征主要体现在：

（1）居民生活的自给性强。传统农业生产以自给自足为特点，较少商品交换，自给自足也减少了农民对外部的依赖性，也带来了封闭性。

（2）居民生活简朴。由于土地产出率低，农民又被束缚在土地上，因此，农民量入为出，生活比较简朴。

（3）居民观念比较保守。受自然经济的影响，农村居民比较相信经验，特别是直接经验，他们对新鲜事物采取谨慎的接受态度。

（4）居民的同质性高。由于同村或相近地域内的农民从事大体相同的生产活动，长期居住在一起，因此，在生活方式上具有较高的同质性。

（5）生活节奏慢，倾向于自然化。农村居民的活动受自然因素影响较大，其生产活动和生活活动受自然气候影响较大，从而其活动表现出较强的时令性特征，且生活节奏缓慢。

（二）农村社区的社会结构

农村社区的社会结构主要包括社会关系结构、政治结构和职业结构等。

血缘关系是农村社区中占支配地位的社会关系，同祖同宗是这种血缘关系的基础。在传统农村社区中，血缘关系在社区经济、政治和社会生活中发挥着极其重要的作用，血缘关系的亲疏、远近对人们的经济活动和政治活动的取向具有显著影响。

中国传统的社会是一个农业社会，农村社区中的人们长期过着自给自足的小农经济生活。1949年以前中国农村的政治在很大程度上是与社区经济活动紧密联系在一起的。家庭是农村社区政治活动的基本单位，人们在政治活动中的地位与他们在经济活动和社会生活中的地位紧密联系在一起，那些在经济上占优势的人在政治活动中也占有较重要的地位，那些具有较高社会地位的人在社区政治活动中扮演着重要角色。1949年以后，中国农村社区实行的是人民公社、生产大队和生产队"三级所有，队为基础"的政社合一的政治体制，并在农村组建党、团和妇女组织，从而形成了不同于传统农村的政治结构。但由于村落是有着悠久传统的共同体，因此，村落政治在很大程度上仍然受社区生活的影响。

传统农村社区的职业分化程度很低，男耕女织式的自然分工是农村社区职业分化的主要形式。一个家庭在社区中的经济地位基本上是由该家庭占有的土地及其对土地的经营能力决定的。只是到了20世纪70年代，由于社队的出现，农村的职业结构才发生了变化。进入90年代后，农村社区的职业结构在向多元化、非农化方向发展。

（三）农村社区的变迁

农村社区的变迁是与科学技术进步以及农村社会生产力水平的提高密切关

联的。20世纪50～70年代，中国农村变迁主要受国家政治影响，80年代后则主要受经济因素影响。近三十年来，中国农村社区变迁主要表现在：农村产业结构、居民生产和生活方式等发生了重大变化，农村非农化、城镇化倾向明显；国家政治对农村社区生活的影响变小，城市文化和现代文明对农村年轻一代产生了巨大影响，并引发了农村社区原有价值体系的变化。

二、城市社区

（一）城市社区的内涵

城市是由"城"和"市"合成的。在古汉语中，"城"指帝王和一地之主所居住的地方，一般要用起防御作用的围墙围起来；而"市"则指进行商品交易的场所。在现代，"城市"一词的含义已经发生了一定程度的变化。

城市社区与城市是两个不同的概念。城市社区注重生活共同体的含义，是一个相对于农村社区的概念；而城市则泛指人们从事非农业活动的地域空间。城市社区是随着城市的发展而出现的。从城市产生的过程来看，城市的出现一是出于防御的需要；二是因优越的地理条件和地理位置而兴起；三是因经济交换的需要而产生。

城市社区通常是指两种情况：一种是规模不大的城镇；另一种是城市中的一定区域。

（二）城市社区的特征

（1）城市社区人口规模大、密度高。人口规模大、密度高是城市区别于农村的显著特征。一般来讲，城市是工商业等非农产业聚集的区域，较大的人口规模和较高的人口密度是市场形成和城市经济发展的必要条件，同时也是经济效益和社会效益得以提高的基本前提。

（2）城市居民异质性高。异质性是不同个体、群体在某些特征方面存在的差异性，人们在某方面的差异性越大，异质性就越高。城市居民的高异质性突出地表现在人口的文化素质、群体的职业结构、居民的价值观念和生活方式等多个方面。

（3）社区居民人际交往中的情感色彩薄弱。城市社区居民交往中情感色彩薄弱一方面与城市居民的较高异质性有关；另一方面则与城市人较高的生活节奏和较宽广的交往范围有关。

（4）城市居民生活的公共空间和私人空间有较明显区分。一般来讲，城市居民生活的公共空间与私人空间是严格区分开来的。就城市社区中的居民而言，家庭住宅具有较高的私密性和安全性，而公共空间则是展现才能、愉悦身心的场所，二者有着明显的界限划分和截然不同的功用。

第四节 虚拟社区

一、什么是虚拟社区

对于虚拟社区，目前还没有一个被人们一致认可的概念。"虚拟社区"译自英文"virtual community"。从字面上来看，"虚拟社区"是"虚拟"和"社区"的组合。通常，虚拟是指非面对面的通讯，主要指借助计算机网络而进行的通讯；而社区则指生活在共同空间内的一定数量的人群，借助特定的设施，通过互动交流而形成的具有相对独立的文化形式和一定稳定结构的人类组织。但当将"虚拟"和"社区"结合在一起时，"虚拟社区"的词义已不再是简单的加和。因为在虚拟社区中，人和人的关系是实实在在的，但人们的交往却已经摆脱了地域限制。然而，虚拟社区又会由于虚拟环境的局限性，受到方方面面的制约。虚拟社区与传统社区间存在着千丝万缕的联系，但是却处处泾渭分明。研究虚拟社区，不是在玩弄虚无，而是在研究人类的未来——一个正在发生、发展中的历史。

瑞格尔德（Rheingole）是最早对虚拟社区进行定义的学者。他认为，虚拟社区是指"一群主要由计算机网络彼此沟通的人们，他们彼此有某种程度的认识、分享某种程度的知识和信息、在很大程度上如同对待朋友般彼此关怀，从而所形成的团体。"结合学者们对虚拟社区的认识以及虚拟社区的现实表现形式，这里将虚拟社区定义为：由网络衍生出来的、因众多网民在电子网络空间上进行频繁的社会互动所形成的、具有文化认同感的共同体及其活动场所。

虚拟社区是一个与传统实在社区相对应的概念，它具有实在社区的一些要素，如有一定的活动区域（如聊天室、网上沙龙等）、一定数量的固定人群（如网民）以及人与人之间频繁的互动关系（如聊天、咨询或求助、发表言论等）。

二、虚拟社区的特征

虚拟社区是计算机网络技术为人类提供的一个崭新的数字化空间与符号化交往环境，虚拟空间里的虚拟社区的发展过程也就是对传统日常的生存方式和生活观念进行消解与重构的过程。虚拟社区是真实可感的。与实在社区相比，虚拟社区具有以下主要特征：

（1）交往具有超时空性。在虚拟社区中，人们可以借助计算机网络技术，在瞬间实现跨国界、跨地区的互动，它改变了传统的传播和沟通方式，为人类提供了革命性的新形式。

（2）人际互动具有匿名性和彻底的符号性。在虚拟社区中，交往成员的身份是匿名的，交往以符号作为中介，同时还有"身体缺场"的特点。例如"硬盘"，一看就是计算机硬件爱好者；"红叶飘飘"，估计是一个有品位的人；"潜水艇"，估计是个军事爱好者……同时，由于互相不能看到对方的"庐山真面目"，因此传统的性别、年龄和相貌等在虚拟社区里可以随意更改。

（3）人际关系较为松散，社区群体的流动较为频繁。社区的活力主要靠"人气"和点击率，吸引这些的主要是看社区的主题是否适合大众口味。

（4）自由、平等、民主、自治和共享的交往准则。虚拟社区中成员身份的获得不受地域、年龄、性别和职业等的限制，世界各地的人都能成为同一社区的成员，进行自由、平等的交往。

三、虚拟社区与实在社区的关系

（一）虚拟社区与实在社区的区别

虚拟社区与实在社区最大的差别表现在地域空间的界定上。实在社区强调地域环境的影响，社区形态存在于一定的地理空间中。虚拟社区则没有物理意义上的地域分界，其成员可能散布于世界各地，虚拟社区比实体社区更强调"共同体"功能或精神方面的因素。虚拟社区的超时空性、身体缺场、话语权力平等和身份自由选择等，在现实生活里是无法兑现的。

（二）虚拟社区与实在社区的联系

虚拟社区与现实社区一样，也包含了一定的场所、一定的人群、相应的组织、社区成员参与和一些相同的兴趣、文化等特质。最重要的一点是，虚拟社区与现实社区一样，提供各种交流信息的手段，如讨论、通信、聊天等，使社区居民得以互动。但同时，它具有自己独特的属性。具体地讲：（1）虚拟社区是对实在社区的反映和重构，实在社区中的生活方式和观念、规范会影响到虚拟社区的建构；（2）虚拟社区会反作用于实在社区，为实在社区的重组和再造增加新的元素；（3）虚拟社区和实在社区在功能上具有互补性。

本 章 小 结

1. "社区"是社会学的基本概念之一。一般来讲，社区由一定地域空间、一定数量和一定质量的人口、共同的利益和目标以及互动关系等基本要件构成。

社区的研究方法包括社区研究方法论、社区研究实证方法和社区研究具体技巧等。也有的学者认为从社区研究的不同角度，社区研究方法主要包括人类生态学（人文区位学）方法、人类学方法和社会系统方法三类。

2. 社区与社会的区别主要表现在：（1）社区中的关系则具有较高同质性，比较强调共同的社区意识和共同的亚文化；（2）社区则是社会空间与地理空间的结合，具有一定边界；（3）社区中的各种关系一般比社会中的各种关系密切得多，人们的交往频率也高得多；（4）社区的功能比社会更明确，也更专门化。

3. 社区发展这一概念最早是由美国社会学家 F. 法林顿提出并使用。社区发展不同于社区变迁。影响社区发展的因素主要包括地域环境、经济环境、文化和人的因素。

4. 社区管理具有区域性、综合性、微观化与个案化特点及服务性等特征。社区管理应遵循的原则有系统性、综合性、统一性、实践性、民主集中制、自主性、客观性、具体性、发展性和规划性等原则。

5. 农村社区具有生活的自给性强、生活俭朴、观念比较保守、居民同质性高及生活节奏慢、倾向于自然化等特征。农村社区的社会结构主要包括社会关系结构、政治结构和职业结构等。社会关系结构主要表现为血缘关系。

6. 城市社区具有人口规模大和密度高、城市居民异质性高、社区居民人际交往中的情感色彩薄弱以及城市居民生活的公共空间和私人空间有较明显区分等特征。

7. 虚拟社区是一个与传统实在社区相对应的概念，它具有实在社区的一些要素，一定数量的固定人群，以及人与人之间频繁的互动关系。虚拟社区的特征包括：（1）成员间的交往具有超时空性；（2）人际互动具有匿名性和彻底的符号性；（3）人际关系较为松散且社区群体的流动较为频繁；（4）成员间交往遵循自由、平等、民主、自治和共享的原则。

思 考 题

1. 社区与社会有何不同？
2. 社区可以分为哪几种类型？
3. 常见的社区研究方法主要有哪几类？
4. 简要回答影响社区发展的因素。
5. 中国的社区建设有何特点？
6. 社区管理的特点有哪些？社区管理应遵循哪些基本原则？
7. 如何通过社区管理来推动社区发展？

8. 农村社区的特征是什么？

9. 城市社区的特征是什么？

10. 虚拟社区的特征有哪些？

11. 虚拟社区与实体社区有何区别和联系？

第九章　社会变迁与社会现代化

学习目标

　　1. 理解并准确把握社会变迁的含义，了解社会变迁的类型及影响社会变迁的因素。

　　2. 了解马克思的社会变迁理论、历史循环论、社会进化论、功能主义的社会变迁理论、冲突论的社会变迁观及吉登斯社会变迁理论的主要观点。

　　3. 理解并掌握社会现代化的含义、内容及其基本特征。

　　4. 理解并掌握"迟发展效应""二元"社会结构等概念，了解"迟发展效应"的实际表现。了解中国现代化的进程及各阶段遇到的一些基本问题。

关键名词

　　社会变迁　整体变迁　局部变迁　渐进的社会变迁　激进的社会变迁　自发的社会变迁　有计划的社会变迁　社会现代化　发展中国家　迟发展效应　"二元"社会结构

　　社会总是处于动态变化中，这既表现为社会各领域的变化，也表现为社会整体的变迁。18 世纪发生在西方社会的产业革命和政治思想大革命，在推动人类社会发生巨大变革的同时，也使人类社会由"传统社会"迈向了"现代社会"，由此，社会"现代化"的步伐也一步步来到了人们身边。

第一节　社会变迁及其类型

一、什么是社会变迁

　　社会变迁（social change）是一个被人们广泛使用的概念。自社会学产生以来，人们就对这一问题进行了持续探讨，然而，"社会变迁"这一概念作为社会学的专业术语确定下来，一般认为应始于美国社会学家 W. 奥格本（W. Ogbum）的著作《社会变迁》。

目前社会学界对社会变迁这一概念还没有一个统一界定，学者们往往从自己的认识角度来定义社会变迁。如美国社会学家罗伯逊将社会变迁定义为文化、社会结构和社会行为模式中无时无刻不在发生的变化。日本社会学家富永健一等人则将社会变迁看成是社会结构的变动。中国社会学者的界定更是多种多样。这里采用郑杭生等人对社会变迁的定义，将社会变迁定义为：社会的一切变化，特别是社会结构、社会制度等发生的动态变化。

社会变迁是一个内容十分广泛的概念，它既包括人类社会宏观的变化，如人类社会形态的变化、国家的兴衰，也包括中观的变化，如社会结构的调整、社会制度的变革，同时还包括微观的变化，如人们行为方式和行为规范的变化等。

二、社会变迁的类型

社会变迁的类型多样，从不同的角度、以不同的标准考察，社会变迁可划分为不同类型。

从社会变迁规模角度考察，社会变迁可以分为整体变迁与局部变迁。整体变迁是指整个社会结构体系的变化，是各个社会要素变化合力的结果。如一个新的社会经济制度对旧的社会经济制度的替代，即属整体变迁。局部变迁是指社会各个构成要素自身以及它们间部分关系的变化。如中国经济体制改革初期，从农村开始的家庭联产承包责任制，即是一种局部变迁。局部变迁具有一定的特殊性，它既可能与社会整体变迁的方向和速度一致，也可能与社会整体变迁的方向和速度不一致。一般来讲，物质层面的变迁要快于制度和观念层面的变迁。

从社会变迁方向考察，社会变迁可分为进步的社会变迁和倒退的社会变迁。进步的社会变迁是指促进社会良性运行和协调发展的社会变迁。如互联网技术所带来的人类生产方式、生活方式和交往方式的重大变化。进步的社会变迁符合人类社会发展的客观规律，所倡导的是包括精神生活在内的人类生活的普遍提高，以及社会的公平与正义。倒退的社会变迁则指阻碍甚至与促进人类福利、平等和发展呈相反方向的变迁。如希特勒上台后实行的一系列纳粹主义措施，所代表的即是倒退的社会变迁。在社会变迁的实际过程中，进步的社会变迁和倒退的社会变迁往往是同时发生的。尽管人们对"进步"有着种种不同的理解和评判标准，但促进社会进步一直是人们研究社会变迁的主要目的。

从社会变迁方式考察，社会变迁可分为渐进的社会变迁和激进的社会变迁。渐进的社会变迁是指社会结构内部关系以及与外界环境的关系相对均衡的变迁。渐进的社会变迁是一种缓慢的、有秩序的变化形式，它一般表现为某一社会对于外部环境压力、内部不协调所做的有序调整。如中国目前正进行的经济体制改革即是一种渐进式的社会变迁。激进的社会变迁是指迅速飞跃式的社会变迁，它常常表现为社会革命，是社会结构的相对均衡被彻底破坏、社会系统和社会结构需要重组时所发生的改造社会的重大社会变迁。

从人对社会变迁的参与和控制角度考察，社会变迁可分为自发的社会变迁和有计划的社会变迁。自发的社会变迁是由自然力作用而发生的变迁。如在原始社会发展过程中，一些氏族部落的自然衰亡过程。有计划的社会变迁则指人类有意识、有目的地参与社会变迁和控制社会变迁的结果。如20世纪70年代末期以来中国实行的改革开放政策及由此导致的社会经济体制变革，即是一种有计划的社会变迁。

三、影响社会变迁的因素

任何特定的社会体系一经确立，就会形成比较稳定的结构关系。但是，社会体系是一个开放的系统，它的存在和发展有赖于和外界不断进行的物质、能量和信息的交换，需要不断吸收新的因素。社会体系是一个复杂的系统，各个组成要素都具有自我组织和不断完善的特性，有可能出现各要素发展的不平衡。社会体系为了适应新的需要和不平衡的出现，就要不断调整原有的结构关系。这种适应和调整先是局部的、缓慢的，积累到一定程度就有可能导致原有体系结构的整体改组，直至采取社会革命的形式。在影响社会变迁的诸原因中，社会的物质需要和经济的发展变化是最根本的原因。社会的物质生产力是生产方式内部最活跃、最革命的因素。物质生产力的变化造成生产方式的不断更新，社会生活、政治生活和精神生活也随之发生变化，从而整个社会结构体系也发生变化。社会变迁除了最终取决于社会生产力的发展之外，还取决于环境变化、人口变动、科技进步、社会制度、社会价值观和生活方式变化等多方面因素的影响，是多种因素相互作用的结果。

1. 社会生产力变革

社会生产力是指人类所拥有的解决其与自然界矛盾的能力。社会生产力变革是社会变迁的内在动力，它所带来的往往是社会财富的巨大增长，通过改变人们的生产方式极大地满足人们的生活需求，进而促进社会的进步与发展。社会生产力变革是社会变迁的决定性因素。

2. 环境因素

这里所说的环境不是指一般的社会环境，而是指对人类社会发展起基础性作用的自然环境。环境因素是社会变迁的基本条件。在人类社会发展初期，人类对自然环境是完全的直接依赖关系，人类直接从自然界中获取食物，人类的生存与发展在很大程度上受环境变化的影响。进入传统农业社会后，人类对环境的依赖程度相对缩小，由完全的直接依赖变成了顺从关系，表现为靠天吃饭，自然条件的好坏仍在很大程度上影响着人类的生活和生产。到了工业社会，人类开始了对自然界的掠夺式开发，人类与自然环境转变为对立关系。第二次世界大战以后，随着人类对自身行为的反省及人与自然关系认识的加深，人类开始寻求与自然环境建立和谐关系，目前这一努力刚刚起步。

3. 人口因素

人口是社会变迁的必要前提。人口对社会变迁的影响是多方位、多角度的。人口数量、人口质量、人口结构乃至人口分布都会对社会变迁形成影响。如长期的高人口增长率，不仅延缓了经济和社会的发展进程，而且也从较大程度上影响了人与自然、人与社会生产力进步的关系。

4. 科技进步因素

科学技术是社会变迁的直接动力。科学技术是人类在认识自然、改造自然和适应自然过程中获得的真理性认知和利用自然资源为自己谋福利的手段。在人类社会发展过程中，每一次重大科技革命，都极大地影响了人类社会的变迁速度和质量，导致了人类生产和生活的重大变革。例如，互联网技术和现代交通工具的发展，为人们建立过去不可能的互动关系及增加互动频率提供了基础条件，进而引发了人类社会从生产领域到生活领域、从物质领域到精神领域的巨大变化。

5. 社会制度因素

社会制度决定着社会变迁的方向。社会制度作为社会行为规范体系，既是社会变迁的结果，同时又对社会变迁带来了直接的影响。一般来说，一个社会中制度结构的性质及其稳定情况，在很大程度上决定着社会变迁的方向和过程。如新中国成立之初，社会主义政治制度的建立，对当代中国社会的性质产生了重大影响，而原有的计划经济体制和社会调控手段，则对中国社会经济发展发挥了至关重要的作用。

6. 社会价值观和生活方式变化

文化和社会价值观变化是社会变迁的先导，而社会生活方式变化则是社会变迁的具体体现。社会价值观是人们对事物进行优劣、合理性评价的思想体系，它在社会实践中产生，同时又对人们的行为具有指导作用。一般来说，先进文化对落后文化的替代和同化，其核心主要是价值观念的变化。社会价值观经常是整个社会变迁的基本方面，是整个社会变迁的先声。生活方式是指人们在一定价值观念的支配下，为满足需要而在各种生活领域进行活动的行为习惯，它既是社会变迁的结果，也是社会变迁的动力。如中国部分农村地区在由传统社会向现代社会变化过程中，人们生活方式的变化在其中就起了至关重要的作用。

第二节　社会变迁理论

一、马克思的社会变迁理论

马克思的社会学理论是他对人类社会发展原因、基本矛盾、基本规律和归宿的理论的总和。马克思的社会变迁理论是其历史唯物主义的重要组成部分，其核心内容主要包括：

（1）社会变迁的根本动力是生产力和生产关系的矛盾。生产力是最活跃的因素，生产关系适应生产力发展的要求是社会和谐发展的基础。当生产关系不适应生产力发展要求时，就会带来生产方式变革。

（2）生产关系的总和构成经济基础，经济基础的变化将带来上层建筑的变革。社会存在决定人们的意识，意识及其冲突的根源在于物质生活中的矛盾。

（3）社会变迁具有整体性特征，经济基础的变化会带来整个社会的变化。

（4）人类社会变迁在总体上具有发展的特点，社会发展是由生产力发展推动的。

二、历史循环论

（一）汤恩比的"社会和自然环境压力"论

汤恩比（A. Toynbee）是英国历史学家，他在《历史研究》一书中提出了一种分析各种文明发展衰落的理论，称"社会和自然环境压力"论。汤恩比认为，一个民族要生存就要对外在社会和自然环境做出反应，民族文化就是在其应付它生存于其中的社会和自然环境压力过程中产生的，即不断的"压力—反应"塑造了民族文化。反应压力是一个民族的生存能力，它对每一个压力都会做出反应。当这个反应成功时，这个社会就能生存下来并继续过渡到下一个压力；若反应不成功，社会就会走向崩溃。他认为，在文化产生阶段，其压力主要来自自然界，在文化成长阶段，压力则主要来自人类社会本身。一个民族所遇到的生存压力过大或过小，对该民族文化的发展都不利。如爱斯基摩人，由于生活在阿拉斯加的严寒地带，因此文化难以得到发展；而波利尼西亚人，他们生活在南太平洋群岛上，生活很容易维持下去，没有什么大的压力，因此文化也未得到很大发展。

（二）索罗金的"文化类型"论

索罗金是俄裔美国社会学家。他用"文化类型"的循环变动来解释西方社会的发展史。他把社会文化体系分为两大类：感性文化和灵性文化。他认为，感性文化的特征是强调经验、崇尚自然科学，社会中有强烈的科学精神。灵性文化则崇尚神秘的东西、崇尚信仰。他认为，人类历史是在两种文化类型之间摇来摆去的，即从一个极端走向另一个极端，周而复始。例如，希腊时代的文化崇尚哲学的思辨属于灵性文化，罗马时代是征服时代，权力成为至上的东西，属于感性文化。

（三）熊彼特的"经济周期"论

熊彼特（J. A. Joseph Alois Schumpeter, 1883－1950）是美籍奥地利经济学家和社会学家。他在《经济周期》及有关书刊中，提出了他的经济周期理论。熊彼特把经济周期分为短周期、中周期和长周期，认为每一周期中均包括繁荣、衰退、萧条和复苏四个阶段。这样，整个经济过程就是在这四个阶段中循环往复的过程。他认为，一种创新通过扩散刺激大规模的投资，引起了高涨，一旦投资机会消失，便转入了衰退。由于创新的引进不是连续平稳的，而是时高时低的，这样就产生了经济周期。历史上的创新千差万别，对经济发展的影响也大小不同，因而周期有长有短。他综合了前人的论点，提出在资本主义历史发展过程中同时存在着三种周期的主张：（1）历时50～60年的经济长周期或长波，又称"康德拉季耶夫周期"；（2）通常所说的平均9～10年的资本主义经济周期，又称"朱格拉周期"；（3）平均40个月的所谓短周期或短波，又称"基钦周期"。他宣称，这几种周期并存而且互相交织的情况进一步证明了他的"创新理论"的正确性。

（四）奥格本的"文化堕距"论

美国社会学家奥格本在1923年出版的《社会变迁》一书中指出，文化包括物质文化和非物质文化，物质文化总是先于非物质文化而发展，之后非物质文化会发生适应性变化，二者的变化在时间上是有差距的。当非物质文化与物质文化相适应后，物质文化还会发生变化，非物质文化又出现滞后于物质文化的现象。这也是文化堕距的一种表现。人类社会的文化就是这样周而复始地发展的。

文化堕距理论是建立在社会及文化功能整合理论基础之上的。从辩证唯物论的观点来看，物质文化决定非物质文化，而非物质文化一经形成，便具有相对的独立性和稳定性。首先，从客观过程来看，在物质文化发生变化时，这种变化信息传达到适应性文化中需要一个过程，即适应性文化反映物质文化的变迁要经历一段时间，即时间差，然后才能发生相应的变化，因而发生堕距现象；其次，是特殊利益集团的保守性。凡是对某一集团有特殊利益的文化，必然受到该集团的保护，因而使这种文化得以保存。文化堕距是不可避免的，但可通过社会整合和社会改革来缩短。

三、社会进化论

社会进化论（social evolutionism）是关于社会自然演化的理论，19世纪后期受生物进化论影响，社会进化论思想广泛流行。社会进化论用合乎规律的由简单到复杂、由低级向高级发展的前进运动来解释社会变迁。它将变异、自然选择和遗传等生物学概念应用于社会学研究，认为人类社会和生物有机体是相似的，人类社会是自然界的延续，进化是自然界的普遍规律，因而也是人类社会历史变迁的自然规律。

早期的社会进化倡导者孔德把自己的社会学分为社会静力学和社会动力学，社会动力学就是研究社会变迁的理论。他认为，社会历史由一个阶段向另一阶段过渡，是由社会各部门的矛盾引起的，这些矛盾包括政治的、经济的和才智的。其中才智是主要的。他根据"人类智力发展的根本规律"，把人类社会变迁历程划分为军事阶段、过渡阶段和工业阶段。认为，这三个阶段与他所说的神学阶段、形而上学阶段和实证阶段等人类智力发展的三个阶段相一致，并以此来解释人类社会变迁和进化历程。另一位社会进化论的早期代表斯宾塞认为，人类社会是一个有机体，人类社会像生物有机体一样具有结构性、功能性和相互依赖性。社会发展像生物有机体一样也是一个由简单到复杂的过程。人类社会起初是一种简单的结构，如原始社会时期，随着社会规模扩大，社会结构也发生分化并日益复杂化，并由此分化出许多具有不同功能的部门，这些部门共同构成了一个相互依赖、彼此联系的有机体。社会变迁就是增长和分化，其根本机制在于分化。他认为，社会进化并非总是前进的、直线式的，有时也会出现倒退现象。他用优胜劣汰、物竞天择的生物进化论观点来解释人与人、民族与民族、国家与国家的关系，认为，通过生存竞争，个人、种族和国家可以分化为优劣不同等级，并认为优秀的个人和民族将逐渐成为人类的统治者。

由于早期社会进化论在理论上的粗浅、庸俗和对社会发展作渐进的、狭窄的、直线性的解释，遭到各方面批判。19世纪末至20世纪初，随着反实证主义思潮在社会意识中影响的增大，传统的进化观念受到怀疑，社会进化论在社会学中的影响逐渐减弱。20世纪60～70年代，发展中国家的经济和社会发展问题受到社会学界普遍关注，引发许多社会学家重新看待传统进化论，并完善某些概念，出现了新进化论或称现代社会进化论。

与早期社会进化论不同，现代社会进化论不再对社会发展阶段进行猜测，而是把重点放在研究不同社会发展的变化模式上。认为社会的发展不是直线式的、渐进的过程，它可借助文化传播以跨越某个或某些发展阶段；从发生学上看，人类作为一个整体必须经过一系列的进化阶段，但每一个社会不一定必须经过所有的进化阶段。工业化导致了相同的制度和社会模式在全球范围的发展。现代社会进化论提出了五种社会变迁类型：（1）非必然的进化。社会发展到某一阶段，可能会导致进一步进化，但也可能不会发生这种进化。（2）非直线发展的进化。不存在一个所有社会都必然经过的单一发展阶梯顺序，社会通过相互传播文化，可以跨越某些发展阶段。（3）非社会达尔文主义的进化。认为协作化竞争更能带来进步。（4）不含最终目标的进化。（5）非同步的进化。经济的增长、科学技术的发展，不是必然地伴随着文化的同步发展。

四、功能主义的社会变迁理论

功能主义主要从社会的每一部分都有其功能角度来分析社会结构和它们之间的联系。

帕森斯把变迁分为社会系统本身变迁和系统内部各部分间的变迁。他认为，系统内部的紧张、偏差行为和社会控制构成系统的变迁，变迁的方向是系统的"适应性"增强。他用进化论来解释社会变迁，因此，他的这种理论也被称为新社会进化论。

帕森斯用其系统理论来解释人类社会进化，提出了社会进化的四个特征，即分化、适应力提高、包容和价值普遍化。他认为，社会进化是由分化开始的，这种分化会提高适应力，而分化和适应力的提高则会带来系统新的整合，而对新单位的包容是达到整合的途径。如果一个社会能够包容新的单位与结构，它的基础将会更稳定，效率也会更高。同时，价值普遍化，即对新单位给予承认或合法化，有利于消除系统内部结构间的冲突。经过上述过程，社会系统将发生进化。

对于帕森斯社会变迁理论忽视冲突及其保守主义倾向，新功能主义社会学家通过发展出一些与社会进化"大趋势"相背离的变迁模式，来补充帕森斯社会变迁理论的缺陷。他们认为，社会变迁中不但有作为主流的分化，也有"逆分化"和"不平衡分化"，从而将差异性引入社会变迁分析；超越进化论的解释，强调具体群体和社会冲突对分化过程的影响，把个人与群体的能动作用、利益与冲突引入分化理论。

五、冲突论的社会变迁观

社会冲突论着眼于社会中的矛盾、冲突和不平等，并以此来解释社会结构和社会变迁。

马克思认为，生产资料占有的不平等是社会冲突的根源，阶级斗争是社会变迁的巨大推动力量。

齐美尔认为，社会冲突是普遍的，冲突不仅是利益的反映，也是人们敌对本能的反映。人类具有先天的敌对冲动的本能，它在利益社会冲突的刺激下得到发展，成为社会冲突的最大原因。他认为，社会冲突并不一定都是消极的，它也是促进社会有机体团结和统一的过程。

韦伯认为，在社会分层结构中，当机会较少、即处于较低地位的人们否认现存不平等系统的合法性时，易于选择冲突以改变现状，而领袖人物的感召力是引起社会冲突的关键力量。

达伦多夫受到马克思冲突理论的影响，但他把冲突看成是权力占有方面的冲突。他认为，现代社会围绕权力和权威形成了两个阶级，即统治阶级和被统治阶级，这两个阶级存在于社会的任何组织之中。现代社会是由这两个阶级组成的强制性协作联合体。他认为，在这种社会中，压迫和强制是普遍现象，被统治阶级总是力求改变自己的地位，于是产生了社会冲突。社会冲突的结果将引起社会结构变迁，特别是权威结构的变迁。变迁有三种不同类型：所有统治人员的更换即革命变迁；部分统治人员的更换即改革变迁；把被统治阶级的利益结合到统治阶级的政策之中，这是最低层次的变迁。

六、吉登斯的社会变迁理论

吉登斯认为，社会结构是由人们在能动的行动中建构起来的，因而是一个结构化过程。他指出，进化论的危险是单线压缩，即将广义进化压缩为狭义进化；对应压缩，即认为个体人格与社会发展阶段间存在着对应关系；规范错觉，即将优势力量等同于进化等级中道德上的优越性；时间歪曲，即将历史与历史性混为一谈。

他认为，人类社会的变迁历史并非按照进化论的既定模式展开，人类对自身历史的认识具有反思性，即利用对历史的确定认识来进一步促进变迁。

吉登斯在分析社会变迁时提出了五个角度：用结构性角度去分析制度间关联方式；用片断特征化勾画可比的制度变迁方式；通过跨社会系统分析详细说明不同社会总体间的关系；用时空边缘指明不同结构类型的社会之间的关联；利用世界时间视角从受到反思性监控的"历史"角度来考察局势。

第三节　社会现代化及其特征

一、什么是社会现代化

现代化不同于现代性。现代性是指 17 世纪以来出现于欧洲、并且其影响随之蔓延到世界各地的社会生活方式和组织方式。现代性最初只限西欧国家从文艺复兴到大众传媒的崛起的这段历史，其特征是先前处于封闭、孤立状态的区域群落被大规模地整合，从而告别传统和宗教，走向个体主义、理性化或科学的社会组织、平等主义等。处在现代性状态的社会被称作现代社会（modern society）。一个社会演变成为现代社会的过程即为现代化（modernization）。

"现代化"一词产生于 18 世纪，本身含义就很丰富。随着现代化理论的传播，现代化影响到人们生活的各个方面，于是，"现代化"成为被人们广泛使用的词语。然而，在该词语的使用中，人们对这一词语所给予的差异还是客观存在的。如"管理现代化"一般指采用现代管理理论和方法；"教育现代化"指建立现代教育体系，采用现代教育理论和方法；"企业现代化"则指建立现代企业制度，采用先进科学技术和现代经营管理方法；"政府现代化"指建立现代政府结构，采用现代行政管理理论和方法；"现代化城市"则指具有现代基础设施、现代城市管理系统、采用现代生活方式等的城市；"现代化农村"指具有现代基础设施、现代行政管理系统、采用现代生活方式等的农村；"现代化学校"则指具有现代基础设施、采用现代教育理论、教材和方法等的学校，等等。

一般而言，在相当长一段历史时间内，即使在日常生活中使用"现代化"一词，也需要区别经典现代化①和新现代化的不同，因为两者的含义确实不一样。否则，可能引起不必要的误会。在将来某一天，当新现代化被普遍接受，并成为主流思想和社会事实时，才可以只讲现代化，而不必特别强调是经典现代化还是新现代化。

---

① 经典现代化一般是指用来解释西方发达国家 18 世纪 60 年代至 20 世纪 60 年代社会发展变化的理论分析模式。对于经典现代化，不同学者有着不同的理解。概括起来，主要有五种观点：一是经典现代化是落后国家追赶世界先进水平的过程，如人们常说的工业现代化、农业现代化即取本义；二是经典现代化就是工业化；三是经典现代化主要是价值观念和生活方式的改变，如人们常说的"从农业文明向工业文明、从传统人向现代人的转变"即属此种含义；四是经典现代化就是西化、欧美化等，是发展中国家学习西方发达国家的过程；五是经典现代化就是第一次现代化，即从农业经济时代向工业经济时代、从农业文明向工业文明的转变过程，如政治民主化、经济工业化、社会城市化、文化理性化等即是此种含义。

社会现代化（social moderniza-tion），是指社会在日益分化的基础上，进入一个能够自我维持增长和自我创新，以满足整个社会日益增长的需要的全面发展过程。社会现代化是社会发展的必然趋势。

社会现代化是随着社会制度的变革、经济的发展、技术革命以及众多长期处于殖民统治的国家的独立而不断形成和发展的一种具历史意义的世界性潮流。

对社会现代化，曾有很多学者进行了大量研究，并形成了一些颇具影响的理论模式。

不过，要正确理解现代化的含义，首先应澄清如下几点认识误区：

（1）社会现代化是一个连续的不断发展的历史过程。

（2）社会现代化不是"西化"或"欧洲化"。西方发展模式是不能照抄照搬的。

（3）社会现代化是对历史传统的批判和继承过程。

（4）社会现代化是社会结构体系协调发展的过程。社会现代化不等同于工业化和经济增长。

小知识

后现代化理论

后现代理论的产生几乎与现代化理论研究同步。在20世纪50年代末，美国社会学家丹尼尔·贝尔就产生了后工业社会的思想，1973年正式出版了《后工业社会的来临》一书。他认为，人类社会的发展分为前工业社会、工业社会和工业社会三个阶段，在今后30～50年间，发达工业国家将进入后工业社会。

后现代主义起源于西方发达国家。后现代化理论是西方学者提出的一种社会发展理论，它认为，社会经济的发展不是直线的。70年代以来，发达国家社会发展方向发生了根本转变，已经从现代化阶段进入后现代化阶段。美国密执根大学教授殷格哈特（Inglehart，1997）把1970年以来先进工业国家发生的变化称为后现代化。他认为，后现代化的核心社会目标，不是加快经济增长，而是增加人类幸福，提高生活质量。

二、社会现代化的内容

社会学家倾向于把经济工业化、组织专业化、政治民主化和效率化、信仰科学化和农村城市化作为现代化的基本内容。经济工业化是现代化的驱动器和基本前提，没有经济的工业化，现代化就失去了其最基本的物质基础。组织专业化是指政治组织、经济组织、教育组织等诸单位专业化程度高。政治民主化和效率化是经济现代化的重要条件。政治权力扩散到全体公民，公民广泛参与经济和政治事务，政策具有较高透明度，具有健全的法律系统和高效率的行政能力。信仰科学化主要包括生活态度、价值观念和世界观。农村城市化则是人口高度向城市集中、改善全体公民文明程度和生活质量的基础。

三、社会现代化的基本特征

社会现代化是一个高度综合的概念，其基本特征主要包括：

（1）现代化是一个剧烈的转变过程。现代化是一个用"现代"的经济、政治、社会和心理结构来取代"传统"的经济、政治、社会和心理结构的过程，它需要在前所未有的程度上改变社会的原有面貌。

（2）现代化是一个系统的变革过程。它涉及社会的各个领域和各个方面。一个领域和方面的现代化不是现代化。

（3）现代化是一个因某些偶然因素而首先在西方国家发生的过程。虽然现代化首先是在西方国家发生的，但对发展中国家来说，现代化并非意味着绝对的"西方化"，发展中国家的现代化是基于本国国情的现代化。

（4）现代化与城市化相伴随。城市化是指在一个国家或地区中，城市人口增加、城市规模扩大、农村人口向城市流动以及农村中城市特质不断增加的过程。城市化是现代化的基础，但并不是说现代化就是城市化，也不是说城市化就是现代化，只是说，随着现代化的进行，城市化水平会不断提高，城乡居民的生产方式和生活方式趋于接近。

（5）现代化是一个全球化过程。全球化是一个涉及人类社会各个方面、涉及多种学科、具有多种维度（如制度维度、经济维度、文化维度、信息维度、体制维度等）的历史过程。

（6）现代化是一个趋同化过程。现代化将导致世界日益趋向同质化，但各国家、各民族的优良个性仍会保持下来。

（7）现代化是一个功过并存的过程。现代化是一个不断增加人类福利，但同时也充满很多风险的过程，这些风险可能包括对生态环境的破坏、生活意义的失落等。

第四节　发展中国家现代化的特征

一、发展中国家现代化的历史条件

发展中国家（developing countries），又称欠发达国家，是与发达国家相对而言的经济上比较落后的国家。发展中国家通常指第三世界国家，包括亚洲、非洲、拉丁美洲及其他地区的130多个国家，占世界陆地面积和总人口的70%

以上。发展中国家地域辽阔，人口众多，有广大的市场和丰富的自然资源。还有许多战略要地，无论从经济上、贸易上，还是从军事上，都占有举足轻重的战略地位。

发展中国家过去一般都是帝国主义的殖民地、半殖民地。19世纪末20世纪初，资本主义向垄断阶段过渡，世界进入帝国主义时代，英、法、美、德、俄、日等国向外扩张、侵略，把世界10亿以上人口的大部分地区变成了自己的殖民地和半殖民地，这些殖民地和半殖民地成为帝国主义的商品市场、原料产地和资本输出场所。经过长期的反帝反殖民斗争，这些国家获得了独立，建立了独立的国民经济体系。但由于长期受帝国主义侵略和掠夺，经济发展水平较低，大多数国家虽然在政治上获得了民族独立，但在经济上还没有完全摆脱帝国主义的控制与剥削。旧的经济结构并没有彻底摧毁，一些经济命脉仍然不同程度地控制在国际垄断资本手里。发展中国家虽然根本改变了自身的附庸地位，但仍面临帝国主义和霸权主义的威胁。因此，维护国家主权、发展民族经济、反对强权政治，变革国际旧秩序成为发展中国家面临的共同任务。

发展中国家有着相似的历史命运，面临共同的任务和愿望。第二次世界大战后，政治上获得独立的发展中国家，大多奉行中立和不结盟政策，并实现了不同意识形态和社会制度的直接合作，加强了发展中国家之间的联系与合作。20世纪50年代中期，以亚洲、非洲、拉丁美洲地区新独立发展中国家为主体的第三世界国家，作为一支新生力量参与国际事务，开展维护国家主权、发展民族经济、反对强权政治、变革国际旧秩序的联合运动。运动的主要内容有：（1）不结盟运动。反对参加大国军事集团和与大国结盟。不允许在本国建立大国军事基地，要求尊重各国主权，共同参与解决国际政治经济的重大问题。（2）发展运动。主要任务是变革以控制和掠夺为核心的国际经济旧秩序，建立公平合理、平等互利的国际经济新秩序；其行动主要体现为南北对话和加强南南合作，重点是南南合作，以南南合作推进南北对话的发展。（3）反独裁、争民主的运动。20世纪70~80年代达到高潮。随着发展中国家民族经济的发展，资本主义因素的增强，各国人民普遍要求建立民主制度，实行普选，加强法制。

发展中国家特定的历史背景，造就其现代化过程中特有的历史条件。概括地讲，发展中国家现代化过程中所面临的历史条件主要体现为：

（1）发展中国家绝大部分曾沦为殖民地或半殖民地，帝国主义的剥削、压迫和掠夺，不仅破坏了这些国家的自然发展过程，而且给这些国家带来了无穷的经济、社会、政治和民族灾难。

（2）"外忧内患"使这些国家十分贫穷落后，工业基础薄弱，政治腐败，文盲率高，人民生活水平低下。

（3）发展中国家在历史和国际环境中始终处于不利地位，在国际经济关系和国际分工中处于不平等地位，在政治独立和稳定方面面临诸多困难。

二、"迟发展效应"

发展中国家的现代化起步较晚，而且面临很多因素的制约，从而形成了其特殊的发展过程。美国经济学家格申克龙将这种特殊性称作"迟发展效应"（late development effect）。20 世纪后期，现代化浪潮席卷全球，"地球村"的明显"缩小"以及世界发展相互依存的加强，到处出现了增长热，并形成了交叉感应。这是早期社会转型不曾遇见过的。这种发展环境对晚进入现代化的国家产生一种特有的"迟发展效应"。这种效应有正负两个方面，正面效应可称为"后发展优势"或"落后得益"，负面效应则是相反的劣势，而且常常负面大于正面。迟发展效应是指现代化起步较晚的国家由于其起步晚而面临的与现代化起步较早国家不同的制约条件和发展模式。

发展中国家的"迟发展效应"主要表现在：

（1）有目的、有计划、赶超型的现代化过程。在与发展国家的对比中，特别是与发达国家种种不平等关系以及屈辱的殖民地历史经历中，发展中国家感到了自己的落后和贫穷，从而激发了其社会现代化的决心和目标。这种有目的的社会现代化过程，一般表现为借鉴甚至模仿发达国家的历史经验和发展道路，以在尽可能短的时间内，赶上甚至超过发达国家。"赶超"目标使这些国家采用某种计划来有效地组织资源和生产要素，集中用于国家的发展目标，以争取在个别领域取得突破，以促进社会现代化进程。

（2）异质文化和外来模式的引入和接受。一般来说，发展中国家的现代化进程是由外部环境引发和带动的，或者是受到外来打击和刺激，因此，这些国家在现代化过程中不可避免地要从外部引入种种现代化因素。这种引入和接受不仅导致一系列的矛盾和冲突，而且也造成了社会的急剧变革和发展，甚至还对社会发展形成了巨大的压力，影响了这些国家的正常稳定发展。

三、"二元"社会结构的长期存在

所谓"二元"社会结构，是指在整个社会结构体系中明显地同时并存着较现代化的和相对非现代化的两种社会的情况。"二元"社会既表现为社会性质上的差别，又表现为发展水平上的差别。

"早发"国家的现代化过程一般是内部逐渐演变的结果，在这种演变过程中，整个社会逐渐形成了具有普遍性的制度结构。发展中国家的现代化或者是对外来工业化国家刺激的反映，或者是殖民地的产物，因此，它一般接受了大量异质模式，而且现代化进程往往集中于那些与发达国家联系紧密的地区或经济部门，并由此导致了发展中国家的"二元"社会结构。

"二元"社会结构不仅存在于经济方面，而且也渗透到社会政治、社会生活和思想文化等方面。"二元"社会结构的存在是不可避免的，它只有在一个社会走上稳定的现代化道路之后，才能逐渐消除。

📖 小知识

传统二元结构演变中的"叠加"现象

随着中国经济、社会体制改革的深化以及经济结构的变动和利益关系的重组，传统意义上的二元结构无论在内涵上还是在表现形式上，均呈现出了一些新的趋势，产生了诸多二元结构"叠加"现象。

首先，原有的城乡二元结构与城市内部和农村内部新产生的二元结构叠加在一起。在城市，表现为"本地人"与"外地人"、"城中村"与原有城市社区的新二元结构；在农村，表现为"明星村"、"样板村"与落后村的新二元结构。

其次，在城乡二元结构的演进中，传统的行政主导型二元结构与新的市场主导型二元结构叠加在一起。行政主导型的二元结构逐步弱化，但还依然存在，突出表现在城乡不同的教育、医疗、就业、社会保障等制度安排上；同时，市场主导型的新二元结构开始形成，突出体现为：城市和农村之间的联系越来越不那么紧密，城市对农村的依赖性越来越小等。

另外，还出现了政治二元化、经济二元化、文化教育二元化、社会管理二元化以及生活方式二元化等"亚二元结构"相叠加的现象。

四、政府在现代化过程中发挥强有力的支配和指导作用

"早发"国家的现代化过程，主要由"市民社会"的力量来推动，只是在现代化水平达到一定阶段后。政府才开始发挥越来越重要的作用，但对发展中国家来讲，由于其所处的特定的历史、经济和政治条件，在现代化过程中，就需要政府发挥强有力的支配和指导作用，这主要表现在：

（1）政府是国家政治、经济独立的捍卫者、维护者。由于发展中国家在国际经济和政治环境中所处的不利地位，因此，就需要政府通过控制外资、扶持本国工业等措施，来保护本国经济的独立和国家主权，以谋求符合本国利益

的发展。

（2）需要由政府来推动并且控制社会现代化进程。在条件不好、国际经济和政治环境不利情况下进行现代化，发展中国家就必须有一个强有力的现代化的推动者和领导者，以较好地控制国家的迅速变化所带来的种种紧张局面，协调各种不协调的社会冲突，贯彻实现现代化的各项目标，以保证现代化进程不被中断。在这种情况下，政府就成了唯一能发挥这种作用、扮演这种角色的组织。

（3）政府是"后发"国家现代化的组织者和计划制定者。

（4）需要政府直接参与经济活动。发展中国家特定的历史、经济和政治条件，使得政府必须担负起建设经济发展所必需的基础设施、组建一定数量和规模的公营企业的责任，同时，还必须直接掌握和控制重要的经济杠杆，如银行、信贷部门，以直接引导整个国家的经济活动方向。

第五节　中国的现代化进程

一、近代以来中国现代化的进程

中国的现代化进程开始于19世纪60年代的洋务运动，至今，大致经历了四个阶段：

（1）初始阶段，自19世纪中叶（19世纪60年代）至20世纪初（辛亥革命）。这一阶段的主要任务是在旧王朝体制下探索资本主义发展取向的自上而下的改革时期。

（2）现代转型和权威危机阶段，自1911年辛亥革命至1949年新中国成立。中国完成了从封建王朝制度向共和制度的转型，从形式上建立起了与现代化潮流一致的政体。内忧外患不断加深，国家的实效统治断裂，现代化处于自发游离阶段。在这一阶段，工业化、城市化得到明显发展，现代教育体制开始在城市普及，新思想、新文化相继出现。中国在世界经济体系中的地位处于半边缘化。

（3）现代化发展阶段，自1949年新中国成立至1978年。新民主主义社会走向社会主义计划经济体制时期。中国逐渐形成较完整的工业经济体系。

（4）中国现代化进程的历史新时期：1978年以来。社会主义计划经济体制向社会主义市场经济过渡和发展，中国工业化逐渐步入"起飞"阶段，工业化、城市化进程逐渐加快。

二、改革是推进中国现代化进程的必由之路

作为发展中国家，中国经济和社会发展面临前所未有的历史机遇期。在这关键历史时期，中国要想实现预定的现代化目标，尽快达到甚至超越西方发达国家的经济和社会发展水平，唯一的出路就是不断加大并长期坚持改革开放的路线和方针，在改革中求生存、求发展。

（1）只有改革，才能适应社会主义的历史要求。传统的计划经济体制虽然曾经在中国社会主义现代化过程中发挥过重要作用，但历史发展到今天，人们已逐渐从计划经济体制的实践中认识到了这种体制的弊端：指令性和行政性的经济管理，政企职责不分，条块分割，忽视商品生产、价值规律和市场的作用，否定物质利益的原则，造成企业缺乏应有的自主权，严重压抑了企业和劳动者的积极性、主动性和创造性。要改变传统经济体制、政治体制、文化观念、教育体制、科技体制等束缚，不进行全面的改革，是不可能做到的。

（2）只有改革，才能主动地、有成效地迎接新技术革命的挑战。当前世界范围内兴起的新技术革命和知识爆炸，给中国的经济发展和现代化建设带来了新的机遇，同时也使我们面临新的严峻挑战。主动地迎接知识经济时代新技术革命的挑战，加快经济体制、政治体制、科技体制、教育体制和思维方式的变革，加速推动科学技术发展，是中国推进现代化进程的必由之路。

（3）只有改革，才能使中国社会主义社会不断地自我完善和发展。要推

> ### 📖 小知识
>
> **中国社会现代化的几个重要特点**
>
> 社会现代化是现阶段中国社会发展的历史课题。中国社会现代化的进程呈现出以下几个重要特点：
>
> （1）社会现代化进程之中的两个不同阶段：第一次现代化是从农业社会走向工业社会；第二次现代化则是从工业社会走向知识社会。
>
> （2）中国的社会现代化属于"后发型现代化"，虽然在发展序列上处于落后和被动地位，但却有着特殊的"后发优势"。"后发型现代化"是与"早发型现代化"相对应的概念。
>
> （3）我们是在全球环境问题已经严重凸显的情况下推进社会现代化的，因而历史地面对着促进发展与保护环境的双重要求，实现可持续发展成为必然选择。
>
> （4）中国的社会现代化作为技术社会形态视角内的社会转型，是与经济社会形态视角内的社会主义模式转换联结在一起的，由此形成一种特殊的双重转型过程。社会现代化包括农业社会向工业社会、进而向知识社会的转化。

动中国的现代化建设，就必须大幅度地发展社会生产力，改革僵化的经济体制及管理体制，改革传统生产方式和思想方式，不断地自我完善、更新和发展，只有这样，中国的社会主义现代化目标才会实现。

本 章 小 结

1. 社会变迁是一个内容广泛的概念，它既包括人类社会宏观的变化，也包括中观变化，同时还包括微观变化，如人们行为方式和行为规范的变化等。社会变迁的类型多样性。

社会变迁除了最终取决于社会生产力的发展之外，还受环境因素、人口因素、科技进步因素、社会制度因素、社会价值观和生活方式变化等多方面因素的影响，是多种因素相互作用的结果。

2. 马克思社会变迁理论的内容包括：（1）社会变迁的根本动力是生产力和生产关系的矛盾。（2）生产关系的总和构成经济基础，经济基础的变化将带来上层建筑的变革。（3）社会变迁具有整体性特征，经济基础的变化会带来整个社会的变化。（4）人类社会变迁在总体上具有发展的特点，社会发展是由生产力发展推动的。

历史循环论主要包括汤恩比的"社会和自然环境压力"论、索罗金的"文化类型"论、熊彼特的"经济周期"论、奥格本的"文化堕距"论等。

现代社会进化论提出了五种社会变迁类型：（1）非必然的进化；（2）非直线发展的进化；（3）非社会达尔文主义的进化；（4）不含最终目标的进化；（5）非同步的进化。

功能主义主要从社会每一部分都有其功能角度来分析社会结构和它们之间的联系。

社会冲突论着眼于社会中的矛盾、冲突和不平等，并以此来解释社会结构和社会变迁。

吉登斯认为，人类社会的变迁历史并非按照进化论的既定模式展开，人类对自身历史的认识具有反思性，即利用对历史的确定认识来进一步促进变迁。

3. 社会现代化是社会发展的必然趋势。社会现代化主要包括经济工业化、组织专业化、政治民主化和效率化、信仰科学化和农村城市化。其基本特征主要包括：（1）现代化是一个剧烈的转变过程。（2）现代化是一个系统的变革过程。（3）现代化是一个因某些偶然因素而首先在西方国家发生的过程。（4）现代化与城市化相伴随。（5）现代化是一个全球化过程。（6）现代化是一个趋同化过程。（7）现代化是一个功过并存的过程。

4. 发展中国家是与发达国家相对而言的经济上比较落后的国家。发展中国家在现代化过程中所面临的历史条件主要体现为：(1) 发展中国家绝大部分曾沦为殖民地或半殖民地。(2)"外忧内患"使这些国家十分贫穷落后，工业基础薄弱，政治腐败，文盲率高，人民生活水平低下。(3) 发展中国家在历史和国际环境中始终处于不利地位，在国际经济关系和国际分工中处于不平等地位，在政治独立和稳定方面面临诸多困难。

"迟发展效应"是指现代化起步较晚国家的发展模式。发展中国家的"迟发展效应"主要表现在：(1) 有目的、有计划、赶超型的现代化过程。(2) 异质文化和外来模式的引入和接受。

"二元"社会结构既表现为社会性质上的差别，又表现为发展水平上的差别。

政府在推动现代化中的作用主要表现在：(1) 政府是国家政治、经济独立的捍卫者、维护者。(2) 需要由政府来推动并且控制社会现代化进程。(3) 政府是"后发"国家现代化的组织者和计划制定者。(4) 需要政府直接参与经济活动。

5. 中国的现代化进程开始于 19 世纪 60 年代的洋务运动，至今，大致经历了四个阶段。

思 考 题

1. 社会变迁的类型有哪些？
2. 简要论述影响社会变迁的因素。
3. 马克思社会变迁理论的主要内容有哪些？
4. 历史循环论的主要观点有哪些？
5. 社会进化论的主要观点有哪些？
6. 简要回答功能主义社会变迁理论的主要内容。
7. 简要回答冲突论的社会变迁观。
8. 吉登斯社会变迁理论的主要观点有哪些？
9. 社会现代化的内容是什么？社会现代化的基本特征有哪些？
10. 简要论述发展中国家现代化的特征。
11. "迟发展效应"的主要表现是什么？
12. 为什么说在发展中国家现代化过程中政府应发挥强有力的支配和指导作用？
13. 近代以来中国现代化进程可分为哪几个阶段？各阶段的特点是什么？
14. 为什么说改革开放是当代中国现代化进程的必由之路？

第十章　社会控制与社会政策

学习目标

1. 理解并掌握社会控制的概念、类型及社会控制的功能、意义和手段。

2. 掌握社会越轨的概念、类型及其控制手段，了解人们对社会越轨行为产生原因的不同解释。

3. 掌握社会政策的含义、类型和性质，了解社会政策的制定、执行、评估和终结的相关问题。

关键名词

社会控制　积极的社会控制　消极的社会控制　正式控制　非正式控制　外在控制　内在控制　硬控制　软控制　组织控制手段　文化控制手段　制度控制手段　社会越轨　社会政策　总政策　基本政策　具体政策　社会政策评估　社会政策终结

人们的正常生活、社会的正常运行均以一定的社会秩序为前提条件。在社会变化日益剧烈的今天，社会问题越来越多，甚至越来越严重，社会风险也越来越大，而为了避免和削减这些现象的不良后果，一方面社会需要借助一种机制来控制这些问题和风险的增加；另一方面，社会又需要制定相应的政策措施来解决这些问题，以保障大多数公民的安全和福利，实现社会公平与公正，推动社会稳定发展。社会控制与社会政策就是达成上述目标的途径和手段。

第一节　社会控制及其类型和功能

一、什么是社会控制

1834年法国物理学家安培将管理国家的科学称为控制论，并将它归入政治科学之列。1948年美国数学家维纳（N. Wiener）发表了《控制论》，被称为控制论（cybernetics）的奠基之作。20世纪60年代，控制论逐渐深入生物控制、人工智能、经济控制、社会控制等学科领域。1978年后社会控制论问题开始受到重视。

社会控制，作为一个社会学专业名词，是由美国社会学家 E. A. 罗斯（E. A. Ross，1966 – 1951）1901年在《社会控制》一书中最早提出来的。该词语基本是在约束人们损害社会公共秩序的行为的意义上被使用的。罗斯认为，在人的天性中存在着一种"自然秩序"，它包括同情心、互助性和正义感。正因为人性中存在这些"自然秩序"成分，因此人类才可能处于自然秩序状态。大家在这种状态下，互相同情，相互约束，和平共处，相安无事。然而，19世纪末、20世纪初起始于美国的都市化浪潮和大规模移民，却造成了初级群体和社区的迅速解体，原有的"自然秩序"被打破，出现了严重的"城市病"和一系列越轨和犯罪等社会问题。罗斯认为，在这种情况下，必须有一种新的机制来维护社会秩序，这种新的机制就是社会控制。罗斯指出，社会控制是一种有意识、有目的的社会统治，它包括三类：一是对意志的社会控制；二是对情感的社会控制；三是对判断的社会控制。他强调社会成员间的社会互动。

所谓社会控制（social control），是指运用社会力量对人们的行为实行制约和限制，使之与既定的社会规范保持一致的社会过程。社会控制是建立在既定的社会规范基础上的，并主要表现为外在社会力量的施加，但它也不排除个人内在约束力的发挥。

社会控制有广义和狭义之分。广义的社会控制是指社会组织或社会群体运用社会规范以及与之相应手段，来对社会成员的社会行为和价值观念进行约束、指导和调节的过程。广义社会控制的对象是人类社会中一切妨碍社会进步的社会现象和问题。狭义的社会控制是相对于狭义的"社会问题"而言的，它是专门针对社会越轨者所实施的社会惩罚和重新教育活动。社会学一般采用广义社会控制的定义。

从社会控制的构成要件看，它主要包括控制主体、控制客体或对象、控制手段和控制保障等。在这里，控制主体包括国家、社会群体或社会组织、家庭或个人三个层次；控制的客体或对象主要是指社会行为，包括个人行为、群体或组织行为等；控制的基本手段是社会规范，包括习俗、道德、宗教、纪律、组织规章、法律和政权等。

控制与管理不同。首先，控制的范围要比管理大得多。控制不仅涉及人们的社会行为，而且涉及人们的思想、价值观等。另外，控制不是单向的，控制者既可通过一定的规范和措施来控制被控制者，被控制者也可通过一定的规范和措施，如举报、投诉等来从一定程度上规范控制者的行为。也就是说，控制是无所不在的，而管理却有管理不到的地方。其次，一般意义上的管理是一种组织行为，是人们有计划、有组织的活动，它一般是自上而下的，而控制则不完全如此，如习惯、道德等社会规范就不是事先计划好、组织好的。最后，控制一般是非预期的，而管理一般是预期的。由于管理是一种有计划、有组织的活动，因此，只要目标定得合理，规划和计划制定得可行，手段使用得当，行动比较积极，一般就能取得预期的效果。而控制则不然，它取决于双方力量的对比和消长，控制效果往往不是由控制者单方面决定。

二、社会控制的类型

社会控制的类型多样，从不同角度、以不同标准，可划分为不同类型。

1. 按照社会控制的作用，社会控制可分为积极的社会控制和消极的社会控制

积极的社会控制（positive social sanctions）是指建立在积极的个人顺从动机基础上的、以倡导鼓励为特征的、防止违规行为发生的控制方式。通过对社会规范和社会价值观的宣传，通过奖励模范行为，来达到预防违规行为的效果。积极的社会控制手段包括正面的舆论引导、宣传、教育以及奖励等。消极的社会控制（negative social sanctions）则是指运用惩罚性手段来制裁某些违规行为的控制手段。它是违规行为已经发生，并产生消极后果后的控制，是社会控制的最重要手段。消极的社会控制手段包括批评、惩罚等。

2. 按照规范所具有的不同形态，社会控制又可划分为正式控制和非正式控制

正式控制，也称制度化控制（formal social control），它是使用比较成型、比较正式的规范，如法律、条例、规章等来约束人们的一种控制方式。非正式控制（informal social control）是指使用风俗、习惯、道德、信任和舆论等一些不太成型的规范来约束人们行为的一种控制方式。非正式控制通常不是基于契约，而是基于人们的共同意识和认同感等来实施的。

3. 按照控制力的直接来源，社会控制可分为外在控制和内在控制

外在控制是社会依靠社会力量，如社会舆论压力等来促使社会成员服从社会规范的控制类型。对被控制者来讲，外在控制是一种不自觉地、消极地接受控制的过程。外在控制的形式包括习俗控制、道德控制、行政控制和法律控制等。外在控制具有一定的强制性，它要求行为者必须接受控制者提出的行为模式。内在控制是指社会成员在内化社会规范的基础上，自觉地用社会规范来约束和检点自己价值观和行为方式的控制方式。内在控制的直接力量来自行动者本身，因此也称自我控制。如个人训诫等。一般来讲，无论是习俗控制、道德控制，还是行政控制和法律控制，最终都必须通过落实到个人行为才能达到控制目标。

4. 按照控制中所使用的手段，社会控制可划分为硬控制和软控制

硬控制是指运用强制性手段，如政权、法律、纪律等对社会成员的价值观和行为方式进行控制的方式。因此也称为强制性控制或统治。软控制是指运用非强制性手段，如舆论、风俗、习惯、伦理道德等对社会成员的价值观和行为方式实施控制的方式。

三、社会控制的功能

社会控制是保证社会良性运行和发展的必要环节，然而，这并不是说社会控制只表现为正面功能，通常来讲，如果控制不当或控制不得法，控制就表现为显著的负面功能。

（一）社会控制的正功能

社会控制的正向功能，即正功能突出地表现在如下几方面：

（1）维护社会秩序。社会秩序是指社会各组成部分在结构上的相对稳定和有序性，以及社会在运行中的相互协调和平衡状态。社会秩序是社会存在和社会发展的前提。没有基本的社会秩序，社会就会解组或崩溃。然而，在现实社会中，人们并不是总能很好地执行既定的行为规范，从而给社会秩序造成冲击，为此，必须采取一定的控制措施来规范人们的行为，维护社会的正常运行。

（2）维持正常生活。适应大多数人共同生活要求的社会结构，即构成了一定社会历史条件的正常生活形态。但在现实中，这种正常生活形态并不一定符合所有社会成员的要求，某些成员总可能自觉或不自觉地违反既定规范，以达到自己的目的，如社会中的暴力行为以及盗窃和强奸行为等。因此，为防止和制止这些人的行为影响人们的正常生活，就需要通过一定的手段来约束或制裁违规者的行为。

（3）促进社会发展。社会发展是以人与自然、人与人之间关系的和谐为基础的，而且，这种和谐关系也是社会稳定的必要前提。社会发展必须以一定程度的社会稳定为前提，以保证社会的有序发展。一定的社会控制，不仅能使社会有秩序，保证社会的安定，而且能够促进社会的顺利发展和不断进步。

（二）社会控制的负功能

社会控制的负面功能，即负功能则主要表现在如下几方面：

（1）不合理的社会控制不能维护多数人的利益。在阶级社会中，社会控制往往是体现统治阶级利益的，控制手段往往偏向统治阶级一方，这就会使占大多数的被统治阶级的利益受到损失，从而引发社会矛盾，甚至社会冲突，不利于社会安定和发展。

（2）僵硬而有力的社会控制不利于人们对合理目标的追求。社会控制赖以实现的社会规范体系一般是在一定的社会经济条件下建立起来的，而当社会经济条件发生变化时，原有的社会规范就会对试图冲突其规范者形成限制和束缚，从而阻止创新行为的发生。

（3）过度的控制往往不利于社会发展。一般来讲，社会控制有一个程度的要求，控制不足或控制过度均难以达到良好的控制效果，特别是控制过度，不仅意味较高的控制成本，而且还会导致被控制者思想和行为的僵化与刻板，泯灭人们的创新行为，不利于社会进步与发展。

第二节　社会控制的手段

社会控制的手段是多种多样的，不同的控制手段往往会表现为不同的控制目的和目标，而且，不同控制手段对被控制者的影响程度也往往不同。目前常见的控制手段主要可归为组织控制手段、制度控制手段和文化控制手段等。

一、组织控制手段

组织控制手段是指某一具体社会组织运用组织指令和组织规章对该组织内成员或构成该组织的各个亚组织的行为进行指导和约束的方式。

组织控制一般具有如下特点：（1）组织控制的范围较小。一般来讲，组织控制的范围仅局限于该组织内部，对组织之外的人和事一般不具有控制作用。（2）组织控制实行层级控制。在组织体系内，上一级组织对下一级组织进行控制，具有绝对的管理权。

组织控制一般是借助一定控制形式实现的，这些控制形式主要有组织指令和组织规章等。组织指令是指地位较高的一级组织对其下属组织的行为进行调节和制约的规范性文件或口头指示。组织指令以组织权威为基础，表现为下级服从上级。组织规章是指组织内部为调节和制约其成员在组织内的行为而制定的一系列强制性规定。如校纪、厂规等，组织规章一般规定得比较细致、明确。

二、制度控制手段

制度控制手段是指以全社会的名义颁布行为规则，并对全社会组织、社会群体和全部个体的社会行为进行调节和制约的方式。

制度控制手段与组织控制手段不同，二者的区别主要表现在：（1）颁布的名义不同。一般来讲，制度控制手段是以全社会名义颁布的，而组织控制手段则是以某一具体组织的名义颁布的。（2）控制的范围不同。制度控制手段的控制范围是全体社会成员和组织，而组织控制手段的控制范围仅限于组织内的亚组织和成员。

制度控制手段的具体形式主要有政权和法律等。

1. 政权

政权是建立在某种合法性之上的、统治阶级实行阶级统治的权力，是国家一切权力的基础。政权是一种强有力的社会控制手段，政权的实施是借助于军队、警察、法庭、监狱等国家专政工具，以及教育等思想和价值观改造手段来实行的，王霸并用、德法合一，是统治阶级实施制度控制的一般方式。

2. 法律

法律是国家立法机关制定的、由国家政权保证并强制执行的行为规范。如法令、法案、条例、决议、命令等。法律是最权威、最严厉、最有效、最普遍的社会控制手段。法律具有阶级性、广泛性、强制性和稳定性等特征。法律的权威性和有效性主要表现在：第一，它由国家最高权力机关制定，以国家政权作后盾，由完备的、强有力的司法机构来保证实施，从而保证了法律的至上性和不可侵犯性。第二，它的严肃性。法律的特点是规定严明，对违法行为的度量界限明显，一旦违法，必遭到制裁和惩罚。第三，法律具有普遍适用性。普遍适用性表现在，法律一旦制定并实行，就对社会全体国民和组织适用。法律的真正权威不在于制裁，而在于警示。而且，法律要真正普遍、有效地发挥社会控制作用，就必须依赖于法度合理、执法公正和民众懂法。

三、文化控制手段

文化控制手段是指人类在长期的共同生活和生产中创造的、为人类共同遵守的行为准则和价值标准对社会成员和社会组织进行控制的方式。它是组织控制手段和制度控制手段的有效补充。文化控制手段具有非直接强制性、自觉性和广泛性等特征。

文化控制手段的具体形式主要有风俗习惯、伦理道德、信仰信念和社会舆论等。

1. 风俗习惯

风俗习惯是指人们在长期社会生活和生产中自发形成的、代代相传并自觉遵从的行为方式的总和。它是人类社会最基本的行为规范，存在于生产和生活各个领域，并对人们的共同活动产生影响。风俗习惯具有地域性特点，不同民族、不同地区经常表现出不同的风俗习惯。如衣食住行、婚丧嫁娶、节日庆典、生儿养老、接人待物等。

风俗习惯源于人们的日常生活，是人们在长期的生活和生产实践中形成并固化下来的对自然现象、人与自然的关系以及人与人之间关系的看法，这种看法转化为人们的行为，并被大多数人所接受和传承，即形成了风俗习惯。风俗习惯对社会的控制作用表现为对人们行为的指导和约束力。风俗习惯有优劣之分。好的风俗习惯有利于人们之间关系的维持，具有积极作用；陈规陋习则是落后的观念和行为方式，对社会发展具有消极作用。

2. 伦理道德

伦理道德是指人类共同创造并遵从的、涉及人伦关系、次序以及善恶、是非、正义与非正义评价的行为规范和价值体系的总和。伦理道德是一定社会用来调整人们之间以及个人与社会之间关系的行为规范。伦理道德自成体系，主要由伦理道德原则、规范及后果三部分构成。伦理道德原则是关于人们如何处理人与人、人与社会之间关系的基本标准，如坚持个人主义原则或集体主义原则。伦理道德规范是在一定的伦理道德原则基础上形成的一系列有关行为善恶、美丑的具体要求。如尊卑、荣辱、真假、诚实与虚伪等。伦理道德后果包括对伦理道德的评价和责任，它可以引起个人对自身及其所在群体或组织伦理道德行为的正确认识，具有扬善抑恶、褒美贬丑的作用。伦理道德是靠人们的内心信念、社会舆论来促使人们自觉遵守社会行为规范的，它具有一定的阶级性和集团性。

3. 信仰信念

信仰信念是指人们对某种非现实力量或某种价值体系无限信服和崇尚，甘愿受其支配甚至为之献身。其典型形式是宗教信仰和主义信仰。

宗教是一种与神圣物相联系的信仰和规范体系，是社会控制的一种特殊手段。宗教是在生产力和科学技术水平低下条件下产生的，是人们对自然现象、社会现象感到神圣、恐惧、不可驾驭的情况下，对神圣物加以超现实化、超自然化，并加以人格化的反映。宗教是一种超物质、超自然的信仰，对信奉者的精神世界具有极强的控制力。当今世界的三大宗教是基督教、佛教、伊斯兰教。作为社会规范的宗教的主要表现形式是教规和宗教仪式。教规是宗教对其信徒行为的规定，这些规定要求严格，被称为"清规戒律"。宗教仪式是从事宗教活动的方式，其功能在于增强信徒们的宗教意识。宗教信仰是指教徒对教义、教规的信奉程度是否虔诚，因为只有真正的信奉者，才会按教规行事。主义信仰则是人们对某种哲学理论或社会学说的认同和信服，是对某种社会理想或社会目标的自觉追求。

4. 社会舆论

社会舆论是指多数人对社会生活中有争议的事件所发表的具有一定倾向性

的议论、意见和看法。社会舆论蕴藏于人们思想深处，表现出共同的心理倾向，无形无体，但却具有一种巨大的力量。社会舆论是一种十分特殊的社会控制手段，它渗透于风俗、伦理道德、法律和政权等一切控制手段之中，具有广泛的传播力和影响力。社会舆论的具体形式包括民间舆论和权力者制造的舆论两种。民间舆论是在人们的日常生活和生产中形成并自发传播的。民间舆论对人们的价值观和行为具有潜移默化的影响力。权力者制造的舆论一般带有一定的目的性和较强的主观性，其内容往往代表着权力掌控者及其集团的利益。

作为一种社会现象和特殊的社会控制手段，社会舆论具有其自身的特点，主要表现为：

（1）具有较强的现实性。社会舆论是由现实问题引起的，它往往能反映时代的呼声及社会思潮的倾向，也能反映各阶层者的意见和要求。

（2）社会舆论是集体互动的产物。社会舆论不是一个人或少数人的意见，它往往是集体中带有一定倾向性的意见和看法。只有集体中相当数量的人参与某一问题的讨论，形成一种或几种意见时，才能最终形成一种占主导地位的倾向性意见，也才有可能转化为舆论。

（3）社会舆论是靠大众传播形成的。社会舆论对人们的言行具有一定的约束和社会控制作用，其发挥作用的机制是：社会舆论形成后，就在一定范围内占主导地位，它会对人们的行为发生潜移默化的引导作用，会对少数人的、与众不同的言行产生心理压力。

（4）社会舆论缺乏持久的控制力。舆论是靠人来传播的。不胫而走虽能在短期内抓住人们的心理，引起人们的心理共鸣，然而却难以持久。当舆论所议论的问题得到解决或产生一个新的"热点"时，先前的热点就会很快消失。另外，社会舆论不具有强制性，因此它对人们心理和行为的约束往往是软性的。

第三节　越轨行为

一、越轨行为及其类型

人类社会是按其主流价值观来制定行为规范的，希望所有社会成员均能按照这一既定规范行事，然而，事实并非如此，一些社会成员总会因各种各样的原因出现失范（anomie）现象，从而脱离社会事先设定好的行为规范，这种现象即为越轨。

（一）什么是社会越轨

社会越轨（social deviance），也称越轨行为，离轨行为，是指社会成员（包括社会个体、社会群体和社会组织）偏离或违反现存社会规范的行为。社会越轨具有历史性和阶级性。

要准确把握越轨的真实含义，必须弄清如下几点：

（1）越轨行为未必就是坏的和不可接受的行为。如标新立异行为，虽为越轨行为，但并不一定是坏的，甚至有时还对组织和社会发展具有促进作用。

（2）越轨行为并非总是自愿的。如具有生理或精神缺陷者的越轨行为。像一些精神病患者，他们的越轨行为往往并不是因为自己想这么做。

（3）越轨行为未必是犯罪行为。如检举揭发行为、文身行为等。检举揭发，如报道坏事和非法行为，特别是在商业上和政府里，这种行为往往视作越轨行为，但却不是犯罪，而且对社会发展还可能具有正功能。

（4）越轨行为，虽不被赞同，却是一种普遍的文化现象。

（5）越轨可以是个人所为，也可以是群体或组织所为。如侵吞公款，可能是个人越轨行为，也可能是群体越轨行为；而非法倒卖毒品、有毒垃圾等，往往是有组织的越轨行为。

（二）社会越轨的类型

越轨行为是普遍存在的，根据越轨行为产生的原因及其不同后果等，可以将越轨行为划分为多种不同的类型。

按照越轨行为对社会行为规范的破坏类型和程度，社会越轨可划分为不从俗行为、不道德行为、违纪行为、违法行为和犯罪行为。不从俗行为是一种违反社会常规的风俗习惯的一种越轨现象，它表现为不按常规办事的一切行为。不道德行为是指违背社会道德的越轨行为，如在公共场所随地便溺、在公共车道上随意摆放物品或停车行为等。违纪行为是指随意违反社会和组织规定的纪律现象，如考试作弊、随意旷课和迟到等行为。违法行为是指违反国家或地方规定的法律法规的现象，它是比违纪行为更为严重的越轨行为，然而，违法并不一定意味着犯罪。如企业违法排污行为等。犯罪行为是以违法为前提的，同时它还具有侵犯他人权力的特征，而且造成了一定的破坏性影响。其中犯罪行为是最严重的越轨行为。犯罪是对违法行为的进一步刑事认定。

按照越轨行为的主体特征，社会越轨可分为个人越轨和群体越轨。个人越轨，如贪污受贿、挪用公款等行为；群体越轨，如某一企业组织偷税漏税，倒卖非法物资等。

按照越轨行为的性质，社会越轨可划分为正向越轨和负向越轨。正向越轨是指敢于超出陈规陋习、革新换面，以谋求新的发展和进步的行为。例如，某一组织领导敢于打破多年的陈规陋习、勇于开拓创新的行为；负向越轨则指行为者的行为是与社会进步与发展的方向相背离的，如偷盗行为、抢劫行为和谋财害命行为等。

二、越轨行为产生的原因

（一）生物学解释

生物学解释主要从人的生理特征和精神性疾病角度来研究某些人产生越轨行为的原因。将人类生物、生理方面的特征视作社会越轨的原因，因此也称体质理论。

19世纪意大利犯罪学家隆布罗索（C. Lombroso）最早从生物学角度对罪犯的特征进行了研究。通过对一些罪犯体征的研究，隆布罗索指出，罪犯在遗传和发育上不如守法公民，他们的头骨不同于正常人，与类人猿相似。他认为，犯罪人是退化的人，是再现于现代社会的野蛮人。犯罪人生来就要犯罪。美国体质人类学家胡滕指出，罪犯有多方面的遗传和生理缺陷。美国心理学家谢尔登则认为，体型可能与犯罪有关；他将肌肉发达、筋骨健壮的身体结构称为斗士型，认为这种体型的人在罪犯中所占比重很大。

史密尔和伯曼通过研究指出，正常人的染色体有23对，而多数男性暴力罪犯多了一个雄性染色体，其染色体为XYY结合体，这种人在体质上具有个子高、智商低、面部有严重粉刺等特征，在行为上具有进攻性和反社会性。染色体异常是导致社会越轨的生理原因。还有人指出，攻击行为，包括犯罪行为，很可能受体内男性荷尔蒙激素水平的影响。近年来，一些研究日益将越轨行为与各种疾病，包括器质性的和精神性的疾病结合起来，这一趋势称为医学方法处理越轨问题的倾向。研究认为，像吸毒的副作用、机能亢进、酗酒等这样的越轨行为，更经常地与越轨行为的产生有关。

（二）心理学解释

心理学解释主要从人的心理因素来寻找和解释社会越轨产生的原因。

以奥地利心理学家弗洛伊德（S. Freud）的精神分析理论为代表。认为人格由本我、自我和超我构成，本我即无意识，由欲望和冲动构成；人的本能又可分为生的本能和死的本能，生的本能是性欲、恋爱和建设的动力，死的本能是杀伤、虐待和破坏的动力。本能按快乐原则行事，总是争取自私的满足。自我和超我源于本我，并受本我的暗中支配，即无意识支配意识。本我的活动，尤其是性欲的活动，因受道德和良心的压抑，不得不采取迂回曲折的路径，以求得变相的、象征性的满足。自我是一种认识过程，由后天的学习和努力发展而来，自我按趋利避害的原则行事，自我对本我和超我的调节使彼此音质冲突降至最低。超我是社会中禁忌、准则、规范在人的意识中的反映。超我由自我理想和良心两个系统构成。超我代表社会的道德标准，按至善原则行事，超我在人格中起检察官的作用。本我、自我和超我间有一个相互协调和平衡的关系。社会越轨的原因在于人格中的自我和超我未得到平衡发展，破坏了三者间的平衡关系，使本我失控，从而导致越轨行为的产生。

英国心理学家汉斯·艾克森认为，没有人生来就是越轨者，但有些人比其他人更容易越轨。一种可能产生越轨的个性类型是"外向性格"（extrovert）。具有外向性格的人善于交际，但也好冲动，他们对丰富多彩和刺激具有强烈需求。与其相反的个性是"内向性格"（introvert），它是一种长于自我控制的安静型性格。他指出，性格外向的人，其行为很可能逾越人们可接受的范围，他们是否成为越轨者，主要取决于他们是怎样被社会化的。

社会学家阿尔伯特·班杜拉通过研究证明，即使并没有真正从事过攻击行为的人也会通过观察和模仿来学习攻击行为。例如，孩子在电视上看到暴力场面就可能在游戏中加以模仿，通过这种方式，他们学会了怎样行使暴力，如打枪，即使他们在实际中并未采取过所学的行为，但若他们后来发现暴力行为可以带来报酬却没有受到惩罚时，他们就会采取暴力行动。

伯科威茨则认为，攻击行为通常由挫折引起，当某一需要未能满足时，人们可能会遭受挫折。遭受挫折的总量取决于需要、冲动和欲望受到妨碍的强度。挫折可能由于缺乏金钱、爱情和其他东西而产生。

（三）社会学解释

心理学解释强调那些能促使人们以越轨的方式行动的个人特性，而社会学视角则集中于对社会环境的分析。社会学解释试图断定哪种情境使一个普通人违反规范，成为越轨者（deviant）。社会学从社会结构、社会文化、社会变迁等角度来解释越轨行为何以发生。

1. 社会失范理论

社会失范理论是由罗伯特·默顿在 1938 年提出来的。"失范"一词由迪尔凯姆最先提出，默顿对此进行修正和发挥。所谓失范（anomie），是指规范和价值相互冲突或者规范与价值相对脆弱的一种社会状态。默顿指出，在理解失范行为时，需要考虑两个重要因素：一个是以文化或规范的方式描述的目标，即文化目标，如个人在金钱上或权力获得上取得成功；另一个是以结构的方式来描述实现这些目标的手段，即制度化手段，如努力读书求学、努力工作等。他认为，失范是在人们用社会认为合法的制度化手段不能实现自己文化目标的时候发生的。在社会失范情况下，这些人可能失去对这些目标的兴趣，或者失去通过合法途径达到成功目标的兴趣，或者二者同时失去。在这种情况下，他们可能以五种方式对其社会失范的困境产生反应。这五种方式分别是遵从、革新、仪式主义、退却主义和反叛。除第一种外，其余四种均为越轨行为。其中遵从是最常见的反应。所谓遵从，是指运用文化认可的手段，如通过努力学习和努力工作去达到想要的且社会认同的目标。革新则是指接受目标（如获取财富）但拒绝社会认可的手段，而代之以"新"的非法手段，比如当一个人通过卖毒品去赚钱买新汽车的情况。仪式主义是指那种已经失去了社会中的文化目标，而盲目地坚持那些制度化手段的现象，例如，某人努力学习只是为了获得学位而不是为了找到一份满意的工作、获得一定的社会经济地位的情况。退却主义是既拒绝目标也拒绝手段的现象，例如，隐士，这类人抛开尘世生活，退隐山林。反叛则是指拒绝文化上赞同的目标和手段，代之以新的与他人协调的目标和手段。例如，一群大学生可能退学，代之以组成激进的环境行动小组，运用非传统的方法来为新的目标工作。

2. 文化冲突理论

文化冲突论将引起社会越轨的原因归结为不同文化间的冲突，从而将注意力集中到了对民族、宗教、职业等方面文化差异的关注上。文化冲突理论认为，不同民族、阶层、地域的人的信仰、信念、价值观念、行为模式等各不相同，当不同集团的利益和目标发生矛盾时，就会产生冲突，并可能导致越轨。美国社会学家塞林（T. Sslin）在《文化冲突与犯罪》一书中，对文化冲突进行了比较系统的研究。他区分了纵向文化冲突和横向文化冲突。塞林所说的纵向文化冲突是指不同时期文化的冲突，横向文化冲突则指同一时期不同民族、种族、职业或地区间文化的冲突。在此基础上，塞林指出，文化准则的冲突必然导致行为的冲突，而犯罪就是行为规范间的冲突。塞林指出了最易产生文化冲突的四种情形，即：（1）当某个文化集团的文化法律规范被扩展到另一个文化集团的领域时，如一个国家对另一国家和民族的强势扩张；（2）当某个文化集团的成员迁移到另一个不同文化的区域时，例如，某一地区的集体式移民；（3）在相邻两种文化领域的边界接合处，如两个行政地区或两个国家的交界地带；（4）当社会结构由简单趋于复杂化、文化价值则单一趋于多元化时，如农业社会向工业社会发展或农村变为城市的情况。塞林还着重研究了移民的犯罪问题，认为犯罪是文化规范发生冲突的结果。

3. 亚文化群理论

亚文化群理论，也称文化传递理论，是从社会文化背景来寻找越轨的原因。文化分为主文化和亚文化，亚文化中又存在越轨亚文化，受其长期影响的人，就会产生越轨行为。亚文化群理论的代表人物是美国社会学家科恩（A. K. Conen）。他在1955年出版的《亚文化群体》一书中提出了亚文化群犯罪理论。亚文化群理论认为，失范并不一定导致越轨，如许多贫穷家庭的子弟，受到接受教育和挣钱机会的经常性抑制，但他们并未成为盗贼。在从失范到越轨的过程中，学习越轨的机会起了很大作用。一个人可能在这样一个集团或群体内生活，这个群体有一种稳定的、但与主文化价值体系不同的价值体系，这样的群体就是亚文化群。个体如果长期生活在亚文化群里，受其价值体系的影响，就可能产生犯罪。科恩认为，犯罪亚文化群产生和维护的价值体系和行为倾向与主文化的价值观和行为准则是相抵触、相背离的，这是犯罪和非法行为的真正根源，而亚文化的产生是社会化过程的不完善、不适当引起的。理查德·克林纳德（M. B. Clinard）和劳埃德·奥林指出，虽然社会环境试图劝导人们遵从社会规范，但教导的内容并非总是一致的。父母、教师以及其他社会化主体有时传达出的不是遵从而是越轨的态度。如一位母亲总是在教导儿子要团结同学，但当她自己在工作中因受到群体内其他人排挤而丢掉了某次重要的晋级机会时，在儿子面前毫无忌讳地说："在有机会晋级时就应该不择手段地争取，哪怕是损伤了同事间的和气又能怎样，只有获得你想要的东西，你才是真正的胜利者。"埃德文·萨瑟兰认为，每个人都会受到遵从和越轨行为的双重影响。这些影响在各个思想中展开斗争，哪个方面占了上风，哪个方面就会引导人们的行为。如果走向越轨的社会化强度超过遵从的社会化强度，一个人就会变成越轨者。他指出，有几个不同因素会打破平衡，使人偏向越轨：与教唆越轨者的人联系越密切，与之交往的次数就越多、越频繁和越持久，且接触时的年龄越小，当事人变为越轨者的可能性就越大。

4. 标签理论

标签理论（labeling theory）从社会结构中寻找越轨的原因，强调社会越轨的相对性。标签理论产生于 20 世纪 50 年代以后，它源于符号互动主义。

社会越轨行为的产生是由于社会中某些权力集团对某些社会成员及其行为贴上了越轨的标签。越轨是某些权力集团的主观认定，而非本质属性，社会往往通过创造新的行为准则而创造越轨行为。社会越轨分为初级越轨和次级越轨。社会中每个人均会发生越轨行为，但多数是暂时性的，程度也不会严重。然而，一旦越轨行为被其他社会成员发现并公之于众，就被贴上了越轨者的标签，并可能潜在地影响这些人以后的行为，导致他们在以后的行为中按越轨者的方式去行动，初级越轨变成了次级越轨。对一个有社会后果的越轨行为而言，必须有重要的人看到它。如果一商店雇员从收银机里偷钱，并且仅被一个人发现——一位不会对任何人说起这件事的消费者，那么，这位雇员可能不会有什么后果。但如果看到的人是雇员的上司，结果就会大不一样了。在越轨生涯中，被公开标签为越轨者可能是最重要的步骤。越轨者被归入社会另册，给人留下反面印象。标签可能给越轨者一个公众形象，如"罪犯""盗窃犯""懒鬼"等。标签可能是正式贴上的，如庭审或精神检查；也可能是朋友、同事、周围的人非正式贴上的，如"坏孩子""小偷"的名声；也可能是自封的，如称自己是个"懒汉"。标签越轨会产生持久的影响，那些获得这样标签的人，将被当作正常社会之外的人，即便这些人从未再犯标签所暗含的越轨行为。被标签为越轨者的人常被社会拒斥和疏远，这种拒斥有时甚至是生理上的。在这种情况下，被标签越轨者不仅会慢慢地开始围绕越轨者角色构筑他们的生活，而且，为减轻社会压力，他们还会被迫加入越轨者群体，以获取感情和群体的支持。由此，他们恪守常规的压力会减小，自我形象也会得到一定程度的加强。

三、越轨行为的控制

越轨行为是对重要社会规范的违犯，这种违犯会导致社会努力去惩罚冒犯者并试图减少甚至消除进一步的不良行为。社会越轨有消极性越轨、积极性越轨和中性越轨，对这三种不同性质的越轨行为，应当根据具体情况使用不同的控制方式和手段。通常，用来控制越轨行为的方式主要有两种，即内在控制和外在控制。

1. 内在控制

内在控制（internal controls）是指那些引导人们自我激励并按遵从方式行动的过程。内在控制的方式主要是将群体或社会规范内化为某个人的自觉行为。一旦社会规范的内化成功，一个人通常会持续遵守它，即使无人监视时也是一样。内在控制是对社会越轨进行控制的最有效手段。

2. 外在控制

外在控制（external controls）是指运用各种正式和非正式的社会约束或社会规范来促使人们遵从的各种外在压力。

正式的社会控制，如书面警告、撤职、开除、定罪等。由于在正式社会控制机构和职位上，总是存在灵活处理权的情况，如警察通过与罪犯合谋以获取好处，法官通过与被审判者合谋以获取好处费，因此，正式社会控制也存在效力下降问题。非正式的社会制裁，如谴责、批评等，是初级群体的主要功能。非正式控制也适用于工作场所。如一位雇员可能会斥责另一位雇员把事情搞得一团糟。当然，由于个人感情、相关社会地位以及群体团结的情谊等多方面原因，非正式控制的社会约束力可能会下降。如两个好朋友，在考试时，如果一个人发现另一个人在作弊，他可能会谴责自己朋友的行为，也可能害怕影响朋友关系，而不将此事报告老师。

第四节　社会政策及其性质

一、社会政策的内涵

社会政策既是一个实践活动领域又是一个学术研究领域。作为学术研究领域，社会政策在欧洲的许多大学里被作为一个学科至少有几十年的历史了。在美国，社会政策虽然不像在欧洲的大学里那样直接以社会政策系的方式存在和发展，但是在社会工作、政策研究、城市规划等院系中也有其存身之地。

"社会政策"一词最先源于德国，其英文是 social policy。"社会政策"这一术语是由德国经济学家瓦格纳在 1873 年最早提出来的。瓦格纳认为，社会政策是以立法和行政的手段，以排除分配过程中的弊害的国家政策。早期社会政策研究领域最著名的学者之一是英国社会学家马歇尔。他在 1965 年出版的《社会政策》一书中对"社会政策"进行了简要说明。马歇尔认为，社会政策是指与政府有关的政策，这些政策涉及向公民提供服务或收入的行动。另外，马歇尔认为教育也属于社会政策的研究范畴。马歇尔对社会政策的解释受到了社会政策研究大师蒂特马斯的批评。蒂特马斯认为，像马歇尔这样解释社会政策，是把社会政策视为是行善的、再分配的和关注经济及非经济的目标。蒂特马斯认为，社会政策与价值选择有关，只要涉及政策，就应关注人们的需求（目标）以及满足需求的方法（手段）问题。

从社会政策这一概念所涉及的研究范围和关注的对象来看，现代意义上的社会政策比以往更关注穷人和无权者，也更强调社会责任，更注重社会整合、阻止疏离。

那么到底什么是社会政策呢？我们认为，所谓社会政策，是指国家或政府为解决社会问题、改善社会环境、促进社会公正与社会进步而采取的各种原则或方针。通常，社会政策是除经济政策和政治政策之外的各种政策。

二、社会政策的类型

由于现代社会问题复杂多样，因此，针对这些问题的社会政策也多种多样。

根据社会政策涉及的范围和领域，社会政策可划分为广义社会政策和狭义社会政策。对于广义和狭义社会政策，不同学者有着不同认识。我们认为，广义社会政策应指一个国家针对本国所存在的所有社会问题或社会病态现象而制定的相应原则或方针的总和。狭义社会政策专指针对社会病态和特定群体制定的相应的扶持或救助政策，它是社会福利政策的代名词。如扶贫政策、儿童福利政策等。

按照社会政策的研究对象，社会政策可划分为外在控制犯罪或刑罚政策、人口政策、农民政策、劳工政策、救济或公共救助政策、就业政策、住宅政策和社会保障政策等。

按照社会政策所具有的层次划分，社会政策可分为外在控制总政策、基本政策和具体政策。总政策，也称元政策，是指一个国家中带有全局性、根本性、决定社会发展基本方向的政策，包括总路线、总方针、总纲领、总任务等。基本政策是次于总政策而在社会生活各领域、各方面起主导作用的实质性的政策。如计划生育政策、环境保护政策等。基本政策是对总政策的细化。具体政策：是指实现基本政策目标的手段，或者说是对基本政策所做的具体规定，是为落实基本政策而制定的具体的实施细则。

三、社会政策的特征

概括地讲，社会政策的特征主要有：

（1）权威性。社会政策体现了统治阶级的意志，具有法定的权威性。

（2）价值性。社会政策具有特定的价值取向，具有特定的目标或目的性。

（3）政治性。社会政策决策过程是一个政治过程，按政治程序和原则运转。

（4）原则性。社会政策只是确定工作的方向，属原则性规定。

（5）强制性。社会政策是一种具体的行为准则或规范，具有强制性。

（6）时代性。社会政策要适应时代需要，具有显著的时代性特征。

（7）可行性。社会政策必须切实可行，以确保其顺利实现。

（8）具体性。每一社会政策都要针对特定的社会问题，具有具体的政策目标。

第五节　社会政策的制定、执行及其终结

社会政策是针对特定的社会问题而来的，因此，针对不同时期的特定问题，制定、执行社会政策，同时，终结一些已经过时的、改革那些效力不足的社会政策，也就显得格外必要。

一、政策问题的确认

确认政策问题是政策制定过程的第一个环节。社会问题包罗万象，并非每

一个社会问题都能成为政策问题。而要成为政策问题，首先就需要对相关的社会问题进行确认。通常，政策问题的确认需要考虑如下几方面条件：（1）对于该客观问题，政府和公众是否已达成共识；（2）对于该社会问题，是否已有了强烈的公众诉求；（3）对于该社会问题，是否已形成了明显的政策需求。

二、政策方案的制定和择优

（一）政策方案的制定

当政策问题确认完成后，接下来还要建立政策议程。所谓政策议程，也就是将政策问题纳入政治机构行动计划的过程。将政策问题提到政府议事日程，是解决问题的关键一步。一旦政策议程已经建立，而后就是政策方案的制定和择优。

所谓政策方案制定，也称政策方案设计，它是对解决问题的各种可能性途径和方法的选择活动。其目的在于提供各种有利于实现政策目标的备选方案。政策方案的制定是一个决策过程。确定政策目标是设计政策方案的第一步。所谓政策目标，一般是指政策制定者希望通过政策实施所达到的效果，它是政策方案制订和择优的基础。

政策目标的确定通常应注意以下几点：

（1）目标必须具体、明确，应尽可能量化，并有特定时限。

（2）目标必须切实可行。

（3）不同层次目标应当协调一致，应避免具体目标与总体目标冲突。

（4）目标必须体现国家和社会利益，符合国家法律和社会公德。

政策方案的设计则包括轮廓勾画和细节设计两个步骤。在进行轮廓勾画时，应当保证方案的多样性（即应设计多个方案，以备选择）、轮廓总体的完备性（即每一方案均应包含行动原则、指导方针、基本措施、发展阶段等内容）和方案的互斥性（即方案不能互相包容和重复）。而细节设计则应充分考虑实现目标的具体途径、措施和手段，包括政策界限的规定和相关的机构设置、人员配备、资金预算和物质保障等。

（二）政策方案的择优

政策方案择优的前提是进行政策方案的评估。在政策方案评估时，就坚持以下标准：

（1）能最大限度地实现政策目标；

（2）消耗的资源应尽可能少；

（3）实现政策目标的风险应尽可能少；

（4）实施中产生的副作用应尽可能小。

通过政策方案评估，那些较好的方案最终显现出来。

在选出优等方案后，还应从政治、经济和技术等方面进行可行性论证，以便找出那些切实可行、又比较有效的方案。

三、社会政策执行的意义与特点

社会政策执行是将正式公布的政策方案加以贯彻、实施，以达到预期政策目标的各种活动与整个过程。

社会政策执行的意义主要表现在：

（1）社会政策执行是解决社会问题的根本环节。

（2）社会政策执行将决定政策方案能否实现以及实现的程度和范围。

（3）社会政策执行活动及其所产生的结果是制定后续政策的重要依据。

社会政策执行具有如下特点：

（1）连续性。主要指时间上的连续性。

（2）整合性。即通过将各种活动与要素加以整合，以获取最优整体效应。

（3）灵活性。在执行过程中应根据情况变化，随时调整既定程序和策略。

四、影响社会政策执行的因素

概括地讲，影响社会政策执行的因素主要包括：

（1）政策本身。主要包括政策本身是否合理、可行等，这是一项社会政策得以有效实施并取得预期结果的基本前提。

（2）政策资源。政策资源包括资金、人力资源、组织资源、权威资源和信息资源等。

（3）目标群体。目标群体是指由于政策的实施而必须对自身行为或利益加以重新调整或改变的人们，即人们是否认同、接受与配合社会政策的执行。

（4）执行策略。执行策略是指实施一项社会政策的具体行动方略，包括落实政策的具体方式、方法和步骤等。

（5）执行机构。执行机构是指具体推行一项政策的组织机构。

（6）沟通与协调。沟通包括执行机构间、执行机构与相关部门间、执行人员间、执行机构或执行人员与目标群体间等的各种沟通过程。协调则是在沟通基础上，使资源与活动达到最佳配合的过程。

（7）环境。环境因素包括政治、经济、文化和社会心理环境等。

（8）监督。在这里，监督主要包括政府机关的监督、社会公众监督和舆论监督等。

五、实施社会政策对社会问题的影响

考虑社会政策对社会问题的影响，是进行政策评估与确定政策终结的基本依据。一项社会政策实施后，可能对社会问题造成如下几方面影响：

（1）社会政策可以完全或基本解决社会问题，使原有问题消弭无形。

（2）社会政策可以减轻社会问题的严重性。

（3）社会政策对社会问题并未产生实际效果，或只不过使问题改变了存在方式。

（4）社会政策实施后，反而使社会问题严重加剧，或引起了新的社会问题。

（5）社会政策预防了社会问题的发生。

六、社会政策的评估

社会政策评估是对社会政策执行效果进行分析研究的过程。其目的在于鉴定一项政策的实际推行是否达成其预定目标上的效果，从而确认政策对问题解决的程度和影响程度。

在对社会政策进行评估时，通常应注意如下几点：

（1）政策效果评估应以政策的预期目标为主要依据，但不应仅限于此。

（2）政策评估不应仅限于对政策执行者行为的评估，还应将政策环境方面的原因考虑进去。

（3）在进行政策效果评估时，应做投入产出分析。

七、社会政策的终结

社会政策终结是根据政策评估结果，对现行政策进行修改、补充、调整和终止的过程。

政策终结的内容主要包括：

（1）功能终结。功能终结往往意味着某种服务的终止，往往受到抵制。

（2）机构终结。机构终结往往会撤销一些机构或缩减一些人员，也有一定难度。

政策终结的方式主要有：

（1）政策替代。即用新政策替代旧政策，目的在于适应新形势，更好地解决问题。

（2）政策合并。即将部分政策内容合并到其他政策中去。

（3）政策分解。即将原政策内容分解为若干项新政策。

（4）政策缩减。即采用渐进方式对某一政策加以终结，以减少政策和条目。

本 章 小 结

1. 社会控制最早由美国社会学家 E. A. 罗斯提出。社会控制是建立在既定社会规范基础上的，并主要表现为外在社会力量的施加，但它也不排除个人内在约束力的发挥。社会控制的类型多样性。

社会控制的正功能主要包括维护社会秩序、维持正常生活和促进社会发展；其负功能则表现为不合理的社会控制不能维护多数人的利益、僵硬而有力的社会控制不利于人们对合理目标的追求，以及过度的控制往往不利于社会发展。

2. 社会控制常见的控制手段可归为组织控制手段、制度控制手段和文化控制手段等。

3. 社会越轨按照越轨行为对社会行为规范的破坏类型和程度，社会越轨可划分为不从俗行为、不道德行为、违纪行为、违法行为和犯罪行为；按照越轨行为的主体特征，可分为个人越轨和群体越轨；按照越轨行为的性质，社会越轨可划分为正向越轨和负向越轨。用来控制越轨行为的方式主要内在控制和外在控制。

4. 社会政策是除经济政策和政治政策之外的各种政策。社会政策具有权威性、价值性、政治性、原则性、强制性、时代性、可行性和具体性等特征。

5. 政策问题的确认需要考虑的条件：（1）对于该客观问题，政府和公众是否已达成共识；（2）对于该社会问题，是否已有了强烈的公众诉求；（3）对于该社会问题，是否已形成了明显的政策需求。政策方案的设计包括轮廓勾画和细节设计两个步骤。政策方案评估应坚持以下标准：（1）能最大限度地实现政策目标；（2）消耗的资源应尽可能少；（3）实现政策目标的风险应尽可能少；（4）实施中产生的副作用应尽可能小。

社会政策执行的影响因素：政策本身；政策资源；目标群体；执行策略；执行机构；沟通与协调；环境；监督。政策终结的方式主要有：（1）政策替代；（2）政策合并；（3）政策分解；（4）政策缩减。

思 考 题

1. 简述社会控制的类型，社会控制的正功能和负功能。

2. 组织控制手段的特点是什么？组织控制手段有哪几种形式？

3. 制度控制手段与组织控制手段有何不同？制度控制手段有哪几种具体形式？各有何特点？

4. 文化控制手段的特点是什么？它有哪几种具体形式？各种形式的特点是什么？

5. 社会越轨包括哪几种类型？

6. 简要论述生物学和心理学对社会越轨行为的基本看法。

7. 简要论述社会学有关社会越轨行为的基本观点。

8. 常用社会越轨行为的控制手段包括哪几种？各有何特点？

9. 社会政策包括哪几种类型？其性质表现在哪些方面？

10. 在确认政策问题时应注意哪几方面问题？

11. 在确定政策目标时应注意什么问题？

12. 在社会政策评估时应坚持什么标准？应注意哪几方面的问题？

13. 社会政策执行的意义是什么？特点是什么？

14. 影响社会政策执行的因素有哪些？

15. 实施社会政策对社会问题有何影响？

16. 社会政策终结的内容是什么？社会政策终结的方式有哪些？

第十一章　社会问题

学习目标

1. 了解并掌握社会问题的概念、特征及其类型。

2. 了解并掌握社会问题的相关理论。

3. 了解中国人口问题、环境问题、就业问题、贫困问题的相关概念，以及这些问题的成因和特点。

关键名词

社会问题　普遍性社会问题　特殊性社会问题　结构失调性社会问题　功能失调性社会问题　社会整合　社会解体　社会解组　价值崩溃　人口老龄化　可持续发展　就业　灵活性就业　失业　摩擦性失业　结构性失业　技术性失业　季节性失业　贫困　绝对贫困　相对贫困　群体贫困

任何社会都不可能完全在理想状态中存在和运行，而总是存在这样或那样的问题。这些问题与社会发展相伴随，对这些问题的解决可以带来社会新的发展。

第一节　社会问题概述

一、什么是社会问题

社会问题是当今社会的一个高频词汇。职工下岗失业被认为是社会问题，大学生就业难也被认为是社会问题，小学生书包重了被认为是社会问题，人口多了或少了也是社会问题……那么，是不是生活中一切不尽如人意的事和现象都是社会问题呢？社会学家又是怎样认识和看待社会问题的呢？

社会问题是一种普遍现象，当社会内部矛盾发展到一定程度，成为一种明显而普遍的现象时，就会产生社会问题。在社会生活的各个领域，总是充满着各种各样的社会问题。小到人们日常生活中具有普遍性的行为差别，大到涉及人类共同命运的环境污染、能源紧张，都能成为危害社会的社会问题。孙本文先生在《现代中国社会问题》中指出，凡是导致社会全体或一部分人的共同生活或使社会进步发生障碍的问题都是社会问题。当代社会学家对社会问题的看法和认识基本上是一致的。大多数社会学家认为，社会是一个有机整体，如果社会生活的某一个方面因社会变迁而出现了与社会其他方面以及与社会整体之间发生脱节和功能失调的现象，必然会导致社会秩序紊乱，从而影响社会多数成员的正常生活，由此也就演化成了社会问题。

社会问题有广义和狭义之分。广义的社会问题泛指一切与社会生活有关的问题。正如马克思所说，凡是涉及人与人之间相互关系的问题都是社会问题。狭义的社会问题是指各种社会病态。也就是说，社会的正常运转出现了问题，社会中发生了被多数人认为是不符合社会要求或不能容忍的事件或情况，并且这些事件或情况已影响到了许多人的生活，那么就必须以社会群体的力量来进行改进；或者说在社会运行过程中，因存在某些使社会结构和社会环境失调的障碍性因素，从而影响社会全体成员或部分成员的共同生活，并对社会正常秩序甚至社会运行安全构成一定威胁，需要动员社会力量进行干预的社会现象。这是对社会问题的狭义理解。可见，社会问题不是由个别人、个别家庭或团体的努力可以解决的，它需要依靠社会中大家的力量来共同解决。每一个社会在一定时期内都会出现特殊的社会问题。例如，当前一些国家的城市中比较普遍存在的犯罪（特别是青少年犯罪）、吸毒、娼妓，以及离婚、长期失业、贫穷等均属社会问题。目前，中国最严重、最基本，也是最棘手的社会问题莫过于人口问题，这个问题又直接衍生出了一系列其他问题，如就业问题、人口老龄化问题、贫穷问题、环境问题等。

通常，社会问题由以下四方面要素构成：

（1）必须有一种或数种社会现象出现失调情况。社会问题的实质是社会功能失调，表现为社会整体的观念、行为、制度、道德等的异常和失效。

（2）这种失调已经影响了许多人的社会生活。正如美国社会学家米尔斯指出的那样，社会问题通常是一种"公共问题"而非"个人麻烦"。社会问题危害整个社会，与全体或大部分社会成员的社会生活密切相关。

（3）这种失调已引起了社会多数成员的注意，或者说部分有影响力的人士已意识到这一问题。

（4）这种失调必须运用社会力量才能予以解决。社会问题产生的原因及其引发的后果都是社会性的，因此其解决也需要社会成员的共同合作。

二、社会问题的一般特征及其类型

（一）社会问题的一般特征

社会问题虽然与社会变迁过程中出现的功能障碍、关系失调、整合错位等多种因素有关，但不论社会问题的类型如何，它都可以被界定，其界定依据就是它们所具有的一些共同特征。这些特征包括：

1. 破坏性

破坏性或危害性是指社会问题对社会运行和人们的社会生活具有威胁、损害的严重影响。社会现象很多，这其中许多是不具有危害性的，但社会问题作为一种社会现象却是具有危害性的。例如，环境污染问题危害了人们的正常生活，贫穷问题影响了社会成员的生活质量，犯罪问题破坏了社会运行的正常秩序，给社会成员带来不安全等。社会问题的破坏性或危害性是社会问题的最基本特征。社会问题正是由于其破坏性才引起社会多数成员的普遍关注，大多数社会问题对社会发展过程的危害作用表现为它的涉及面大，涉及的人群数量多，并且社会问题往往不是单独出现，而是成群关联的出现，这使得社会问题的破坏性更大。

2. 普遍性

社会问题的普遍性是指社会问题无处不在、无时不有的特性。社会问题无处不在是空间上普遍性的体现，即社会问题在任何社会、任何民族、任何国家或地区里都普遍存在。社会问题无时不有则是时间上普遍性的体现，即自人类社会诞生之日起，社会问题就始终伴随着社会的运行与发展，一刻未曾消失过。迄今为止，人类社会尚未出现完美无瑕、无任何社会问题的社会形态。尽管人类社会类别繁多，相互间差异很大，如传统社会、现代社会与后现代社会等。但是，不同发展程度和不同社会制度的社会，都要解决自己社会中存在的这样或那样的社会问题。社会问题的普遍性还表现在社会制度不同的社会中会存在一些相同的社会问题，如人口问题、家庭问题、犯罪问题等。尽管社会问题可以因社会制度的不同而有不同的表现形式，但社会问题的普遍性却不会因社会制度的不同而消失。

3. 复杂性

任何社会都是相互关联的整体，社会问题也在其他社会因素的关联中存在，社会问题也是一种复杂的社会现象。社会问题的复杂性突出地表现在两个方面：其一，社会问题的成因是复杂的，这些成因涉及经济、政治、社会、文化、自然环境等多个方面。例如，中国农村的贫穷问题，其形成的原因就颇为复杂，有历史的、现实的和文化的原因。其二，社会问题的影响是复杂的，即它对人们的生产和生活具有直接的或者间接的、深层的或者浅层的多方面影响。

4. 差异性

差异性是指社会问题在不同地区、不同民族和不同时间里表现出不同特点，具有不同的影响。有些问题是全球性的，有些问题是区域性的，有些问题在不同时代也会有所区别等。由于在不同的国家或地区，社会文化背景不同，从而导致风俗、规范和道德标准也存在较大差异，因而社会公众对社会问题的认识和界定标准也呈现出很大的差别。同样一种社会现象，在这种文化背景下被认为是社会问题，而在另一种文化背景下却不一定被认为是社会问题。例如，在某些国家由于宗教信仰和风俗的缘故，允许存在一夫多妻或一妻多夫的婚姻制度，而在另外一些国家或地区，类似情况则将被视为触犯刑律。

（二）社会问题的识别

在对待社会问题上，人们经常忽视社会问题的识别问题，而急于寻找迅速解决问题的办法和需要采取的行动，结果事倍功半。一般而言，要想有效地解决社会问题，首先就必须识别社会问题产生的背景及其内容，进而寻找并确定解决这些社会问题的方法。

社会成员或社会群体对社会问题的"觉醒"，可以说是识别社会问题的重要阶段。某一社会问题得到识别，往往是社会中的许多社会成员认识到该问题的严重性，并产生迫切的解决要求，或者是当个人的不满扩大为社会群体的不满时。社会成员对问题的不断"觉醒"是非常重要的。因为随着人们的不断"觉醒"，社会问题才会得到社会的真正重视；媒体也开始觉醒，并经常性地讨论这些问题；慈善基金会等机构也开始觉醒，资助某些社会服务机构推行一些实验性计划；政府及学者、社会工作者、志愿者都愿意提供财政支持，积极发展应对性方案来对付该社会问题。

社会问题的深度识别，是社会学者和有关的社会群体和组织必须要做的工作，也是社会问题解决之前寻找正确解决方法的有效途径。这项工作必须回答下列基本而重要的五类问题。这些问题是：（1）这个社会问题是什么？例如，它是失业问题还是教育问题？（2）这个社会问题发生在哪里？例如，它是发生在城市还是在农村？（3）哪些人会受到这个社会问题的危害？他们的年龄、性别、种族等群体特征是什么？（4）这个社会问题是何时发生的？它持续多少时间了？（5）这个社会问题被社会成员感受到的程度如何？它对社会成员的危害程度如何？

研究者首先应该对所关心的社会问题做一个清晰表述。例如，不能简单地说失学问题，应表述为"××地区××年龄段儿童失学问题"。另外，还应将问题盛行的地区做一个明确的范围界定，以及问题所危害的人群是哪一类，哪些人还可能受到这个问题的影响，这个问题是在什么时候开始发生的，什么时候危害的程度增加了，这个社会问题的危害程度现在如何，等等，以便为深入分析和寻求解决方案打下基础。

（三）社会问题的类型

关于社会问题的类型，学者们给出了许多不同的分类。最早的分类是美国学者 H. Odun 在 1947 年出版的《了解社会》一书中提出的。他将社会问题分成四类，即个人性问题、社会性问题、经济关系问题和制度性问题。

对社会问题的最简单分类是美国社会学家 R. Merton 和 R. Nisbert 在 1961 年出版的《当代社会问题》中，他们将社会问题分为两大类：一类是社会解组类型的社会问题，它是指由相关的地位角色所构成的社会系统中，存在着某些缺陷或不当之处，致使其成员无法圆满地达到群体或个体的目标；另一类是偏差行为类型的社会问题，它是指社会成员的行为违反了其社会地位所规定的行为规范。在社会系统中，人与人之间的社会交往，要求对方行为具有可预测性，即按行为规范办事。

台湾大学教授杨国枢、叶启政在《台湾的社会问题》一书中将社会问题划分为环境区位性、社会制度性、资源分配性、偏差行为性等四种类型。环境区位性的社会问题主要指与地理区位和生态环境有密切关系的农村问题、城市问题、人口问题和环境问题等；社会制度性社会问题是指与社会制度的组织与运作有密切关联的家庭问题和教育问题等，如家庭小型化、核心化、离婚、单亲家庭、教育政策、教育制度问题等；资源分配性社会问题是指与各种资源的分配不平等有关联的贫困问题、劳工问题、妇女问题、弱势群体问题以及医疗照护问题等；行为偏差性社会问题主要指与违犯法律、规范及正常标准有关的犯罪问题、贪污问题、色情与娼妓问题、赌博和心理卫生问题等。

国内有的学者将社会问题划分为五类社会问题，即结构性社会问题、跨时空性社会问题、伴生性社会问题、失范性社会问题和过程性社会问题。

（1）结构性社会问题。在社会结构稳定时和发生剧烈变动时都会发生，尤以结构变动时发生的问题最为明显，后果也较为严重。稳定性结构所产生的社会问题，如现代化适应问题、代差问题、教育问题等，这些问题是社会经济发展和社会生活方式变化过程中经常会遇到的。社会结构发生重大变动时所引发的社会问题往往带有全局性和普遍性，不以人的意志为转移。

（2）跨时空性社会问题。跨时空性社会问题是指在不同国家、不同社会制度下重复出现的社会问题。人们常说的不同社会制度下存在不同的社会问题这一命题，在一定范围内无疑是正确的，但社会问题的成因往往是多种多样、纷繁复杂的，一般来讲，这些成因既有社会形态方面的，也有非社会形态方面的，既有经济方面的，也有非经济方面的。各种因素在这类社会问题的形成过程中复合起作用，呈现出"多因一果"的情况。如人口老龄化现象，虽因各国社会形态不同而表现出不尽相同的状况，而且解决办法也会不同，然而，在这一问题产生和发展过程中起直接、重要作用的是人口的生育模式，因此，人口老龄化在世界范围内表现出一定的共有规律性。

（3）伴生性社会问题。伴生性社会问题是指伴随社会进步而出现的社会问题。比如，在经济发展时出现的基尼系数增大、高收入与低收入差距悬殊、对外开放引发东西方文化碰撞、价值观念紊乱，以及社会流动加快给治安管理带来重大压力和困难等。

（4）失范性社会问题。失范性社会问题是指社会经历剧变后，惯常的行为准则失效，从而导致越轨事例增多。造成这类问题的原因，一是原有的一些行为规范滞后于社会政治经济形式的演变，致使规范的控制功能削弱，与此同时，新的规范又未及时确立起来，从而使人们产生角色中断和行为失范，角色之间不能实现顺利转移；二是各群体间和群体内优势价值时常相悖，不被人们普遍遵从，而社会又不能对角色转换和角色扮演提供必要的指导，或提供可遵从的标准，从而使人们无所适从，只能随心所欲。比如赌博、迷信活动、行贿受贿、贪污欺诈、性犯罪等。

（5）过程性社会问题。过程性社会问题一方面是指不同社会发展阶段，会出现不同性质的社会问题；另一方面是指某一社会问题一旦出现，就会有其自身相对独立的发展过程。

第二节　社会问题的有关理论

由于社会问题纷繁复杂，产生的原因多种多样，因此也就形成了认识和分析社会问题的相关理论，这里主要介绍一下社会整合理论、文化冲突理论、社会解体理论和价值冲突理论。

一、社会整合理论

社会整合，也称社会一体化，是指社会不同的因素和部分结合成为一个协调统一的社会整体的过程。社会整合是与社会解体、社会解组相对应的社会学范畴。社会整合的可能性在于人们具有共同利益，以及文化、制度、价值观念及其他社会规范对人们具有控制和制约作用。社会整合（social integration）理论是由法国社会学家迪尔凯姆提出来的，后来美国社会学家帕森斯将其引入结构—功能主义理论体系中。帕森斯在 1977 出版的《社会体系和行动理论的演进》一书中，将社会整合定义为：（1）社会体系内各部门的和谐关系，使体系达到均衡状态，避免变迁；（2）体系内已有成分的维持，以对抗外来的压力。帕森斯认为，一个社会要达到整合目的，就必须具备如下两个条件：第一，有足够的社会成员作为社会行动者受到适当的鼓励并按其角色体系去行动；第二，使社会行动控制在基本秩序维持之内，避免对社会成员作过分的要求，以免形成离异或冲突的文化模式。

继帕森斯之后，社会学家对社会整合这一概念的解释及运用逐渐分化为两种不同的倾向：一种沿袭了帕森斯的观点，继续将其置于宏观社会理论体系之中，从抽象意义上加以解释和运用；另一种则朝着经验研究的方向，将这一概念用于研究各种社会群体内或群体之间的实际关系，特别是用来研究民族及种族群体的关系，研究多民族国家各民族之间文化上的接近和融合现象等。

通常，社会整合有许多具体形式，并可划分为诸多类型。除以上已提及的社会体系的整合以及民族或种族关系的整合外，社会学经常论及的还有文化整合、制度整合、规范整合和功能整合等。

迪尔凯姆将社会整合划分为两种基本类型，即"机械团结"和"有机团结"。前者强调社会的同质性，在传统社会发挥着重要作用；后者强调社会的异质性，在现代社会整合中具有强力作用。社会问题的产生与社会整合程度的高低密切相关。社会整合程度过高或过低都容易引起社会问题，如自杀现象，只有适度的社会整合才有利于社会正常发展。

二、文化冲突理论

文化冲突理论是由美国社会学家奥格本（W. F. Ogburn）在研究社会变迁时提出来的。奥格本认为，社会变迁是一种文化现象，应该从人的文化方面而不是人的生物性方面去寻找社会变迁的原因。社会变迁是社会在一种发明打破旧均衡状态后做出调节以寻求新的均衡的过程。社会变迁过程中的社会问题被认为与文化的传递和传播而引起的变化有关，同时还与两种以上的文化进行接触时所产生的文化冲突以及由文化冲突所引起的文化适应及其结果有关。文化失调现象因调节的滞后性而导致。他认为，文化变迁首先表现为文化中物质部分的变迁，其次才是文化精神部分的变迁，最后是文化中习俗、习惯的变迁，已变迁了的文化中心与尚未变迁或速度不一致部分之间形成差距，这种现象称"文化堕距"。

文化冲突理论认为，现代的许多问题都是由于人们的道德观念不能与现代技术发展相适应引起的。文化严重失调是现代社会问题产生的主要根源。奥格本把文化区分为物质文化和非物质文化。物质文化由于积累性的发展而变化快，而非物质文化的变化则相对缓慢，因此，与物质技术的变化相比，后者在适应其技术理念的制度建立之前，在时间上相对落后，这就是文化堕落。新的发明和发现，不一定立即被社会和制度所接纳。是否适应文化的变化，不是以个人为单位而是以群体、组织和社区为单位来评价的。比如，战争、罪犯和性混乱等许多社会问题之所以产生，都是因为在旧制度中形成的人们的性格难以自行适应新的文化标准。处于这两种状况之间而不能决定去留的边际人（marginal man），丧失了个人自主性，表现出消极的、软弱无力的社会态度。奥格本的理论常常被用在社会问题成因的解释之中。

三、社会解体理论

社会解体（social disintegration）是与社会整合相对应的概念，它最早由美国社会学家托马斯（W. I. Thomas）提出。社会解体是指社会规范对社会成员的约束力减弱、社会凝聚力降低，使原来的社会秩序无法维持和继续下去，而逐渐被新的社会制度所替代的过程。社会整合是指各种制度和规范依靠社会控制的力量朝一定方向发生作用的状态。

托马斯认为，以亲属、情爱和朋友等关系为内容的非正式关系对人们社会行为的影响，远比同事、上下级等正式社会关系的影响大。前者的整合决定着社会的整合程度，社会解体就是这种非正式关系的解体。社会解体是产生社会问题的主要原因。当社会生活的共同规范消失、共同体观念缺乏或消失时，即会产生社会解体。或者说是由于这种控制力的削弱或其他原因，在制度和规范所具有的价值中出现对立和混乱，而未能与一定的目的调和起来，就会引起人们的越轨行为或文化上的分离，从而导致社会解体。

社会解体虽是最严重的社会运行状态，但现实中并不常见，最常见形式是社会解组。

所谓社会解组（social disorganization），是指虽然社会中已出现松散和离崩现象，但仍保持在原有的社会制度结构和社会体系之内的状态。社会解组有三种形式，即失范（社会生活中没有一套现存的社会规则和规范来指导人们的行为）、文化冲突（社会生活中两种相互对立的价值规范和行为方式同时并存，使人们无所适从的现象）和价值崩溃（价值规范和行为方式完全紊乱，人们各行其是的现象）。

社会解组理论认为，社会问题源于社会解组，而社会解组则源于社会变迁。社会变迁的最强有力的是工业化、都市化、移民和科技进步等，它们使社会的异质性不断增加，从而破坏了社会原有的动态平衡；也使原有的社会权威、社会约束和控制日益减弱，从而导致社会解体和重组。因此，解决社会问题的最有效办法是尽快重建社会规范和社会秩序，重建社会均衡体系。

四、价值冲突理论

1941 年查理·富勒（Richard C. Fuller）及理查·麦尔斯（Richard R. Myers）在论文《社会问题理论的一些观点》和《社会问题的自然历史》中指出，价值冲突存在于大部分社会问题之中。他们认为，所有社会问题都会经历三个发展阶段，即警觉、政策决定和改革。在每一阶段，相异群体的价值和兴趣相互产生冲突。

价值冲突理论（theory of value conflict）认为，社会问题是与某些群体的价值不能相容并存的社会状况，这些状况令群体中的成员认为有必要唤起大众来采取行动。造成社会问题的根本原因是价值或兴趣上的冲突。因所处的社会地位和经济利益不同，人们对同一问题往往有着不同的价值评判标准及不同的立场和态度等，故在采取某种措施改变某一社会现象时，常常会引起群体间无休止的冲突。当这些价值观念对立和冲突时，就会产生社会问题。

价值冲突理论主张运用交涉、达成协议和使用权力三种方法来解决社会问题中存在的利益与价值分裂现象。所谓交涉，就是对立双方就发生冲突的问题进行接触和磋商。所谓达成协议，是指对立双方各自做出一些让步和妥协，做出双方均可接受的决定。而使用权力则是指拥有权力较多的一方运用权力掌握解决问题的控制权，使问题的解决有利于自己这一方。

价值冲突理论提倡研究社会利益，主张以价值冲突观点来研究社会问题，认为所有的社会问题均源于"文化价值上的冲突"。富勒和麦尔斯在其著作《文化价值上的冲突》中假设有三种社会问题：自然的问题（如地震和飓风等）令人生厌，但束手无策；修正过的问题（如犯罪和贫穷等）惹人厌烦，必须加以修正；道德上的问题（如堕胎和赌博等）不确定是否惹人厌，无法决定应采取什么行动。

第三节　人口问题

中国是一个人口大国，中国目前的大多数社会问题都与人口有关。人口问题是当前中国最突出，也最棘手的重大问题之一。

一、人口问题的实质

人是社会的主体，一定数量、质量和结构的人口是社会存在和发展的基本条件。人口具有生物属性和社会属性。人口的生物属性决定了人与一般动物具有某些相似性特点，而人口的社会属性则决定了人与一般动物又有着本质区别。

人口是消费者和生产者的统一。消费是人作为动物的一般特性，同时也是人"口"一词的现实体现；人作为消费者，其消费倾向和消费行为是贯穿于人的一生的，而恰恰是人的消费性特征，才形成了以人的异质性为特点的不同类型的消费群体。人作为生产者，则是受一定年龄限制的，而人能不能成为适合社会需要的生产者，还要看每一个体本身是否具备社会生产所要求的健康素质和科学文化素质。

人口问题是围绕消费和生产特征展开的。人口问题的实质体现为生活资料或生产资料与消费者或生产者之间是否存在均衡关系，或者说，生活资料与人"口"及生产资料与人"手"的关系是失衡、还是均衡，以及失衡的程度如何。更通俗地讲，人口问题通常是由以下几类情况引起的：第一类是人口总量对消费资料的压力，即所谓"温饱"或绝对贫困问题；第二类是相对于大量的劳动力人口所表现出来的生产资料不足，即所谓就业与失业问题；第三类则是由人口数量、人口质量和人口结构共同引发的，包括老年人口问题、失业问题以及人口与发展问题等。

二、人口增长与资源、环境

人口数量或人口规模直接影响着人与自然以及人类社会内部的关系。人类发展的历史就是人口与自然资源、环境相互作用的历史，人口与自然之间的关系是一个复杂的双向系统。人口经历了农业社会高死亡率、高出生率、低增长率的阶段后，开始转向快速增长的阶段，虽然发达国家已经进入了低增长时期，完成了人口转变，但从全球总体来看，人口还在不断增长。人口快速增长和自然资源的相对匮乏以及无法满足人们生存需要之间的矛盾日益突出。一方面，人的生存和发展离不开自然资源，环境质量对人口的数量、质量、分布等会产生重要影响；另一方面，人口数量、结构的变动直接作用于环境，尤其是人口数量长期持续的增长，会引起不同程度的环境恶化，并危及人口自身的生存和发展。

人口增长会不断地增加自然和生态环境的压力。在一定时间、一定空间和一定社会生产力水平下，人口数量越大，人口增长越快，所消耗的自然资源就会越多，由此排放到自然界中的污染物也会越多，人类对自然界的扰动性就会越大。在资源既定情况下，人口规模越大、增长越快，对资源和物质产品的人均占有量就会越少，生活质量也会受到负面影响。一定时间和空间范围内的人口数量是由该区域的初始人口数量及其人口增长率共同决定的。而人口增长率则受人口自然增长率和人口净迁移率共同影响。

环境、资源是人口存在和发展的基本条件。但是，随着人类对自然环境改造能力的加强和人类的繁衍，环境、资源的人口容量日趋紧张，也使得人类自身可持续发展面临尖锐的挑战。在我国经济社会发展中，人口增长与环境保护和资源合理利用之间不协调问题越来越突出。以我国环境资源的人口容量为例，按目前大多数研究者的估计，对我国经济社会发展最有利、资源利用最有效的人口容量约为 7 亿～10 亿人，而我国最大的人口规模约为 15 亿～16 亿人。①

三、人口老龄化与健康问题

（一）人口老龄化

人口老龄化是指一个国家或地区总人口中老年人口比例不断提高的过程。人口老龄化是一种动态过程。按国际通行的标准，60 岁以上的老年人口或 65 岁以上的老年人口在总人口中的比例超过 10% 和 7%，即可简单视作是进入了老年社会。人口老龄化的最直接结果是总人口中老年人口的比重提高，老年人口的相对量增多，青少年人口相对量减少，劳动力人口趋于大龄化。

中国人口老龄化现状及其特征决定于中国的基本国情。中国人口基数大、人均资源不足、地区经济文化差异大等国情不同于其他国家，尤其是西方发达国家，这决定了中国人口老龄化具有以下特点：

（1）中国老龄化速度及老年人口规模居世界第一。目前，中国人口数量约占世界人口总数的 1/5，是世界第一人口大国。这一基本国情决定了中国是世界上老龄人数最多的国家。受计划生育政策等的影响，预计到 21 世纪中期中国人口占世界人口的比例将降为 1/7。然而，由于我国居民的生活水平在不断提高，人口预期寿命在不断增加，因此，21 世纪中叶以前中国老年人口总数仍将居世界第一。

（2）"未富先老"，相对于经济社会发展，人口老龄化提前到来，而且发展迅速。中国老龄化现象与经济发展不协调，是世界上进入老年型社会的发展中国家之一。一般来讲，人口老龄化进程是与经济发展水平基本保持一致的。目前，中国不仅人均 GDP 低，而且在其他方面，诸如人口城市化、文化教育水平、医疗卫生水平和老年人收入水平等方面均与世界发达国家存在一定差

---

① 陈卫、孟向京：《中国人口容量与适度人口问题研究》，载于中国人口信息网，www. cpirc. org. cn，2004 年 3 月。

距。因此，即使 2020 年实现 GDP 翻两番的目标，中国仍将是在许多方面均落后的发展中国家，届时中国人口的老龄化程度却已接近今天发达国家和地区的水平。"未富先老"是中国人口老龄化的重要特征。

（3）经济社会发展是人口老龄化的部分原因，另一重要原因是计划生育政策的干预作用。中国人口老龄化过程并不是纯粹的自然发展过程，由于一些人为因素，如实行计划生育政策，人为控制出生率导致人口结构发生变化，从而使人口老龄化进程超前于社会经济的发展。

（4）中国人口老龄化的一个特殊方面是呈现区域特征，地区之间人口老龄化程度相差较大，分布极不均衡。经济发展水平决定着人口老龄化分布状况，经济发展水平较高的地区，生活水平相应较高，人口平均预期寿命相对较长，老年人口占总人口的比重通常会高于经济发展水平较低的地区。此外，我国农村生育水平高于城镇，欠发达省区的生育水平高于全国平均水平，这就决定了农村和欠发达地区的老年人口比重低于城镇与发达地区。目前，上海、浙江、北京等发达城市和地区老年人口比重较高，而宁夏、青海、新疆等不发达地区的老年人口比重则较低。然而，由于市场经济的作用，大量青壮年人口流动迁移到城镇及发达地区务工，未来的中国人口老龄化分布状况有可能出现相反结果。

人口老龄化会带来一系列社会后果。这些后果主要有：（1）带来老年人口消费需求与供给的尖锐矛盾，增加劳动力人口的社会负担，并给社会生产和消费结构带来重大影响。中国在经济欠发达的条件下人口结构已步入老年型，"未富先老"引发了严峻的结构性矛盾。老龄人口的快速增长需要把更多资源用在消费上，从而减少了用于再生产的投入，不利于经济的可持续发展。（2）带来家庭结构、社会关系和人们价值观念的变化。例如，社会正出现越来越多的空巢家庭，人口代际传递正面临失衡状态。农村和城市以家庭为核心的养老传统因受各方面因素的影响正日趋弱化，原有的家庭养老模式正受到越来越严峻的挑战。（3）人口老龄化与老年人口的高龄化相伴随，从而对社会提出了更高要求。例如，高龄老年人特别是农村高龄老年人的长期照料问题，将会随着城市化进程和人口高龄化的发展而逐渐演化为严峻的社会问题。

（二）人口健康

人口健康是一个国家和地区人口质量高低的重要体现，是当今世界各国普遍关注的重要问题。人口健康状况是反映一个国家或者地区经济与社会发展水平、卫生健康水平及人口素质的重要指标。良好的营养与健康状况既是社会经济发展的基础，也是社会经济发展的重要目标。

随着科学技术进步和人类社会不断发展，一方面一些传统的疾病，如流感、瘟疫等得到了一定程度控制，有的甚至已经被彻底消灭；另一方面，由于人类对赖以生存和发展的自然环境的破坏和污染，加之人类自身因素，如生活节奏加快、工作压力增大以及生活关系混乱等，一些新的疾病又在不断涌现，如癌症、心脑血管疾病、艾滋病等。这些疾病已经严重威胁到人类的生存和发展。对于这些疾病的治疗和控制，是当今人类社会所面临的重要挑战。

人口问题不仅是控制人口数量问题，而且还包括如何提高人口质量、优化人口结构以及促进人的全面发展等问题。在控制人口数量工作已取得相当大成绩的时候，人口工作的重点将逐渐向后三个方面转移。过去四十多年中我国政府实行的人口控制政策成功地使 13 亿人口日的到来延迟了 4 年，也使我国进入低生育水平国家的行列。然而，目前来看，中国"控制人口数量，提高人口素质"这一人口战略实现的任务仍然任重道远。

四、当今中国所面临的基本人口问题、成因及解决办法

（一）当今中国所面临的基本人口问题

1. 人口规模过大抑制了社会发展

适度的人口数量是社会发展的必要前提，但是当人口数量过多时，就会转变成社会发展的阻力。中国现阶段人口规模过大，数量过多，已经成为社会的负担，这主要表现在：一方面由于人口规模大，使得人均占有资源量下降，教育事业、社会福利、社会保障发展受到制约，发展缓慢；另一方面，人口规模过大使得社会发展转型和调整阻力较大，如城市化是当前社会发展和社会结构调整中的主要任务，这涉及几亿农业人口的转移和安排问题，情况复杂，困难重重。

2. 劳动力人口规模大，给就业带来了巨大压力

中国是世界上第一人口大国，人口数量已达 13.7 亿人，并且仍以每年近千万人的速度增加。人口的快速增长必然会引起劳动年龄人口的增多，导致劳动力供大于求，从而带来巨大就业压力。2006 年 4 月 10 日，国家发展与改革委员会发布消息称，2006 年中国劳动力供给增量已达峰值，劳动力人口增量为 1700 多万人，劳动力人口供大于求的数量为 1400 万人。

3. 人口质量总体较低，不能适应经济和社会发展的要求

根据第六次人口普查结果，中国内地 31 个省、自治区、直辖市 6 岁以上人口中，接受大学（含大专）教育的 11424 万人，接受高中（含中专）教育的 18665 万人，接受初中教育的 51818 万人，接受小学教育的 35721 万人，文盲人口（指 15 岁及 15 岁以上不认识字或识字很少的人）为 5419 万人，文盲率为 4.88%，其中农村文盲率高达 7.26%。

4. 快速的人口老龄化进一步强化了中国的老年人口问题

老年人口的社会保障问题加剧，社会负担越来越重，老年人口这一特殊人群的社会保障问题已成为最尖锐的人口问题和社会矛盾。社会不得不面对老年人口的供养、医疗、健康、社会服务以及老年人的婚姻、家庭、价值观等问题。

（二）中国人口问题的成因

中国人口问题的成因是多层面的，概括地讲，主要表现在如下几个方面：

1. 经济原因

经济原因主要指社会生产力发展水平、居民收入水平和消费水平等。我国社会生产力水平比较低，家庭经济收入多寡与劳动力人口数量仍存在一定的正相关关系。特别是在广大农村，手工劳动在家庭经济中仍占有较大比重，劳动力人口的多少和强弱，仍从一定程度上直接影响着家庭的经济收入，这一源于传统经济时期的规律仍然在一定程度上刺激着农村家庭的婚育行为。再者，由于中国农村目前仍未建立起完善的社会保障体系，农村相当大比例的老年人仍然靠子女赡养，这种现实使农民家庭仍较普遍存在着养儿防老的观念，只要一有机会便会抢生、超生。

2. 社会原因

社会原因主要指教育、文化和价值观等。由于传统观念和家庭、婚育观念仍然影响甚至束缚着人们，"早生贵子""多子多福""儿女双全""儿孙满堂""传宗接代"等传统观念在农村社会仍有较大的市场和社会影响力，并左右着人们的婚育行为，导致农村多育现象仍较普遍。

3. 历史原因

历史原因主要指人口发展的过程和人口基础。由于人口基数大，在没有实行人口政策时，自20世纪50年代中期至70年代初期，中国经历了两次生育高峰，这一时期共出生6亿多人，相当于2个美国或5个日本的人口，到1973年国家实行计划生育政策时，人口已接近8.5亿人。

4. 政策原因

在很长一段时间里，"人多力量大，人多好办事"一直左右着人们的思想，片面夸大人作为生产者的一面，而忽视了人作为消费者的一面。认为，社会主义条件下人口越多，生产的东西就会越多。这种错误认识，导致了新中国成立后的相当长一段时期内人口放任增长现象，从而为20世纪50~60年代的人口过快增长埋下了隐患。

5. 人口自身原因

虽然中国已经进入了低生育率国家，但由于人口发展的内在规律性，当前和今后一段时期内，中国人口仍将以较大规模增加。

（三）解决中国人口问题的途径

1. 控制人口数量，维持中国目前的低生育率水平

人口总量巨大仍是中国的最大难题。虽然目前中国已进入低生育率水平时期，但由于人口基数庞大，每年人口增长的绝对量仍然巨大，对就业、医疗、住房、教育以及环境、资源等仍有很大的压力，而且，如果人口数量失控，一些社会问题将会更加突出。同时，也应特别关注人口老龄化的负面效应，逐渐放开生育两孩政策，以稀释人口老龄化程度，避免今后因少年儿童人口不足可能带来的劳动力供给不足问题。

2. 转变人口管理观念，努力做好人口的局部调控工作

在现阶段，应结合中国人口和社会经济发展的实际，逐步实现人口调控模式的转变，由过去的外在强制为主逐渐转变为以内在需要为主，以适应时代发展需要。原因是，中国人口存在年龄结构、性别比例、地理分布、城乡分布上的不合理性，由此就需要政府有关部门不断转变人口管理理念，改变人口管理方法，研究人口发展的规律性及其与资源、环境和社会经济发展的关系，努力做好人口调控工作，以推动人口与社会经济的协调、可持续发展。

3. 加大教育投入力度，努力提高教育质量

教育问题一直是国家特别关注的焦点问题，国家财政逐年加大在教育方面的投入，努力提高教育质量，同时加强职业技术教育，促进中国人口质量的持续提高，使中国由人力资源大国向人力资本大国转变。

4. 大力发展经济，不断满足人民日益增长的物质需求和精神文化需要

在发展经济的同时，还要特别注意经济发展方式的综合使用问题，也就是说，在保障经济较快发展的同时，还要特别兼顾就业和社会公平问题，通过培育劳动力密集型产业以及协调好技术进步与就业的关系，来有效地促进就业，同时减少贫困，缩小群体差别，从根本上解决社会发展中出现的效率与公平的矛盾，促进社会安定、和谐与进步。

第四节　环境问题

"控制人口数量，提高人口素质"和"保护环境"是中国的两大基本国策。人口问题、环境问题与资源问题和粮食问题一起，并称为当今世界的四大问题。近四十年来，随着中国人口的迅速增长以及经济的迅速发展，资源短缺、环境污染和破坏问题越来越突出。保护环境，推进中国人口、经济、社会与资源、环境的协调和可持续发展，是当今中国所面临的重要任务。

一、环境问题概述

环境问题始于生态平衡的破坏，它一般包括两种情况：一种是由环境自身变化，如火山爆发、地震、台风、洪水等引起的问题，即原生或第一环境问题；另一种是由人类活动引起的问题，称次生或第二环境问题。次生环境问题中又包括环境破坏问题和环境污染问题。

环境问题的提出通常暗含着四个前提：（1）环境承载力的有限性；（2）科学技术能力的有限性；（3）尊重人类的价值，特别是生命价值的要求；（4）通过人类活动来改善环境问题的可能性。环境问题在很大程度上是人类活动不当所造成的，因此，只要我们切实付出努力，环境问题是完全能得到改善的。

当今世界的环境问题主要与以下内容有关：（1）土壤肥力流失以及土地荒漠化、盐碱化；（2）乱砍滥伐；（3）淡水资源短缺；（4）城市规模恶性膨胀；（5）垃圾成灾；（6）物种减少或灭绝；（7）人口剧增；（8）超载放牧；（9）过度捕捞渔业资源；（10）臭氧层破坏；（11）大量排放二氧化碳；（12）酸雨污染；（13）水域污染；（14）放射性污染和有毒化学品污染增加；（15）发展中国家机动车数量迅猛增长。其中，臭氧层破坏、温室效

📄 小知识

雾霾与大气污染

雾霾是雾与霾的合称。通常来讲，雾是由大量悬浮在近地面空气中的微小水滴或冰晶组成的气溶胶系统。多出现于秋冬季节，是近地面层空气中水汽凝结（或凝华）的产物。雾的存在会降低空气透明度，使能见度恶化，如果目标物的水平能见度降低到 1000 米以内，就将悬浮在近地面空气中的水汽凝结（或凝华）物的天气现象称为雾。霾，也称阴霾、灰霾（烟霾），是指原因不明的因大量烟、尘等微粒悬浮而形成的浑浊现象。霾的核心物质是空气中悬浮的灰尘颗粒，气象学上称为气溶胶颗粒。将目标物的水平能见度在 1000 ~ 10000 米的这种现象称为轻雾或霾。形成雾时大气湿度应该是饱和的（如有大量凝结核存在时，相对湿度不一定达到 100%就可能出现饱和）。由于液态水或冰晶组成的雾散射的光与波长关系不大，因而雾看起来呈乳白色或青白色和灰色。

雾霾天气是一种大气污染状态，雾霾是对大气中各种悬浮颗粒物含量超标的笼统表述，尤其是 PM2.5（空气动力学当量直径小于等于 2.5 微米的颗粒物）被认为是造成雾霾天气的"元凶"。随着空气质量的恶化，阴霾天气现象出现增多，危害加重。中国不少地区把阴霾天气现象并入雾，一起作为灾害性天气预警预报。统称为"雾霾天气"。

应和酸雨等并称当今世界三大环境问题。

在中国，主要的环境问题则包括大气污染、水污染、噪声污染、风沙、生活垃圾污染、森林破坏、超载放牧导致草场退化、农药污染、沙漠化、土地盐渍化、工业污染、水域污染、野生动植物减少甚至灭绝等。中国每年因环境污染所带来的直接和间接经济损失均在千亿元以上。

二、可持续发展与环境保护

可持续发展是在 20 世纪 80 年代末由挪威前首相布伦特兰夫人主持的世界环境与发展委员会在研究报告《我们共同的未来》中提出来的。所谓可持续发展，是指既能满足当代人需要又不对后代人满足其需要的能力构成危害的发展。

可持续发展所要求实现的基本原则主要有：（1）持续性原则，或称永续性原则；（2）和谐性、协调性原则；（3）公平性原则。

自然环境是人类生活和生产的基本场所，同时也是人类天然的生产对象。如果生态环境受到严重破坏，就意味着对生态环境，即人类生存的物质基础的根本性破坏。人类与环境的关系，本质上是一种互相依存、互相影响、互相制约的关系。保护环境，就是保护人类的生存和发展的基本条件和场所，这是保证人类永续存在和发展的根本所在。

本来自然界对人类是友好的，但由于人口数量的恶性膨胀以及人性无限攫取的贪婪，人类对环境和资源的不当改造、利用以及向生态圈大量排放废弃物等破坏了自然界固有的和谐状态，引发和加剧自然灾害，直接或间接造成大气污染、水土流失、荒漠化、生物多样性锐减等生态环境难以恢复的退化、恶化和危机。

第五节　劳动就业问题

劳动是人类区别于其他动物的本质特点，是人类维持自身生存和发展的基本手段。中国是一个人口大国，也是一个生产力水平相对低下的发展中国家，就业仍然是目前人们获取生活资料、维持生存和发展的基本手段。"就业是民生之本"，这是中国政府在几十年的社会管理实践中得出的经验性总结。

一、劳动就业概述

（一）什么是劳动就业

劳动就业，简称就业，是指在劳动年龄内有劳动能力的人，从事某种劳动或工作，取得劳动报酬或经营收入，以维持其基本生活和自身发展需要的活动。

在这里，劳动就业包含了如下几层含义：

（1）劳动就业是针对劳动年龄人口中有劳动能力的人而言的；

（2）劳动就业是指从事一定职业并获取相应报酬的活动；

（3）劳动就业是指持续相对而言较长时间的有酬劳动，不是偶尔为之。

广义地讲，劳动就业是将劳动者个人劳动能力与生产资料相结合的创造社会财富的活动。在传统农业社会里，当一个人达到劳动年龄后便自然地去劳作，这种就业方式称自然就业。由于国家不负责也不去管理劳动者的谋生问题，因此，传统社会中无劳动就业问题可言。进入工业社会后，劳动者与生产资料的关系不再是自然状态的关系，而是通过一定的机制去组织人们就业，进行劳动的，由此，也就出现了劳动就业问题。在现代社会里，即便是在非工业领域，当劳动者不能自然与生产资料结合并获取生存所必需的资源时，也会出现劳动就业问题。

（二）劳动就业的类型

劳动就业的类型多样，按不同标准，可划分为不同类型。

按照从事某一工作时间的连续性及其时间长短，就业可分为稳定就业、临时就业和灵活性就业。所谓灵活性就业，是指劳动者不是长时间而是分阶段，甚至不是全时间的较为灵活的就业方式。

按照社会上有劳动能力且有劳动愿望者就业的比例，就业可分为充分就业和不充分就业。充分就业是指社会有劳动能力且有就业愿望的劳动者绝大多数实现了劳动力与生产资料结合的情况。充分就业不等于100%就业。在现代社会，充分就业是指保持一定的、社会允许的自然失业率的就业。目前，只要有劳动能力且有劳动愿望的劳动者的就业比率达到94%～96%，即为充分就业。

按就业的显在性，就业又可分为显性就业和隐性就业。显性就业是指劳动者与生产资料相结合，并且是劳动者的劳动报酬和社会劳动由政府做出管理和统计的就业。隐性就业指的是表面上劳动者与生产资料分离，而实际上通过各种方式已经参加有劳动报酬的社会劳动而政府未做有效管理和统计的就业。具有隐蔽性和不稳定性的特点，因此政府部门难以有效统计和管理。隐性就业是在我国经济体制转轨和隐性失业公开化过程中出现的新现象，它具有显性化的要求。

（三）劳动就业的社会经济意义

从社会角度看，劳动者的劳动就业可以创造社会财富，满足人们的物质生活需要，同时还可为社会发展创造物质条件；另外，劳动者的充分就业有利于社会安定团结，若失业率过高，就意味着没有充分就业，没有保持较高的、稳定的就业水平，就必然导致收入差距拉大，造成贫困、犯罪等问题，带来社会的不稳定。

从个人角度看，劳动是劳动者获取正当收入的手段，是他及其家人生存的物质基础，劳动者通过取得报酬，从而获得生活来源，使社会劳动力能够不断再生产；同时，劳动就业也是劳动者自身社会地位的肯定过程，是劳动者职业地位的具体体现。劳动者的就业有利于其实现自身社会价值，丰富精神生活，提高精神境界，从而促进人的全面发展。

二、失业及其成因

（一）失业及其类型

失业是具有劳动能力和劳动愿望的人找不到劳动工作岗位，无法实现自己的劳动力价值、获取劳动报酬的现象。失业实质就是作为生产要素的劳动力与生产资料处于分离状态，是一种人力资源的浪费。

失业有以下表现形式：一是属于劳动年龄人口的人因种种原因而失去原来的工作岗位，处于失业状态；二是新成长起来的劳动者未能实现就业，也处于失业状态（中国过去称待业）；三是劳动者虽有工作，但不能充分发挥其劳动能力，劳动力处于半负荷甚至在岗闲置状态。前两种情况是明显表露出来的失业，又称显性失业；后一种情况是被虚假现象所掩盖的就业，称隐性失业。目前，中国社会既有显性失业，也存在隐性失业。

根据失业的定义，我国的失业人员包括：（1）16岁以上各类学校毕业或肄业的学生中，初步寻找工作但尚未找到工作者；（2）企业宣布破产后尚未找到工作的人员；（3）被企业终止、解除劳动合同或辞退后，尚未找到工作的人员；（4）辞去原单位工作后，尚未找到工作的人员；（5）符合失业定义的其他人员。我国的失业人员不包括下岗人员。

失业的类型多种多样，概括地讲主要有正常性失业、结构性失业、技术性失业和季节性失业等。

1. 正常性失业

正常性失业是指存在一定比率的、被认为是正常的失业人口的情况。其中又包括摩擦性失业。所谓摩擦性失业，是指那些因劳动力市场不完备、求职者缺乏就业机会方面的知识以及在转换工作过程中由于出现的时间滞差而导致的失业。经济学家们认为，加强劳动力市场建设，加快劳动力市场信息的搜索传递，缩短失业者寻找工作的时间，从而降低摩擦性失业。

2. 结构性失业

结构性失业是因经济结构调整而导致的失业。在结构性失业中，失业往往具有群体性特征。由于某些产业或部门迅速崛起，快速发展，而另一些产业或部门日趋衰落，逐步缩小，因劳动者自身素质和技能方面的原因而不能顺利地从"夕阳产业"转向"朝阳产业"，从而形成失业。

3. 技术性失业

技术性失业是指因引进节省劳动力的技术或因生产方法革新、新材料运用和改进经营管理等而引起的技术替代人力劳动而造成的失业现象。从长期看，劳动力需求的总水平并不因技术进步而受到影响。从短期看，先进技术、先进方法和完善的经营管理必然会取代一部分劳动力，从而造成失业。在现代社会中，技术性失业是一种普遍现象，这种类型的失业是效率提高的必然结果。

4. 季节性失业

季节性失业是由于某些行业受气候变化、社会风俗或购买习惯等因素的影响，使生产对劳动力的需求出现季节性波动而形成的失业。如农业、林业、矿产业、旅游业、冷饮业等受自然条件直接影响的行业，因受时令影响，可能会出现季节性失业。

（二）失业的成因和影响

导致失业的原因是多方面的。概括地讲，既有经济原因，也有社会原因，既可能是组织原因，也可能是劳动者自身的原因。

经济原因主要表现为科技进步所带来的劳动生产率提高、经济结构和产业结构调整、经济周期。

社会原因主要包括社会制度、社会结构、政策性因素以及文化因素的影响。

组织原因主要表现在企业效益下滑、企业产品市场萎缩、企业经营管理不善以及企业领导者出于个人原因裁减员工等。

劳动者自身的原因则主要指劳动者个体的自身特点，如健康状况、知识技能水平、劳动经验、个人纪律性等。

📝 小知识

奥肯定律

美国经济学家阿瑟·奥肯观察到，在经济增长率与失业率两者的变化之间存在着一种稳定的关系。奥肯根据美国的经验发现，1个百分点的失业率下降与3个百分点的额外产出增长率相联系。而日前美国的这种关系则被改写为1个百分点的失业率下降与2个百分点的额外产出增长率相联系。即经济增长率与失业率是相反的关系，经济增长率每提高或下降1个百分点对应着失业率的下降或提高几个百分点。这就是经济学里所谈到的"奥肯定律"。

失业不仅对当事人，而且对社会均存在诸多消极影响，这种影响突出地表现在：（1）对当事人，限制了其生活资料的获取，影响其个人及家庭成员正常发展，同时也限制了他们参与社会活动的机会。（2）对社会，失业是社会劳动力资源闲置和浪费，高水平的失业将导致社会总产量的下降，经济增长出现停滞，相应地导致国民实际收入的下降；同时失业是造成贫困的最重要原因，失业的长期存在会影响社会稳定，不利于社会安定团结。

三、中国的就业问题

（一）计划经济体制下的劳动就业问题

计划经济体制下，中国的就业体制是城乡二元体制。即城镇中实行有计划的充分就业，农村实行自然就业，城乡劳动就业呈各自封闭运行。计划经济体制不承认存在失业现象，追求政治效果最大化，但是隐性失业普遍存在。按计划行政配置劳动力资源，企业缺乏用人自主权，劳动者个人缺乏择业自主权。劳动力配置属资源约束型，对城乡劳动力流动，特别是从乡村到城镇的流动严格限制，总的劳动力流动率十分低下。口号上实行按劳分配，但是客观上"大锅饭"现象、平均主义比较严重；为了保持高的就业率，实行低工资政策，收入增长缓慢。优先发展重工业，忽视服务业和轻工业，就业结构畸形。劳动效率较低，收入分配差距较小。计划经济体制下的劳动就业制度是一种低劳动效率的普遍性就业制度。

（二）当前中国的劳动就业问题

改革开放以来，城市劳动力市场得到较好培育，形成了劳动者自主择业机制，企业内部实行了普遍的合同制。多种所有制经济的发展，繁荣了劳动力市场，增大了劳动就业的灵活性。城乡封闭的二元劳动力市场被打破，但城乡统一的劳动力市场尚未形成。

目前中国劳动就业中存在的问题表现为：

（1）就业压力大，一般劳动力严重供过于求。中国是一个人口大国，也是一个劳动力供给比较旺盛的国家。全国第六次人口普查资料显示，目前我国111149万15岁以上人口中，15～64岁的劳动年龄人口占89.3%，而在15～64岁的劳动年龄人口中，小学及其以下文化程度者占23.38%，初中文化程度者占47.03%，也就是说，目前我国劳动年龄人口中7成左右均为低素质劳动者。而随着中国经济转型、升级，严酷的市场竞争环境，导致原有的劳动力密集型产业的利润空间因人力成本上升而变得越来越缺乏竞争力，大量低端制造性企业或者破产，或者转产、转型，社会对低端劳动力的需求迅速减少，致使一些低素质、低技能劳动者失业或就业困难。从目前中国人口发展态势分析，虽然理论上讲劳动力供过于求的时代正在随着劳动力供给"拐点"的到来正在发生变化，然而，低技能劳动力供过于求、高技能劳动力供不应求的时代则随着经济结构的转型和产业迅速升级而将延续。这与劳动者整体素质和技能水平与经济发展和产业转型的不同步有着很大关系，非一朝一夕能够改变。

（2）劳动就业制度改革使隐性失业显性化，导致下岗失业。在计划经济体制下国家不承认失业现象，是以隐性失业的形式存在的。在市场经济制度的要求下，开始承认失业，国有企业开始"减员"增效，大幅进行劳动就业制度改革，使得隐性失业显性化，出现大量的下岗失业人员。

（3）产业结构调整给就业带来巨大压力。例如产业结构的优化升级，高新技术的不断发展，在劳动力素质未能在短时期提高的情况下，将会在一定程度上带来就业压力。从另一个角度看，经济结构的升级也要求资源进一步向资金和技术密集型的产业转移，这会导致单位资金提供的就业机会减少。

（4）农村剩余劳动力转移的压力巨大。中国农村人口规模庞大，城市化进程中转移农村剩余劳动力的压力巨大，中国未来的城市经济发展还难以完全满足农村剩余劳动力转移的需要。

（5）劳动者的合法权益仍未得到充分保护。我国的法律体系还不健全，时常会发生劳动者的合法权益遭到侵害的现象，用人单位不遵守劳动就业法律恶意拖欠工资，无故解雇员工，逃避工伤责任等现象大量存在。

针对中国突出的劳动就业问题，可以从三方面入手：第一，大力发展经济，特别是要注意发展劳动力密集型的混合所有制企业和民营企业，可以制定一些优惠措施来鼓励这些企业多吸纳就业者。第二，大力发展服务业，以及环保、卫生、物业管理特别是在小城镇和中小城市发展起来以后，服务业将吸收大量的劳动力就业。第三，不断完善中国的劳动力市场和城乡社会保障制度，与此同时，还要大力加强人力资源能力建设，加强职业技术教育和社会培训工作，发展民营经济和个体经济，积极推进非正规就业和灵活性就业。

第六节　贫困问题

迄今为止，人类在绝大多数时间里都在与贫困作斗争。目前，贫困不仅是发展中国家和地区的重要社会问题，而且也是发达国家的重要社会问题。

一、贫困及其类型

从经济学上讲，贫困是指个人或家庭难以维持其基本的生存和必要的发展需求的生活状态。贫困有广义和狭义之分。狭义的贫困专指经济意义上贫困，反映一定条件下维持生活和生产的最低标准被满足的情况；广义的贫困则指包括经济、社会、健康、文化、环境和社交等多方面因素和标准的贫困。

对最低生活水平的界定一般用贫困线来衡量。对贫困线的测定方法包括收入法和市场菜篮子法。所谓贫困线，是指社会中家庭平均收入的一半，人均收入低于这一水平的个人或家庭，即为贫困者或贫困家庭。市场菜篮子法是制定出一系列生活必需品和服务，作为人们每月生活必不可少的需要，从而计算出在市场上购买这些必需品所要支付的金额，家庭人均收入低于这个水平的即为贫困。

贫困是一种复杂的社会经济现象，从不同角度分析，贫困的类型不同。

从生活资料满足人的基本生理需要和一般人生活水准的比较情况方面区分，贫困可分为绝对贫困和相对贫困。绝对贫困是指收入不足以维持人的最基本生存需要的状态。据中国科学院发布的《2012 年中国可持续发展报告》，按 2011 年规定的农村家庭人均纯收入 2300 元/人·年的标准，中国有贫困人口 1.28 亿人。而美国近几年的相对贫困人口基本保持在 3500 万人左右。2005 年美国的贫困线大致为：单身家庭年收入低于 9570 美元；两口之家低于 12830 美元；三口之家低于 16090 美元；四口之家低于 19350 美元；五口之家低于 22610 美元。

从贫困者的个体性和群体性划分，贫困可分为个案贫困和群体贫困。个案贫困是指由于个人和家庭的原因所导致的贫困。个案贫困在任何时期、任何国家和地区都会存在。如在任何社会中都可能因病残、丧偶、年老、家庭成员过多以及其他各种原因导致某些个人或家庭持续地处于某种生活状态。群体贫困是指一个国家的社会经济不发达，即使把社会财富平均分配，贫困者仍然处于贫困状态，或是指一个国家的社会经济发达由于社会财富分配严重不均导致某

> **📝 小知识**
>
> **贫困文化**
>
> 对于贫困文化，美国人类学家奥斯卡·刘易斯（Oscar Lewis）认为，在社会中，穷人因为贫困而在居住等方面具有独特性，并形成独特的生活方式。穷人的独特的居住方式促进了穷人间的集体互动，从而使得与其他人在社会生活中相对隔离，这样就产生出一种脱离社会主流文化的贫困亚文化。处于贫困亚文化之中的人有独特的文化观念和生活方式，这种亚文化通过"圈内"交往而得到加强，并且被制度化，进而维持着贫困的生活。在这种环境中长成的下一代会自然地习得贫困文化，于是贫困文化发生世代传递。贫困文化塑造着在贫困中长大的人的基本特点和人格，使得他们即使遇到摆脱贫困的机会也难以利用它走出贫困。

些群体的贫困，如果把社会财富平均分配，贫困者将摆脱贫困，过上富足的生活。

个案贫困是相对于周围的个体和家庭而言的贫困。群体贫困是在一定范围内某一类社会单位普遍处于贫困状态，指的是一个区域、某一类社会成员大多处于贫困状态。如城市失业人口群体。

二、中国的贫困问题

（一）中国贫困问题的历史与变化

从古到今，贫困一直困扰着人们。贫困是中国社会的最重大问题之一。中国几千年的封建土地所有制和落后的农业生产力是贫困问题的历史根源。

计划经济时期，国家实行农村支持城市政策，城市贫困问题不突出，农村贫困却异常严重。国家对待贫困农民的政策是"救急不救穷"。历史上的两次人口生育高峰、农民收支矛盾加剧、农民各种负担加重一定程度上加剧了农村贫困问题。在城市中广泛施行基本生活资料的定量供应制度、充分就业制度、平均的工资分配制度和基本的社会保障及公共服务体系，这些制度在我国城市中曾较为有效地防止了大面积和长期性贫困。但是，由于经济体制僵化和闭关自守等多种原因，过去较长时期经济发展缓慢，城市居民的实际生活状况总体上一直处于较低水平。

（二）当前中国城乡的贫困与反贫困

改革开放后，随着农村家庭联产承包责任制的推行及国家扶贫力度加大，农村贫困状况得到较大好转。但自20世纪90年代以来，受国际、国内等多方面因素的影响，农民收入增加一直比较缓慢，农村贫困发生率有所回升，中西部与东部农村地区发展的差距拉大。"三农"问题成为农村反贫困的关键。根据国家统计局对全国农村贫困的监测调查，2002年年底全国农村绝对贫困人口为2 820万人，贫困发生率为3.0%；初步解决温饱但还不稳定的农村低收入人口为5 285万人，占农村人口的比重为6.2%。在这种情况下，我国中央政府适时调整农村、农业和农民的财政税收政策，以建设社会主义新农村为契机，在减免农业税的同时，不断加大对农村、农业的扶持力度，加强农村基础设施，特别是农业水利设施建设，取得了良好的社会经济效果。然而，由于中国农村贫困问题由来已久，农村贫困面貌的根本改变绝非一朝一夕之事，因此，农村反贫困是一项长期而持久的工作。

从目前中国农村贫困情况来看，主要呈现如下四方面特征：

（1）贫困人口分布日趋分散，呈现"大分散，小集中"的基本格局，即以大行政区域为单元的贫苦区域缩小了，以县为单位相对集中分布的贫困逐步转化为乡、村级贫困区，而贫困乡村的分布在远离经济中心的行政区域交界地带日益集中。

（2）贫困程度深，生存条件差，脱贫难度大。目前我国农村绝对贫困状况不仅表现为经济贫困，还表现为经济贫困与环境贫困、文化贫困、体制贫困并存的一种贫困综合征，其形成原因是由经济、环境、文化、体制等多种因素综合作用的结果，而非某单一因素造成的。

（3）初步脱贫人口的返贫现象比较严重。我国农村的贫困标准很低，但由于生产、生活条件尚未根本改变，自然生态环境十分脆弱，社会保障体系尚不健全，遇到自然灾害、疾病、经济波动以及生产资料价格上涨等原因都会使大量人口返贫。

（4）相对贫困的矛盾日益尖锐。随着中国农村绝大多数人的基本生存得到改善，不同地区农民收入差距不断拉大，农村相对贫困问题日益突出，如东部沿海地区和西部地区的农民收入差距越来越大。

在城市，随着市场经济体制发育发展，企业为增效大量减员，加之部分企业转产、被兼并或破产倒闭，城镇职工下岗、失业，从而使家庭陷入贫困。城市贫困者主要是下岗失业者、老年人。产业结构调整和制度转轨是这些人贫困的主要原因。收入分配的不合理，在使我国城市居民收入差距进一步扩大的同时，也加剧了群体之间的矛盾，进而威胁社会和谐、安定。

从中国情况看，现阶段的城市贫困具有如下特点：

（1）我国与其他经济体制转型国家一样，市场经济转型在促进经济发展的同时，也导致了各个群体之间的利益分化和重组，这种转型中的负面因素是导致城市贫困问题的重要原因之一。

（2）我国并没有出现在其他"转型国家"发生的有经济滑坡和收入普遍降低所导致的贫困现象。这是因为我国经济体制转型是"渐进式"的，与经济的高速发展同步发生。

（3）我国的城市贫困在城市经济高速增长过程中发生。为促进经济高速增长而采取的一些政策措施在客观上导致了城市内部各个群体之间收入差距拉大，因而是导致城市贫困问题的原因之一。

近几年，针对城市人口中的贫困问题，政府主要采取了三种措施：一是扩大就业，通过促进失业人员再就业；二是实施城市最低生活保障制度，通过社会救助来保障城市贫困家庭的基本生活；三是加强培训工作，完善社会保障体系。上述措施虽然取得了一定成效，但同时也遇到了一些突出问题。如大龄失业者就业难问题，以及社会救助对象的识别问题，等等。

本 章 小 结

1. 社会问题的类型多样。美国学者 H. Odun 将社会问题分成四类，即个人性问题、社会性问题、经济关系问题和制度性问题。美国社会学家 R. Merton 和 R. Nisbert 将社会问题分为两大类：一类是社会解组类型的社会问题；另一类是偏差行为类型的社会问题。台湾地区学者杨国枢、叶启政将社会问题划分为环境区位性、社会制度性、资源分配性、偏差行为性四种类型。国内有的学者将社会问题划分为结构性社会问题、跨时空性社会问题、伴生性社会问题、失范性社会问题和过程性社会问题。

2. 社会问题的有关理论主要有社会整合理论、文化冲突理论、社会解体理论和价值冲突理论。

3. 人口问题是围绕消费和生产特征展开的。人口问题的实质体现为生活资料或生产资料与消费者或生产者之间是否存在均衡关系。人口与自然之间的关系是一个复杂的双向系统。

中国人口老龄化的特点和社会后果。当今中国面临的基本人口问题及导致这些问题的原因和解决中国人口问题的途径。

4. 环境问题始于生态平衡的破坏，它一般包括两种情况：一种是由环境自身变化，即原生或第一环境问题；另一种是由人类活动引起的问题，称次生或第二环境问题。可持续发展所要求实现的基本原则主要有：（1）持续性原则，或称永续性原则；（2）和谐性、协调性原则；（3）公平性原则。

5. 失业的实质是作为生产要素的劳动力与生产资料处于分离状态。失业的表现形式，以及当前中国劳动就业中存在的问题。

6. 目前中国农村贫困主要呈现的四方面特征，以及现阶段的城市贫困具有的特点。

思 考 题

1. 社会问题的一般特征是什么？通常可分为哪几种类型？
2. 简述社会整合理论有关社会问题的观点。
3. 简述文化冲突理论对社会问题的看法。
4. 简述价值冲突理论有关社会问题的观点。
5. 简述社会解体理论对社会问题的看法。
6. 人口问题的实质是什么？

7. 中国人口老龄化的特点有哪些？其社会经济后果是什么？

8. 简要论述中国人口问题的成因。你认为如何才能解决好中国的人口问题？

9. 环境问题提出时所暗含的四个前提是什么？

10. 可持续发展要实现的基本原则有哪些？

11. 劳动就业的社会经济意义是什么？失业包括哪几种类型？

12. 当前中国的劳动就业存在哪些主要问题？你认为应如何解决？

13. 简要回答目前中国城乡贫困的特点。

主要参考文献

［1］郑杭生：《社会学概论新修》（第三版），中国人民大学出版社 2003 年版。

［2］张敦福：《现代社会学教程》，高等教育出版社 2005 年版。

［3］王思斌：《社会学教程》（第二版），北京大学出版社 2004 年版。

［4］赵绍成、黄宗凯：《社会学》，西南交通大学出版社 2006 年版。

［5］黎民、张小山：《西方社会学理论》，中国科技大学出版社 2005 年版。

［6］李强：《转型时期中国社会分层》，辽宁教育出版社 2004 年版。

［7］李培林、李强、孙立平：《中国社会分层》，社会科学文献出版社 2004 年版。

［8］谢立中：《西方社会学名著提要》，江西人民出版社 2000 年版。

［9］易益典：《社会学教程》（第 2 版），上海人民出版社 2007 年版。

［10］彭华民、杨心恒：《社会学概论》，高等教育出版社 2006 年版。

［11］郭强：《大学社会学教程》，中国审计出版社、中国社会出版社 2001 年版。

［12］孙立平：《社会学导论》，首都经济贸易大学出版社 2004 年版。

［13］尚重生：《当代中国社会问题透视》，武汉大学出版社 2007 年版。

［14］李竞能：《人口理论新编》，中国人口出版社 2001 年版。

［15］顾朝林：《城市社会学》，东南大学出版社 2002 年版。

［16］孙立平：《现代化与社会转型》，北京大学出版社 2005 年版。

［17］童星：《发展社会学与中国现代化》，社会科学文献出版社 2005 年版。

［18］蔡文辉、李绍嵘：《社会学概要》，世界图书出版公司 2007 年版。

［19］郭咸纲：《西方管理学说史》，中国经济出版社 2003 年版。

［20］郑杭生、李强、李路路：《社会指标理论研究》，中国人民大学出版社 1991 年版。

［21］吴忠民、刘祖云：《发展社会学》，高等教育出版社 2005 年版。

［22］陈允明：《国民经济统计概论》，中国人民大学出版社 1995 年版。

［23］章辉美:《社会转型与社会问题》,湖南大学出版社 2004 年版。

［24］乐平:《现代社会与我们的生活》,中国商务出版社 2006 年版。

［25］杨心恒、宗力:《社会学概论》,群众出版社 1986 年版。

［26］佟新:《社会性别研究导论》,北京大学出版社 2005 年版。

［27］李培林:《重新崛起的日本》,中信出版社 2005 年版。

［28］张兴杰:《现代社会学新编》,北京大学出版社 2012 年版。

［29］肖云忠:《社会学概论》,清华大学出版社 2012 年版。

［30］雷洪:《简明社会学教程》,高等教育出版社 2012 年版。

［31］郑杭生:《社会学概论新修》(精编版),中国人民大学出版社 2009 年版。

［32］李芹:《社会学概论》,山东人民出版社 2012 年版。

［33］蒋奇:《社区建设与管理》,北京大学出版社 2008 年版。

［34］李培林:《中国社会》,社会科学文献出版社 2011 年版。

［35］李强:《应用社会学》,中国人民大学出版社 1995 年版。

［36］风笑天:《社会学研究方法》(第三版),中国人民大学出版社 2009 年版。

［37］［美］艾尔·巴比:《社会研究方法基础》(第四版),华夏出版社 2010 年版。

［38］［美］斯蒂芬·K·桑德森:《宏观社会学》(第4版),中国人民大学出版社 2013 年版。

［39］［美］詹姆斯·汉斯林:《社会学入门:一种现实分析方法》(第7版),北京大学出版社 2007 年版。

［40］［英］菲利普·鲍尔:《预知社会——群体行为的内在法则》,当代中国出版社 2007 年版。

［41］［美］詹姆斯·L·吉布森、约翰·M·伊凡塞维奇、小詹姆斯·H·唐纳利:《组织学:行为、结构和过程》(第10版),电子工业出版社 2002 年版。

［42］［美］罗伯特·门斯切:《市场、群氓和暴乱——对群体狂热的现代观点》,上海财经大学出版社 2006 年版。

［43］［法］H. 法约尔:《工业管理与一般管理》,中国社会科学出版社 1999 年版。

［44］［英］安东尼·吉登斯:《社会学》(第四版),北京大学出版社 2004 年版。

［45］［法］雷蒙·阿隆著:《社会学主要思潮》,上海译文出版社 1988

年版。

[46] [美] 贝利:《现代社会研究方法》,上海人民出版社 1986 年版。

[47] 科塞等:《社会学导论》,南开大学出版社 1990 年版。

[48] [美] 帕克:《城市社会学》,华夏出版社 1987 年版。

[49] [法] 昂利·柏格森:《创造进化论》,华夏出版社 2000 年版。

[50] Jonathan H. Tuner. The Structure of Sociological Theory. *Peking University Press*, 7th. edition, 2004.

《社会学（第二版）》
操作与习题手册

杨秀凌　主编

经济科学出版社

目　录

第一章 引 论

一、练习题

（一）单项选择题（下列选项中只有一个是正确的）

1. 最先使用"社会学"一词的是（　　　）。
   A. 斯宾塞　　　　　B. 孔德　　　　　C. 迪尔凯姆　　　　D. 马·韦伯
2. 在孔德眼里，社会学是关于（　　　）的学问。
   A. 社会制度　　　　B. 社会问题　　　C. 整个社会　　　　D. 社会关系
3. 首倡社会学是一门"剩余社会科学"的社会家是（　　　）。
   A. 迪尔凯姆　　　　B. 李达　　　　　C. 孙本文　　　　　D. 费孝通
4. 社会学的规范功能所表明的是社会（　　　）的问题。
   A. 应该怎么样　　　B. 是什么　　　　C. 为什么是这样　　D. 将会怎么样
5. 实证主义源于（　　　）。
   A. 密尔　　　　　　B. 孔德　　　　　C. 斯宾塞　　　　　D. 圣西门
6. 社会学研究建立在经验知识的基础上，而不是纯粹的思辨，这反映了社会学的
（　　　）。
   A. 整体性　　　　　B. 综合性　　　　C. 实证性　　　　　D. 应用性
7. 研究或解释整个社会的理论属于（　　　）。
   A. 全球化社会学　　B. 微观社会学　　C. 社会组织学　　　D. 宏观社会学
8. 社会学是一门科学，因为（　　　）。
   A. 社会学采用统计分析方法
   B. 社会学的理论是永恒不变的真理
   C. 社会学家以科学的方法和态度来描述和分析其所研究对象
   D. 社会学很实用
9. 当研究者以亲身参与的经验来做解释分析时，这种方法属（　　　）。
   A. 调查法　　　　　B. 观察法　　　　C. 二手资料分析法　D. 访谈法
10. 社会学家利用普查数据、会议记录、传记回忆录、报纸杂志等作为分析的资料的
方法是（　　　）。
   A. 访谈法　　　　　B. 观察法　　　　C. 二手资料分析法　D. 问卷法

（二）多项选择题（下列选项中有两个或两个以上是正确的）

1. 国外社会学的定义可以归结为（　　　）和不属于上述两类的其他定义等三类。
   A. 侧重以社会关系为研究对象　　　　　B. 侧重以社会整体为研究对象

C. 侧重以个人及其社会行动为研究对象　　D. 侧重以社会问题为研究对象

2. 社会学的分析问题的理论视角包括（　　）。

　　A. 结构功能主义　　　　B. 冲突论　　　　C. 主观判断　　　　D. 符号互动论

3. 社会学是一门（　　）社会科学。

　　A. 基础性　　　　　　B. 综合性　　　　　C. 经验性　　　　　D. 应用性

4. 下列属于社会学功能的是（　　）。

　　A. 解释功能　　　　　B. 分析功能　　　　C. 规范功能　　　　D. 预测功能

5. 社会学自产生到发展至今天，其间出现了（　　）。

　　A. 经验主义方法论　　　　　　　　　　B. 理解方法论

　　C. 唯物史观方法论　　　　　　　　　　D. 实证主义方法论

6. 社会学的调查方法有多种，主要有（　　）。

　　A. 普查法　　　　　　B. 抽样调查法　　　C. 访谈法　　　　　D. 个案调查法

（三）填空题

1. 以_____为代表的社会学家认为，社会学是研究个人及其社会行为的学科。

2. 首倡社会学是一门"剩余社会科学"的中国社会家是_____。

3. 社会学的功能包括描述功能、_____、_____、_____和评判功能。

4. 社会学的研究方法包括_____和_____等。

5. 人们经常使用的具体研究方法有_____、_____、访谈法、文献法和实验法等。

6. 抽样调查可分为_____和_____两种。

7. 文献法按文献来源可分为_____和_____。

（四）判断改错题（判断下列陈述的正误，并加以改正）

1. 斯宾塞是最先使用了"社会学"一词的社会学家。　　　　　　　　（　　）

2. 经验性描述属于人的理性认识阶段，它描述的是社会现象和过程的外部表现。

　　　　　　　　　　　　　　　　　　　　　　　　　　　　　　（　　）

3. 社会学中的理解方法论是相对于经验主义方法论而言的，是在反经验主义思潮下逐渐形成和发展起来的。　　　　　　　　　　　　　　　　　　　　（　　）

4. 理解方法论强调自然客体与社会现象的区别，强调社会现象的可重复性和一般性。

　　　　　　　　　　　　　　　　　　　　　　　　　　　　　　（　　）

（五）名词解释

1. 社会学　2. 普查法　3. 抽样调查法　4. 访谈法

（六）简答题

1. 社会学的主要功能有哪些？

2. 社会学的研究方法论主要有哪几种？

3. 社会学研究中常用的具体研究方法有哪几种？

4. 访谈法有何优点和缺点?

5. 文献法有何作用?

(七) 论述题

简要论述社会学观察问题的独特之处。

(八) 案例分析题

"节婚": 七分喜庆, 三分无奈

酒店爆满、化妆排队、婚车抢订……越来越多的年轻人热衷于选择"五一"、"十一"、教师节、春节等节日结婚, "节婚一族"由此而生。

在各城市的婚姻登记处, 每年"五一"前、"十一"前、春节前是最繁忙的时候。由于10月1日至7日婚姻登记处放假, 因此, 想在国庆节结婚的新人一般都会在9月30日前进行登记。广西壮族自治区民政厅涉外婚姻登记处工作人员透露, 赶在国庆节结婚的不仅有本地居民, 也有"老外"。

日渐壮大的"节婚一族"催生和放大了节日婚庆消费, 酒店告满、婚车难求等现象层出不穷, 让新人们增添了几分"扎堆结婚"的紧张和无奈。

亲身体验过"节日结婚"的紧张气氛的一位新娘诉苦道: "赶在节日结婚时, 为了早点化好妆, 早上6点前就得起床, 即便如此, 等赶到婚纱店时, 已经有几名新娘等着化妆了。"

按照中国传统的结婚礼仪, "婚"而"礼", 一段婚姻才能得到社会认可。于是, 部分"节婚一族"不得不在男方家、女方家、工作单位多次举办婚礼。而随着越来越多的异乡人相逢, 国人的结婚半径不断扩大, 男女双方的家庭住址、男女的工作地点处在三地甚至四地的现象时有发生, 一场无奈的婚礼"持久拉锯战"应运而生, 有的"节婚一族"需要花上一两年的时间才能完成整个婚礼过程。

按照我国传统文化, 结婚必须挑选良辰吉日, 因为老人相信婚期决定着孩子一辈子的幸福。现在的年轻人大多认为结婚主要是图个热闹, 已经不在乎传统观念, 于是"扎堆节日结婚"也就不足为奇了。

问题:

从社会学的视角, 对当前中国社会上风行的扎堆"节婚"现象进行分析。

二、习题答案

(一) 单项选择题

1. B   2. C   3. D   4. A   5. D
6. C   7. D   8. C   9. B   10. C

(二) 多项选择题

1. BC   2. ABD   3. ABCD   4. ACD   5. BCD   6. ABD

（三）填空题

1. 马·韦伯 2. 费孝通 3. 解释功能，预测功能，规范功能 4. 方法论，具体研究方法 5. 调查法，观察法 6. 随机抽样调查法，非随机抽样调查法 7. 第一手资料，第二手资料

（四）判断改错题

1. ×，孔德 2. ×，感性 3. ×，实证、实证 4. ×，不可重复性和特殊性

（五）名词解释

1. 答：社会学是以人类社会系统为着眼点和立足点，侧重研究人类社会系统的运行状况、内在运行机制、功能和发展规律，以及构成社会的人和组织彼此间相互作用和影响关系的一门综合性、应用性的学科。社会学是社会科学的重要组成部分，是指导人们进行社会实践的重要理论工具，但它不同于社会科学。

2. 答：普查法，也称全面调查法，或全体调查法，它是对研究对象进行一个不漏地逐一调查的一种调查方式。普查法的优点是资料全面，所得结论具有较高可靠性。

3. 答：抽样调查法，又称选样调查法、范例调查法、样本调查法，是从调查研究的全体中抽取其全体代表的部分对象作为样本进行调查，并根据调查所得数据来推论被调查全体的一种调查方式。

4. 答：访谈法是研究者或调查人员与被研究者或调查对象进行面对面的接触，通过有目的的谈话来获取有关信息和资料的方法。

（六）简答题

1. 答：社会学的主要功能有描述功能、解释功能、预测功能、规范功能和评判功能。

2. 答：主要有三种，即实证主义方法论、理解方法论和唯物史观方法论。

3. 答：在社会学研究中常用的具体研究方法有调查法、观察法、访谈法、文献法和实验法等。

4. 答：访谈法的优点是方便易行，通过与被访谈者深入交谈可以获得第一手可靠有效的资料。访谈法的缺点是：样本小，需要较多的人力、物力和时间，应用上受到一定限制；无法控制被试受主试的种种影响，如角色特点、表情态度和交往方式等。

5. 答：文献法的作用在于：（1）能了解有关问题的历史和现状，帮助确定研究课题；（2）能形成关于研究对象的一般印象，有助于观察和访问；（3）能得到现实资料的比较资料；（4）有助于了解事物的全貌。

（七）论述题

答题要点：（1）在观察问题上，社会学有独特的分析视角和想像力，它要求以宽阔的视角来分析、说明我们为什么会是这个样子，以及我们为什么会这样行动，它引导人们去了解我们认为是理所当然的、确信无疑的、友善和真实的，但实际上可能并非如此的东西。（2）社会学看待问题的视角并非一个，而是有多种角度。对于同一社会现象，既可以

用历史唯物主义的社会存在决定社会意识和个人行为的理论来解释，也可以用结构功能学派的相关理论来分析；既可以用互动理论从人格和自我形成的角度来讨论，又可以用交换学派的权钱交易理论来评论，甚至还可用现象社会学从行为者的动机、目的和手段角度做出解释。

（八）案例分析题
（略）

第二章　社会与文化

一、练习题

（一）单项选择题（下列选项中只有一个是正确的）

1. 社会结构是一个（　　）概念，是社会得以形成和发展的基础。

    A. 规范性　　　　　　B. 描述性　　　　　　C. 解释性　　　　　　D. 归纳性

2. （　　）是社会对处在特定社会地位上的人的行为期待，是社会群体和组织的基础。

    A. 社会地位　　　　　B. 社会制度　　　　　C. 社会角色　　　　　D. 社会群体

3. （　　）是社会制度的基础。

    A. 个人关系　　　　　B. 家庭关系　　　　　C. 群体关系　　　　　D. 邻里关系

4. 种族关系属于（　　）。

    A. 血缘关系　　　　　B. 地缘关系　　　　　C. 业缘关系　　　　　D. 姻缘关系

5. 人类的第二次社会大分工后出现的新的社会关系是（　　）。

    A. 血缘关系　　　　　B. 地缘关系　　　　　C. 业缘关系　　　　　D. 志缘关系

6. 从历史上看，最原始和最早出现的社会关系是（　　）。

    A. 氏族关系　　　　　B. 家庭关系　　　　　C. 邻里关系　　　　　D. 朋友关系

7. 社会运行的评价最主要是（　　）。

    A. 协调程度评价与发展程度评价　　　　　B. 运行程度评价与协调程度评价

    C. 社会运行的数量评价和质量评价　　　　D. 社会运行的满意度评价

8. 社会诸要素之间在相互作用过程中形成的相对稳定的关系是（　　）。

    A. 社会关系　　　　　B. 社会结构　　　　　C. 社会互动　　　　　D. 社会交换

9. 两种或两种以上的文化区域的边际处所产生的混合文化是（　　）。

    A. 文化区　　　　　　B. 文化区域　　　　　C. 文化圈　　　　　　D. 边际文化

10. 一种文化接受或吸收另一种文化的某些文化元素或文化丛，融入本文化的过程称（　　）。

    A. 文化传播　　　　　B. 文化采借　　　　　C. 文化流变　　　　　D. 文化冲突

11. "刮风不是文化，利用风力发电才是文化"，指的是文化的（　　）。

    A. 创造性　　　　　　B. 习得性　　　　　　C. 共享性　　　　　　D. 累积性

12. 不属于茶文化丛的是（　　）。

    A. 茶叶　　　　　　　B. 做茶杯的陶土　　　C. 沏茶方法　　　　　D. 茶道

13. 文化交流的开始是（　　）。

    A. 文化冲突　　　　　B. 文化采借　　　　　C. 文化传播　　　　　D. 文化濡化

14. 组成文化的最小单位称为（　　）。

A. 文化特质　　　　B. 文化丛　　　　C. 文化模式　　　　D. 文化精神

15. 人们所创造出的工艺技术，如衣服、房屋和器械等是（　　　）。

A. 物质文化　　　B. 非物质文化　　　C. 精神文化　　　D. 文明

16. 中国人说中国话、用筷子、用算盘等是（　　　）。

A. 天生的能力　　B. 由文化学习来的　　C. 父母遗传来的　　D. 借来的

17. 中国人去拜访别人时习惯随身带点礼物，参加他人婚礼时要送红包礼金等都是
（　　　）。

A. 民俗　　　　　B. 民德　　　　　C. 民风　　　　　D. 民有

18. 认为自己生活和适应方式都是最好的，自己的文化优于他人，并极力保护自己的
文化优越感，是一种（　　　）。

A. 文化本位主义　　B. 上等文化　　　C. 阿Q主义　　　D. 丑恶的中国人

（二）多项选择题（下列选项中有两个或两个以上是正确的）

1. 下列属于社会唯实论的代表人物的是（　　　）。

A. 韦伯　　　　　B. 斯宾塞　　　　C. 齐美尔　　　　D. 孔德

2. 下列属于社会唯名论代表人物的有（　　　）。

A. 迪尔克姆　　　B. 卢梭　　　　　C. 洛克　　　　　D. 韦伯

3. 下列属于社会主要功能的是（　　　）。

A. 整合功能　　　B. 交流功能　　　C. 导向功能　　　D. 继承功能

4. 社会结构通常由（　　　）组成。

A. 社会地位　　　B. 社会角色　　　C. 社会群体　　　D. 社会制度

5. 社会制度的特征有（　　　）。

A. 普遍性　　　　B. 强制性　　　　C. 阶级性　　　　D. 科学性

6. 从社会关系和水平层次上看，社会系统可区分为（　　　）。

A. 邻里关系　　　B. 个人关系　　　C. 群体关系　　　D. 社会制度

7. 下列说法哪些是正确的（　　　）。

A. 凡人类有意无意地创造出来的东西都是文化

B. 文化不是天生的，而是后天学来的

C. 文化是社会全体成员共同享有的

D. 文化是社会遗产

8. 下列属于文化结构组成部分的是（　　　）。

A. 文化特质　　　B. 文化脉络　　　C. 文化丛　　　　D. 文化功能

9. 文化的社会整合功能包括（　　　）。

A. 导进整合　　　B. 价值整合　　　C. 结构整合　　　D. 规范整合

10. 在文化结构上，发展中国家比较突出的特征是（　　　）。

A. 民主程度较低　　　　　　　　　B. 民族主义强烈

C. 社会主义思潮流行　　　　　　　D. 教育卫生普遍落后

11. 文化传播的规律是（　　　）。

A. 文化传播的中心是文化发祥地　　B. 按照同心圆的轨迹向四周传播

C. 文化差异阻碍文化传播   D. 文化差异促进文化传播

（三）填空题

1. 西方社会学界对"社会"一词的解释主要有两大流派，即_____和_____。
2. 社会系统是一个具有_____、_____和_____的活的机体。
3. 交流功能必须借助一定的_____和_____来实现和完成。
4. 社会制度的特征包括普遍性、_____、_____、阶级性和系统性。
5. 社会制度的组成主要包括_____、_____、_____和_____等四个方面。
6. 文化的_____功能是民族团结和社会秩序的基础。
7. _____是指与自然现象不同的人类社会活动的全部成果，它包括人类所创造的一切物质的和非物质的东西。
8. 任何文化都是人们后天习得的和创造的，文化不能通过生理遗传，这是指文化的_____特征。
9. 白与黑在不同时期、不同社会背景和条件以及不同语境下的含义不同，这是指文化的_____特征。
10. _____是指仅为社会上一部分成员所接受的或为某一社会群体所特有的文化。
11. 围绕喝茶会有茶壶、茶杯、茶碗等茶具，以及喝茶的习惯和礼仪、沏茶的方法等一系列文化特质，就形成了_____。

（四）判断改错题（判断下列陈述的正误，并加以改正）

1. 社会唯实论源自中世纪欧洲经验派哲学的非正统派唯实论。   （   ）
2. 社会唯名论源于中世纪欧洲经验哲学的正统流派唯名论。   （   ）
3. "老乡见老乡，两眼泪汪汪"说明的是业缘关系问题。   （   ）
4. 同学关系是一种地缘关系。   （   ）
5. 文化堕距最早是由英国社会学家斯宾塞提出来的。   （   ）
6. 亚文化是指为一些反社会集团所特有的文化，如犯罪团伙的暗号、黑社会的所谓"行话"等。   （   ）
7. 文化丛指一个社会中所有文化内容组合在一起的特殊形式和结构。   （   ）
8. 文化濡化是指对外来文化根据自己的标准与判断，有选择性地采纳和借用。   （   ）
9. 一些群体对西方文化的全盘吸收或崇洋媚外现象是文化中心主义的表现。   （   ）

（五）名词解释

1. 社会 2. 社会整合 3. 社会结构 4. 社会地位 5. 社会制度 6. 先赋地位
7. 后致地位 8. 文化濡化 9. 文化堕距 10. 评比性文化 11. 文化丛 12. 文化中心主义

（六）简答题

1. 社会有何特征？
2. 人的社会性主要表现在哪些方面？

3. 社会的主要功能有哪些?

4. 文化交流对社会发展有哪些作用?

5. 简述文化的一般特征。

6. 文化的功能有哪些?

7. 简要说明文化的内部结构?

(七) 论述题

1. 与传统社会相比,现代社会中地缘关系和业缘关系发生了重大变化。结合你的认识和体会,谈一谈是哪些因素影响了地缘关系和业缘关系的变化? 为什么?

2. 结合中国现代社会的变化情况,谈一谈文化变迁给社会带来的巨大影响。

(八) 案例分析题

[案例1]   与社会发展如影随形的"流行语"

流行语涉及当代社会的重大事件、焦点问题,以及人们日常生活的各个层面,准确、生动地反映着当代中国的社会面貌与中国人文化心态的变化,它的变化是一把衡量社会发展变化的尺子。

20 多年来,大量诞生的流行词语反映了中国社会的飞速发展和变化。20 世纪 80 年代,流行的是万元户、下海、打工、美容、涉外饭店等词汇;90 年代,人们熟悉的是卡拉 OK、炒股、进口大片、网吧、知识经济等时髦词语;进入 21 世纪以来,又诞生了许多新名词,如彩信、网上购物、反恐、与时俱进……

流行词语的变化史记录了人们物质生活和价值观念变化的过程,从"大哥大"到手机,从磁带到 MP3,从"复关"到"入世",从"美容"到"人造美女",从"小资"到"BOBO 族"……不仅折射出观念的更新,也记载了人们对世界的全新认识。

2006 年给人们留下的深刻记忆是"和谐社会""社会主义新农村""青藏铁路"这些流行语,记录了中国在这一年当中的新动态;"商业贿赂""欣弗""红心鸭蛋"这些热门话题,也反映了中国发展过程中的一些不和谐音。

另外,"看病难""留守儿童"这些词语,都是当前中国社会亟待解决的问题。"桑美""沙尘天气""泥石流""森林火灾"……这一串沉重的词语凸显了 2006 年的凝重之色。如何提高应对突发事件的能力,已成为新世纪摆在全世界面前的一道难题。

2002 年以来,北京语言大学应用语言学研究所建立了中国主流媒体报刊动态流通语料库,对新时期的语言变化进行动态监测研究。有关专家指出,从语言的平面切入,来研究社会生活,是一种从生活细节中探求重大历史变化的角度。

很多流行语在社会上流行一段时间后,就固定下来成为人们经常使用的通用语言,那些生命力强的流行语会最终成为新词语而进入《现代汉语词典》中。当某个流行语的流行范围扩大到各个社会阶层后,特别是频繁地出现在现代媒体中,它就有可能成为新词语。

流行语从一种独特的角度表现了新时期中国人社会心态的主要特征,主要表现在:全球化背景下强烈的世界关怀与问题意识,空前高涨的民族自豪感和发展期待,网络时代的新奇迷恋与多元流行文化。

问题：

你认为流行语的变化折射出中国社会发展变化的哪些重要信息？为什么？

[案例 2] 　　　　　　　　　　　**五粮液与中国的文化变迁**

国人好酒，古今有之，既有《水浒》中群雄的豪饮，也有《红楼梦》中怡红众绛的风雅，更有《三国》"青梅煮酒论英雄"的辩机，一杯纯酿道尽寒暑若干，小酌微醺不觉浑然忘我……中国千年的文化与酒密不可分，酒文化和历史上各种文化进程一样因为时间的久远而愈发灿烂、珍贵。

悠久的中国酒文化衍生出众多名酒佳酿，有代表性的是宋朝时出现的"姚子雪曲"，一种由戎州绅士姚君玉创制的窖酒，也就是五粮液最早的雏形。这种利用"五种粮食"酿造出来的酒水就是"五粮液"的前身，而且在当时一举成名，成为达官贵人与文儒雅士聚会中必备的饮品。其实，当时的下层百姓将这种酒称之为"杂粮酒"，顾名思义，五种杂粮配酿而成。

直到1909年，晚清遗老杨惠泉品尝了此酒以后说："如此佳酿，名为杂粮酒似嫌凡俗，而'姚子雪曲'虽雅，但不能体现此酒的韵味。此酒是集五粮之精华而成玉液，更名为'五粮液'是一个雅俗共赏的名字，而且顾名可思其义"。自此五粮液美名问世，历经数载，流传至今。

文化赋予了酒新的内涵，比如宋代文化就赋予了五粮液前身鲜活的生命力，当时不知有多少文人雅士被这种杂粮窖酒的醇厚、甘美所倾倒。其最早的"品牌代言人"就是北宋诗人黄庭坚，一阙"杯色增玉，白云生谷，清而不薄，厚而不浊，甘而不哕，辛而不蛰"的诗，道出了酒质的精髓。岁月如水，寒暑数载，历史已经逐渐尘封，但是宋代的诗词歌赋与酒都完好的流传至今，而"姚子雪曲"也成了今天享誉中外的"五粮液"。

今天，我们生活在一个被互联网络包围的时代，生活节奏快，物质极大丰富。然而，中国悠久的文化底蕴也在网络中逐渐单薄，更多的"速食文化"和"时尚语言"替代了传统的诗词歌赋，但是中国酒文化却一直保留着其古朴的遗风，"五粮液"能够流传至今就是一个鲜活的例子。中国的美酒应该有其独特文化内涵，用上佳的口感和酒文化去影响世人，"五粮液"应该传承中国自身的文化向世界展示自己，只有民族的才是世界的！

问题：

你认为中国酒文化与中国社会文化之间存在着怎样的关系？从"五粮液"酒的产生与发展中，可以窥视到中国文化的哪些典型特征？

二、习题答案

（一）单项选择题

1. B	2. C	3. C	4. A	5. C	6. B
7. A	8. B	9. D	10. B	11. A	12. B
13. C	14. A	15. A	16. B	17. A	18. A

（二）多项选择题

1. BC	2. BCD	3. ABCD	4. ABCD	5. ABC	6. BCD

7. ABCD   8. AC   9. BCD   10. BCD   11. ABC

（三）填空题

1. 社会唯实论，社会唯名论　2. 主动性，创造性，改造能力　3. 场所，规范
4. 相对稳定性，强制性　5. 观念，规范，组织，设施　6. 整合　7. 文化
8. 超生理性　9. 象征性　10. 亚文化　11. 茶文化丛

（四）判断改错题

1. ×，正统派　2. ×，非正统派　3. ×，地缘　4. ×，业缘　5. ×，美国社会学家奥格本
6. ×，越轨亚文化　7. ×，文化模式　8. ×，文化采借　9. ×，文化相对主义

（五）名词解释

1. 答：社会是一个人类的生活共同体，是人与人、人与群体的全部关系的总和，也就是说，社会是以共同的物质生产活动为基础而相互联系起来的人们的有机整体。

2. 答：社会整合是将无数单个人组织起来，形成一股合力，或通过调节矛盾、冲突与对立，将其控制在一定范围内的过程。

3. 答：社会结构是社会体系中各基本组成部分之间的内在有机联系，是人类社会的基本框架。

4. 答：社会地位是指组成社会体系的个人在社会中所拥有的具有社会意义的位置。

5. 答：社会制度是为了满足人类基本的社会需要，在各个社会中具有普遍性的、用来维护持久的社会关系和正常的社会秩序的社会规范体系。

6. 答：先赋地位是指人们后天无法控制和改变的地位，具有先赋特征。如性别、年龄、民族、种族等。

7. 答：后致地位是指人们可通过后天努力来部分地控制和改变的地位。如受教育程度和职业等。

8. 答：文化濡化是指由于传播使两种或两种以上的文化元素相互接触，其中一种文化吸收或采纳了另一种文化元素，并且使之与主文化协调起来，最终成为主体文化中的一部分。

9. 答：文化堕距是指相互依赖的各部分所组成的文化在变迁时，其各部分的变迁速度有快有慢，从而导致各部分间的不平衡、差距、错位，并由此造成一系列的社会问题。

10. 答：评比性文化是指有好坏、高下之分的文化。评比性文化有优劣之分。

11. 答：文化丛，又称文化特质丛，是指因功能上相联系而组合成的一组文化特质。

12. 答：文化中心主义是指一个国家或民族甚至群体将自己的文化模式，如生活方式、信仰、价值观和行为规范等作为衡量和评价其他文化的中心和标准的现象。

（六）简答题

1. 答：（1）社会是由人组成的；（2）社会是以人与人之间的交往和关系为纽带的；（3）社会是一个有文化、有组织的系统；（4）社会是以人类的物质生产活动为基础的；（5）社会系统具有心理的、精神的联系；（6）社会系统是一个具有主动性、创造性和改

造能力的活的机体。

2. 答：人的社会属性突出地表现在：（1）制造和使用工具的能力；（2）具有主观能动性；（3）人类有着共同的生活和生产模式。

3. 答：社会的功能主要有：（1）整合功能；（2）交流功能；（3）导向功能；（4）继承和发展功能。

4. 答题要点：（1）文化交流的必要性和必然性；（2）三方面具体作用：思想启发、模式提供、物品采借。

5. 答：（1）文化是在人类社会共同生活过程中衍生出来或创造出来的，凡人类有意无意创造出来的东西都是文化；（2）文化不是天生的，而是后天学来的；（3）文化是一个群体或社会全体成员共同享有的，个别人的特殊习惯和行为模式不被社会承认的不能成为这个社会的文化；（4）文化是一份社会遗产，是一个连续不断的动态过程；（5）文化具有多样性和共同性。

6. 答：（1）文化的区分功能；（2）文化的规范和控制功能；（3）文化的整合功能；（4）文化的导向功能。

7. 答：文化的内部结构包括文化特质、文化丛和文化模式。文化特质是指一事物区别于他事物的特有属性。它是组成文化的基本要素或最小单位，通常也称文化元素。文化丛是指因功能上相联系而组合成的一组文化特质。文化丛是文化的基本功能单位，一般以某一文化特质为核心，与其他功能相关的文化特质联合起来共同发挥作用。文化模式是指由一个社会中所有文化内容（包括文化特质和文化丛）组合在一起的特殊形式和结构。

（七）论述题

1. （略）

2. 答题要点：（1）文化变迁的定义；（2）文化变迁给人们心理和价值观带来的冲击；（3）文化变迁对人们生活方式和生产方式的影响，包括正面的和负面的；（4）文化变迁是社会进步与发展的必然结果。

（八）案例分析题

［案例 1］（略）

［案例 2］（略）

第三章 社会化与社会角色

一、练习题

（一）单项选择题（下列选项中只有一个是正确的）

1. 岗前培训是（　　）的重要表现。
   A. 预期社会化　　　　B. 发展社会化　　　　C. 再社会化　　　　D. 初始社会化

2. 个人社会化过程就是（　　）向社会人转变的过程。
   A. 机械人　　　　　　B. 生物人　　　　　　C. 动物人　　　　　D. 非社会人

3. 年轻一代用新知识、新观念来影响前辈的过程是（　　）。
   A. 正向社会化　　　　B. 逆向社会化　　　　C. 非社会化　　　　D. 特殊社会化

4. 人在成年以后的社会化是（　　）。
   A. 初始社会化　　　　B. 正向社会化　　　　C. 继续社会化　　　　D. 逆向社会化

5. 成人教育属于（　　）。
   A. 基本社会化　　　　B. 预期社会化　　　　C. 重新社会化　　　　D. 发展社会化

6. 在社会化的环境因素中，个人社会化的第一要素是（　　）。
   A. 家庭　　　　　　　B. 学校　　　　　　　C. 伙伴群体　　　　D. 大众传媒

7. 人格发展理论主要奠基者是（　　）。
   A. 马斯洛　　　　　　B. 叔本华　　　　　　C. 弗洛伊德　　　　D. 米德

8. 生命历程理论兴起于20世纪初而发展于20世纪60年代。生命历程理论起源于美国芝加哥学派关于（　　）的研究。
   A. 移民问题　　　　　B. 贸易问题　　　　　C. 个体生命问题　　D. 种族问题

9. 通常情况下，社会变化越迅速、越深刻，世代间的代差就（　　）。
   A. 越小　　　　　　　B. 越大　　　　　　　C. 越稳定　　　　　D. 越不稳定

10. 一些年轻夫妻在怀孕期通过勤读婴儿书籍来影响婴儿，这种现象属（　　）。
    A. 发展社会化　　　　B. 预期社会化　　　　C. 初始社会化　　　　D. 再社会化

11. （　　）是社会群体或社会组织的基础。
    A. 社会关系　　　　　B. 社会地位　　　　　C. 社会角色　　　　D. 社会制度

12. （　　）认为，角色是在互动过程中形成的，角色表演并没有一个先定的剧本，文化只能为角色表演规定大致的范围。
    A. 林顿　　　　　　　B. 米德　　　　　　　C. 弗洛伊德　　　　D. 莫雷诺

13. 销售人员在销售中所遇到的售货与个人道德、良心间的矛盾是（　　）。
    A. 角色不清　　　　　B. 角色紧张　　　　　C. 单一角色冲突　　D. 角色失败

14. 职业女性难以同时关爱家庭和子女，秉公办事的政府公务人员在工作原则与人情关系间左右为难等均属（　　）。

A. 角色失败　　　　B. 角色混淆　　　　C. 角色冲突　　　　D. 角色中断

15. 角色距离这一概念最早是由（　　）提出来。

A. 米德　　　　B. 戈夫曼　　　　C. 莫雷诺　　　　D. 林顿

16. 民族英雄、革命家、"清官"等均是历史上多代人在角色实践中进行（　　）的成果。

A. 角色建设　　　　B. 角色领悟　　　　C. 角色扮演　　　　D. 角色体验

17. 同样是售货员，有的人认为应积极、主动、热情、耐心地待客；有的人则认为售货员没有必要对别人笑脸相迎，卑躬谦让等，这属于（　　）。

A. 角色建设　　　　B. 角色识别　　　　C. 角色扮演　　　　D. 角色领悟

18. （　　）是由于那些角色扮演者的行为、品质达不到规范的要求，如军纪不严的士兵，或者是由于那些角色扮演者的素质远在角色规范之上，如成人玩儿木马时的情况，而导致的。

A. 角色不清　　　　B. 角色距离　　　　C. 角色冲突　　　　D. 角色中断

19. 社会角色的确定就是一个回答（　　）的问题。

A. 为什么　　　　B. 我怎么样　　　　C. 我是谁　　　　D. 谁是我

20. （　　）是指人们在承担某种角色时，明确意识到了自己正担负着一定的权利和义务，意识到周围的人均是自己所扮演的角色的观众，因而努力用自己的行为去感染周围的观众。

A. 表现性角色　　　　B. 自致角色　　　　C. 不自觉角色　　　　D. 自觉角色

（二）多项选择题（下列选项中有两个或两个以上是正确的）

1. 个人社会化的环境要素有（　　）。

A. 家庭　　　　B. 学校　　　　C. 群体　　　　D. 工作单位

2. 个人社会化的基本内容包括（　　）。

A. 技能社会化　　　　B. 结构社会化　　　　C. 政治社会化　　　　D. 行为社会化

3. 个人社会化的必要条件包括（　　）。

A. 遗传因素　　　　B. 制度因素　　　　C. 自然条件　　　　D. 环境因素

4. 生命历程理论在考察宏观的社会结构与个体的生命历程间的关系时的要点有（　　）。

A. 生命发生的时间和空间　　　　B. 生命相关性

C. 生命的时间安排　　　　D. 人的能动性

5. 下列属于生命周期阶段的是（　　）。

A. 衰老期　　　　B. 儿童期　　　　C. 老年期　　　　D. 成年期

6. 社会角色的来源有（　　）。

A. 美国芝加哥学派　　　　B. 人类学　　　　C. 社会戏剧论　　　　D. 完形主义心理学

7. 角色内冲突的情况有（　　）。

A. 角色紧张　　　　B. 角色不清　　　　C. 两难角色　　　　D. 单一角色冲突

8. 角色失调现象的主要表现形式有（　　）。

A. 角色中断　　　　B. 角色失败　　　　C. 角色紧张　　　　D. 角色混淆

9. 从角色的表现状态来看，社会角色可划分为（　　）。

A. 理想角色　　　　B. 领悟角色　　　　C. 实践角色　　　　D. 规定性角色

10. 如果从社会角色追求的目标考察，社会角色可分为（　　　　）。

A. 规定性角色　　　B. 开放性角色　　　C. 功利性角色　　　D. 表现性角色

（三）填空题

1. 狭义社会化的研究对象主要是_____。

2. 广义的社会化不再单单是一个从"生物人"向"社会人"的转变过程，同时也是一个内化_____、学习_____、适应_____的过程，它是贯穿于人的一生。

3. 生命周期一般可分为_____、_____、_____和_____等四个阶段。

4. 社会化的基本内容主要包括_____、_____、_____和_____四个方面。

5. 美国心理学家科尔伯格将道德社会化过程划分为_____、_____和_____三个层次。

6. 从人们获得角色的方式来看，社会角色可分为_____和_____。

7. 如果从社会角色追求的目标考察，社会角色又可分为_____和_____。

8. 从角色的表现状态来看，社会角色可划分为_____、_____和_____。

9. 当众多的社会角色集中在同一个人身上时，就形成了_____。

10. 角色集的存在一方面说明了社会角色的_____，另一方面说明了社会角色间的_____。

（四）判断改错题（判断下列陈述的正误，并加以改正）

1. 对罪犯的改造以及军队的基本训练等是一种发展社会化的过程。（　　　）

2. 早期社会化包括青年期和成年期的社会化。（　　　）

3. 社会化偏差和失败主要表现为有效的文化传递和使人处于有利地位的社会化两种形式。（　　　）

4. 反社会人格需要通过逆向社会化予以矫正。（　　　）

5. 同龄群体的社会化具有诱导性和暗示性等特点。（　　　）

6. 社会关系是社会地位的外在表现。（　　　）

7. 夫妻间、领导与群众间、邻里间、婆媳间的冲突均属角色内冲突。（　　　）

8. 停留在角色实践阶段的角色是没有实际意义的，是虚__或"吹牛皮"。（　　　）

9. 功利性角色是指不以经济效益或报酬为衡量尺度，而是以表现社会制度与秩序、表现社会行为规范、价值观念、思想道德等为目的的社会角色。（　　　）

10. 医生在医院里要同病人、病人家属、护士、化验员、药剂师、医院领导及医院行政人员等多种角色打交道，由此而形成一个角色集。这种现象所说明的是多角色集于一个之身的问题。（　　　）

（五）名词解释

1. 预期社会化　2. 再社会化　3. "镜中我"　4. 代差　5. 道德社会化　6. 社会角色　7. 角色集　8. 自致角色　9. 角色中断　10. 角色冲突

（六）简答题

1. 再社会化与发展社会化的区别有哪些？
2. 简述社会化的类型。
3. 社会化的意义是什么？并简要说明之。
4. 简述"角色扮演"理论的主要内容。
5. 简述埃里克森的"八阶段"理论。
6. "进入角色"应具备哪些条件？
7. 社会角色扮演一般应经历哪几个阶段？
8. 角色确定不当的情形有哪几种？
9. 社会角色表现所需要的环节有哪些？
10. 简要回答社会角色理论的理论来源。

（七）论述题

1. 论述个体社会化的方法和途径。
2. 论述社会实践中扮演好社会角色的重要意义。

（八）案例分析题

[案例1]

1920 年秋天，有报道说，在印度加尔各答市北部、地处内陆奥里萨邦的一个小村子里，人们曾发现森林里有鬼在跑动。令人尊敬的英国国教牧师辛格认为这只不过是个迷信，就想方设法破除它，于是就带了一拨人进入了森林。结果他们发现，原来人们所说的"鬼"是与一只狼共同生活在狼窝里的两个小孩。当他们把狼窝挖开的时候，发现里面有两只小狼崽和两个小女孩，她们都吓得抱成一团。老狼非常凶狠地看护着它的狼窝，保护着它的幼崽。这两个被"解救"的女孩头发乱糟糟地纠缠在一起，用四肢行走，龇着牙，咆哮着撕咬前来"捕捉"她们的这帮人。他们不得不把她俩放在一个竹子做的笼子里运回家，在途中，除了喝点奶之外，她俩什么也不吃。她俩小的看起来 3 岁左右，大的大概 5 岁到 6 岁。辛格夫妇分别给她们起了名字：阿玛拉和卡玛拉。

辛格夫妇开了一家孤儿院，他们试图在孤儿院里给这两个野孩子以人道的关怀和照顾。但这两个孩子与孤儿院里的其他孩子迥然不同，她们宁愿住在黑暗的角落里，她们更喜欢在夜里活动。她们拒绝站立起来，她们也不愿只用两条腿行走。她们吃生肉，像狗一样从骨头上把肉剔咬下来吃。如果在她们吃东西的时候有人靠近，她们就会大声咆哮。令辛格夫妇很悲伤的是，她们会吃掉她们所能找到的任何一块腐烂的死肉，而且吃饭的时候往往把不少石块和脏东西一块吞进去。她们表现不出任何感情来，也没有与人沟通和交流的愿望。她们躲开所有的其他孩子，谁要是给她们洗澡、帮她们穿衣服，她们就会攻击谁。辛格说："她们只想自己待着，避开与人类社会有任何来往。"

在发现她们不到一年的时间里，年龄小的女孩阿玛拉由于胃肠感染死去。在随后的几周内，卡玛拉并没有表现出什么样的感情来，只是一动不动地守在阿玛拉的尸体旁，样子怪怪的。后来，卡玛拉开始对其他孩子感兴趣了。她开始从辛格夫人手中接受食物。辛格像马戏团里的驯兽师一样开始教她站立的姿势，方法是用一块肉作为奖励高举在她的头上，但她总是站立不稳，直立行走就更难了。3 年之后，她跟其他孩子相处的时间就越来越长了。在这个过程中，当别人叫"卡玛拉"时她似乎懂得了这就是她的名字，她也开始学会了叫辛格夫人为"妈"。她终于学会了几个单词，但她的发音却糟糕得很，尽管她自己用这几个词反反复复地自言自语。1929 年冬天，卡玛拉死去，那时她应当有大约 14 岁左右的样子。

关于狼收养小孩的故事，迄今为止已经有不下 40 个了，最早的可以从罗米拉斯和雷米斯算起，但没有一个是经过严格鉴定的。由于辛格夫妇严肃认真的工作，关于奥里萨邦狼孩的故事很快成了印度和英国新闻出版界的热门话题。

1997 年，查理·迈克林尽其所能地把所有关于狼孩的成文记录收集起来，其中就有辛格内容翔实的日记。他还与目击者做了访谈，最终出版了一本名叫《狼孩》的书。在奥里萨邦，有些绝望的妇女会把婴儿丢在森林里不管，狼通常会把婴儿吃掉。故事里的这只狼怎样收养两个小孩，为什么要收养两个小孩，这还是一个不解之谜。她们是在不同的时间里被收养的吗？不管怎么说，故事传达给世人这样一个信息：不断发育成长的人类大脑在孩子很小的时候就已经具备了接收复杂的信息输入的能力，一旦这时候某个机遇之窗被封闭了，以后就很难再把它打开。

问题：

结合上文，谈谈社会环境对个人社会化的影响。

[案例 2]　　　　　　社会角色微变：男性越来越瘦，女性越来越壮

时尚界一味地崇尚瘦削并只为瘦男设计服饰是男性越来越苗条的重要原因。而与此同时，女性却在强身健体观念的引导下变得更有活力、更强壮。

男性越来越瘦，女性越来越壮，这也导致年轻男女在恋爱关系中的角色发生了微妙的变化。

女性不再热衷减肥

有一段时间，对在城市中生活的女性而言，苗条是必不可少的。

近些年来，随着人们对健康的重视和锻炼热潮的兴起，这种崇尚瘦削的审美观逐渐被淘汰。时尚评论家们说，新一代的女性"变得强壮、精力充沛、充满活力。她们能照顾好自己的身体，不会因减肥而饱受困扰。她们对自己的肌肉和具有明显女性特征的身体感到很满足"。

由于这种健康观受到大部分女性的赞同，因此，现在单身女白领间最流行的健身方式是有氧拳击。这种锻炼方法将国际标准拳击与有氧运动相结合，不仅是一种减压良方，还能学到防身妙招。

青年男性最瘦弱

与女性积极强身健体行动相反的是，男性越来越注重苗条的身材，甚至希望得到他人的保护。

某男在一家专卖棉布衣服的小店工作，他说，他的目标是将自己的体重从 57 公斤降为 55 公斤。该男的身高是 182 厘米。

2

"保持非常瘦的身材是十分有必要的"，该男说，"不仅仅是因为时尚和工作需要，更重要的是女孩们看起来喜欢瘦削的男人"。

其女朋友的体重比他略重，他们两人都很乐于接受这一点。而且，在这对情侣中，完全是女方说了算。

"她比我强壮多了"，该男说，"她能提起很重的东西，还能喝很多酒。我很欣赏这一点。当她在我身边时，我觉得有了保障，很有安全感"。

女性装扮不为吸引异性

这种看似颠倒传统性别角色的情况还激起了一种新的时尚潮流——不性感的迷你裙。

某电视评论员说，今年秋天，十分流行超短裙配靴子或是芭蕾舞鞋的穿着方式，但是，这种装扮一点都没有性感的味道。因为女性这样穿完全不是为了吸引男性目光，而只是增强自信心。到目前为止，时尚的目的都是为了吸引异性关注，但女性已经超越了这一点。

"男性基本只关注其他男性的穿着装扮，以此确定自己是否时尚、得体，女性的短裙对他们来说没什么。"

为博青睐追求"可爱"

"可爱"这个词通常是用来形容女性或是主打市场为女性群体的产品。但现在，女性喜欢使用这个词来形容男性或是他们的配饰。这就导致了更多年轻男性试图向"可爱"的方向发展，以博取青睐。

事实上，年轻的男性声称，他们希望由女性来追求自己———他们不喜欢迈出占主导性的第一步，而且，在面对困难时表现得很害羞。

"我从来不和我的女朋友吵架"，某男说，"我知道我肯定会输。假如我照着她所说的去做，我的生活会轻松很多"。

紧身装流行推动瘦身潮

女性和男性社会角色的变化以及观念的变化都在男性时尚潮流和设计方面有所体现。现在男性时尚潮流的主要特点是让男性看起来脆弱，让女性生出恋爱之心。

1995年，"青年男音乐家"时尚品牌以迷惑摇滚的风格闯入流行舞台。"青年男音乐家"所推出的服装多为紧身衣或是无袋裤，以凸显身材为主，甚至让人感觉穿这种衣服的人会被裹得难以呼吸。

"青年男音乐家"所推行的审美感在近年来逐渐蔓延，这还要归功于日渐瘦削的青年男子和紧身装束的流行。

问题：

结合上述案例，谈一谈社会中青年男女个人追求变化与社会角色转变的关系。

二、习题答案

（一）单项选择题

1. A 2. B 3. B 4. C 5. D 6. A
7. C 8. A 9. B 10. B 11. C 12. B
13. C 14. C 15. B 16. A 17. D 18. B

19. C　　　　20. D

（二）多项选择题

1. ABCD　　2. ACD　　3. AD　　4. ABCD　　5. BCD　　6. ABCD
7. ACD　　8. ACD　　9. ABC　　10. CD

（三）填空题

1. 少年儿童　2. 社会价值标准，角色技能，社会生活　3. 儿童期，青年期，成年期，老年期　4. 政治社会化，道德社会化，性别角色社会化，再社会化　5. 前习惯层次，习惯层次，后习惯层次　6. 先赋角色，自致角色　7. 功利性角色，表现性角色　8. 理想角色，领悟角色，实践角色　9. 角色集　10. 复杂性，相互关联性

（四）判断改错题

1. ×，再社会化　2. ×，儿童期和青年期　3. ×，无效的文化传递，使人处于不利地位　4. ×，再社会化　5. ×，大众传播媒介　6. ×，社会角色　7. ×，角色间冲突　8. ×，角色领悟　9. ×，表现性角色　10. ×，角色间具有相互依存性

（五）名词解释

1. 答：预期社会化是一种指向未来角色的社会学习过程。在这一过程中，人们要学习的不是现在要扮演的角色，而是将来要扮演的角色。

2. 答：再社会化是指全面放弃原已习得的价值标准和行为规范，重新确立新的价值标准和行为规范的过程。

3. 答："镜中我"是由美国社会学家库利提出的一种理论，该理论将通过观察别人对我们自己的行为的反应而形成的自我认识，称为"镜中我"。也就是说，每个人的"自我"认识，实际上都是以他人为"镜子"而影射出来的。

4. 答：代差是指社会的不同世代的人在价值观念和行为选择等方面所出现的差距、隔阂，甚至冲突。它反映的是不同世代的人在社会结构和社会生活迅速变化过程中所表现出的有快有慢的不同步现象。

5. 答：道德社会化是指社会成员通过社会互动学习道德规范，内化道德价值，培养道德情操的过程。道德社会化是按照社会的规范标准培养社会成员的重要手段。

6. 答：社会角色是指与人们的某种社会地位、身份相一致的一整套权利、义务的规范与行为模式，是人们对具有特定身份的人的行为的期望。它是构成社会群体或组织的基础。

7. 答：所谓角色集，也称角色丛，是指由一组相互联系、相互依存、相互补充的角色所组成的角色集合。

8. 答：自致角色，又称自获角色或成就角色，是指通过个人的活动和努力而获得的社会角色。如英雄人物、科学家和画家等。

9. 答：角色中断是指一个人在其所承担的前后相继的两种角色间所出现的矛盾或中断现象。

10. 答：角色冲突指在角色扮演过程中，在角色或角色内发生了矛盾、对立和抵触，妨碍了角色扮演的顺利进行。

（六）简答题

1. 答：再社会化与发展社会化的区别主要表现在：（1）发展社会化着眼于人的完善，而再社会化着眼于人的改造；（2）再社会化的形式一般比发展社会化要剧烈。再社会化虽然着眼于人的改造，但它并不一定是负面的和强制性的。

2. 答：社会化的类型包括初始社会化、预期社会化、发展社会化、逆向社会化和再社会化。

3. 答：社会化的意义表现在：（1）社会化是社会按照一定的标准培养和塑造自己的社会成员的过程。没有社会化的人，就没有社会；（2）文化具有完善个体人格、维系社会共同体、推动个人发展和社会进步的功能，文化的统一和延续是社会良性运行和协调发展的重要条件。而文化的统一和延续只有通过人的社会化来实现，离开社会化，就谈不上社会团结和进步。

4. 答：角色扮演是社会化的实质，社会化过程包括模仿阶段、嬉戏阶段（play stage）和游戏阶段三个阶段。每个阶段的"角色扮演"能力是不同的。在模仿阶段，孩子只能通过"手势交流"活动来模仿父母的动作，"角色扮演"能力非常有限；到了嬉戏阶段，孩子开始扮演一些特定的、重要的角色，这些角色如父母、兄弟、家里的朋友等等。而到了游戏阶段，孩子开始走出家庭，与更多的人和群体发生联系，并开始观察、理解和模仿"一般他人"。在游戏中，孩子开始考虑许多人在同一时间所扮演的许多不同角色的相似行为，对一些游戏从情节、到人物、到行为做出预知和扮演勾画。

5. 答：埃里克森"八阶段"理论的主要内容包括：（1）信任与不信任阶段：这一阶段中婴儿若能得到父母或他人的良好照顾，各种需求得到充分满足，则其对周围环境产生信任感，否则，就会产生不信任感；（2）自主与羞怯、怀疑阶段：这一阶段中个体的自主性增强，如父母过多指导或指责，会使儿童产生羞怯感，并对周围环境和自己能力产生怀疑和对周围环境产生疑虑，不利于个体自立个性的建立；（3）主动和内疚感阶段：父母若对儿童的主动要求不予理睬或管束太多，会使儿童带创造性甚至荒诞的做法因遭取笑或惩罚而产生内疚感；（4）勤奋与自卑感阶段：儿童好奇心增强，乐于用工具进行操作性活动，若父母不理解或压制其想像力和创造性活动，会造成儿童自卑；（5）认同与角色混淆阶段：个体注意观察和认识各种社会角色的意义，学习扮演不同角色，实现角色的自我认同。若这一阶段个体的活动缺乏主动和自信，会导致角色混淆不清的现象；（6）亲密与孤独感阶段：个人在此阶段要经历恋爱与婚姻家庭，需要学会与异性交往，并建立起一种亲密关系的能力。若这方面的活动失败，则会使人陷入难以自拔的孤独感中；（7）关注后代与关注自我阶段：个人成就相对已达顶峰，子女已经长大，个人对后代尤其是下一代的关心增加，那种未能实现对后代关注的个人，则会沉溺于对自我、自己的事业和生活的关注中；（8）完善与绝望阶段：个人陷于对昔日生活和成就的回忆之中，力图为自己的一生画上一个完满的句号，如不能找到满意的解释，则会使他们陷入追悔和绝望中。

6. 答："进入角色"需具备三个条件：一是获得了承担某种角色的认可；二是表现出扮演这一角色的必备能力和品质；三是本能地或积极地在精神上和体力上均投入这一

角色。

7. 答：社会角色的扮演过程一般要经历对角色的期望、对角色的领悟和对角色的实践三个阶段。

8. 答：角色的确定不当通常包括三种情况：一是不能胜任角色，即某人不具备担当某一角色的能力，但却被安排或任命到这一位置上；二是未能承担合适的角色，即某些有一定才能与条件的人未能被安排到与之能力和条件相适应的角色上；三是选择了不适当的角色。

9. 答：社会角色需通过一系列的环节来加以表现，这些环节具体包括布景与道具、衣着、仪表和言谈举止、台前、台后表现与社会角色表现上的配合。

10. 答：社会角色理论的理论来源有美国芝加哥学派、人类学、"完形主义心理学"和社会戏剧论。

（七）论述题

1. 答：（1）家庭教育。家庭在社会结构中是一个独特的社会化场所。童年期是人的一生中社会化的关键时期，而在童年期家庭担负着主要的社会化责任。家庭中的亲情关系，言传身教，从语言、情感、角色、技能、经验与规范等各个方面，起着潜移默化的影响。儿童从出生时起，就在具有民族、阶级、宗教、地区等特征的家庭中获得了一种地位，所有这些特征都对儿童以后的社会化产生重要的影响。（2）学校教育。学校是有组织、有计划、有目的地向人们（尤其是儿童和青年）系统传授社会规范、价值观念、知识与技能的机构。当儿童进入学龄期以后，学校的影响逐渐上升到首要地位，成为最重要的社会化途径。在家庭教育的基础上，学校使儿童学会许多新的知识。学校向学生传授科学知识，激发学生取得社会成就的愿望，为学生提供与更多的同伴以及成年人相处的经验与机会，使学生步入社会后能够更加自如地迎接各种挑战。学校还有独特的地位、角色、亚文化、价值标准、传统，甚至仪式或礼节。学校里的主属关系很明显，校长或主任有权决定学校里的大事，学生要听教师的话，这些都有助于学生形成一种尊重权威、遵守秩序的观念。（3）社会群体内部影响。社会群体可能是同辈群体，也可能是阶级集团或一定的社区、工作单位。同辈人中的同学、同乡具有许多相同的思想感情与语言习惯，在相互交往中容易彼此交流社会知识与处世经验等。在阶级社会中，人们处于不同的阶级地位，有着不同的利益与要求，从而形成了迥然有别的价值标准、规范、心理、思想、习惯与气质。在社区内，人们通过一系列频繁的相互作用，形成一定的价值观念、习惯、心理。对许多人来说，工作是生活的主要内容，一生中大部分时间是在工作单位中度过的，不同的工作单位以多种形式影响着人们的社会化。（4）大众传播工具。在现代社会里，大众传播是十分重要的社会化手段。报纸、杂志、书籍、广播、电视、电影、录音、录像、网络等迅速地向人们提供大量有关社会事件与社会变革的各种信息使人们开阔视野，看到一些自己无法亲身经历的情景，很快地学到各种知识与规范。

2. 答题要点：（1）社会角色的定义；（2）每个人在社会中要同时承担多种社会角色，社会中不同角色对角色扮演者的要求不同，而且这种要求会随社会的进步与发展而变化，加之人们对不同角色有着不同的期待，因此就要求角色扮演者准确地理解、确定、领悟和实践自身所承担的角色；（3）在社会角色扮演过程中，如果不能很好地理解、领悟、确定并实践自身在不同时间、不同位置所承担的社会角色，就会导致角色不清、角色冲突、角色中断甚至角色失败等问题。

（八）案例分析题

［案例1］（略）

［案例2］（略）

第四章　社会互动

一、练习题

（一）单项选择题（下列选项中只有一个是正确的）

1. （　　）被认为是符号互动论的开创者。
   A. 布鲁默　　　　　　B. 库恩　　　　　　C. 库利　　　　　　D. 米德

2. 最先使用"社会互动"这一术语的社会学家是（　　）。
   A. 米德　　　　　　　B. 布鲁默　　　　　C. 库利　　　　　　D. 齐美尔

3. 最先提出"参照群体"一词的是（　　）。
   A. 海曼　　　　　　　B. 戈夫曼　　　　　C. 霍曼斯　　　　　D. 埃默森

4. 社会交换论是当代西方社会学理论流派之一，它产生于（　　）。
   A. 20世纪40年代末期　　　　　　　　B. 20世纪50年代初期
   C. 20世纪50年代末期　　　　　　　　D. 20世纪60年代初期

5. 本土方法论，也称常人方法论，是（　　）创立的。
   A. 戈夫曼　　　　　　B. 加芬克尔　　　　C. 齐美尔　　　　　D. 海曼

6. （　　）主要指人们与熟人间的日常交往场合，如朋友聚会、家庭成员间、邻居间的交往等。
   A. 熟悉情境　　　　　B. 工作情境　　　　C. 社交情境　　　　D. 生活情境

7. 工具关系是个体为达到某种目的而与他人交往时发生的关系。这种关系应遵循（　　）。
   A. 互利原则　　　　　B. 公平原则　　　　C. 交换原则　　　　D. 竞争原则

8. （　　）是指互动中一方自愿地或主动地调整自己的行为，按另一方的要求行事。
   A. 顺应　　　　　　　B. 顺从　　　　　　C. 和解　　　　　　D. 妥协

9. （　　）是指人们在面临某种直接威胁时所产生的紧张心态及所做出的不协调的违反常规的行为。
   A. 恐慌　　　　　　　B. 恐怖　　　　　　C. 紧张　　　　　　D. 流行

10. 模仿是由（　　）提出的。
    A. 塔尔德　　　　　　B. 斯梅尔塞　　　　C. 库恩　　　　　　D. 库利

（二）多项选择题（下列选项中有两个或两个以上是正确的）

1. 下列属于社会互动基本要素的是（　　）。
   A. 社会要素　　　　　B. 文化要素　　　　C. 人格要素　　　　D. 情境要素

2. 符号互动理论的基本观点是（　　）。
   A. 社会互动中起中介作用的是符号

B. 人的行为是有意义的行为

C. 符号的意义不是固定不变的

D. 互动中人们往往从他人对自己的态度和看法中来认识自己

3. 参照群体对个人的基本功能是（　　　　）。

    A. 规范功能   B. 评价功能   C. 自省功能   D. 比较功能

4. 戈夫曼认为（　　）是个人维持和加强与他人关系、表达对他人尊敬与关怀的重要方式。

    A. 表达式礼仪   B. 维系式礼仪   C. 认可式礼仪   D. 回避式礼仪

5. 社会交换论的主要代表人物有（　　　　）。

    A. 霍曼斯   B. 加芬克尔   C. 布劳   D. 埃默森

（三）填空题

1. 人格要素主要包括心态、_____、_____、意识和道德等。

2. _____是指能够有意义地代表其他事物的事物，是传播意识的一种意愿标志，如声音、语言、文字、图画、手势、姿态和表情等。

3. 讨论问题过程中的举手，是表示赞成或反对。这说明人的行为是_____的行为。

4. _____运用严密的数理模型和网络分析，阐述了社会结构及其变化、社会交换的基本动因和制度化过程。

5. 人们经常说"入乡随俗""到什么地方说什么话""见什么人说什么话"，其意思就是说，说话办事不能离开既有的情境，而应选择合适的_____和_____。

（四）判断改错题（判断下列陈述的正误，并加以改正）

1. 符号互动论是一种实证的主观社会学，它研究人们面对面相互交往与作用以及引起或改变这些活动与过程的主观反应。（　　　　）

2. 社会交换理论最初是针对结构功能主义提出的，在理论和方法上具有反实证主义、自然主义和心理还原主义的倾向。（　　　　）

3. 布劳则是从社会结构的原则出发来考察群体与群体之间的社会交换过程。（　　　　）

4. 三人关系很难达到二人关系的那种亲密感，而当其中两人发生冲突时，第三者可充当中间人、仲裁人、从中渔利者以及分裂者和征服者等不同的角色。（　　　　）

5. 社会制度变迁既是深刻的社会变革，同时也是一次伟大的文化重建，必然引起新旧文化间的冲突和融合。（　　　　）

（五）名词解释

1. 社会互动 2. 参照群体 3. 拟剧论 4. 冲突 5. 集合行为

（六）简答题

1. 简述符号互动理论的主要观点。

2. 简述戈夫曼拟剧论的主要观点。

3. 简述霍曼斯有关社会交换论的基本命题。

4. 简述本土方法论的基本观点。

5. 社会互动的常见形式有哪些？

（七）论述题

论述集合行为的消极影响。

（八）案例分析题

[案例]

材料一：

下面是一段对话：

（S）：嘿，雷，你的女朋友感觉怎么样？

（E）："她感觉怎么样？"你是什么意思？指身体还是精神？

（S）：我是问她感觉怎么样。你怎么了？

（E）：没什么。只是请你解释清楚一些。

（S）：算了吧，别谈这个了。你向医学院的申请怎么样？

（E）："什么怎么样？"你是什么意思？

（S）：你知道我是什么意思！

（E）：我真的不知道。

（S）：你到底怎么了？是不是病了？

材料二：

一个人觉得他现在自己的左手都不相信右手，"左手帮右手挠痒痒，右手想，挠得那么舒服，不知用心何在。右手帮左手擦肥皂，左手想，搓得那么起劲，然后要干什么？两只手端一碗热汤，左手想，我得自己端住，别指望右手；右手也同样那么寻思。结果，害得他多花了一倍的劲儿。

材料三：

许多人挑选服装，总会考虑到穿这样的衣服在他活动的群体中是否适宜。然而什么是适宜？并不完全是由他个人的舒适感决定，而是来自群体形成的评价。也有人追求与众不同。这看起来似乎是我行我素，与他人无关，但是，不同恰恰是在与他人比较、区隔中体现的，可以说是对他人影响的一种逆反应。

根据上述材料，回答下列问题：

（1）什么是社会互动？试分析材料一所反映的两个好朋友之间的互动出现的问题及产生的原因？

（2）材料二的结果是由什么所导致的？

（3）材料三所反映的是一种什么现象？

二、习题答案

（一）单项选择题

1. D　　　　2. D　　　　3. A　　　　4. C　　　　5. B

6. A　　　7. B　　　8. B　　　9. B　　　10. A

（二）多项选择题
1. BCD　　2. ABCD　　3. AD　　4. ABCD　　5. ACD

（三）填空题
1. 价值，信念　2. 符号　3. 有意义　4. 埃默森　5. 行为方式，互动方式

（四）判断改错题
1. ×，反实证　2. ×，实证主义　3. ×，人与人　4. √　5. ×，社会转型

（五）名词解释
1. 答：社会互动，也称互动、社会相互作用或社会交往，是指社会上个人与个人、个人与群体、群体与群体之间通过信息的传播而发生的相互依赖性的社会交往活动。

2. 答：参照群体是指个体在心理上所从属的群体。个体通常将其参照群体的价值和规范作为评价自身和他人的基准，作为自己的社会观和价值观的依据。

3. 答：拟剧论是从符号互动论中发展出来的、具有自身特点的、说明日常生活中人与人之间相互作用的理论。拟剧论框架是观察家与分析家研究社会行为所用的最古老的模式之一。

4. 答：竞争是遵循某些规则的一种合作性冲突。竞争是以不同利益群体的存在和目标物的稀缺为前提的。

5. 答：集合行为，也称集体行为、大众行为，指一种人数众多的自发的无组织行为。

（六）简答题
1. 答：符号互动理论的基本观点是：（1）在社会互动中起中介作用的是符号。人与人的互动是借助符号进行的，是符号互动；（2）人的行为是有意义的行为；（3）符号的意义不是固定不变的；（4）在互动过程中，人们往往通过扮演他人的角色，从他人的角度来解释其思想和意向，并以此为根据来指导自己的行为；（5）在互动过程中，人们往往从自己所认识到的他人对自己的态度和看法中来认识自己，形成并修改自我概念。

2. 答：戈夫曼采用戏剧分析的方法，从印象管理的角度揭示了人们社会互动的特点。戈夫曼认为，社会和人生是一个大舞台，生活就是在演戏，当人们在扮演角色时，他们的表演是由观众来判断的。戈夫曼将人们运用各种技巧和方法左右他人，以在他人那里建立良好印象的过程称为"印象管理"。拟剧论认为，互动的一方总想控制对方的行为，使对方通过对自己的理解，做出符合自己计划的行为反应。

3. 答：霍曼斯有关社会交换论的基本命题是：（1）成功命题；（2）刺激命题；（3）价值命题；（4）剥夺—满足命题；（5）攻击—赞同命题。

4. 答：本土方法论认为，社会互动是由形成人们正常交往基础的规则所决定的，这些规则通常是理所当然和心照不宣的；但如果违背了这些规划，互动就不能顺利进行。本土方法论有三条重要规则：（1）寻求常规形式，即人们一般假定行动者拥有关于情境互动

的常规形式，但当互动双方感到难以沟通或出现紧张时，即发出信息告诉对方回到"常规"形式上去；（2）进行思想沟通，即认为行动者在一种假定的支配下积极地去寻求沟通；（3）运用"等等"原则，即在互动中实际上还存在许多隐含其中而不必讲出的东西，即言外之意。

5. 答：社会互动的形式主要有合作、竞争、冲突、强制、顺从和顺应。其中，合作行为又包括协同、援助、交换和调适；冲突又可分为口角、拳斗、械斗、仇斗、战争等；顺从又可分为和解、妥协和容忍等。

（七）论述题

答题要点：（1）集合行为的定义；（2）集合行为的特征；（3）集合行为对人们心理和行为的感染、波及和影响作用。

（八）案例分析题

答案：（1）社会互动，也称社会相互作用或社会交往，是指社会上个人与个人、个人与群体、群体与群体之间通过信息的传播而发生的相互依赖性的社会交往活动。社会互动是以信息传播和感情交流为基础的。互动中往往伴随着信息交流或思想、情感的交流，材料一中因为第二个人的积极性不高，使双方交流出现障碍，互动难以持续。

（2）合作是指社会互动中，人与人、群体与群体间为达到对互动各方都有某种益处的共同目标而彼此相互配合的一种联合行动。在现代社会中，没有合作，个体就难以生存；没有合作也就没有社会的发展和进步。材料二由于左手和右手之间缺乏信任，导致合作行为难以发生，因此造成多花了一倍的劲儿。

（3）材料三所反映的是一种典型的集合行为，流行现象。流行是指一个时期内在社会上流传很广、盛行一时的体表和行为的风格，是一时内为人们广为崇尚的生活方式。人们追求流行是个性表现与从众心理的统一。它是人们一定心理需要的满足方式。

第五章　社会群体与社会组织

一、练习题

（一）单项选择题（下列选项中只有一个是正确的）

1. 一群人聚集在街头看热闹，彼此间并无互动，热闹结束后各自散去。社会学家称这群人为（　　）。

　　A. 社会类别　　　　B. 社会组织　　　　C. 社会类属　　　　D. 社会团体

2. 一种有目的的团体，互动只是为了某种目的；成员间较少感情，其互动有商业行为的味道，所牵涉的个人部分也比较狭窄；团体成员也可转换替代。社会学家库利称之为（　　）。

　　A. 初级群体　　　　B. 次级群体　　　　C. 亲密团体　　　　D. 重要他人

3. 一群具有某种特殊特征的人，但彼此间互不往来、无认同感，也不能算是社会群体。社会学家称之为（　　）。

　　A. 社会类别　　　　B. 社会类属　　　　C. 社会组织　　　　D. 社会团体

4. 雇主与雇员的关系、医生与病人的关系均属于（　　）。

　　A. 初级关系　　　　B. 次级关系　　　　C. 亲密关系　　　　D. 重要他人

5. 北京大学是北京大学师生的（　　）。

　　A. 参照群体　　　　B. 内群体　　　　C. 外群体　　　　D. 法制群体

6. 一个学法律的学生，虽然还未当上律师，可是他总以律师协会的规定或行为规范作为自己的行为准则。这种情形下，律师协会就是这位学法律的学生的（　　）。

　　A. 参照群体　　　　B. 内群体　　　　C. 外群体　　　　D. 法制群体

7. （　　）是以非物质的称赞、认可作为奖励和控制成员的方法和手段的组织，如教会等。

　　A. 强迫型组织　　　B. 功利型组织　　　C. 规范型组织　　　D. 意识型组织

8. （　　）是正式组织的一种形态。它是为达到高效率目标而建立的，其所作所为皆是为了追求高效率，以达到组织的既定目标。

　　A. 科层组织　　　　B. 社会团体　　　　C. 功利组织　　　　D. 规范组织

9. 正式群体和非正式群体是由（　　）等人发现并提出来的。

　　A. 梅奥　　　　　　B. 韦伯　　　　　　C. 谢里夫　　　　　D. 萨姆纳

10. （　　）是指在规模比较大的组织中，通过设立专业职能型部门，并把相应的管理职责和权力交付给若干职能型部门，由这些职能型部门来对组织实施具体管理活动的一种组织结构形式。

　　A. 直线型结构　　　B. 直线职能型结构　　C. 职能型结构　　　D. 事业部型结构

（二）多项选择题（下列选项中有两个或两个以上是正确的）

1. 按照群体内人际关系发生的缘由及其性质，社会群体可分（　　）。
   A. 参照群体　　　　B. 血缘群体　　　　C. 地缘群体　　　　D. 业缘群体
2. 按照成员对群体的心理归属情况可分为（　　）。
   A. 所属群体　　　　B. 内群体　　　　C. 参照群体　　　　D. 外群体
3. 下列可归于社会群体结构组成部分的是（　　）。
   A. 群体凝聚力　　　B. 群体规范　　　C. 群体角色　　　　D. 群体领导
4. 按照美国学者唐·赫尔雷格尔和约翰·W·斯洛克姆的观点，依据角色的行为取向，群体角色可分为（　　）等角色。
   A. 着重任务　　　　B. 着重他人　　　C. 着重关系　　　　D. 着重自我
5. 以组织的受惠者为基础，社会组织可划分为（　　）。
   A. 大众福利组织　　B. 经营性组织　　C. 服务组织　　　　D. 互惠组织

（三）填空题

1. ＿＿＿＿＿＿是指群体成员为了某种特定目标集合在一起，通过明确的规章制度而结成正规关系的社会群体。
2. ＿＿＿＿＿＿是指成员身份所属的群体，它规定着成员身份及其日常活动。
3. 群体中成员间的互动关系的数目可以用凯波特提出的公式＿＿＿＿＿来计算。
4. 成员在群体中应遵循＿＿＿＿＿和＿＿＿＿＿原则。
5. ＿＿＿＿＿是20世纪60年代末70年代初在美国经验主义学派基础上发展起来的管理理论。

（四）判断改错题（判断下列陈述的正误，并加以改正）

1. 学校、医院、政府部门和企业等属于典型的初级群体。（　　）
2. 人们在日常生活中所说的朋友圈、娱乐圈以及教育界、学术界等均是对外群体的俗称。（　　）
3. 趣味相投的朋友、街道或同院的伙伴等所组成的群体属于正式群体。（　　）
4. 领导者是指对群体或个人施加影响的活动过程。（　　）
5. 家长制是指因管理不善而造成的组织活动与目标相偏离的现象。（　　）

（五）名词解释

1. 群体凝聚力　2. 初级社会群体　3. 组织结构　4. 组织管理　5. 科层制

（六）简答题

1. 简述社会群体的特征。
2. 着重自我的角色可分为哪几种类型？各类型的特点是什么？
3. 影响群体凝聚力的因素有哪些？
4. 社会组织有何特征？

5. 在设计组织结构时应遵循的原则有哪些？

（七）论述题

论述初级社会群体在社会进步和发展中的重要意义。

（八）案例分析题

[案例1]　　　　　　　危险的征兆：社会主要群体的弱势化

弱势群体已成为中国社会当中一个日益凸显的重要问题。在一个正常的社会中，一般都会存在着弱势群体，其成员一般多为老弱病残等丧失劳动能力者。中国社会弱势群体问题的不同之处在于，中国不仅仅存在着一般意义上的大量的弱势群体成员，而且还有一些群体，如工人阶层（包括身份依然是"农民"的工人）和农民阶层呈现出一种明显的弱势化趋向。

从基本权利的维护来看，为数庞大的农民基本的社会保障待遇不足，缺乏起码的表意渠道。工人则不但要面临着"减员增效"所带来的压力，而且还要面对"换员增效"的压力，即用廉价的、不需缴纳社会保险费用的"农民工"来替换成本相对过高的现有工人的压力。从劳动技能上看，为数1亿左右的"农民工"就总体而言缺乏必要的职业培训，而工人中的高级工的比例不到4%，初级工的比例则高达80%左右，许多工作能力和劳动技能处在最佳状态的40～50岁的工人提前退休或失业。这种现象所带来的，是中国的工人及农民的市场竞争能力的严重下降。从同其关系最为密切的基层机构来看，财政援助能力几乎枯竭。以农村为例，乡镇平均负债408万元，村平均负债21万元。

显然，假如上述情形不能得以大幅度改观的话，那么便意味着中国社会的主要群体缺乏基本的发展平台，其基本的家庭财富难以得到可预见的必要积累。一句话，中国社会主要群体的弱势程度必定会呈加剧的趋势。

社会转型的基本目的不仅仅是要积累社会的总财富，更为重要的是，社会转型的基本目的是要形成一整套同市场经济和现代社会相适应的公正规则体系，形成一整套社会群体之间良性的、有益的互动规则。而上述情形恰恰是妨碍了公正规则体系的形成，所以，它所造成的危害是广泛而久远的。对于一个社会的安全运行和健康发展来说，中国社会主要群体的弱势化是一个十分危险的征兆，必须引起我们的高度警惕。这一现象在很大的程度上会抵消发展的成果，使发展的本意亦即人人共享、普遍受益的目的难以实现，使大多数社会成员无法有效地享受到发展的成果，使全面建设小康社会、"惠及十几亿人口"的目标难以实现。中国社会主要群体的弱势化现象还会使消费市场日益萎缩，削弱内需拉动力，严重降低中国发展的持续推动力。中国目前的内需拉动力之所以无法得到有效的提升，其关键性的原因就在于中国社会中的主要群体的消费能力极为有限。尤其需要引起人们注意的是，这种现象必然会使各个社会群体之间在利益增进方面出现相反方向而不是同一方向的移动趋向，即：富裕群体的利益增进同社会弱势群体基本生活的改善是脱节的，而不是同步化的。当社会各个阶层之间的隔阂和抵触积累到一定程度时，必定会进一步引发社会的不安甚至是社会的动荡。

当我们引用"让一部分人先富起来"的语句时，切莫忘记邓小平在其著名的南方谈话中所说的另一段话，否则就会陷入以偏概全的误区。就贫富差距的过分悬殊问题，邓小平指出，"什么时候突出地提出和解决这个问题，在什么基础上提出和解决这个问题，要研究。可以设想，在本世纪末达到小康水平的时候，就要突出地提出解决这个问题。"（《邓小平文选》第三卷，第374页）为了尽可能地降低中国社会为改革和发展所付出的成本，为了避免可能的社会动荡，为了全面建设小康社会的目标，我们现在必须高度重视社会主要群体弱势化这一日趋严重的问题。

问题：

1. 结合中国国情，谈一谈你对社会转型中弱势群体这一问题的看法。

2. 你认为，弱势群体规模不断增大将会引发哪些社会问题？为什么？

[案例2]   英特尔公司

与IBM、微软和苹果公司齐名的英特尔公司，是当今个人计算机市场的主要角逐者之一。英特尔公司发明了个人计算机的大脑——微处理器，目前，它在世界市场的占有率为75%。这项发明及其精心设计，使英特尔公司成为世界上最成功的公司之一。

然而，如果没有干劲十足、全身心投入工人的员工，就不会有英特尔公司的今天。公司总裁安迪·格罗夫认为："管理的任务之一就是如何使组织上下达成共识。不论身处何种地位，不论采取何种形式，坦诚交流是我们的一贯政策。什么样的总是都可以问，我们以这种方式已经淘汰了很多不合理的想法。"格罗夫称之为坦诚交流的政策，无须担心后果，员工之间可以自由地交流思想，也可以把真实的想法告诉上级。

这种做法的好处是，当人们在交流中遇到某种障碍时，公司就鼓励他们越过障碍进行真正畅通的交流，这种交流通常是好主意产生的方式。格罗夫每年要在英特尔公司的不同地点举办大约六次开放式座谈会。他回忆说："我去参加会议，会议厅坐满后，先放几张幻灯片，以此开始整个会议。然后，人们举手发言或提问。我发现，在所讨论问题的多样性和尖锐性方面，这些开放式的员工座谈会远比那些安全分析会议更能激励员工，更能激发他们的热情和积极性。"

在加州阳光谷的英特尔公司总部，另一个更新颖的做法：把几张写有公司目标的纸条包在幸运的甜饼里，然后把小甜饼发给员工。甜饼的纸条包括这样两条启示：（1）工作第一；（2）个人电脑只是个工具。

英特尔公司废除了传统的封闭式办公室以支持坦诚交流的政策，促进员工交流和鼓励正在进行的员工参与活动。在英特尔公司，全体员工，从董事长戈登·穆尔往下，都在开放的隔板式样办公室中工作。只要格罗夫在，他欢迎任何员工同他交谈。人们发现，采用隔板式办公，扫除了经理和员工之间、不同部门之间和不同工作单位之间的交流障碍。

格罗夫有9项管理启示，阐释了他对员工参与的承诺：

（1）动力发自人的内心。管理人员最大的职责，就是创造一种环境，使目的明确的员工在此环境下人尽其才，获得成功。

（2）出色的教练员不是依靠个人的威望使团体获得成功，而是依靠运用熟练的管理艺术，激发队员的拼搏精神，创造团队的佳绩。

（3）想一下，为解决和避免明天的问题，你今天必须要做些什么？

（4）尽力为同事提供最好的服务。

(5) 时间是你有限的资源。记住：当你答应做一件事的时候，你必须拒绝做另一件事。

(6) 每天抽出一小时的时间，有条不紊地处理各种不可避免的干扰事件。

(7) 对工作的评价是绝对必要的。

(8) 为了解公司各个部门的真实情况，不事先通知地走访他们，观察那里所发生的事情。

(9) 如果员工不在干活，对此只有两种解释，那就是：他做不了这项工作，或者不愿意做。要判断属于何种情况，可采用下列测试方式：如果完全靠这项工作谋生，是做还是不做？如果回答是肯定的，问题就是出在人的动机上；如果回答是否定的，问题就出在缺乏能力上。

根据以上材料，回答下面问题：

(1) 什么是社会组织？根据组织所使用的技术为基础对组织所做的分类，英特尔公司属于什么组织？

(2) 英特尔公司的组织结构是什么？

(3) 格罗夫的管理理念是什么管理理论的具体运用？这种管理理论的基本观点是什么？

二、习题答案

(一) 单项选择题
1. C　　2. B　　3. A　　4. B　　5. B
6. A　　7. C　　8. A　　9. A　　10. C

(二) 多项选择题
1. BCD　2. BD　3. BCD　4. ACD　5. ABCD

(三) 填空题
1. 次级群体　2. 所属群体　3. $x=(n^2-n)/2$　4. 一致性，互补性　5. 权变理论

(四) 判断改错题
1. ×，次级群体　2. ×，内群体　3. ×，非正式群体　4. ×，领导者　5. ×，官僚主义

(五) 名词解释
1. 答：群体凝聚力，也称群体内聚力，指群体吸引其成员，把成员聚集于群体中并整合为一体的力量。

2. 答：初级群体，也称直接群体或首属群体，是指群体内部成员间相互熟悉、相互了解并以感情为基础而结成亲密关系的社会群体。

3. 答：组织结构是指组织内部正式规定的、比较稳定的相互关系形式。它是指一个

社会组织由哪些部分组成，各部分在组织整体中所处的地位以及它们在组织运行中的比较稳定的相互关系。

4. 答：组织管理是指组织运用权威来协调其内部人力、物力和财力，以实现组织目标的活动。

5. 答：科层制是德国社会学家马·韦伯提出的一种社会组织内部职位分层、权力分层、分科设层、各司其职的组织结构模式和管理方式。它是一种以正式规划为主体的管理方式，是现代组织结构的典型形式。

（六）简答题

1. 答：社会群体具有如下特征：（1）群体内部有明确的成员关系；（2）群体内部存在着持续的人际互动；（3）群体内部成员有一致的群体意识和行为规范；（4）群体内部成员有一定的分工协作；（5）群体内部成员间有一致的行动能力。

2. 答：着重自我角色可分为如下几类：（1）障碍设置者。当群体决议或行为不符合自己利益时，他们或者进行无理抵制，或者进行消极抵抗，有的还会搬弄是非。（2）赏识寻求者。这类角色总是试图引起别人，特别是上级对自己的关注，为此，经常会通过各种场合来表现自我，甚至吹嘘本人的成绩，采取非正当的手段谋取私利。（3）有统治欲望者。这类人经常表现出强烈的操纵欲，总是试图通过非程序、非制度化的手段来攫取操纵群体或某些个人的权力，以达到个人目的。（4）逃避者。这类人与追随者和观察者不同，他们总是试图通过断绝与群体内其他成员的交往来置身于群体过程之外，具有消极抑制的特征。

3. 答：影响群体凝聚力的因素包括：（1）个体与群体的心理互动关系；（2）个体与群体间利益的关系；（3）成员在群体中的关系结构；（4）群体成员与其领导的关系；（5）群体与其所处环境的关系。

4. 答：社会组织具有如下特征：（1）社会组织是人们有目的、有意识地组织起来的群体；（2）社会组织的目标比较简单、明确；（3）社会组织中成员的关系不那么亲密；（4）社会组织成员的可替代性强。

5. 答：在对组织结构进行设计时，通常要遵循如下基本原则：（1）目标任务原则；（2）有效管理跨度原则；（3）分工协作的原则；（4）统一领导和分级管理的原则；（5）责权对等的原则；（6）效率和效益相结合的原则。

（七）论述题

答题要点：（1）初级社会群体的概念；（2）初级社会群体在个体社会化中的作用；（3）初级社会群体仍然是现代社会中不可或缺的重要组成部分。

（八）案例分析题

［案例1］（略）

［案例2］（略）

第六章　婚姻、家庭与社会性别

一、练习题

（一）单项选择题（下列选项中只有一个是正确的）

1. 我国社会学家费孝通认为，在一切婚姻动机中，只有（　　）才是自始至终起决定作用的稳定因素。
   A. 经济　　　　　B. 爱情　　　　　C. 生育　　　　　D. 道德

2. 家庭制度中最重要的是（　　）。
   A. 财产继承制度　　B. 婚姻制度　　　C. 生育制度　　　D. 亲子制度

3. 人类的第一种家庭形式是（　　）。
   A. 血缘家庭　　　B. 对偶家庭　　　C. 普那路亚家庭　D. 一夫一妻制家庭

4. 由一对夫妇及其未成年子女共同组成的家庭一般称为（　　）。
   A. 核心家庭　　　B. 主干家庭　　　C. 联合家庭　　　D. 断代家庭

5. 传统中国的上流社会总是以多代同堂为荣，是（　　）的价值观念。
   A. 复合家庭　　　B. 核心家庭　　　C. 主干家庭　　　D. 不完全家庭

6. （　　）即由年轻夫妻所组成的无子女家庭。
   A. 嬉皮家庭　　　B. 丁克家庭　　　C. 单亲家庭　　　D. 空巢家庭

7. 在寻婚方面，找与自己门当户对或背景类似的男方或女方的现象，称（　　）。
   A. 内婚制　　　　B. 外婚制　　　　C. 同质婚法　　　D. 异质婚

8. 比较完整的家庭生命周期的概念是由（　　）提出来的。
   A. 摩尔根　　　　B. 麦尔顿　　　　C. 格里克　　　　D. 洛克

9. 家庭的生命周期一般比家庭人口再生产的周期（　　）。
   A. 一样长　　　　B. 短　　　　　　C. 长　　　　　　D. 说不清

10. 对偶家庭与对偶婚制相对应，具有（　　）的典型特征。
    A. 父权制　　　　B. 母权制　　　　C. 男女平等　　　D. 从夫居

（二）多项选择题（下列选项中有两个或两个以上是正确的）

1. 家庭纵向关系主要包括（　　）。
   A. 夫妻关系　　　B. 父母与子女关系　C. 婆媳关系　　　D. 祖孙关系

2. 对偶婚制家庭的特征是（　　）。
   A. 同血缘内兄弟与姐妹组成夫妻集体
   B. 一个男子同时有许多妻子，但以其中一个为主，称主妻
   C. 一个女子同时有许多丈夫，但以其中一个为主，称主夫
   D. 同血缘一群兄弟与另一血缘的一群姐妹结成夫妻集团

3. 下列可归于家庭结构类型的是（　　　）。

    A. 生育家庭　　　　B. 成长家庭　　　　C. 主干家庭　　　　D. 核心家庭

4. 婆媳关系失调的主要原因有（　　　）。

    A. 关系的特殊性　　B. 利益分析　　　　C. 代差问题　　　　D. 中介失衡

5. 在现代社会中，一些人眼中的衡量个人成就的标尺是（　　　）。

    A. 对组织的贡献　　B. 金钱　　　　　　C. 社会地位　　　　D. 权力

（三）填空题

1. 从家庭结构角度可把家庭划分为 _____、_____、_____、_____ 和 _____。

2. 交换理论认为，人类总是想以最小的代价换取最大的报酬，求婚行为是一种 _____ 行为。

3. W. 麦尔顿将人们择偶的标准划分为两类：一类是 _____；另一类是 _____。

4. _____ 是中国传统家庭中"孝道"的根本体现，同时也是中国家庭的责任和义务。

5. 女性主义（feminism）一词，最早出现在 _____，意指妇女解放，并逐渐流行起来。

（四）判断改错题（判断下列陈述的正误，并加以改正）

1. 夫妻关系属于家庭纵向关系。（　　　）

2. 伙婚制是一种不牢固的个体婚，它是群婚向个体婚的过渡阶段，是一男一女间发生婚姻关系，但并不严格，很容易离异。（　　　）

3. 按联合国规定，家庭是指居住在一起，并构成一个统一消费单位的人群。（　　　）

4. 现代社会中，家庭的生产功能有逐渐强化之势。（　　　）

5. "社会性别"是西方第一次女权主义浪潮中出现的一个分析范畴。（　　　）

（五）名词解释

1. 婚姻　2. 复合家庭　3. 主干家庭　4. 家庭生命周期　5. 社会性别

（六）简答题

1. 人们择偶时通常遵循的原则有哪些？

2. 人类婚姻关系和婚姻制度的发展经历了哪几个阶段？各有何特点？

3. 家庭的生命周期是怎样的？各有何特点？

4. 现代家庭的家庭关系主要有哪几种？并简要说明之。

5. 家庭制度的发展经历了哪几个阶段？并简要说明之。

（七）论述题

试论当代中国家庭的发展变化趋势。

（八）案例分析题

中国婚姻、家庭和性关系的若干社会性问题

近四十年的改革开放，中国各阶层人士的人生观、价值观和生活方式经受着来自方方面面的冲击，发生了种种变化。近年在婚姻、家庭、性关系方面出现的许多社会问题，如离婚、弃婴、卖淫、婚外情……既裹挟着陈年老泪，又翻卷着时兴的"新潮"……究竟如何对昨天评说，向今天发问，为明天预警？

1949 年新中国成立后，国家颁布了《婚姻法》，废除了包办、买卖婚姻和童养媳制度，取缔了卖淫，提倡自由恋爱，婚姻自主，严格实行一夫一妻制。这是中国历史上婚姻制度的一次最积极重大的变革，同时也引发了离婚和再婚潮。

"潮流"之中，有不少刚进城的干部官兵与乡村结发妻子离异另结新欢，自成一股小"潮"。人们意想不到的是，其后接连而至的政治运动，对中国人的婚姻、家庭、性关系造成了贻害匪浅的负面影响。

从"土改""镇反""公私合营""反右"到"文革"，政治运动对象成为所谓"阶级敌人"即社会贱民后，引起婚姻变动。家庭解体，夫妻反目，亲子脱离关系（血缘关系本无法脱离，子女宣布"与父母脱离关系"是荒谬时代的荒谬产物）。由于"唯成分论"盛行，"出身不好"严重影响子女甚至孙子女的前途。在残酷的现实面前，夫妻、恋人忍痛分手。"唯成分论"如同"种姓制度"，在中国肆虐三十年，给当事人造成的痛苦至今难以消弭。"文革"中又有整整一代青少年失学，上山下乡。长期生活在偏远山村，不可能在更大范围内择偶。在"下乡"与"返城"两次狂潮中，他们无法把握自己的命运：为生存嫁给不爱的人；为回城离开所爱的人；为爱情放弃发展的机会；为"互助"而接受同居……无论怎样选择，每一杯都是苦酒。

当时决定暂不"选择"的人，抑或铸成了至今单身，求偶困难……"上山下乡知青"经历了特殊的恋爱婚姻历程，婚变比例大，遗留问题多，对子女影响深。有些因各种原因被遗弃乡间的孩子，如今长大成人，进城寻找已不打算再认他们的父母。叶辛原著、黄蜀芹导演的电视剧《孽债》即反映了现实中的真实情况，发人深省。

非但"知青"婚恋经历特殊，在"极'左'思潮"占统治地位的年代，全社会从官方宣传到文学艺术，一律讳言爱情。仅有的八个"样板戏"，主人公不是"童贞"，便是"鳏寡"。自 1966～1978 年，大陆女性视穿裙子、烫头发、穿高跟鞋、用化妆品……为庸俗，女学生穿男式军装、扎上武装带，甚至推光头发，最为时髦；开山劈岭的"大寨铁姑娘"是全社会妇女的楷模……如此误导男女性向及审美价值观，造成一代女性（现在 50～60 岁上下者）在步入青春期时接受了以不美为美，以显露女性特征为耻的异化教育，渐渐失去女性的温柔，变得粗糙生硬。男性也因此弱化了体恤、庇护、爱惜女性的责任感。今天，当男女互相指责："中国没有淑女""中国没有男子汉"时，不回眸溯源，又怎能解开数不清的"剪不断、理还乱"的"情结"呢？改革开放引发了各年龄段男女对自己婚姻质量的反省。随着婚姻、家庭、性爱观念的更新，人们见到又一波新的"离婚潮"渐起。这究竟是一次"知今是而昨非"的歧路归正，还是在昔日的"怪圈"里，再作一轮新的循环？颇值得分析研究。

　　潮涨潮落，心欲何求？几十年来，中国内地流行的"求偶价值观"几经变迁。20世纪50年代"找对象"，要找"老革命"；"文革"时期，要找"红五类"；改革初期，要找"高干""高知"；开放既久，要找"洋人""海外华人"；及至时下，要找"大款""大腕儿"……当人们诉尽辛酸，再一次伸出手时，会不会摘下又一个苦果？

　　近十几年来，家庭关系变动趋势随着社会生活呈现多元趋势，中国人的家庭观念也在发生着变化。男女两性都强烈要求自我满足，自我实现，女权主义初露锋芒。"大男人"不能接受"女强人"；"强"女人看不起"小"男人……或做"单身贵族"，或"萍水同居"似成一种"时尚"，家庭观念淡薄。而随着各年龄段已婚人士对自己婚姻质量的反省，或为摆脱"死亡婚姻"，或为追求"理想婚姻"，乘着社会对离婚越来越宽容的机会，掀起史无前例的新的离婚潮。

　　当数以万计的痴男怨女毅然别夫（妻）抛子（女），另筑爱巢，几经"身体力行"之后，颓然发现又一次坠入"悔不当初"的困境。"离婚"真是修补残缺婚姻的"良策"吗？开启"幸福婚姻"之门的钥匙究竟在哪里？

　　谈到"观念变化"，中国自古重视赡养老年父母的观念也在逐渐淡薄。从人生价值取向看，越来越多的人注重追求个人幸福，无视应尽的责任；从社会原因看，很多老人有退休金，而中青年工薪阶层收入偏低。独生子女渐入婚龄，婚后既要养育后代，又要面对四位日益衰弱的老人，不但缺乏反哺老年父母的义务感，而且很可能缺乏足够的时间、精力和经济力量。时下，相当多的中青年更热衷于携儿带女设法去"揩"老人的"油水"。在这种社会风气中，出现了很多有关无生活来源的老人遭儿女虐待或遗弃的报道。可以预见，近一二十年独生子女普遍成婚后，中国的"老龄问题"将更加令全社会棘手。

　　婚外性关系大幅度增加，已成为社会公害。最近一两年，从社会学家到平民百姓，同时惊呼：五花八门的婚外性关系已经成为社会公害！被中国传统观念视为奇耻大辱的婚前性行为，尤其是女性婚前性行为，在所谓"性革命"思潮影响下正悄悄在中国泛滥，年龄有渐小趋势。某地6092名被调查的中学生里，有57人承认有过性交行为，其中女生人数多于男生。成年人的"试婚""同居"也逐渐被社会接受。

　　有关报道与调查显示，"婚外恋"发生率激增。因各种原因所导致的夫妻感情不和、但又暂时不打算或难以离婚者，与"第三者"发生恋情导致性关系的有之；倚仗权势，进行"权、钱、色"交易的有之；腰缠万贯的"暴发户"重婚、"纳妾"、"包二奶"的有之……

　　半个世纪前被取缔的卖淫业，近些年又有死灰复燃且迅速蔓延之势。城乡宾馆、客栈秘密或公开的娼妓屡有发现，有的甚至还有官方背景。为娼者包括雏妓、男妓，大多并非因生活所迫，其中既有目不识丁的村姑民女，也有干部、大学生和各类知识分子。国内曾经报载，某地母女三人为娼，存款数目相当于大学教授20年的工资。在金钱充斥的现代社会，信仰危机、道德沦丧，越来越多的人迷失了人生方向，不择手段追求金钱，醉生梦死。"笑贫不笑娼"成为今天大陆世风败坏的真实写照。

　　在20多年前尚无人谈论"同性恋"的中国，现在在北京、上海等大城市已有一些半公开的"同性恋"者集中活动的地点。

　　婚外性关系的大幅度增加，制造出无数家庭悲剧。近年来，艾滋病病毒携带者和各种性病患者的数目呈逐年增加之势……

问题：

1. 结合上述材料，谈一谈你对社会经济转型过程中婚姻、家庭和性关系的看法。

2. 在谋求和谐社会建设的今天，政府和社会应如何有效地引导人们树立正确的婚姻观、家庭观？

二、习题答案

（一）单项选择题

1. C	2. B	3. A	4. A	5. A
6. B	7. C	8. C	9. C	10. B

（二）多项选择题

1. BD	2. BC	3. ABCD	4. ABD	5. BD

（三）填空题

1. 复合家庭，主干家庭，核心家庭，单亲家庭，单身家庭　2. 交易利用　3. 工具性标准，情感标准　4. 赡养功能　5. 法国

（四）判断改错题

1. ×，横向关系　2. ×，对偶婚制　3. ×，户　4. ×，弱化　5. ×，第一次女权运动

（五）名词解释

1. 答：婚姻是指男女双方确定合法的夫妻关系，组织家庭，共同承担生育后代职能的一种社会形式。

2. 答：复合家庭是指由两代以上的夫妇及其子女、亲属所组成的家庭，包括已婚的同胞兄弟在内。

3. 答：主干家庭是指由夫妻、父母、子女，甚至第四代所组成的家庭，这类家庭与复合家庭的主要区别是该类型家庭中不存在已婚的同胞兄弟及其子女，甚至孙子女。

4. 答：家庭生命周期是家庭所经历的从产生到发展，再到衰老和灭亡所历经的时间。

5. 答：社会性别是指生理构造是男还是女，一般并不包括人的其他社会特征。

（六）简答题

1. 答：人们在择偶时自觉或不自觉地遵循着如下原则：（1）同类婚原则；（2）男女有别原则；（3）梯度择偶原则。

2. 答：婚姻关系和婚姻制度的发展大致经历了如下五个阶段：（1）群婚制。群婚制大约发生在距今约270万～300万年前的原始社会早期，这是人类的童年时期；（2）血缘婚制。血缘婚制在中国大约发生在170万年前，这是人类发展的一大进步；（3）伙婚制。伙婚制对两性关系又作了进一步限制，亦即排除了兄弟姊妹间的性关系，实行两个集团间的伙婚；（4）对偶婚制。对偶婚制是一种不牢固的个体婚，它是群婚向个体婚的过渡阶

段，是一男一女间发生婚姻关系，但并不严格，很容易离异；（5）一夫一妻制。一夫一妻制实际上又分为两个阶段，即古典的一夫一妻制和现代的一夫一妻制。

3. 答：按家庭发生的主要事件和妇女年龄，家庭生命周期一般分为六个阶段：（1）新家庭产生阶段。新家庭产生阶段是指从夫妇结婚到第一个孩子出生这段时间，亦即从初婚到初育。（2）生育和抚养子女阶段。生育和抚养子女阶段是指从第一个孩子出生到最后一个孩子出生，此时，家庭人口规模不断扩张，家庭经济负担最重。（3）孩子陆续就业、结婚阶段。这一阶段的长短取决于第一个孩子就业和最后一个孩子就业时的时间间隔。这一阶段的家庭处于发展的鼎盛时期，不仅家庭劳动力人口多，而且经济收入也高。（4）家庭收缩阶段。家庭收缩阶段取决于第一个孩子结婚并离家单过和最后一个孩子结婚并离家单过之间的时间间隔，在只生育一个孩子的家庭中，这一阶段实际上并不存在。（5）空巢阶段。空巢阶段是指在子女纷纷结婚离家单过后，父母重新单独居住这段时间。（6）家庭灭亡阶段。从配偶死亡到本人死亡，家庭生命结束。家庭生命周期受组成家庭的夫妇的寿命影响。

4. 答：在现代家庭中，最主要的家庭关系有：（1）夫妻关系。夫妻关系是家庭关系的起点和基础，家庭中的一切关系均由夫妻关系发展而来。婚姻是夫妻关系的基础，带有明显的时代特征。（2）父母与子女的关系。父母与子女的关系是一种血缘联系，它由夫妻关系延伸而来，是家庭关系最重要的特征之一。与夫妻关系相比，父母与子女的关系更为稳定和牢固，因而也导致了更多的义务。（3）婆媳关系。婆媳关系是一种较难处理的家庭关系，这种关系由于是跨代的，加之婆媳关系的联结纽带是儿子或丈夫，因此，如果处理不好，就非常可能导致家庭关系矛盾。如果处理得当，则能够增强家庭的和睦与友好。（4）祖孙关系。在家庭生活中，祖父母往往比较疼爱孙子女，孙子女常常是父母与祖父母关注和交流的中心。（5）妯娌关系。妯娌关系的好坏直接影响着全家的家庭气氛。

5. 答：家庭制度大致经历了六个阶段：（1）原始蒙昧时期。原始蒙昧时期与群婚制相对应，它实际上不是一种家庭制度，而只能属于家庭制度形成的前期阶段。（2）血缘家庭阶段。血缘家庭是建立在血缘婚基础上的家庭形式，也是人类第一种家庭形态和第一个社会组织。存在于人类由原始群向氏族公社过渡的整个时期。（3）普那路亚家庭阶段。普那路亚家庭是原始社会群婚家庭形式之一，它由血缘家庭发展而来。这种家庭形式与伙婚制相对应，曾存在于欧、亚和美洲。最早发现实行此制度的是夏威夷群岛的土著人。（4）对偶家庭阶段。对偶家庭与对偶婚制相对应，这种家庭形式以女子为主，存在于母系氏族社会时期，具有"母权制"的典型特征，是一种"从妇居"家庭。（5）古典一夫一妻制家庭阶段。古典的一夫一妻制家庭是一种比较牢固的家庭形式，它是随着社会生产力的发展，随着人们对宗族延续和财产继承要求而产生的，是"母权制"让位于"父权制"的结果。（6）现代的一夫一妻制家庭。现代的一夫一妻制家庭是建立在男女双方地位平等基础上的。

（七）论述题

答题要点：（1）家庭的定义。（2）家庭规模缩小趋势，及其优点（略）和带来的问题（略）。（3）家庭功能变化趋势：消费功能加强；生产功能逐渐消失；生育功能和抚养功能增强；赡养功能相对弱化；精神慰藉功能增强。（4）对家庭价值的认识趋于现代化。

（八）案例分析题
（略）

第七章　社会分化、社会分层与社会不平等

一、练习题

（一）单项选择题（下列选项中只有一个是正确的）

1. 从社会流动的动因来看，我国目前大量农村剩余劳动力向城市转移属于（　　）。
   A. 结构性流动　　　B. 自由流动　　　C. 垂直流动　　　D. 水平流动

2. 社会成员在社会分层结构中跨越等级界限的位置移动是（　　）。
   A. 垂直流动　　　　B. 水平流动　　　C. 向上流动　　　D. 向下流动

3. 子女相对于其父母地位的变化称（　　）。
   A. 垂直流动　　　　B. 水平流动　　　C. 代内流动　　　D. 代际流动

4. 在西方社会学中，最早提出社会分层理论的是（　　）。
   A. 马克思　　　　　B. 韦伯　　　　　C. 迪尔凯姆　　　D. 戴维斯与摩尔

5. 进化论的社会分层理论的代表人物是（　　）。
   A. 帕累托　　　　　B. 邓肯　　　　　C. 达伦多夫　　　D. 伦斯基

6. 依照一定的标准将人们划分为高低不同的等级序列称为（　　）。
   A. 社会分层　　　　B. 阶层　　　　　C. 阶级　　　　　D. 等级

7. 改革开放以来，中国社会分化最明显的社会群体是（　　）。
   A. 工人　　　　　　B. 农民　　　　　C. 知识分子　　　D. 军人

8. 阶级的产生需要两个方面的条件，一是社会生产力发展，劳动生产率提高，出现了剩余产品；二是出现了（　　）。
   A. 奴隶主　　　　　B. 暴力　　　　　C. 私有制　　　　D. 奴隶

9. 按照流动的参照基点划分，社会流动可分为（　　）。
   A. 水平流动和垂直流动　　　　　　　B. 代内流动和代际流动
   C. 结构性流动和自由流动　　　　　　D. 向下流动和向上流动

10. （　　）是指社会系统结构中原来承担多种功能的某一社会单位发展为承担单一功能的多个社会单位，以及诸社会单位由地位相同变为地位相异的过程。
   A. 社会分层　　　　B. 社会分化　　　C. 阶级　　　　　D. 等级

（二）多项选择题（下列选项中有两个或两个以上是正确的）

1. 改革开放以来，城镇经济体制改革的发展引起了哪些城镇阶层结构的重大变化（　　）。
   A. 专业技术人员及一般知识分子的人数增加很快
   B. 个体工商业和私营企业获得迅猛发展
   C. 第三产业的职工队伍扩大

    D. 平均主义的分配方式限制着工人之间收入差距的幅度

2. 社会功能论的代表人物有（　　　）。

    A. 戴维斯　　　　　　B. 伦斯基　　　　C. 莫尔　　　　D. 米尔斯

3. 韦伯认为，社会是以权力和财富方面的矛盾为特征的。社会分层并非只与阶级有关，而且还与（　　　）等分层属性有关。

    A. 地位　　　　　　　B. 声誉　　　　　C. 权力　　　　D. 财富

4. 社会分层的方法主要有（　　　）。

    A. 主观法　　　　　　B. 权力分析法　　C. 声望法　　　D. 客观法

5. 目前常用的社会分层标准有（　　　）。

    A. 收入　　　　　　　B. 职业　　　　　C. 教育程度　　D. 权力

（三）填空题

1. 社会分化具有两个重要特征，即_____和_____。

2. 社会分化可分为两大类型，即_____和_____。

3. 由垂直分化所造成的差别就是_____。

4. 在马克思主义看来，阶级的划分标准是_____，特别是对_____的占有关系。

5. _____是在奴隶社会、封建社会中将阶级差别用于居民等级划分并固定下来的一种制度。

（四）判断改错题（判断下列陈述的正误，并加以改正）

1. 阶级阶层划分是对社会结构的动态分析，社会流动则是社会结构的静态分析。

                                 （　　　）

2. 在现代社会中，随着工业化和城市化进程加快，原来的农民有的变成了工人、商人，有的仍然是农民。这种现象属功能专门化问题。（　　　）

3. 整个社会分为资本家阶级和工人阶级就是一种水平分化。（　　　）

4. 等级制度是对各类社会成员进行社会声望评价并将其规范化、体系化的制度，它规定了不同类别社会成员的权利和机会。（　　　）

5. 权力分层对于经济分层、阶级分层具有固化作用。（　　　）

（五）名词解释

1. 社会分层　2. 阶级　3. 社会不平等　4. 社会流动　5. 垂直流动

（六）简答题

1. 马克思主义阶级理论的内容是什么？

2. 社会流动的模式有哪几种？并简要说明之。

3. 简述帕累托精英理论的主要观点。

4. 影响人们获得社会地位的条件有哪些？它们是怎样发挥作用的？

5. 简述冲突论在社会不平等方面的主要观点。

（七）论述题

联系中国实际，论述现阶段个人社会流动的变化。

（八）案例分析题

农民工社会流动研究：以个案访谈为例

在中国，长期以来，在城乡户籍制度的严格限制下，城市和农村形成了两个相对隔离的社会。城市居民与农村居民生活在两个世界之中，形成两种差异很大的生活方式。农民要想改变其生活方式而进入到另一个世界中，在计划经济时代几乎是不可能的。市场经济虽然瓦解了户籍制度的地域限制，但依附在户籍制度之上的其他制度安排（比如福利制度）在很大程度上没有消除，"市民"和"农民"仍然是区分社会等级的一个重要标准。农民工的社会排斥首先表现在户籍身份歧视上。下面是对农民工个案访谈实例：

被访者 A：男，30 岁，未婚，四川省人，小学文化程度。1995 年 6 月第一次进城务工。

问：实际上，他们还是看不起你们，对吗？

答：其他的人对我们还可以。城市里的人哪，对你打工仔，对你这个农民，不是看成一样的人，是分成两样人，你是打工的始终是打工的，你是农民始终是农民，地位就低一等了。

被访者 B：女，34 岁，已婚，甘肃省人，初中文化程度。1992 年 2 月第一次进城打工。理发店女工。

问：你觉得农村人和城里人平等吗？

答：不平等。人家就觉得你是农民，我是城里的，就是有歧视的。

在社会群体的构成关系中，地缘关系是一种非常重要的连接方式，地域认同是中国社会中根深蒂固的文化传统。在外出流动的过程中，除了户籍身份排斥外，农民工还面临着从农村向城镇、从小地方向大城市的地域排斥。

被访者 C：男，42 岁，已婚，陕西省人，高中文化程度。1997 年 7 月开始外出务工。物业管理员。

问：您在广东也呆过，现在又在苏州，您与当地人打交道多吗？

答：唉！我的一个最大的感觉是，广东人有一种排外的心理。为什么说他排外呢？因为很多企业在招人的时候，都有一个附加条件——讲"白话"的优先，或者有的企业干脆就只要会讲"白话"的。这个条款就使很多外来人被排除在外了。我认为广东是有歧视的。现在正在推广普通话，您广东人学普通话学不会，反过来要其他人去适应你，这是没有办法的。

被访者 D：男，30 岁，已婚，江苏省盐城市人，初中文化，退伍军人。1998 年开始外出打工，已累计在外打工 7 年。

问：上海您去过吗？

答：去过，我去过一次。排外的。打个电话，明明一个市话，公用电话，我不知道，你就客气一点儿跟我说这个是市话，讲话真的是排斥人，很排斥人的。

农民工的社会排斥是长期以来形成的城乡户籍身份制度和地域排斥的一种延续。通过访谈发现，农民工对社会生活和文化认同等方面的排斥反应强烈，而对经济（劳动力市场）排斥则没有太多的怨言。当然，这并不表明没有经济排斥，而是农民工自身在劳动力市场上处于非常弱势的地位，农民工进城在某种程度上被视为与城镇劳动力"抢饭碗"，他们所从事的也大多是城镇劳动力不愿做的工作。于是，极有可能出现的情况是，城镇劳动力宁肯享受国家的救助（比如吃"低保"）也不愿就业，而农民工则更多从事着劳动力市场上那些不被人们看好的职业。

问题：

1. 上述访谈事例揭示了中国社会阶层流动过程中存在的哪些问题？导致上述问题的主要原因是什么？

2. 你认为，如何才能改善农民工在社会流动中受歧视的问题？

二、习题答案

（一）单项选择题

1. A   2. A   3. D   4. B   5. D
6. A   7. B   8. C   9. B   10. B

（二）多项选择题

1. ABC   2. AC   3. BC   4. ACD   5. ABCD

（三）填空题

1. 功能专门化，地位多样化 2. 水平分化，垂直分化 3. 社会不平等 4. 经济地位，生产资料 5. 等级制度

（四）判断改错题

1. ×，静态分析，动态分析 2. ×，地位多样化 3. ×，垂直分化 4. ×，身份制度
5. ×，文化分层

（五）名词解释

1. 答：社会分层是指根据一定的具有社会意义的属性，将社会成员区分为高低有序的不同等级和层次的过程与现象。

2. 答：所谓阶级，就是这样一些集团，由于它们在一定的社会经济结构中所处的地位不同，其中一个集团能够占有另一个集团的劳动。

3. 答：社会不平等是指社会成员或群体所处的不同社会地位以及由此所产生的社会报酬等方面的差别。

4. 答：社会流动是指人们在社会关系空间中从一个地位向另一个地位的移动。

5. 答：垂直流动是指人们在同一社会分层结构中的不同社会阶层之间地位的转化。

（六）简答题

1. 答：马克思主义阶级理论的内容可以简单概括为：（1）阶级是一种社会历史现象，它与生产力发展的一定阶段相联系，以剩余产品的出现为前提。阶级的本质是剥削。（2）阶级是有相同经济地位和共同利益的社会集团，共同的利益使他们具有共同行动的可能性。阶级成员的共同行动能力取决于两点：一是取决于阶级成员的阶级意识或阶级认同，强烈的阶级意识有利于阶级成员的共同行动；二是取决于阶级内部的组织化程度，组织程度越高越有较强的行动能力。（3）阶级内部可划分为不同阶层，同一阶级的不同阶层在对待社会问题的态度上有差异，但他们的根本利益是一致的。（4）阶级斗争是阶级对立的必然产物，当阶级矛盾不可调和时，就可能爆发社会革命。社会革命是阶级斗争的最高形式。（5）阶级的消亡有赖于消除阶级产生的基础，消灭私有制和生产力高度发展是阶级消亡的基础。

2. 答：社会流动的常见模式主要有：开放式流动、封闭式流动和混合式流动。开放式流动是指社会成员在各阶层、职业间的流动不受制度性限制的流动模式。开放式流动是现代社会最基本的社会流动模式。封闭式流动是指社会成员只能在一定范围内流动的社会流动模式。封闭性流动模式普遍存在于传统社会中，由于社会资源的短缺，统治者和上层社会为了维护自己的利益而设置种种制度，把人们的职业流动，特别是底层全体的职业流动限制在一定范围之内，只允许他们在一定范围内流动。混合式流动是在一个社会中既有开放式流动，又有封闭式流动的状况。这种模式下，社会成员可以在一定范围内，甚至是在一些社会阶层之间进行流动，但是他们不能进入另一个封闭的领域。

3. 答：帕累托精英理论的主要观点包括：（1）社会分层结构的存在是普遍的、永恒的。地位是可变的，现代社会不存在终身的、世袭的阶级。（2）现代社会的不平等主要由人的自然差别，即能力和才干所决定，每个人的社会地位是受其天生的能力和才干影响的。（3）精英，原则上是不能世袭的，天赋很高的杰出人物可以凭借自身的努力和才能上升到社会上层，而出身名门望族天赋愚笨、懒惰的上层人物，也有可能跌入社会的下层，精英阶层是可以循环流动的。（4）一个社会稳定与否，主要由执政阶层的能力和才干的平均值是否高于非执政阶层来决定。而要保持使执政阶层能力和才干的平均值始终高于非执政阶层，就必须借助精英循环，即精英就能够通过社会流动而进行变更。革命的意义就在于更新上层社会的成员，不断补充和提高执政阶层所必备的管理能力。

4. 答：影响人们获得职业地位的条件有个人条件和社会条件。个人条件包括先赋条件和自致条件。先赋条件指个人生而具有的或自然得到的属性。以先赋条件为职业录用标准的社会往往会形成封闭的社会分层体系，人们生而被束缚于某一阶层，只能子承父业。自致条件是指个人因自己的行为或自身的努力而获得的一些属性。以自致条件为职业录用标准的社会所形成的是开放的社会分层体系，这种体系有利于社会成员的职业流动，造就了一个奋发向上、积极进取的生动局面。开放社会的特点是依赖自致性身份地位的程度大大超过封闭社会，而封闭社会更依赖于先赋性身份地位。社会条件主要包括制度条件和文化条件，即就业制度和职业声望观。就业制度规定了人们获取某种职业地位的可能性和范围。职业声望观是社会成员对各种职业的综合性评价。职业声望观受职业功能、职业环境、职业待遇以及文化传统等多种因素影响。

5. 答：冲突论认为，资源稀缺性才是社会不平等的最深刻根源。马克思认为，经济关系的不平等是一切社会不平等的根源。经济关系不平等使生产资料占有者有了剥削不占有生产资料者的可能，从而导致社会分化和阶级对立。而米尔斯强调，在经济、政治、军事领域一些精英分子占据重要的社会地位，拥有比一般社会成员更多的权利，他们根据彼此间的共同利益结成同盟，共同操纵国家机器，占有稀缺资源。达伦多夫则把社会分层视作权力不平等的结果，并根据社会成员享有权力状况把他们划分为有权者和无权者，认为他们之间围绕权力斗争是持久的，并由此导致了阶级对立和冲突。

（七）论述题

答题要点：（1）中国当前个人地位获得模式问题的背景：改革开放以来，中国社会结构正由封闭的社会结构向开放的社会结构转变，出现了大量向上流动的机会，决定社会流动的因素正由重视先赋条件向重视自致条件改变。（2）目前中国的个人地位获得模式正处于多元化阶段，收入和财产、职业、教育水平、身份、权力、声望等多重社会分层标准的存在，均对地位获得模式产生了影响。（3）当前社会流动中的问题：户籍制度仍在一定程度上影响和阻碍人们地位的流动，传统的用人制度仍存在诸多弊端，传统的劳动就业制度和用工制度仍对人们的流动产生着阻碍作用。

（八）案例分析题

（略）

第八章 社区与社区管理

一、练习题

（一）单项选择题（下列选项中只有一个是正确的）

1. "社区"这一概念是由（   ）最先提出来的。
    A. 迪尔凯姆   B. 滕尼斯   C. 帕克   D. 法林顿
2. （   ）方法是通过收集并分析各种文献档案、统计资料，从中引证对研究对象的看法或找出其真相的一种研究方法。
    A. 文献分析   B. 个案分析   C. 抽样调查   D. 问卷调查
3. 最先使用"社区发展"一词的是（   ）。
    A. 迪尔凯姆   B. 滕尼斯   C. 帕克   D. 法林顿
4. 最先提出"虚拟社区"概念的是（   ）。
    A. 法林顿   B. 米德   C. 瑞格尔德   D. 滕尼斯
5. 在社区研究中开创了以小市镇为对象的学者是（   ）。
    A. 派克   B. 林德   C. 林德夫妇   D. 滕尼斯
6. 城市有别于乡村的根本特征是（   ）。
    A. 人口多   B. 交通发达   C. 生活水平高   D. 集中度高
7. 1887 年德国社会学家 F. 滕尼斯发表的（   ）被认为是社会学研究社区的标志。
    A.《经济与社会》   B.《社区与社会》   C.《社区》   D.《中等市镇》
8. 邻里互助典型地体现了社区的（   ）。
    A. 经济生活功能   B. 社会控制功能   C. 社会参与功能   D. 社会保障功能
9. 确定一个社区地域范围的客观标志是（   ）。
    A. 社区中心的服务范围   B. 社区经济的交流范围
    C. 社区文化的影响范围   D. 社区行政区划的范围
10. （   ）是指在特定区域内，由从事各种非农业劳动的密集人口所组成的社区。
    A. 农村社区   B. 城市社区   C. 小城镇社区   D. 精神社区

（二）多项选择题（下列选项中有两个或两个以上是正确的）

1. 从历史演化的角度考察，社区可分为（   ）。
    A. 传统社区   B. 发展中社区   C. 精神社区   D. 现代社区
2. 社区研究的常用方法主要有（   ）。
    A. 个案研究法   B. 实地调查法   C. 抽样调查法   D. 分析方法
3. 从社区研究的不同角度看，社区研究方法主要有（   ）。
    A. 人文区位方法   B. 人类学方法   C. 社会系统方法   D. 问卷调查方法

4. 联合国倡导的社区发展试图达到的目标有（   ）。

    A. 提供互助合作精神，鼓励社区居民自力更生地解决社区问题

    B. 培养社区成员的民主意识，在社区发展中促进民众积极参加社区公共事务

    C. 加强社区整合，通过社区内部组织与居民的互助合作，提高社区整合程度，维护社会安定团结

    D. 推动社会变迁有计划地进行，加速社会进步的进程

5. 中国的社区建设具有自身的特色，它的特点主要体现（   ）。

    A. 综合性   B. 时效性   C. 计划性   D. 区域性

（三）填空题

1. 农村社区的社会结构主要包括_____、_____和_____。

2. 城市社区通常是指两种情况：一种是_____；另一种是_____。

3. 社区建设的基本内容包括_____、_____、_____和_____。

4. _____是社区建设的重要内容，也是社区精神文明建设的重要组成部分。

5. 社区建设工作还包括_____、_____、_____和_____等内容。

（四）判断改错题（判断下列陈述的正误，并加以改正）

1. 虚拟社区与实在社区最大的差别表现在时间的界定上。   （   ）

2. 社区建设是指社区所开发的各种福利服务和便民服务等的合称。   （   ）

3. 社区服务是保证社区良性运行和可持续发展的必要前提。   （   ）

4. 城市社区是人类社会中最早出现的社区形式。   （   ）

5. 地缘关系是农村社区中占支配地位的社会关系。   （   ）

（五）名词解释

1. 社区 2. 社区发展 3. 社区建设 4. 社区管理 5. 虚拟社区

（六）简答题

1. 社区与社会有何区别？

2. 简述城市社区的主要特征。

3. 简述影响社区发展的因素。

4. 社区管理应遵循的原则有哪些？

5. 虚拟社区的主要特征是什么？

（七）论述题

论述社区管理在现代社区发展中的重要作用。

（八）案例分析题

虚拟社区——某某网建设的经验

与大多数网站不同的是，某某网的内容都是用户生产的，可以说是典型的 Web 2.0 的

应用，也是一种新的社区。目前，某某网有书、电影、音乐这几个类别的接近 100 万条的目录。每个注册用户看到任何一本书或一部电影都可以点"我看过""我想过""我听过""我正在听"等，用户只需要用鼠标点击而不是键盘输入就可拥有一个自己的"书单"。根据用户看过的东西，某某网马上会推荐一些他最可能感兴趣的东西，用户也可以很快发现自己还没有听说的好东西，而且可以由此购买自己感兴趣的书或下载感兴趣的 CD。

在某某网上，人们读完某本书、看完某部电影，或听了某些音乐，也可以发表评论。评论成为人们互动的一个重要方式。

在某某网上，除了生产与浏览内容以及互动外，也存在着很多的交易。用户看到自己感兴趣的东西，可以从网站推荐的网上书店进行购买，网站也提供了相关价格的比较。与有关网上书店的销售分成，成为某某网的主要营利模式。

某某网的特色分析主要体现在：

（1）创新性的用户主导的内容生产系统。某某网是一个完全由用户来生产内容的网站，因此它具有典型的社区性质。但是，这个社区的形成机制与过去的论坛式的社区是不同的。

某某网的内容生产机制，一方面是内容指向明确，就是某一特定的书、电影或音乐，因此可以激发那些主动型的网民参与内容生产的积极性；另一方面，又可以使那些被动型的网民很容易实现个性化的满足，而且他们也可以用轻松的方式对内容的关系（例如在首页上推荐的内容）产生贡献。更重要的是，它提供了一种新的关系架构。由于每一个个体在内容之间起着穿针引线的作用，内容与内容的关系变得更为多样化。人与内容的关系也变得更为自由、灵活。

（2）编织网络内容的同时形成复杂的人际网络。某某网的内容形成的机制，也成为人与人之间关系形成的机制，从结构上来说，某某网的社区是一种网状的结构，用户不是被圈定在某一个论坛或小组里，而是从自己的兴趣出发，多线索地编织起自己的人际网络。

（3）某某网提供了一种新的知识扩展链。对于信息时代的人来说，知识的自我更新与扩展越来越成为生活中的一个重要内容。与通过专业型网站或搜索引擎进行的知识学习不同，某某网提供了一种新的知识扩展链。

与通过多数网上书店介绍去索取新书不同的是，某某网的评论以及人际关系的作用，对于人们探求新知识的愿望有更强烈的促进作用，在知识学习方面效果通常也会更好。当然，另一方面，别人的评论等也会给人带来先入为主的印象，完全取决于别人或网站推荐也会在知识扩展方面存在一定的局限。

（4）某某网为网民的自我形象塑造提供了另一个舞台。由虚拟性所带来的一系列特点，使网络越来越成为人们进行形象塑造的一个平台。与传统网络社区以及博客等不同的是，某某网更多是通过某个成员所列出的清单和评论等，来展现一个人的知识、修养与思想，它实际也成了人们塑造自我形象的一种手段。

（5）某某网提供了一种社会化的文化消费环境。在传统时代，文化消费往往是个人化的，即使人们在一个电影院与几百人同时观看一部片子，他们也无法进行深入的交流。这种消费仍然是个人性的。但是网络为文化的消费提供了一种社会化的环境，这种社会环境虽然不一定出现在某个具体的消费活动的当时（例如看电影或读书的具体过程），但是它却会对消费产生重要的影响，包括消费对象的选择、消费的方式以及效果等。

（6）某某网模式实践了新的营销理念。某某网所进行的数据的收集，是通过一种友好的方式。它没有那种"偷窥"式的或强制式的对个人隐私的侵犯，而是使人们在表达个性与需求的同时，心甘情愿地将自己的个人信息交给网站。某某网的这种做法，并不是它自己的发明，而是在很大程度上借鉴了亚马逊网上书店的经验。但不同的是，某某网的起点首先是读书，而不是卖书。

当然，某某网的营销模式过于单一，是一些人担心的问题。但是，如果形成了很好的商业模式，对于某某网的既有形象与定位是否会带来损害，用户是否愿意接受过分强烈的商业气息，这些都还需要在实践中观察。

问题：

1. 作为一个虚拟社区，某某网的建设模式体现了怎样的时代特征？

2. 某某网的哪些经验在虚拟社区建设中值得借鉴？

二、习题答案

（一）单项选择题

1. B　　　　2. A　　　　3. D　　　　4. C　　　　5. C
6. D　　　　7. B　　　　8. D　　　　9. D　　　　10. B

（二）多项选择题

1. ABD　　　2. BD　　　3. ABC　　　4. ABCD　　　5. ACD

（三）填空题

1. 社会关系结构，政治结构，职业结构　2. 规模不大的城镇，城市中的一定区域
3. 社区服务，社区卫生，社区治安，社区文化　4. 社区文化　5. 经济建设，政治建设，环境建设，组织建设

（四）判断改错题

1. ×，地域空间　2. ×，社区服务　3. ×，社区管理　4. ×，农村社区　5. ×，血缘关系

（五）名词解释

1. 答：社区是进行一定社会活动、具有某种互动关系和共同文化维系力的人类群体及其活动领域。

2. 答：社区发展是指社区及其全体成员依靠自身力量，协调社区各方面关系，充分利用社区资源，通过互助和自治方式，改善和提高社区生活质量，使社区走上更高发展阶段的过程。

3. 答：社区建设是对社区工作的总体概括，是指在政府的主导下，依靠社区力量，利用社区资源，强化社区功能，解决社区问题，促进社区健康发展的过程。

4. 答：社区管理是指为社区管理者借助制度和规章来规范社区成员行为、管理社区

内部日常事务的活动。

5. 答：虚拟社区是指由网络衍生出来的、因众多网民在电子网络空间上进行频繁的社会互动所形成的具有文化认同感的共同体及其活动场所。

（六）简答题

1. 答：社区与社会的区别主要体现在如下几个方面：（1）社会中的各种关系纷繁复杂，盘根错节，但它不强调"共同"性；相比之下，社区中的关系则具有较高的同质性，比较强调共同的社区意识和共同的亚文化。（2）社会不注重地域概念，没有明确的地域，一般意义上的社会空间指的是人们活动的内容范围以及活动于其中的社会组织；而社区则是社会空间与地理空间的结合，有着一定的边界性，虽然有时社区的边界并不清晰，但它仍然是客观存在的。（3）社区中的各种关系一般比社会中的各种关系密切得多，人们的交往频率也高得多。与社会相比，同一社区的人们有着比较密切的交往，而且，社区中个体与个体间的关系，如婚姻和亲属关系、朋友关系、邻里关系、分工关系等，是建立在"生活共同体"这一观念基础之上的，表现出一定的共生、共荣特征。（4）社区的功能比社会更明确，也更专门化。

2. 答：城市社区具有的特征主要有：（1）社区结构具有商业结构的性质。城市是市场发展和社会分工的产物，是在工业生产活动和商业活动集聚过程中形成和发展起来的，从而使城市社区结构打下了深刻的商业结构的烙印。（2）城市社区主要是以正式组织为基础的，众多的政治、经济、法律、宗教和福利慈善组织充斥于城市社区之中，并支配和组织着人们的日常生产和生活。（3）社区内信息的传递主要依靠新闻媒介。（4）城市社区的感情色彩比较淡漠，人与人之间的关系主要是依靠利益关系和法律规范来维系，从而达到团结的目标。

3. 答：影响社区发展的因素有自然环境、经济环境、文化和人的因素。地域环境主要指地理条件和资源条件。经济环境主要由生产力发展水平、技术条件、经济体制等因素构成，它是直接影响社区形成和发展的各种经济条件的总称。文化环境主要包括社区的基本行为规范和行为准则。健康的文化环境能够促进社区成员的观念更新，从而有效地推动社区发展。人的因素包括人口、社会群体和个人体系。

4. 答：社区管理应遵循的原则有系统性原则、综合性原则、统一性原则、实践性原则、民主集中制原则、自主性原则、客观性原则、具体性原则、发展性原则和规划性原则。

5. 答：虚拟社区特征主要有：（1）交往具有超时空性。（2）人际互动具有匿名性和彻底的符号性。（3）人际关系较为松散，社区群体的流动较为频繁。（4）自由、平等、民主、自治和共享的交往准则。

（七）论述题

答题要点：（1）社区发展的概念；（2）社区管理的内容及其对社区发展的作用；（3）社区发展对社区管理提出的新要求，要求社区管理充分体现动态化、服务性原则。

（八）案例分析题

（略）

第九章　社会变迁与社会现代化

一、练习题

（一）单项选择题（下列选项中只有一个是正确的）

1. 社会变迁的具体道路是（　　　）。
   A. 直线式的前进　　　B. 循环式的前进　　　C. 波浪式的前进　　　D. 曲折的倒退

2. （　　　）相信人类社会将一直是向前进步的。
   A. 进化论　　　　　　B. 功能论　　　　　　C. 冲突论　　　　　　D. 循环论

3. 一个社会由传统农业社会体系转变为现代工业体系的过程是（　　　）。
   A. 工业化　　　　　　B. 社会化　　　　　　C. 现代化　　　　　　D. 理性化

4. 中国的计划生育政策是（　　　）。
   A. 自然演化　　　　　　　　　　　　　　　B. 有计划的社会变迁
   C. 没有计划的社会变迁　　　　　　　　　　D. 人为破坏

5. 在当代社会学理论中，（　　　）最不重视变迁的讨论。
   A. 功能论　　　　　　B. 冲突论　　　　　　C. 进化论　　　　　　D. 符号互动论

6. 中国传统的分久必合、合久必分的朝代更替理念，是一种典型的（　　　）。
   A. 进化论　　　　　　B. 循环论　　　　　　C. 冲突论　　　　　　D. 功能论

7. 马克思认为，社会变迁的原因应该是（　　　）。
   A. 权力的改变　　　　　　　　　　　　　　B. 生产方式的变化
   C. 交换方式的变化　　　　　　　　　　　　D. 人们心态的改变

8. 现代化源于18世纪的（　　　）。
   A. 欧洲工业革命　　　　　　　　　　　　　B. 法国的政治思想革命
   C. 英国的议会政治　　　　　　　　　　　　D. 美国的独立大革命

9. 现代化的推进过程往往是（　　　）。
   A. 缓慢的　　　　　　B. 急速的　　　　　　C. 无意中的　　　　　D. 无资本的

10. 中国的现代化进程开始于（　　　）。
    A. 1949年新中国成立之初　　　　　　　　　B. 1919年的五四运动
    C. 1978年的改革开放　　　　　　　　　　　D. 19世纪60年代的洋务运动

（二）多项选择题（下列选项中有两个或两个以上是正确的）

1. 社会变迁的形式有（　　　）。
   A. 社会进化　　　　　B. 社会革命　　　　　C. 社会改革　　　　　D. 社会发展

2. 社会现代化这一系统包括有（　　　）。
   A. 工业化和民主化　　B. 城市化和多层化　　C. 社会结构分化　　　D. 人的现代化

3. 影响社会变迁的因素有（　　　）。

　　A. 环境因素　　　　　　　　　　　B. 社会生产力变革

　　C. 贫困群体增加　　　　　　　　　D. 社会价值观和生活方式变化

4. 下列属于现代社会进化论提出的社会变迁类型的是（　　　）。

　　A. 非理性的进化　　　　　　　　　B. 非必然的进化

　　C. 非直线发展的进化　　　　　　　D. 非同步的进化

5. 现代化是一个（　　　）。

　　A. 欧洲化过程　　　　　　　　　　B. 连续过程

　　C. 历史传统的批判和继承过程　　　D. 工业化过程

（三）填空题

1. 从人对社会变迁的参与和控制角度考察，社会变迁可分为_____和_____。

2. 发展中国家"迟发展效应"的主要表现为_____及_____。

3. _____是国家政治、经济独立的捍卫者、维护者。

4. 吉登斯认为，_____是由人们在能动的行动中建构起来的，因而社会变迁是一个结构化过程。

5. 熊彼特把经济周期分为短周期、中周期和长周期，认为每一周期中均包括_____、_____、_____和_____四个阶段。

（四）判断改错题（判断下列陈述的正误，并加以改正）

1. 有计划的社会变迁实质上就是对社会运行过程进行干预，对社会系统施加定向影响。

（　　　）

2. 社会现代化是社会发展的偶然性特征。　　　　　　　　　　　　　　（　　　）

3. 现代化是一个求异化过程。　　　　　　　　　　　　　　　　　　　（　　　）

4. 从社会变迁方向角度考察，社会变迁可分为渐进的社会变迁和激进的社会变迁。

（　　　）

5. 索罗金提出了文化堕距理论。　　　　　　　　　　　　　　　　　　（　　　）

（五）名词解释

1. 倒退的社会变迁　2. 文化堕距　3. 社会现代化　4. "迟发展效应"　5. "二元"社会结构

（六）简答题

1. 简述现代社会变迁的特点。

2. 影响社会变迁的因素有哪些？

3. 马克思社会变迁理论的主要观点有哪些？

4. 社会现代化的基本特征有哪些？

5. 简述帕森斯功能主义社会变迁论的主要观点。

（七）论述题

论述改革对推进中国现代化的重要意义。

二、习题答案

（一）单项选择题

1. C	2. A	3. C	4. B	5. D
6. B	7. B	8. A	9. A	10. D

（二）多项选择题

1. ABC	2. ABCD	3. ABD	4. BCD	5. BC

（三）填空题

1. 自发的社会变迁，有计划的社会变迁　2. 有目的、有计划、赶超型的现代化过程，异质文化和外来模式的引入和接受　3. 政府　4. 社会结构　5. 繁荣、衰退、萧条、复苏

（四）判断改错题

1. √　2. ×，必然趋势　3. ×，趋同化　4. ×，进步的社会变迁和倒退的社会变迁
5. ×，奥格本或"文化类型"论

（五）名词解释

1. 答：倒退的社会变迁则指阻碍甚至与促进人类福利、平等和发展呈相反方向的变迁。

2. 答：文化堕距是指物质文化与非物质文化因发展的不同步而造成的非物质文化滞后于物质文化的现象。

3. 答：社会现代化是指社会在日益分化的基础上，进入一个能够自我维持增长和自我创新，以满足整个社会日益增长的需要的全面发展过程。社会现代化是社会发展的必然趋势。

4. 答：迟发展效应是指现代化起步较晚的国家由于其起步晚而面临的与现代化起步较早国家不同的制约条件和发展模式。

5. 答："二元"社会结构是指在整个社会结构体系中明显地同时并存着较现代化的和相对非现代化的两种社会的情况。"二元"社会既表现为社会性质上的差别，又表现为发展水平上的差别。

（六）简答题

1. 答：（1）现代社会变迁的速度日趋加快，这在当今发达国家表现得尤为显著；（2）科学技术对现代社会变迁的影响越来越大；（3）现代社会变迁带来了越来越多的社会问题；（4）现代社会变迁受人们自觉控制的程度不断提高；（5）现代社会变迁的相关

性日趋增强。

2. 答：影响社会变迁的因素主要有：（1）社会生产力变革；（2）环境因素；（3）人口因素；（4）科技进步因素；（5）社会制度因素；（6）社会价值观和生活方式变化。

3. 答：马克思社会变迁理论的核心内容主要包括：（1）社会变迁的根本动力是生产力和生产关系的矛盾。生产力是最活跃的因素，生产关系适应生产力发展的要求是社会和谐发展的基础。当生产关系不适应生产力发展要求时，就会带来生产方式变革。（2）生产关系的总和构成经济基础，经济基础的变化将带来上层建筑的变革。社会存在决定人们的意识，意识及其冲突的根源在于物质生活中的矛盾。（3）社会变迁具有整体性特征，经济基础的变化带来整个社会的变化。（4）人类社会变迁在总体上具有发展的特点，社会发展是由生产力发展推动的。

4. 答：社会现代化是一个高度综合的概念，其基本特征主要包括：（1）现代化是一个剧烈的转变过程；（2）现代化是一个系统的变革过程；（3）现代化是一个因某些偶然因素而首先在西方国家发生的过程；（4）现代化与城市化相伴随；（5）现代化是一个全球化过程；（6）现代化是一个趋同化过程；（7）现代化是一个功过并存的过程。

5. 答：帕森斯认为，系统内部的紧张、偏差行为和社会控制构成系统的变迁，变迁的方向是系统的"适应性"增强。帕森斯用其系统理论来解释人类社会化进化，提出了社会进化的四个特征，即分化、适应力提高、包容和价值普遍化。他认为，社会进化是由分化开始的，这种分化会提高适应力，而分化和适应力的提高则会带来系统新的整合，而对新单位的包容是达到整合的途径。如果一个社会能够包容新的单位与结构，它的基础将会更稳定，效率也会更高。同时，价值普遍化，即对新单位给予承认或合法化，有利于消除系统内部结构间的冲突。经过上述过程，社会系统将发生进化。

（七）论述题

答题要点：（1）现代化的定义；（2）改革是推动社会经济结构发生内部变化的重要力量；（3）就中国而言，只有改革，才能适应社会主义的历史要求；（4）只有改革，才能主动地、有成效地迎接新技术革命的挑战，顺应时代发展的要求；（5）只有改革，才能使中国社会主义社会不断地自我完善和发展。

第十章 社会控制与社会政策

一、练习题

（一）单项选择题（下列选项中只有一个是正确的）

1. 社会对其成员在思想意识上完全放任自流，实际上是一种（　　）。
   A. 社会解组　　　　B. 社会自由　　　　C. 社会失控　　　　D. 社会分化

2. 行为者个人将社会规范化为自己的观念，并对自己的行为实施的控制，称（　　）。
   A. 制度化控制　　　B. 非制度化控制　　C. 外在控制　　　　D. 内在控制

3. "社会控制"作为一个重要的社会学概念，最早提出者是（　　）。
   A. 罗斯　　　　　　B. 吉登斯　　　　　C. 米尔斯　　　　　D. 默顿

4. 根据离轨行为的"标签论"解释，产生越轨行为的原因是（　　）。
   A. 离轨者为了缓解下意识的犯罪感
   B. 社会的解体
   C. 离轨者为了满足自己的表现欲
   D. 违背了官方社会控制机构制定的离轨准则

5. 那些与社会大众所认可的价值观、行为规范有所不同的行为，即为社会学上所说的（　　）。
   A. 犯罪行为　　　　B. 越轨行为　　　　C. 观点失调　　　　D. 激进行为

6. （　　）是指使用风俗、习惯、道德、信任和舆论等一些不太成型的规范来约束人们行为的一种控制方式。
   A. 正式控制　　　　B. 非正式控制　　　C. 内在控制　　　　D. 外在控制

7. 在中国社会，文身通常被看做是一种（　　）。
   A. 社会时尚　　　　B. 激进行为　　　　C. 越轨行为　　　　D. 违法行为

8. 对员工来讲，校纪、厂规等属于（　　）。
   A. 制度控制手段　　B. 文化控制手段　　C. 社区控制手段　　D. 组织控制手段

9. 在公共场所随地便溺、在公共车道上随意摆放物品或停车行为等属于（　　）。
   A. 不从俗行为　　　B. 不道德行为　　　C. 违纪行为　　　　D. 违法行为

10. 下列不属于默顿所说的越轨行为的是（　　）。
   A. 遵从者　　　　　B. 革新者　　　　　C. 退缩者　　　　　D. 反叛者

（二）多项选择题（下列选项中有两个或两个以上是正确的）

1. "众口铄金"说明的是（　　）。
   A. 社会舆论的压力有时也会成为一种强制性的控制手段
   B. 社会控制的"过控"现象

  C. 非制度化控制的力量不如制度化控制的力量容易驾驭

  D. 社会控制与个人自由是一对矛盾

2. 离轨行为包括（ ）。

  A. 违法行为   B. 违章行为   C. 违规行为   D. 从众行为

3. 社会控制的工具性手段包括（ ）。

  A. 身体惩罚   B. 精神惩罚   C. 经济处罚   D. 组织处分

4. 从社会学角度来理解社会控制，其内容是（ ）。

  A. 对情感的社会控制   B. 对社会行为的控制

  C. 对社会文化的控制   D. 对社会关系的控制

5. 社会控制的非强制性手段包括（ ）。

  A. 说服劝告   B. 调解   C. 经济处罚   D. 道德反省

（三）填空题

1. 信仰信念的典型形式是_____和_____。

2. _____是指人类共同创造并遵从的、涉及人伦关系、次序以及善恶、是非、正义与非正义评价的行为规范和价值体系的总和。

3. 文化控制手段的具体形式主要有_____、_____、_____和_____。

4. 制度控制手段的具体形式主要有_____和_____。

5. 组织控制的一般特点是_____和_____。

（四）判断改错题（判断下列陈述的正误，并加以改正）

1. 文化控制手段是指以全社会的名义颁布行为规则，并对全社会组织、社会群体和全部个体的社会行为进行调节和制约的方式。（ ）

2. 越轨行为是一种犯罪行为。（ ）

3. 一个人通过卖毒品去赚钱买新汽车的情况，属于默顿所说的反叛者。（ ）

4. 萨瑟兰认为，与教唆越轨者的人联系越密切，与之交往的次数就越多、越频繁和越持久，且接触时的年龄越小，当事人变为越轨者的可能性就越小。（ ）

5. "社会政策"一词最早由蒂特马斯提出。（ ）

（五）名词解释

1. 内在控制 2. 软控制 3. 越轨行为 4. 失范 5. 社会政策

（六）简答题

1. 简述社会控制的必要性。

2. 社会舆论的主要特点有哪些？

3. 美国社会学家塞林所说的最易产生文化冲突的四种情境是什么？

4. 标签理论是如何解释越轨行为的？

5. 社会政策的主要特征有哪些？

（七）论述题

论述社会控制的功能和意义。

（八）案例分析题

社会变迁与"问题少年"

2005 年某市曙光少教所（以下简称"少教所"）被本市某镇送去 4 名越轨少年接受管教。曙光少教所收容的越轨青少年多数系外省或本省偏远地区的人，该市被收容管教的少年数量反而比较少，原因是本地社区和孩子家长考虑到少年的声誉和以后的成长，一般不愿意送越轨少年进少教所，而是采取息事宁人的态度，对越轨少年由社区和家庭联合予以矫治。

在该镇所辖村子，普通家庭如果不外出打工，只能勉强维持生计。村里赌博、赌六合彩有一些。村风尚好，但青少年在校学生有出轨现象，涉黑也存在一些，团伙性个别存在。村里不良少年有一些。有的小学没读完就在社会上混，小偷小摸。不良少年的产生和父母、家庭有很大关系，社会也有原因。应该说本村家长对教育还是很重视的，但对于怎么引导、教育小孩，家长却跟不上，社会风气也影响他们成长。小孩子要花钱，父母不给，就自己想办法。一般说来，他们先偷家里，偷亲戚，后偷邻居，不做大案，小案常做。总体上，不良少年比以前有越来越多的趋势。部分孩子从小就有不良习惯，呈两个极端，穷的家庭没能力管，富的家庭太娇惯。学校的老师也没有办法管，老师公开要求学生，不学习没有关系，但不要搞乱影响其他同学。现在当村干部很难，村民觉悟提高了。村内群体性事件近两年少了，以前较多，主要是土地纠纷。村里鱼塘发包，以前有涉黑势力参与。近年来社会风气越来越差。违法少年被送少教所以前没有，近年才开始，当时是因为实在没有办法才送少教所，这对在外社会青少年有警示作用。

在市场经济冲击之下，村民生活、村庄经济、村治模式、村庄权利结构、村庄风气等与在计划经济体制下相比都发生了深刻的变化。生活在社会转型时期的乡村少年，面对道德缺失、价值多元、诱惑纷呈的社会，难免把持不住，堕落成为"问题少年"。

乡村"问题少年"是近些年才凸显出来的社会问题。一般认为，在计划经济时代，乡村是不存在"问题少年"现象的。普特南的社会资本概念强调"网络""信任"和平等"互惠"的规范，认为社区发展的本质就是增进社区社会资本。在计划经济体制下，乡村干部控制着村落绝大多数"稀缺性资源"和"结构性的活动空间"，村民被严格限制在有限地域范围内生产和生活。这种社会体制客观上促进了村民之间的交往，在他们中间形成了各种形式的"信任"网络，以及正式或非正式的平等"互惠"的规范。所以，改革开放之前，村落社区社会资本具有一种再生产的能力，它使得乡村青少年能够基本按照社会预期的轨道发展。

改革开放以来，市场化的经济体制改革，一方面逐步解除了"国家"对乡村"稀缺性资源"和"结构性活动空间"的控制，赋予农民较大的人身、经济自主权；另一方面，村落社区社会资本也陷入流失并走向极度匮乏的窘境。

处于社会转型期的这个偏远村庄，在市场经济冲击之下却发生了社会解组的过程，其实质是一个村民之间"网络"、"信任"和"互惠的规范"被破坏和消解的过程。在这个过程中,村庄逐渐丧失了那些在计划经济体制下尚存在的、与村民生活息息相关的能够促进村落社会和谐再生产的社会结构——社会资本。世界银行将社会资本分成紧密型、跨越型和垂直型社会资本。紧密型社会资本指家庭成员和其他具有紧密关系的人之间的纽带,跨越型社会资本指不同类型的人之间较弱一些的联系纽带,主要是各类组织的成员纽带,而垂直型社会资本指社区居民与那些对他们具有重要影响的组织和人员之间的纽带。一般来说,在这种社会资本模式中,普通农村社区的特征是具有很强的紧密型社会资本,较少的跨越型社会资本,基本没有垂直型社会资本。相比计划经济体制下的村民生活,当下村落社会不仅只有较少的跨越型社会资本,基本没有垂直型社会资本,甚至连紧密型社会资本也在走向贫乏。生活在这种环境中的部分青少年,逐渐疏离了与家庭、村落、学校和亲戚的关系,而是投入到陌生的城镇和游荡在街头的问题少年群体,从而脱离了家庭、社区和学校的控制范围,卷入越轨的行列,成为问题少年。

问题:

1. 结合上述材料及社会现实,总结一下"问题少年"产生的原因。

2. 社会控制在规范"问题少年"行为方面存在哪些优点和不足?在控制现代中国社会"问题少年"方面,你有何良策?

二、习题答案

(一)单项选择题

1. C　　2. D　　3. A　　4. D　　5. B
6. B　　7. C　　8. D　　9. B　　10. A

(二)多项选择题

1. BD　　2. ABC　　3. ABCD　　4. BD　　5. ABD

(三)填空题

1. 宗教信仰,主义信仰　2. 伦理道德　3. 风俗习惯,伦理道德,信仰信念,社会舆论　4. 政权,法律　5. 控制范围较小,实行层级控制

(四)判断改错题

1. ×,制度控制手段　2. ×,未必是犯罪行为　3. ×,革新者　4. ×,越大　5. ×,瓦格纳

(五)名词解释

1. 答:内在控制是指社会成员在内化社会规范的基础上,自觉地用社会规范来约束和检点自己价值观和行为方式的控制方式。内在控制的直接力量来自行动者本身,因此也称自我控制。

2. 答:软控制是指运用非强制性手段,如舆论、风俗、习惯、伦理道德等对社会成

员的价值观和行为方式实施控制的方式。

3. 答：越轨行为，也称离轨行为，是指社会成员（包括社会个体、社会群体和社会组织）偏离或违反现存社会规范的行为。

4. 答：失范是指规范和价值相互冲突或者规范与价值相对脆弱的一种社会状态。

5. 答：社会政策是指国家或政府为解决社会问题、改善社会环境、促进社会公正与社会进步而采取的各种原则或方针。

（六）简答题

1. 答：（1）任何社会需要生存和发展，都必须有一套社会控制体系，没有社会控制，无法维持个人生存和群体活动。（2）人的一切活动都是在一定的社会关系中进行的，一个社会也要求其成员处于某种协调的社会关系之中，社会才能稳定发展。（3）社会控制的必要性还体现在：对社会生活中的各种"失控"现象进行制止或制裁。（4）社会控制是人类社会自身发展的需要，是社会运转的一种自行调节机制。

2. 答：社会舆论的特点主要表现在：（1）具有较强的现实性。（2）社会舆论是集体互动的产物。（3）社会舆论是靠大众传播形成的。（4）社会舆论缺乏持久的控制力。

3. 答：塞林所说的最易产生文化冲突的四种情形是：（1）当某个文化集团的文化法律规范被扩展到另一个文化集团的领域时，如一个国家对另一国家和民族的强势扩张；（2）当某个文化集团的成员迁移到另一个不同文化的区域时，如某一地区的集体式移民；（3）在相邻两种文化领域的边界接合处，如两个行政地区或两个国家的交界地带；（4）当社会结构由简单趋于复杂化、文化价值则单一趋于多元化时，如农业社会向工业社会发展或农村变为城市的情况。

4. 答：标签理论从社会结构中寻找越轨的原因，强调社会越轨的相对性。标签理论认为，社会越轨行为的产生是由于社会中某些权力集团对某些社会成员及其行为贴上了越轨的标签。越轨是某些权力集团的主观认定，而非本质属性，社会往往通过创造新的行为准则而创造越轨行为。社会中每个人均会发生越轨行为，但多数是暂时性的，程度也不会严重。然而，一旦越轨行为被其他社会成员发现并公之于众，就被贴上了越轨者的标签，并可能潜在地影响这些人以后的行为，导致他们在以后的行为中按越轨者的方式去行动。对一个有社会后果的越轨行为而言，必须有重要的人看到它。在越轨生涯中，被公开标签为越轨者可能是最重要的步骤。越轨者被归入社会另册，给人留下反面印象。标签可能给越轨者一个公众形象，如"罪犯""盗窃犯""懒鬼"等。标签可能是正式贴上的，也可能是朋友、同事、周围的人非正式贴上的，还可能是自封的。标签越轨会产生持久的影响，那些获得这样标签的人，将被当作正常社会之外的人，即便这些人从未再犯标签所暗含的越轨行为。被标签为越轨者的人常被社会拒斥和疏远，这种拒斥有时甚至是生理上的。在这种情况下，被标签越轨者不仅会慢慢地开始围绕越轨者角色构筑他们的生活，而且，为减轻社会压力，他们还会被迫加入越轨者群体，以获取感情和群体的支持。由此，他们恪守常规的压力会减小，自我形象也会得到一定程度的加强。

5. 答：社会政策的特征主要有：（1）权威性；（2）价值性；（3）政治性；（4）原则性；（5）强制性；（6）时代性；（7）可行性；（8）具体性。

（七）论述题

答题要点：（1）社会控制的定义。（2）社会运行过程中经常出现违法和犯罪行为，从而影响社会的正常秩序和安定团结，影响社会的良性运行和发展，需要加以控制。（3）社会控制的正功能：①维护社会秩序；②维持正常生活；③促进社会发展。（4）社会控制的负面功能：①不合理的社会控制不能维护多数人的利益；②僵硬而有力的社会控制不利于人们对合理目标的追求；③过度的控制往往不利于社会发展。

（八）案例分析题

（略）

第十一章 社会问题

一、练习题

（一）单项选择题（下列选项中只有一个是正确的）

1. 在某些国家由于宗教信仰和风俗的缘故，允许存在一夫多妻或一妻多夫的婚姻制度，而在另外一些国家或地区，类似情况则将被视为触犯刑律。这体现的是社会问题的（　　）。

    A. 破坏性   B. 普遍性   C. 复杂性   D. 差异性

2. 按照国内学者的观点，代差问题、教育问题等应属于（　　）。

    A. 结构性社会问题   B. 跨时空性社会问题

    C. 伴生性社会问题   D. 过程性社会问题

3. 社会整合理论的最早提出者是（　　）。

    A. 帕森斯   B. 迪尔凯姆   C. 奥顿   D. 尼斯伯特

4. "社会解体"这一术语的最早使用者是（　　）。

    A. 迪尔凯姆   B. 奥格本   C. 托马斯   D. 帕森斯

5. 通过制定出一系列生活必需品和服务，作为人们每月生活必不可少的需要，从而计算出在市场上购买这些必需品所要支付的金额。这种方法是（　　）。

    A. 收入法   B. 市场"菜篮子"法

    C. 财产分析法   D. 生活必需品分析法

6. 侧重于从群体价值和兴趣角度来解释社会问题的理论是（　　）。

    A. 文化冲突理论   B. 社会解体理论   C. 价值冲突理论   D. 社会整合理论

7. （　　）认为，现代的许多问题都是由于人们的道德观念不能与现代技术发展相适应引起的。

    A. 价值冲突理论   B. 社会整合理论   C. 社会解体理论   D. 文化冲突理论

8. （　　）是指收入不足以维持人的最基本生存需要的状态。

    A. 相对贫困   B. 绝对贫困   C. 个案贫困   D. 群体贫困

9. 人口所体现的是人的（　　）特征。

    A. 生产性   B. 消费性   C. 生物性   D. 社会性

10. （　　）直接影响着人与自然以及人类社会内部的关系。

    A. 人口数量   B. 人口质量   C. 人口结构   D. 人口分布

（二）多项选择题（下列选项中有两个或两个以上是正确的）

1. 社会问题的构成要素有（　　）。

    A. 有一种或数种社会现象出现失调情况

B. 失调已经影响了许多人的社会生活

C. 失调已引起了社会多数成员的注意

D. 失调必须运用社会力量才能予以解决

2. 下列属于社会问题典型特征的是（　　）。

A. 公开性　　　　B. 普遍性　　　　C. 复杂性　　　　D. 差异性

3. 美国社会学家把文化区分为（　　）。

A. 物质文化　　　B. 主文化　　　　C. 非物质文化　　D. 亚文化

4. 社会解组的主要表现形式有（　　）。

A. 失范　　　　　B. 社会越轨　　　C. 文化冲突　　　D. 价值崩溃

5. 目前中国的基本国策是（　　）。

A. 合理开发资源　　　　　　　　B. 加快发展农业

C. 控制人口数量，提高人口质量　　D. 保护环境

（三）填空题

1. 社会问题的复杂性突出地表现在＿＿＿＿和＿＿＿＿两个方面。

2. 迪尔凯姆将社会整合划分为两种基本类型，即＿＿＿＿和＿＿＿＿。

3. 文化冲突理论认为，＿＿＿＿是现代社会问题产生的主要根源。

4. 社会解组理论认为，社会问题源于社会解组，而社会解组则源于＿＿＿＿。

5. 可持续发展所要求的基本原则是＿＿＿＿、＿＿＿＿和＿＿＿＿。

（四）判断改错题（判断下列陈述的正误，并加以改正）

1. 人口老龄化是指一个国家或地区总人口中老年人口不断增加的过程。（　　）

2. 当代中国的人口问题主要是人口数量问题。（　　）

3. 充分就业是指所有有就业愿望的人都能100%就业。（　　）

4. 现阶段导致中国城市贫困的主要原因是人口增长和科技迅速发展。（　　）

5. 人口增长率受人口出生率和人口死亡率共同影响。（　　）

（五）名词解释

1. 失范性社会问题　2. 社会解体　3. 社会解组　4. 可持续发展　5. 摩擦性失业

（六）简答题

1. 要识别一种社会现象是不是社会问题，社会学家必须回答哪些问题？

2. 中国人口老龄化的特征有哪些？

3. 失业主要有哪几种类型？

4. 目前中国劳动就业中存在的主要问题有哪些？

5. 中国农村贫困的主要特征是什么？

（七）论述题

论述中国人口问题的成因及其解决途径。

（八）案例分析题

2008 年的社会热点问题

2008 年 2 月 26 日，广东省社情民意调查中心公布了一份《专家学者群体 2008 年十大关注问题调查报告》。报告显示，十大最受关注热点中反腐居首，百姓高度关注的物价上涨则排第三。不过，"看病难、看病贵"及"教育公平"首次跌出十大热点问题，物价、房价、社会保障、贫富差距、司法公正等问题则首次进入十大热点。

本次调查访问了 340 名专家学者，调查共列出继续解放思想、推动改革开放深入发展、反腐败、2008 北京奥运会、教育公平、社会治安、"看病难、看病贵"问题及医患关系、社会保障、食品安全、贫富差距、通货膨胀、房价等 54 个问题。

调查结果表明，最受关注的十大热点问题依次为：反腐败、公民道德素质建设、通货膨胀、房价问题、社会保障、继续解放思想、推动改革开放深入发展、贫富差距、司法公正、社会治安、传媒的公信力。

反腐成专家最关注的问题。与 2006 年调查的结果一样，本次调查中，反腐败和公民道德素质建设依然高居专家学者关注的十大热点问题前列，关注比率分别为 64.3%、60.7%，但这两者的排位有所掉转，反腐首次成专家学者最受关注的热点问题。广东省民情调查中心表示，专家学者们一如既往地对经济上、学术上、干部任用上的腐败表示愤慨和不满，对公民道德素质的提高寄予厚望，反腐败问题是执政党能否取信于民、能否长久执政的关键。许多专家认为，领导班子应平等监督，防止一把手独断专行；建议进一步完善干部任用的具体标准，做到透明、公正，严禁"暗箱"操作。

物价房价急涨首入热点。物价、房价和社会保障位列第三、第四、第五位。专家们普遍认为，通货膨胀问题直接影响人们生活质量，物价上涨过快严重影响到和谐社会的建设，2008 年如何控制合理的通货膨胀率是大家最为关切的。专家们认为，要深刻认识当前通货膨胀对广东省经济社会发展带来的负面影响，政府应当采取有力措施，适当平抑物价，提高居民的收入水平，居民可支配收入的增长幅度应接近或高于物价上涨的幅度。

广东贫富差距高达 10 倍。本次调查中，贫富差距和司法公正问题也是首次列入专家们关注的十大问题，分列第七、第八位。专家们指出，中国贫富差距已经超过国际公认的警戒线，并且在继续快速扩大，广东省收入贫富差距更高达 10 倍，珠三角与东西两翼、粤北山区的经济发展水平极不平衡，财力分配不均，城乡差距明显，在通货膨胀越来越严重的情况下，贫富差距产生的社会不和谐因素将越来越多。

对于司法公正问题，专家们认为应当对弱势群体给予特别的关注，从司法公平的角度尽可能地化解由贫富差距引发的社会矛盾。近年来发生的"佘祥林案""许霆案"等典型案例突出反映了司法制度与司法公平之间，还存在着脱节和不完善的地方，专家们希望加快司法机关内部改革和管理体制的改革，发挥人大、政协和媒体舆论监督的职能。

医疗教育公平跌出前十位。值得注意的是，在 2006 年专家学者群体关注的问题中，"看病难、看病贵"及医患关系曾排名第三位，教育公平也排名第六位，此次这两个民生问题均跌出了十大热点问题之外。省情调查中心的专家认为，这可能是由于近年来，广东省各医疗机构为着重解决群众"看病难、看病贵"问题，做了大量的工作，取得了较好成效，以及 2007 年农村义务教育经费保障机制改革在全省全面推行，农村义务教育的学杂费全部免除等所致。

问题：

1. 你认为社会热点问题就是社会问题吗？请说明理由。

2. 该案例中涉及哪些社会问题，请举例说明。

3. 从案例中选出一个你最关心的社会问题，并谈谈你对该社会问题的看法。

二、习题答案

（一）单项选择题

1. D	2. A	3. B	4. C	5. B
6. C	7. D	8. B	9. B	10. A

（二）多项选择题

1. ABCD　　2. BCD　　3. AC　　4. ACD　　5. CD

（三）填空题

1. 成因的复杂性，影响的复杂性　2. 机械团结，有机团结　3. 文化严重失调　4. 社会变迁　5. 持续性原则，协调性原则，公平性原则

（四）判断改错题

1. ×，老年人口比重不断提高的过程　2. ×，并非单纯的人口数量问题　3. ×，绝大多数均能就业　4. ×，产业结构调整和制度转轨　5. ×，人口自然增长率，人口净迁移率

（五）名词解释

1. 答：失范性社会问题是指社会经历剧变后，惯常的行为准则失效，从而导致越轨事例增多。

2. 答：社会解体是指社会规范对社会成员的约束力减弱、社会凝聚力降低，使原来的社会秩序无法维持和继续下去，而逐渐被新的社会制度所替代的过程。

3. 答：社会解组是指虽然社会中已出现松散和离崩现象，但仍保持在原有的社会制度结构和社会体系之内的状态。

4. 答：可持续发展是指既能满足当代人需要又不对后代人满足其需要的能力构成危害的发展。

5. 答：摩擦性失业是指那些因劳动力市场不完备、求职者缺乏就业机会方面的知识以及在转换工作过程中由于出现的时间滞差而导致的失业。

（六）简答题

1. 答：要识别一种社会现象是不是社会问题，社会学家必须回答如下五方面问题：（1）这个社会问题是什么？例如，它是失业问题还是教育问题？（2）这个社会问题发生

在哪里？例如，它是发生在城市还是在农村？（3）哪些人会受到这个社会问题的危害？他们的年龄、性别、种族等群体特征是什么？（4）这个社会问题是何时发生的？它持续多长时间了？（5）这个社会问题被社会成员感受到的程度如何？它对社会成员的危害程度如何？

2. 答：中国人口老龄化的主要特征是：（1）中国老龄化速度及老年人口规模居世界第一；（2）"未富先老"，相对于经济社会发展，人口老龄化提前到来，而且发展迅速；（3）经济社会发展是人口老龄化的部分原因，另一重要原因是计划生育政策的干预作用；（4）中国人口老龄化的一个特殊方面是呈现区域特征，地区之间人口老龄化程度相差较大，分布极不均衡。

3. 答：失业的类型主要有：（1）正常性失业。正常性失业是指存在一定比率的、被认为是正常的失业人口的情况。其中又包括摩擦性失业。（2）结构性失业。结构性失业是因经济结构调整而导致的失业。在结构性失业中，失业往往具有群体性特征。（3）技术性失业。技术性失业是指因引进节省劳动力的技术或因生产方法革新、新材料运用和改进经营管理等而引起的技术替代人力劳动而造成的失业现象。（4）季节性失业。季节性失业是由于某些行业受气候变化、社会风俗或购买习惯等因素的影响，使生产对劳动力的需求出现季节性波动而形成的失业。

4. 答：目前中国劳动就业中存在的问题表现为：（1）就业压力大，一般劳动力严重供过于求；（2）劳动就业制度改革使隐性失业显性化，导致下岗失业；（3）产业结构调整给就业带来巨大压力；（4）农村剩余劳动力转移的压力巨大；（5）劳动者的合法权益仍未得到充分保护。

5. 答：中国农村贫困的主要特征是：（1）贫困人口分布日趋分散，呈现"大分散，小集中"的基本格局；（2）贫困程度深，生存条件差，脱贫难度大；（3）初步脱贫人口的返贫现象比较严重；（4）相对贫困的矛盾日益尖锐。

（七）论述题

答题要点：（1）中国人口问题的成因：①经济原因。经济原因主要指社会生产力发展水平、居民收入水平和消费水平等。②社会原因。社会原因主要指教育、文化和价值观等。③历史原因。历史原因主要指人口发展的过程和人口基础。④政策原因。特别是片面夸大人是生产者的一面，而忽视人首先是消费者这一基本问题，从而导致人满为患。⑤人口自身原因。主要指人口增长的惯性及其内在规律性。（2）解决中国人口问题的途径：①控制人口数量，维持中国目前的低生育率水平。②转变人口管理观念，努力做好人口的局部调控工作。③加大教育投资力度，努力提高教育质量，同时加强职业技术教育，促进中国人口质量的持续提高，使中国由人力资源大国向人力资本大国转变。④大力发展经济，不断满足人民日益增长的物质需求和精神文化需求。

（八）案例分析题

（略）